KB218072

[깁더본]

아름다운 순우리말 공부

〈나〉의 우리말 실력은

그레

아름다운 순우리말 공부 [깁더본]

초판 1쇄 발행 2020년 10월 30일
개정증보판 1쇄 발행 2024년 02월 01일

지은이 백문식
펴낸이 이기자
펴낸곳 그레출판사
주소 경기도 수원시 영통구 센트럴파크로 127번길 144-401호
전화 031)203-4274
팩스 031)214-4275
이메일 grepub@naver.com
출판신고 등록 2018년 2월 26일 제561-2018-000019호

ISBN 979-11-963729-5-8 (03700)
@책값은 뒤표지에 있습니다.

이 도서의 국립중앙도서관 출판예정도서목록(CIP)은 서지정보유통지원시스템 홈페이지(http://seoji.nl.go.kr)와 국가자료종합목록 구축시스템(http://kolis-net.nl.go.kr)에서 이용하실 수 있습니다.
(CIP제어번호 : CIP2020045036)

[깁더본]

아름다운 순우리말 공부

백문식

〈나〉의 우리말 실력은

그레

머리말

우리말이 바로 자랑스러운 우리 문화의 뿌리다. 요즘 전 세계 젊은이들이 열광적으로 한국 노랫말을 읊조리고 한국어를 배우려는 외국인이 많아지고 있다. 이럴 때일수록 한글의 중요성을 더욱 실감하게 한다. 아울러 우리말을 풍성하고 아름답게 가꾸기 위한 노력이 절실하다.

아는 만큼 본다는 말이 있다. 어휘력이 풍부한 사람은 사고력과 상상력이 뛰어나다는 뜻이다. 곧 개인의 언어 사용 능력은 그 사람의 지적 사고 역량과 깊은 관계가 있다. 그래서 어휘력 향상이 중요한 것이다.

〈말모이〉 낱말의 총합은 오롯이 한민족의 얼이요 문화 창조의 원동력이다. 그런데 정겹고 맛깔스러운 고유어가 하나둘 빛을 잃어가는 모습이 안타까울뿐더러, 일상생활에서 사용하는 어휘의 폭과 깊이도 눈에 띄게 줄어들었다는 사실이다. 다시 말해 겨레의 삶을 풍성하게 담은 순우리말이 언중 사이에서 사용 빈도가 낮아지면서 점점 사라질 위기에 처해 있다는 의미다.

이처럼 사전의 올림말 가운데 낯선 말이 늘어난다는 것은 소중한 우리말에 대한 인식이 매우 부족했다는 데 그 원인이 있다.

오늘날 대부분의 사람들이 '가년스럽다, 각다분하다, 굴침스럽다, 나볏하다, 뇌꼴스럽다, 돈바르다, 되알지다, 무람없다, 소증사납다, 소양배양하다, 실뚱머룩하다, 에멜무지로, 애오라지, 옴니암니, 오롯하다, 우두망찰하다, 울가망하다, 점직하다, 푼더분하다, 홈홈하다; 도린곁, 윤슬' 등을 아주 낯설어 한다. 이들은 어휘 구사가 뛰어난 김솔의 단편소설 '피그말리온 살인사건'(현대문학 2012년 4월호 수록)에 보이는 순우리말이다.

독자들이 우리말을 너무 모르고 있다는 현실이 매우 충격적이지만 새삼 놀랄 만한 일도 아니다. 그동안 외래어(외국어)를 함부로 쓰고 말맛과 글맛을 더하는 순우리말에 데면데면하고 허술했다는 점이 부끄러울 따름이다. 이제부터라도 훌륭한 문장이나 무지렁이 백성들의 입에서 거침없이 자연스럽게 나오는 토박이말을 갈고 닦아 쓰는 일이 시급하다.

이 책은 〈나〉의 우리말 실력을 점검하면서 모르는 낱말의 개념을 다양한 용례를 통하여 정확하게 익혀 독해력 신장은 말할 것도 없이 글쓰기에 자유자재로 다루어 쓸 수 있도록 엮은 어휘 학습용 문제집이다. 정겹고 맛깔스러운 낱말들을 누구나 쉽고 편리하게 활용할 수 있게 풀이하였다. 보잘것없는 쪽지가 우리말 익힘에 조금이나마 보탬이 되었으면 한다.

아무쪼록 여러분의 지멸있는 한무릎공부로 '구쁘다(별난 음식이 먹고 싶어 입맛이 당기다), 자닝하다(애처롭고 불쌍해 차마 보기 어렵다), 간각(이해력), 조리차(절약), 길미(이자), 비각(상극), 미립, 나비잠, 너겁, 드레, 먼지잼, 비설거지, 모꼬지, 마중물, 땅띔, 베정적, 윤집, 패름, 휘갑 등 옥구슬처럼 빛나고 말맛과 글맛을 살리는 아름다운 순우리말을 능숙하게 부려 쓸 수 있게 되기를 바란다.

2020년 한글날
광교산자락에서 잣뫼 백문식

그동안 독자들의 북돋음에 힘입어 초판을 깁고 백여 낱말을 더하여 [깁더본]을 펴낸다.

2024년 지은이

※ 빈 칸에 들어갈 알맞은 낱말은?

[문제 1]

1. 음식 모양을 돋보이고 맛을 더하기 위하여 그 위에 뿌리거나 덧놓는 양념을 통틀어 이르는 말. 아들 많은 집의 외딸.
¶ 잔치국수에 □□을 얹다. □□딸을 며느리로 맞아들이다.

2. ▸음식물을 씹다가 볼을 깨물어 생긴 상처. ▸잇몸이 헐어 생기는 병.
¶ 입안에 □□가 생기고, □□가 먹어 병원에서 치료를 받았다.

3. 한 어머니가 차례로 낳은 아이의 나이 간격.
¶ 우리 집 맏이와 둘째는 세 살 □□이다. 아이를 두 살 □□로 낳다. □□이 지다/ 잦다.

4. 도무지 할 줄 모르는 솜씨.
¶ 나는 그 방면에 □□이다. 농사일에는 아주 □□일세. 아내는 음식은 잘 해도 바느질에는 □□이다.

5. 모르는 사이에 조금씩. 틈틈이.
¶ 쌓였던 눈이 □□□□ 녹아 없어지다. 설악산 단풍이 □□□□ 붉게 타오른다. 모아둔 돈을 □□□□(야금야금) 다 썼다. 직장생활을 하면서 □□□□ 익혀온 조각 솜씨.

6. 병이 심하지는 않지만 오래 끌면서 점점 더해지는 꼴.[+앓다]
¶ 아저씨는 벌써 몇 해째 □□□□ 앓고 있다. 할머니가 10여 년째 □□□□ 앓아누워 어머니의 고생이 말이 아니었다.

7. ▸나무줄기의 끝 부분. ▸나무나 대의 우두머리에 있는 가지.
¶ 가오리연이 잣나무 □□□에 걸렸다. 나무의 □□□을 베어 버리면 제대로 자라지 못한다. 숲에는 수많은 나무의 □□□가 하늘을 찌를 듯이 솟아 있다. 미루나무 □□에 지은 까치집. □□을 치다.

[정답 1]

1. 고명 → 떡·포·과일 따위를 괸 위에 볼품으로 올려 놓는 재료는 '웃기'라고 한다.

2. 스리; 너리

3. 터울 → 어원적 의미는 '한 터에서의 울타리'로 경계나 간격을 이른다.

4. 손방

5. 시나브로 → '서나서나'는 사투리다.

6. 시난고난

7. 우듬지; 우죽

8. 여러 사람이 힘을 합하여 하는 일이나 그 힘[≒협동(協同), 협력(協力)]
¶ 동네 사람들이 □□하여 마을 청소를 하였다. 스님들이 □□에 나서 매일 풀을 뽑아 실상사 경내는 깔끔하기 그지없다. 재난복구 작업을 □□다짐으로 하는 바람에 이틀 만에 마쳤다.

9. 덜 마른 생나무 장작.
¶ 아궁이에 □□□를 넣고 불을 지피면 연기가 많이 난다. 장작더미에서 □□□가 터지는 지 탁탁 튀는 소리가 났다. □□□는 불땀이 적다.

10. 논배미에 물이 넘어 흐르게 만들어 놓은 어귀. 어떤 일의 시작.
¶ 살포로 논다랑이의 □□를 돌리다. 남북대화로 통일의 □□를 트다.

11. 밤이나 도토리·잣 따위의 얇은 속껍질.
¶ 밤알의 □□를 벗겨내니 하얀 속살이 드러났다.

12. 끝이 날카롭고 네 갈래가 지게 무쇠로 만든 마름 모양의 물건.
¶ 지난날에는 도둑이나 적군의 침입을 막기 위하여 길목 바닥에 □□□를 깔아 놓았다. □□□도 삼킬 놈(몹시 탐욕스러운 사람을 이르는 말). 모로 던져 □□□(아무렇게나 해도 실패가 없다).

13. 진 흙바닥이 말라 터지면서 넓게 벌어진 금.
¶ 논바닥에 □□□이 갈 정도로 가물어 벼 포기가 타 죽을 지경이다.

14. 격식이나 규격을 갖추는 각 조건.
¶ 국가 유공자 서훈 대상자는 □□□가 꼭 들어맞아야 자격이 있다. □□□가 잘 맞도록 하다. □□□가 짜이다.

15. 일의 갈피와 실마리.
¶ 어찌된 판인지 □□을 모르겠다. 사건이 복잡하여 □□을 잡을 수가 없다. 일의 앞뒤를 가려 □□을 짓다.

---

8. 울력 → 울력다짐(울력하는 기세), 울력성당(−成黨; 떼를 지어서 으르고 협박하는 일), 울력걸음(끼어서 함께 걷는 걸음)
9. 희나리 → 희나리쌀(덜 익은 채로 마른 벼의 쌀); 불땀(불기운의 세고 약한 정도)
10. 물꼬 → 논꼬, 살포(모가 난 작은 삽)
11. 보늬
12. 마름쇠[능철(菱鐵)]
13. 엉그름, 〈준〉엉금
14. 사부주
15. 각단

16. 젖먹이가 두 입술을 떨며 '투루루' 소리를 내는 짓. 말이나 당나귀가 코로 숨을 급히 쉬며 소리를 내는 짓.

¶ 젖을 빨던 아기가 갑자기 □□□을 하다. 마구간에서 말들이 거칠게 □□□을 하며 여물을 먹고 있다.

17. ▸국수나 새끼 따위를 사려서 감은 뭉치. 또는 그것을 세는 말. ▸국수나 새끼 따위를 헝클어지지 않게 빙빙 둘러서 포개어 감다. 몸을 아끼다. 정신을 바짝 가다듬다.

¶ 국수 한 □□. 엉킨 밧줄을 □□ 감다. 몸을 □□□. 마음을 굳게 □□ 먹다.

18. 재산이나 자원 따위가 넉넉하고 많다. 부유(富裕)하다.

¶ □□은 재산. 겉으로는 □□어 보이지만 실속은 없다. 박물관에서 □□찬 눈요기를 하였다.

19. 순진하여 약빠르지 않고 어수룩하다.

¶ □□ 시골 총각. 사람이 너무 □□어 남에게 잘 속아 넘어간다.

20. 실속은 없어도 겉으로는 호화롭다. 한 푼 없어도 손이 크고 마음이 넓다. 몹시 궁하면서도 배때벗다(매우 거만하고 반지빠르다).

¶ □□운 짓을 하여 재물을 주책없이 써버린다. 제 살림도 잘 못 챙기면서 없는 사람 봐줄라치면 □□게 굴 줄도 알았다. 가진 것도 없고 버릇도 없이 만날 말만 □□게 하니 누가 널 믿겠니. □□게 장담하거나 함부로 지껄이는 큰소리를 '입찬소리'라고 한다.

[문제 2]

1. 어떤 일에 매인 사람이 다른 일로 말미암아 얻는 겨를[≒휴가(休暇)].

¶ 회사에서 열흘 □□를 받았다. 겨우 □

---

16. 투레질

17. 사리[1]; [사리다] 사려, 사리다, 사려 → 사리[2](윷놀이에서 모나 윷), 사리[3](한사리)와 동음이의어다. 목사리(짐승의 굴레), 사리물다(이를 악물다), 도사리다

18. [가멸다] 가멸(은), 가멸(어), 가멸(찬) → 가멸차다(실속 있게 넉넉하다↔쪼들리다)

19. [숫되다] 숫된, 숫되(어) → 숫스럽다, 숫접다(순박하고 진실하다), 숫제(거짓이 아니고 진실로, 아예), 숫지다(인정이 후하고 순박하다), 숫하다(순박하고 어수룩하다)

20. [희떱다] 희떠(운), 희떱(게), 희떱(게)

[정답 2]

1. 말미 → 빨랫말미(장마 때 빨래를 말릴 만큼 잠깐 날이 드는 겨를)

□를 얻어 냈다. 빨랫□□도 없이 장마가 계속된다.

2. 빚돈에 덧붙어 일정한 비율로 느는 돈.[=이자(利子)]

¶ 요즈음 은행 □□가 조금 내렸다. 형제지간에 □□는 무슨 □□인가 형편 닿는 대로 원금이나 갚게.

3. 논밭의 돌이나 풀을 추려 한편에 나지막하게 쌓아 놓은 무더기.

¶ 밭귀의 □□. □□으로 둘러싸인 밭.

4. 집안 살림의 형편이나 정도. 서로 사귀는 사이나 분수.

¶ 허세 부리지 말고 □□에 맞게 살자. 시나브로 □□가 좋아지다. 피차 터놓고 지내는 □□에 그럴 것까지 있나. 바이 안친한 □□도 아니지만 속으로는 맞지 않는 두 사이였다.

5. 굵은 나무줄기에 비늘 모양으로 덮인 겉껍데기. 그물을 물에 뜨게 하려고, 벼리에 듬성듬성 매다는 나무껍데기 따위의 가벼운 물건.

¶ 소나무의 □□을 벗기다. □□이 나란히 떠 있는 어장. 할머니의 손등에 □□처럼 새겨진 세월의 주름.

6. 도토리나 상수리 따위의 열매 밑을 싸고 있는 종지 모양의 받침.

¶ 도토리가 □□□째 떨어졌다.

7. 콩·팥 따위의 알맹이를 떨어낸 꼬투리.

¶ 콩□□를 쇠죽솥에 삶아 소에게 먹이다. □□ㅅ동을 땔감으로 쓰다.

8. ▸열 손가락을 어긋매끼게 바짝 맞추어 잡은 상태.[+끼다] ▸화살을 쏠 때 시위를 잡아당기는 엄지손가락의 아랫마디에 끼는 뿔로 만든 기구.

¶ □□를 낀 손으로 턱을 고이고 앉아 있다. □□를 떼다(화살을 메운 시위를 탁 놓다).

9. 콩과 식물의 열매를 싸고 있는 껍

---

2. 길미 → 길미세(-稅; 소득 길미에 대하여 매기는 세금)

3. 각담 → 돌각담

4. 터수

5. 보굿 → 보굿켜(나무 겉껍질 안쪽의 껍질), 솔보굿(소나무의 보굿)

6. 깍정이 → 종지(간장·고추장을 담아 상에 차리는 작은 그릇)

7. 깍지[1] → 깍짓동(마른 깍지를 줄기째 모아 묶은 큰 단. 뚱뚱한 사람의 몸집을 비유)

8. 깍지[2]; 깍지[3] → 무릎깍지(앉아서 두 무릎을 세워 팔 안에 안기도록 끼는 깍지), 깍짓손(깍지를 낀 손. 시위를 잡아당기는 손), 손깍지

9. 꼬투리 → 팥이나 콩은 꼬투리열매다.

질. 말이나 사실 따위의 실마리. 남을 해코지하거나 헐뜯을 만한 거리.
¶ 콩□□□에서 알맹이를 떨어내면 '깍지'만 남는다. 자꾸 □□□를 물고 늘어진다. 말□□□를 잡아 따지기 시작하다.

10. ▸마음이 깨끗하여 부끄러움을 아는 태도(얌통머리, 염치). ▸부끄러움을 아는 마음.
¶ 너 왜 그리 □□□가 없느냐. 그 말에는 불여우라는 할멈도 대꾸할 □□□가 없는 모양이었다. 염치없고 □□□□도 없다면 어찌 사람이라 할 수 있겠는가.

11. 옆으로 쫙 퍼지게 끼얹는 물.
¶ 먼지가 이는 마당에 □□□을 뿌렸다. 화단의 꽃들은 아침마다 □□□을 맞으며 자란다.

12. 힘들이지 않고 선뜻 건너뛰거나 올라서는 꼴.
¶ 담을 □□□□□ 뛰어넘다. 아이는 도랑을 □□□□□ 건너뛰었다.

13. 마음이 내키지 않는 것을 억지로 참아가며 느릿느릿 행동하거나 말하는 꼴.
¶ 마지못해 □□□□ 비질을 한다. 노인은 못 들은 채 아무 대꾸도 하지 않고 □□□□ 발길을 옮겨 놓았다. □□□□ 대답하다.

14. 힘들이지 않고 살짝. 남몰래 가만히(≒살며시).
¶ 담 위에서 □□□□ 뛰어내리다. □□□□ 시작한 일이지만 만족스러운 결과를 얻었다. 그 일은 내일 아침에 □□□□ 하여도 된다. 방문을 □□□□ 열고 들어오다.

15. 상당한 정도로(≒대강, 대충). 표준에 거의 가깝게(≒거지반).
¶ 토목 공사가 □□ 끝나간다. 약속 시간이 □□ 다 되었다. 목적지에 □□ 다 왔다.

16. 겉으로 보고 대강 어림잡아 헤아리다.
¶ 거두어들인 콩이 □□아 두 말은 되겠다. □□아서 이틀이면 넉넉하다.

17. 잘못 치닫거나 기우는 형세 따

---

10. 야마리; 주리팅이 → 야마리없이(체면없이)
11. 나비물
12. 사부랑삽작, 〈큰〉서부렁섭적
13. 시적시적
14. 사부자기, 〈큰〉시부저기
15. 얼추 → 얼추잡다(대강을 작정하다. 건목치다)
16. [겉잡다] 겉잡(아), 겉잡(아서)
17. [걷잡다] 걷잡(지), 걷잡(을)

위를 붙들어 바로잡다. 진정하거나 억제하다.[+부정어]

¶ 빠르게 번지는 불길을 □□지 못하다. 쏟아지는 눈물을 □□을 수가 없다.

18. 젖먹이가 오줌이나 똥을 가려서 눌 때를 찾다.

¶ 똥오줌을 □□ 만큼 자란 아이. 젖을 뗀 지가 언제인데 아직 똥오줌을 □□지 못한다.

19. 바로 가지 아니하고 멀리 돌다. 선뜻 나가서 하려 하지 않고 슬슬 피하다.

¶ 들판을 □□아 흐르는 강. 일은 하지 않고 □□기만 한다.

20. 둘러막다. 바로 말하지 않고 짐작하여 알 수 있도록 둘러서 말하다(=비사치다).

¶ 소나무가 주위를 □□□□. 산이 □□□ 마을. 기분을 상하지 않도록 □□□ 타이르다.

---

18. [그느다] 그늘, 그느(지)

19. [에돌다] 에돌(아), 에돌(기만) → 에돌아가다, 에돌리다

20. [에두르다] 에두르다, 에두른, 에둘러 → 둘러말하다(에둘러서 간접적으로 말하다)

[문제 3]

1. 일을 가늠 보아 해낼 만한 능력.

¶ 저의 □□대로 하기는 했습니다만 부족함이 많습니다. 네 □□으로 그걸 어찌 하겠다는 거냐? 그의 □□으로는 벅차다. 아직 어린데도 □□□□이 일들을 제법 잘 한다.

2. 사물을 깨닫는 힘. 가늠하는 힘. 이해력.

¶ □□이 있다. □□이 부족하다. 보통 사람의 □□으로는 파악하기 어려운 일이 벌어졌다.

3. 아껴서 알뜰히 쓰는 일[=절약(節約)].

¶ 남편은 빈둥빈둥 놀면서 아내가 □□□를 한 용돈이나 받아쓰니 한심하다. 살림을 □□□하다.

4. 물과 불처럼 어울리거나 공존할 수 없어 서로 용납되지 아니하는 일

[정답 3]

1. 깜냥, 깜냥깜냥(이) → 깜냥깜냥이(저마다의 깜냥대로), 깜냥없다(종작없다. 제 분수를 모르고 어림없다)

2. 간각

3. 조리차, 조리차(하다)

4. 비각

[≒상극(相剋)].

¶ 그와 나는 성격이 □□이다. 숙지황이 든 약을 먹을 때 날무를 먹는 것은 □□이다. 저 두 사람은 □□이라 만나면 싸운다.

5. 시치미를 떼고 하는, 앞뒤가 맞지 않는 말(=모순). 생판으로 쓰는 억지나 떼(=생떼).

¶ 저렇게 □□을 붙이니, 말에 씨가 먹지 않는다. □□으로 잡아떼다. 술만 마시면 □□스럽게 군다. □□을 붙이다(모순되는 말을 시치미 떼고 하다).

6. ▸남이 무엇을 줄 때에 사양(辭讓)하는 일[=거절(拒絶)]. ▸싫다고 거절하거나 물리치다.

¶ 너무 □□ 말고 어서 받게. 성의로 보내는 선물을 □□하다니. 돈을 □□□□. □□□지 말고 꼭 받아 주게. 그가 다시 돌아온다면 우리는 □□할 이유가 없다.

7. 물가의 모래와 작은 돌들이 섞인 곳.

¶ 냇가의 넓게 펼쳐진 □□□에 천막을 치고 놀았다. 해변의 □□□가 해일(海溢)에 결딴났다.

8. ▸강가나 냇가의 돌이 많이 깔린 곳. ▸생선의 살을 발라낸 나머지. 곧 뼈, 대가리, 껍질 따위를 통틀어 이르는 말.

¶ 강가에 □□이 넓게 깔려 있다. □□을 지나 한참 내려가니 모래톱이 나타났다. 물고기를 낚아 회를 뜨고 나머지는 □□탕을 끓였다.

9. 돌이 많이 깔린 비탈.

¶ 가풀막을 기어오르고 □□□을 미끄러져 내려와 땅거미에 인가가 있는 곳에 겨우 다다랐다.

10. ▸칼날이나 유리조각 따위의 날카로운 끝 부분. 언행이 강하고 날카로운 기세. ▸소금에서 녹아 나오는 짜고 쓴 물.

¶ □□이 시퍼런 칼. 호통을 치는 □□에 말도 못하고 나왔다. □□이 시퍼렇다(기세가 등등하다). 여인의 설치는 □□을 치맛바람이라고 한다. □□은 두부를 만들 때 응고 역할을 하는 물질이다.

---

5. 생청, 생청(스럽게)

6. 채변(하다); [마다하다] 마다하다, 마다하(지), 마다(할)

7. 작벼리 → '작별(조약돌의 옛말)+이'로 분석된다.

8. 서덜[1]; 서덜[2] → 서덜겅, 서덜밭, 돌서덜

9. 너덜겅, 〈준〉너덜 → 너덜길(돌이 많이 깔린 비탈길); 너설(바위나 돌 따위가 삐죽삐죽 내민 험한 곳)

10. 서슬[1]; 서슬[2]

11. 긴 막대와 받침대를 이용하여 무거운 물건을 들어 올리는 기구.

¶ 젓가락, 디딜방아, 장도리 등은 □□ㅅ대의 원리를 적용한 도구다.

12. 무슨 일이 일어나기도 전에 미리.

¶ 겁을 먹고 □□ 도망을 치다. □□ 놀라다.

13. 물건을 단단하게 묶지 아니한 채. 결과를 바라지 아니하고 헛일하는 셈 치고 시험 삼아.

¶ □□□□□ 짐을 등에 지고 나가다. □□□□□ 한번 해 본 것뿐인데 뜻밖에 일이 잘 되었다. □□□□□ 한번 보내 보자.

14. 대수롭지 않게. 아무렇게나 되는 대로.

¶ □□□ 볼 사람이 아니다. 연장을 □□□ 다루다. 이것은 □□□ 다룰 물건이 아니다.

15. 차분하고 꾸준히. 차분하고 탐탁스레.

¶ 공부는 □□□ 해야 한다. 밥을 □□□ 먹지 아니하다. □□있게 일을 하다.

16. 생선 따위가 싱싱한 맛이 적고 조금 타분하다.

¶ 고등어조림이 □□□여 먹지 않고 버렸다.

17. 아직 어려서 철없이 날뛰기만 하고 분수가 없다.

¶ 아들은 □□□□□서 항상 일이 닥치면 허둥지둥하기 때문에 걱정이다. 십대들은 몸은 어른이나 판단력은 흐려 간혹 □□□□□는 경우가 있다.

18. 몸이 마르고 핏기가 없어 해쓱하다(=강파르다, 수척하다).

---

11. 지레[1] → 지렛대, 지렛목(지레를 받치는 고정된 점), 지레질/하다

12. 지레[2] → 지레김치(김장 김치보다 일찍 담가 먹는 김치), 지레뜸(뜸이 들기 전에 푼 밥), 지레짐작/하다, 지레채다(지레짐작으로 알아채다)

13. 에멜무지로

14. 허투루

15. 지머리, 지멸(있게) → 지멸있다(꾸준하고 성실하다. 직심스럽고 참을성이 있다), 지멸있이

16. [모름하다] 모름하(여) → 타분하다(음식의 냄새나 맛이 신선하지 못하다)

17. [소양배양하다] 소양배양해(서), 소양배양하(는)

18. [파리하다] 파리해(졌다), 파리한, 파리하(나) → 강파르다(몸이 파리하다. 성질이 까다롭고 고집이 세다); 강팔지다(성미가 까다롭고 너그럽지 못하다)

¶ 앓고 나더니 얼굴이 많이 □□□졌다. 얼굴 낯빛이 몹시 □□□ 소녀. 얼굴이 □□□나 단단하고 군센 기상이 있어 보이다(갈걍갈걍하다).

19. 병목 같은 것이 희고 시원스럽게 쭉 빠지다.
¶ 청자 술병의 목이 □□□□. 백자 술병의 목이 □□히 빠졌다.

20. 서로 번갈아 들다. 갈음하여 들다.
¶ 가뭄과 장마가 □□□□. 우리 역사를 보면 내우와 외환이 자주 □□□었다. 그는 짐을 왼손으로 □□쥐면서 악수를 청했다.

[문제 4]

1. 앞으로 좋게 발전할 가능성.
¶ 하는 짓을 보니 □□이라곤 조금도 없다. □□이 있어 보이는 젊은이.

2. ▸하루 낮의 절반쯤 되는 동안. 낮의 어느 무렵이나 동안. ▸하루 낮의 $\frac{1}{4}$쯤 되는 동안(반나절). ▸한낮으로부터 저물 때까지를 둘로 나눈 앞 절반.
¶ 걸어서 한□□이면 간다. 하루 낮의 $\frac{3}{4}$쯤 되는 동안을 '□□가웃'이라고 한다. □□이면 할 일을 온종일 둥개고 있다. 무더운 점심 □□에는 들일을 삼가시오.

3. 물품이나 몸가짐 따위를 알뜰히 매만져서 잘 간직하거나 가꿈.
¶ 오래 쓰고 못 쓰고는 □□할 탓이다. 문화재는 신중한 □□이 필요합니다. 할머님이 쓰시던 반닫이를 잘 □□하여 가보처럼 아끼다. 옷맵시는 □□하기에 달렸다.

4. 손톱의 뿌리가 박힌 자리에 가시처럼 얇게 터져 일어난 것. 나뭇결 같은 것이 얇게 터져 일어나서 가시처럼 된 것.
¶ 손 □□□□를 잡아떼면 덧나기 쉽다. 널빤지의 □□□□를 대패로 밀어내다. 물건에 쓸데없이 붙어 있는 □□□□나 털

---

19. [행금하다] 행금하다, 행금(히)
20. [갈마들다] 갈마들다, 갈마들(었다), 갈마(쥐면서) → 갈마보다(서로 번갈아 보다), 갈마쥐다(한 손에 쥔 것을 다른 손에 바꾸어 쥐다)

[정답 4]

1. 늘품
2. −나절(한나절) 한겻; 낮결 → 세나절(잠깐이면 끝날 일을 질질 끌어서 늦어지는 동안), 열나절(어떤 한도 안에서의 매우 오랫동안)
3. 가축 → 가축하다, 몸가축(몸을 매만져 잘 거두는 일), 집가축(집을 잘 거두는 일)
4. 거스러미

같은 것은 '너스래미'라고 한다.

5. 남에게 등을 대어 기대거나 떼를 씀. 또는 그런 짓. 제 허물을 남에게 덮어씌움. 또는 그런 짓.

¶ 아이가 엄마에게 □□□를 부리며 보챈다. 네가 아무리 □□□를 해도 우리는 꼭 그곳에 들어가야 해. 제가 잘못을 저질러놓고 누구에다가 □□□를 하려드느냐. 제가 제 꾀에 빠져 낭패를 본 걸 누구에게 □□□할까.

6. 아무 까닭 없이 남을 탓하고 원망함. 꾸지람.

¶ □□□를 대다(짓궂게 조르며 못살게 굴다). 심술쟁이 아이는 엄마를 붙잡고 □□□가 늘어졌다. 선생님께 □□□ 듣기 일쑤였다. 공부 안한다고 □□□만 먹는다.

7. 재물이 자꾸 생겨서 아무리 써도 줄지 않음을 이르는 말.

¶ 땅은 해마다 곡식을 나을 테니까 그야말로 □□□이다. □□□을 얻었나(재물을 물 쓰듯 쓰는 사람을 탓하는 말).

---

5. 지다위 → 지다위질/하다, 지다위하다(떼쓰다. 기대다)

6. 지청구

7. 화수분

8. 막되어 먹었거나 예의와 염치가 도무지 없는 사람.

¶ 세상에 저런 후안무치한 □□□도 없을 거다. 그 사람은 동네에서 소문난 □□□이다.

9. ▸초목의 줄기 속에 있는 연한 심. 사물의 알짜가 되는 부분. 핵심(核心). ▸어떤 물건의 껍질이나 껍데기를 벗기고 남은 속 부분. 사물의 핵심.

¶ 배추 □□□로 국을 끓이다. 그의 삶 속에는 민족자존이라는 □□□가 자리 잡고 있었다. 껍질을 벗기지 않은 곡식의 □□□를 '낟알'이라고 한다. 겉만 요란했지 □□□는 별로 없다.

10. 채 익지 아니한 과실(=생둥이).

¶ 피란길에 배가 고파 □□까지 따먹었다고 한다.

11. 바람이나 병으로 자라는 도중에 떨어진 과일.[=낙과(落果)]. 못자리에 난 어린 잡풀.

¶ 지난 밤 태풍에 떨어진 □□□를 본 농

---

8. 만무방

9. 고갱이; 알맹이 → '알갱이'는 낟알이나 작고 동그랗고 단단한 물질을 뜻한다.

10. 똘기

11. 도사리[1] → 도사리하다(모를 낸 뒤 논을 정리하다)

민들은 한숨과 울상이다. 논에 들어가 □□□를 뽑다.

12. 밭에서 겨울을 지낸 뿌리에서 이른 봄에 자라난 채소.

¶ □□□ 배추로 담근 김치. 아파도 누워 있는 성미가 아니라 □□□처럼 살아나질 않았겠소.

13. 한 가지 물건에 같은 일을 여러 차례 거듭해야 할 때의 첫 번째 차례 [=초벌(初-)].

¶ 상추를 물에 □□ 씻다. 아주 더러운 옷을 □□ 손빨래 한 후 세탁기에 넣어 돌리다. 낟알을 □□ 찧다.

14. 조심성 없고 가볍게 나부대는 꼴. 어리석고 둔하여 무슨 일에나 소홀한 모양.

¶ 알지도 못하면서 □□□□ 덤비지 마라. 일을 □□□□ 처리하다.

15. 남이 싫어하건 말건 자꾸 짓궂게 요구하는 꼴.

¶ 부장님은 신입 사원이 싫다는데도 □□□□ 술을 권한다.

16. 마음에 조금 부족하나마 겨우. 넉넉하지는 못하나마 좀. '겨우, 오로지'의 힘줌말.

¶ 내가 가진 돈은 □□□□ 천 원뿐이다. □□□□ 자식을 생각하는 부모 마음. 빵과 우유로 □□□□ 허기를 달래다.

17. 어찌할 수 없이 일이 긴급해지면.

¶ □□□□ 그만두어라. □□□□ 피난이라도 가야지.

18. 살림이 몹시 구차하다(=가난하다).

¶ □□□ 살림살이를 자식에게 물려줄 수가 없다. □□살림에 허리 펼 날이 없다.

19. 차림새 따위가 수수하고 걸맞다.

¶ □□□ 옷차림. □□히 차려입고 나들이

---

12. 도사리[2]

13. 애벌 ↔막벌 → 애벌구이, 애벌빨래, 애잇기름(애벌로 짠 기름), 애잇닦기(애벌로 닦는 일); 애잇(애벌로. 처음으로); 애짓다(창조하다)

14. 지망지망

15. 지싯지싯 → 지싯거리다/대다(짓궂게 요구하다), 지싯지싯하다

16. 애오라지

17. 야다하면

18. [애옥하다] 애옥한, 애옥 → 애옥살림(가난에 쪼들려 고생스러운 살림살이)

19. [술명하다] 술명한, 술명(히), 술명하(게)

하다. □□□게 차린 백일잔치.

20. 겉모양이 깨끗하지 못하고 생기가 없다. 태도가 너절하고 고상하지 못하다.

¶ 금의환향은커녕 □□□ 모습으로 낙향하다. 옷차림이 □□□여 부자(富者)로 보이지 않는다. □□□ 놈하고 어울리지 마라.

[문제 5]

1. 말이나 하는 짓 또는 상태가 보통과 아주 다름.

¶ □□ 떨지 말고 얌전히 있어라. 눈이 □□히 큰 아이. 오늘따라 별빛이 □□스레 밝다. 일이 □□□게도 까다롭다.

2. ▸전문가가 아니어서 솜씨가 서투른 장인(匠人). ▸여기저기서 마구 모으는 일.

¶ 양 목수는 아직은 □□□라 선불리 일을 맡길 수가 없다. 산속에 사는 자연인은 초막을 □□□로 지었다. 까치는 나무 위에 □□□로 둥지를 틀었다.

3. ▸무엇을 배우다가 그만두어 다 이루지 못한 사람. ▸익숙하지 못하고 솜씨가 없는 장색(匠色).

¶ 배울 때 배워야지 □□□□□가 되어서는 안 된다. 목수 □□□. □□□는 '장인'의 테두리를 벗어났다 해서 생긴 말이다.

4. 콩이나 팥 따위의 꽃.

¶ 올해는 □□이 일찍 일었다. □□이 일다(콩·팥의 꽃이 피다).

5. 밤나무의 꽃.

¶ 해마다 유월이면 밤나무 고을 산허리마다 □□□□가 피어 비릿한 꽃내음이 여기저기 풍긴다.

6. 대체의 줄거리가 되는 중요한.

¶ □□□ 것부터 말하면 양쪽이 같다. □□□ 내용만 간추려서 발표하다.

7. 그물의 위쪽 코를 꿰어 오므렸다 폈다하는 줄. 일이나 글의 가장 중심이 되는 줄거리. 요체(要諦). 핵심(核心).

---

20. [추레하다] 〈작〉초라하다. 추레한, 추레하(여), 추레한

[정답 5]

1. 유난, 유난(히), 유난(스레), 유난하(게도)

2. 쥐대기[1]; 쥐대기[2] → 쥐대기옷(여러 천 조각을 붙여서 기워 만든 옷)

3. 반거들충이(半−); 벗장이

4. 노굿 → 콩노굿, 팥노굿

5. 밤느정이(밤꽃) 〈준〉밤늦 → '느정이'는 말린꽃을 뜻하는 옛말이다.

6. 대모한

7. 벼리

¶ 그물이 삼천 코라도 □□가 으뜸(아무리 여럿이라도 통솔하는 것이 없으면 소용이 없음). 이글의 □□는 '정의'다. 선비는 바로 모든 사람의 □□다.

8. 사물을 가리어 헤아릴 만한 실마리. 사물을 판단할 만한 능력.

¶ 이제야 □□□□가 서다. 일이 너무 얽히고설키어 □□□□를 잡을 수가 없다. 그는 □□□□가 없는 사람이라 일을 맡기기 어렵다.

9. 물속에 잠겨 있는 바위[=암초(暗礁)].

¶ 배가 □에 걸려 부서지다. 제주도 남쪽 가파도 앞바다에는 □가 많아 위험하다.

10. 바윗돌로 된 작은 섬[≒노초(露礁)].

¶ 바다 위에 몇 개의 □이 떠 있다.

11. 모깃과의 곤충으로 '남의 것을 착취하기 좋아하는 악한 사람'을 비유하여 일컫는 말.

¶ 인정 없이 서로 남의 것만 뜯어먹으려고 덤벼 벌이는 자리를 '□□□판'이라고 한다.

12. 식물의 줄기나 잎 또는 물체나 동물의 표면에 바늘처럼 뾰족하게 돋아난 것. 물고기의 잔뼈. 사람의 마음을 찌르는 것.

¶ 철조망의 □□에 찔리다. 생선구이의 □□를 발라내고 먹다. □□ 돋친 말로 남의 마음에 상처를 입히다.

13. 된장 등 음식물에 생기는 구더기.

¶ 고추장 독에 □□가 나다.

14. 흙구덩이나 그릇의 아가리 또는 바닥에 닿지 않게 하기 위하여 이리저리 걸쳐 놓는 막대기. 수다스럽게 떠벌려 늘어놓는 말이나 짓.

¶ 동이 위에 □□□를 놓고 막걸리를 거르다. 동생이 □□□를 떠는 건 밉지가 않다. □□□를 떨다(남을 농락하려고 말을 늘어놓다). 너털웃음을 웃으면서 □□□를 늘어놓는 짓을 '넌덕'이라고 한다.

---

8. 가리사니 [←가리(다)] → 갈피, 가리산지리산, 가리새[1]

9. 여 → 숨은여(속여; 숨은바위)

10. 염 → 작은 염을 '밤염'이라고 한다. 바위섬(바위가 많거나 바위로 이루어진 섬)

11. 각다귀(판)

12. 가시[1] → 가시눈(날카롭게 쏘아보는 눈), 가시덤불, 가시랭이, 가시방석(−方席; 불편한 자리), 가시밭길; 눈엣가시

13. 가시[2]

14. 너스레 → 너스레웃음, 너스레치다

15. 이야기나 일이 질서가 없어 갈피를 못 잡아 갈팡질팡하는 꼴.

¶ 어둠 속에서 □□□□□□ 헤매었으나 인가는커녕 추위를 피할 자리도 못 찾았다. □□□□□□ 어쩔 줄을 모른다.

16. 자질구레하게 이래저래 드는 비용. 잡비(雜費). 자질구레한 것까지 좀스럽게 따지는 꼴.

¶ □□□□까지 다 셈하니 비발(드는 돈)이 엄청나다. 사소한 일까지 □□□□ 따지는 데 아주 질렸다.

17. 몸이 튼튼하고 병이 없다. 몹시 소중하다. 어원적 의미는 '생(生) 대나무 같다'다.

¶ □□□은 사람이 죽다니. □□□은 자식들을 굶길 수야 없지. 주식이 폭락 바람에 □□□은 내 돈을 다 날렸다.

18. 미안하여 볼 낯이 없다. 면목(面目)이 없다.

¶ □□□서 한 마디 못했다. 시간이 없고 □□□기도 해서 나는 그 모임에 가지 않겠네. 약속을 어겨 □□□□.

---

15. 가리산지리산 ≒갈팡질팡

16. 옴니암니

17. [생때같다] 생때같(은)

18. [서머하다] 서머해(서), 서머하(기도), 서머하다 → 서머서머하다(매우 서머하다)

19. 자주 못 만나 낯이 좀 설다(≒낯설다). 사이가 정답지 아니하다(≒섬서하다).

¶ 얼마 동안 헤어져 있었다고 해서 □□□ 할 것은 없다. □□□진 동창들. 다른 사람들이 나를 □□□게 대하는 것이 분하였다.

20. 서로 지내는 사이가 썩 어울리지 않고 서먹서먹하다(=서름하다). 친절하지 않다. 대접이나 관리가 소홀하다.

¶ □□□게 지내는 사이라 자세히는 모르겠다. 아파트에서는 이웃끼리 □□□게 지내는 편이다. 대접이 □□했다.

[문제 6]

1. 뒤에서 힘이 되어 주는 사람. 곁에서 도와주는 사람(=후원자, 스폰서).

¶ 그 사람은 □□□가 좋으니까 어떻게 잘 되겠지. □□□가 좋다(뒤에서 돌보아 주는 사람이 많다).

---

19. [설면하다] 설면해, 설면해(진), 설면하(게)

20. [섬서하다] 〈작〉삼사하다, 섬서하(게), 섬서하(게), 섬서

[정답 6]

1. 벗바리 → 뒷배(드러나지 않게 뒤에서 보살펴 주는 일)

2. 일을 치러냄. 또는 그 일. 남을 도와서 바라지를 함. 또는 그 일.

¶ 온종일 손님 □□□□에 지칠 지경이다. 사건의 □□□□를 맡아 하다. 한평생 남의 □□□□만 하며 살아왔다.

3. 귀찮고 힘든 남의 뒤치다꺼리.

¶ 병든 오라비 □□을 끝까지 치어주다. □□을 치다(귀찮고 괴로운 남의 뒤치다꺼리를 하다).

4. 마구 몰아대서 닦아세움. 곤란과 시련을 이겨낼 수 있게 단련하거나 단련되는 것. 물건을 갈고닦아서 다듬는 일.

¶ 돈을 어서 갚으라고 매일 □□을 하다. □□질에 시달려 초죽음이 되다. '물이못나게'는 무엇을 정신없이 □□하는 모양을 나타내는 부사다. 젊은 시절에 몸□□을 잘해 놓았다. 가구는 □□만 잘하면 새것처럼 깨끗해진다. 집안□□을 말끔하게 하다.

5. 짐스럽고 귀찮은 일을 겪어 내거나 처리하여 감당함. 또는 그러한 물건.[+못하다. 없다]

¶ 혼자서는 □□할 수가 없었다. □□를 못하다(감당을 못하다). 술에 취하여 몸□□도 못한다. □□가 어지럽다(짐스럽고 귀찮아 정신이 어수선하다).

6. ▸이른 철의 사리에 잡힌 해산물. 음력 오월 사리 때 잡것이 많이 섞여서 잡힌 새우나 해산물. ▸옥수수 이삭을 싸고 있는 껍질.

¶ □□□를 잔뜩 잡은 고깃배. □□□를 벗긴 옥수수를 솥에 넣고 찌다. □□□는 소의 여물로 제격이다.

7. 벼·보리 따위 낟알의 수염 부스러기.

¶ □□가 옷 속에 들어가 등이 따갑고 가렵다. □□가 목에 걸려 캑캑거리다.

8. 남이 괴롭게 굴거나 당부하는 일

---

2. 치다꺼리 → 뒤치다꺼리, 손님치다꺼리, 입치다꺼리(먹는 일을 뒷바라지하는 일)

3. 구듭 ≒진구덥(자질구레하고 지저분한 뒷바라지 일)

4. 닦달 → 닦달질/하다, 닦달하다(물건을 손질하고 매만지다), 몸닦달(몸의 훈련), 집안닦달(집 안을 깨끗이 치워내는 일); 어원적 의미는 '닦고 다듬질함'이다.

5. 주체 → 주체궂다(몹시 주체스럽다), 주체스럽다, 주체하다(짐스럽고 귀찮은 것을 처리하다), 몸주체(몸을 거두거나 가누는 일)

6. 오사리[1]; 오사리[2] → 오사리잡놈(−雜−; 온갖 지저분한 짓을 하는 사내), 오사리젓

7. 괴끼

8. 받자 → '받자'는 지난날 관아에서 환곡이나 조세를 받아들이던 일의 뜻도 있다.

따위를 잘 받아주는 일.

¶ 귀엽다고 □□를 해 주었더니 응석받이로 자라 너무 버릇이 없다.

9. 말과 행동으로 남을 위협하는 일.

¶ 그는 턱을 치켜들고 □□□을 놓을 듯 무섭게 노려보았다. 어른의 □□□에 코웃음을 치는 아이들.

10. 실이나 피륙 또는 종이나 나무 따위의 겉에 보풀보풀하게 일어난 섬유.

¶ 목재에 일어난 □□을 사포로 문질러 매끈하게 하였다.

11. 태질로 타작을 할 때에 나오는 벼 낟알이 섞인 짚북데기.

¶ □□을 모아 모깃불을 피우다.

12. 보풀(종이나 헝겊 따위가 닳거나 해져서 거죽에 일어나는 잔털)의 낱개.

¶ 옷에 □□□□가 붙어 떨어내다.

13. 짚이나 풀 따위의 엉클어진 뭉텅이 .

¶ 외양간에 □□□를 깔아주다. 잘되지 않아 수확이 매우 적은 농사를 '□□□농사'라고 한다.

14. 언행이 침착하거나 단정하지 못하고 어설프게 서투른 꼴.

¶ 갈피를 잡을 수 없게 □□□□ 지껄인다. □□□□ 덜렁대는 덜렁꾼.

15. 대번에 몰아치지 않고 길게 늘여서.(=부루)

¶ 용돈을 □□ 쓰다. □□ 먹다(양식의 소비를 조절하여 예정보다 더 오래 먹다).

16. 이러니저러니 하고 옳고 그름을 가리는 꼴.

¶ 형제간에 □□□□ 가릴 것까지는 없잖은가. 우리 사이에 □□□□ 할 일인가. 이제 와서 □□□□ 가를 필요가 없다.

---

9. 으름장 → 으르다(위협하다)

10. 괴깔 ≒ 보푸라기

11. 괴꼴

12. 보푸라기, 〈큰〉부푸러기 → 보풀다/부풀다(물건의 부피가 커지다, 희망이나 기대에 마음이 벅차다, 실제보다 과장되다)

13. 북데기 → 짚북데기, 북덕불(북데기에 피운 불); 짚의 잔 부스러기를 '부검지'라고 한다.

14. 서털구털

15. 느루[←늘(다)+우]

16. 왕배덕배 → 왕배야덕배야(여기저기서 시달림을 받아 괴로움을 견딜 수 없을 때 부르짖는 소리, 여기저기서 시끄럽게 시비를 따지는 소리)

17. 모습이나 처지 따위가 애처롭고 불쌍하여 차마 보기 어렵다. 연약하고 가냘프다[≒가련(可憐)하다].

¶ 병고에 시달리는 초췌한 그의 모습이 참으로 □□□□. 엄마를 부르며 우는 어린이가 □□□게 느껴졌다. □□히 여기다.

18. 변해 없어지거나 달라지다. 물 따위로 깨끗이 씻다(≒부시다).

¶ 흥분이 □□□. 고운때가 □□□(꽃다운 모습이 변하여 없어지다). 입 안을 □□□. 솥을 □□□.

19. 유난히 귀여워하고 사랑하다.

¶ 아이를 너무 □어 기르니 버릇이 나빠진다. 아이는 □□ 대로 간다.

20. 물고기나 닭·돼지 따위가 발육이 잘 되어 살져서 기름지다. 음식을 많이 먹어서 배가 부르다.

¶ 하루가 다르게 □□는 돼지. 실컷 먹어 배 속이 □□고 나면 덜 먹으려니 싶기도 했다.

17. [자닝하다] 자닝하다, 자닝하(게), 자닝(히)

18. [가시다] 가시다 → 가심[볼가심(요기), 부앗가심(화를 누그러뜨리는 일), 약가심(藥-), 입가심, 집가심], 씻가시다

19. [괴다] 괴(어), 괴는 → 굄[1], 괴이다

20. [이지다] 이지(는), 이지(고)

[문제 7]

1. 옷을 입고 매만진 맵시. 물건의 만들어진 모양새.

¶ 몸매가 좋아서 아무 옷을 입어도 □□□가 곱다. □□□를 보아하니 공을 많이 들였구나.

2. 잔치나 제사를 지낸 뒤에 몫몫이 담아 여러 사람에게 나누어 주는 음식.

¶ □□를 박쌈하여 도르다. 옆집에서 보낸 시루떡 □□를 받았다.

3. 주로 물기 없는 물건을 넣어두며 뚜껑을 닫게 된 작은 그릇. 갑(匣; 작은 상자).

¶ 물건을 □에 넣어두다. 도시락을 '밥□'이라고 한다.

4. ▸이의 알. ▸파리의 알.

¶ □□ 훑듯(빠뜨림 없이 샅샅이 뒤지거나 조사함). 이가 □□를 슬다. □□에서 갓 태

[정답 7]

1. 맨드리 → 몸맨두리(몸의 모양과 태도)

2. 반기 → 박쌈(남의 집에 보내려고 음식을 함지에 담아 보자기로 쌈)

3. 곽 → 꿀곽, 성냥곽

4. 서캐; 쉬 → 쉬슬다(파리가 알을 여기저기 깔겨 놓다)

어난 이를 가랑니하고 한다. 파리가 □를 슬다.

5. ▸뽕나무의 열매. ▸벚나무의 열매.
¶ 어렸을 적에 뽕나무밭에서 □□를 따 먹었다. 까마귀가 □□를 마다한다(평소에 즐겨하던 것을 뜻밖에 사양함). 벚나무의 □□로 떡이나 소주를 만든다.

6. 밭의 두둑 사이의 움푹한 곳. 두두룩한 두 땅 사이의 낮은 곳이나 그것을 세는 말.
¶ 밭에 □□을 파고 거름을 주었다. 보리밭 한 □□. □□이 이랑 될 날이 있다.

7. 갈아놓은 밭의 한 두둑과 한 고랑을 합하여 이르는 말. 또는 그것을 세는 말.
¶ 호미로 콩밭 다섯 □□을 맸다. □□지는 파도가 밀려오다.

8. 지난날 여자가 나들이할 때 얼굴을 가리기 위하여 머리에서 길게 내려쓰던 가리개.
¶ □□ 속으로 비친 해사한 얼굴. 머리에 □□을 쓴 별당 아씨. □□ 쓴 거지(몹시 시장하여 체면을 돌볼 수 없는 처지).

9. 바다에서 일어나는 크고 사나운 물결.
¶ □□이 이는 바다. 파도 아닌 크고 느린 □□이 왔다.

10. 정신을 차리도록 단단히 조지는 일.
¶ □□□을 해서 버릇을 고치다. 입 조심할 것을 다시 □□□하다.

11. 어떤 방면에 아주 길이 들어서 몸에 푹 밴 버릇.
¶ 사람 속이기에 □□이 난 사기꾼. 삼촌은 낚시질에 □□난 사람이다.

---

5. 오디; 버찌, 〈준〉벚 → 오디술

6. 고랑 → 고랑배미, 고랑창(골창; 너비가 좁고 깊은 고랑); 시궁창

7. 이랑 → 옛말은 '사래'다. 이랑지다(호수나 바다 표면에 밭이랑처럼 물결이 지다), 밭이랑

8. 너울[1] → 너울짜리(양반의 부녀자)

9. 너울[2], 〈준〉놀 → 너울거리다/대다, 너울지다, 물너울(넓은 물에서 크게 움직이는 물결)

10. 당조짐 → 조지다(짜임새가 느슨하지 않게 단단히 맞추다, 단단히 잡도리하다, 호되게 때리다); 다조지다, 뒤조지다(일의 뒤끝을 단단히 다지다), 매조지다,

11. 이골 → 이골나다(어떤 방면에 아주 익숙해지다)

12. 일의 진행에 있어 가장 요긴한 점이나 계기.

¶ □□만 잘 잡으면 일은 순조롭게 진행된다. 그 사건이 생긴 □□을 한번 자세히 물어보고 일을 처리하자. 지금 바쁘니 □□만 말해라.

13. 기계 따위를 움직여 활동시키는 장치. 기적(汽笛) 따위의 소리.

¶ 상수도의 □□을 틀어 물을 받다. □□ 소리 아득히 멀어지는 배.

14. 사고나 탈.

¶ 사람만 믿고 돈을 빌려주었다가 □□이 나고 말았다. 행사 진행에 □□이 나지 않게 사전 계획을 치밀하게 세우다. □□이 나다(사고가 일어나다. 탈이 나다).

15. 빌미나 탈.

¶ 그 일이 □이 되어 절교하다. 농담 한 마디가 □이 되어 싸움이 벌어졌다. 저러다 무슨 □을 낼라.

16. 살이 통통하게 찌고 탐스럽게 생긴 꼴(≒토실토실).

¶ □□□□ 복스러운 강아지. 얼굴이 □□□□하다.

17. 성질이나 태도가 은근하고 약간 귀찮도록 끈덕진 꼴.

¶ 마음먹은 것이면 며칠이 걸리든지 □□□□ 붙들고 매달려 끝을 내고야 만다. 사람을 □□□□ 괴롭힌다. □□□□ 따라다니다.

18. 보기에 몹시 투박하고 크다.

¶ □□□ 질항아리. □□□게 생긴 은행금고. 가냘픈 몸에 배가 □□히 부른 만삭의 아내는 누워 지낸다.

19. 정신 차려서 제대로 해야 할 일을 그르칠 정도로 주의력이 없고 아둔하다.

¶ 하는 짓이 □□□□. 하는 일마다 □□□

---

12. 고동[1] → 일고동(일이 되고 안 됨이 결정되는 중요한 고비)

13. 고동[2] → 물고동(수도의 마개를 여닫는 장치), 뱃고동

14. 사달 → 한자어 사단(事端)은 '일이나 사건의 실미리'를 뜻하는 말이다.

15. 덧 → 덧나다/내다, 덧들이다, 발덧(발병), 뱃덧(배탈), 입덧; 얼마 안 되는 짧은 시간을 뜻하는 '덧'과 동음이의어다.

16. 부얼부얼(하다)

17. 주근주근(하다), 〈거〉추근추근

18. [유착하다] 유착한, 유착하(게), 유착(히) → 유착스럽다. 툽상스럽다(투박하고 상스럽거나 튼튼하기만 하고 멋이 없다)

19. [행망쩍다] = 해망쩍다 행망쩍다, 행망쩍(으니)

으니 잔소리를 들을 수밖에 없다.

20. 앞일을 짐작하는 요량이 없고 사리를 분별하는 지혜가 적다.

¶ 나는 □□□□해서 항상 일이 닥치면 허둥지둥하기 때문에 걱정이다. □□□□ 돌아치고 다닌다. 제 아우가 □□□□하여 큰 실수를 저질렀으니 용서해 주십시오.

[문제 8]

1. 되·말·자 따위로 되거나 잴 때, 그 단위의 절반가량에 해당하는 남은 분량을 이르는 말.

¶ 한 자 □□이 넘는 피륙. 나절□□은 하루 낮의 $\frac{3}{4}$쯤 되는 동안을 말한다. 한 말 □□지기 논배미.

2. 거의 한 달 기간 동안.

¶ 집을 나간 지 □□이나 소식이 없다. 건축은 □□이나 걸려 끝냈다.

3. 한 해가 넘는 동안.

¶ □□ 소식을 몰라 궁금하다. 고향을 떠나온 지도 □□가 지났다. □□가 지났는데도 일은 제자리걸음이다.

4. 자신이 살아 있는 동안. 벼슬하고 있을 동안.

¶ 내 □□에 그 일이 완성되기는 어려워 보인다. 대통령 □□에 선거공약을 모두 실천하기는 힘들 것이다.

5. ▸낙지의 배. 낙지 뱃속의 검은 물. 또는 그 주머니. ▸물고기 수컷의 뱃속에 있는 흰 정액 덩어리. 어백(魚白).

¶ 낙지를 끓는 물에 데칠 때 □□이 터지지 않게 조심해야 한다. □□로 매운탕을 끓이다.

6. ▸고추장에 설탕과 초를 섞어 만든 양념장. ▸게딱지 속에 들어 있는 누르스름한 된장 같은 물질.

¶ 물고기회에는 □□이 제격이다. 초가을에 아직 □이 들지 아니한 게를 '풋게'

---

20. [쇠양배양하다] 쇠양배양(해서), 쇠양배양, 쇠양배양(하여)

[정답 8]

1. 가웃 → 되가웃, 말가웃, 자가웃, 뼘가웃
2. 달장
3. 해포 → 날포, 달포(한 달이 조금 넘는 동안)
4. 당내 = 임기중(任期中)
5. 고락; 이리 → 물고기의 뱃속에 든 알이나 물고기 새끼는 '곤이(鯤鮞)'라고 한다. '고지'는 명태의 알, 이리, 내장을 아울러 이르는 말이다.
6. 윤집; 장[1] → 장[2](무덤을 헤아리는 단위)과 동음이의어다).

라고 한다.

7. 뒤통수나 앞이마의 한가운데에 아래로 뾰족하게 내민 머리털.

¶ 아이 머리의 □□□□를 가위로 자르다.

8. 갯가나 흙탕물이 지나간 자리에 앉은 검고 보드라운 흙.

¶ 장마철 물난리를 겪은 앞마당에 □□가 앉아 물청소를 하였다. □□를 밟고 지나간 발자국이 선명하다.

9. 장마로 큰물이 난 뒤, 한동안 멎었다가 다시 비가 퍼부어 명개를 부시어 냄. 또는 그 비.

¶ 이제 □□□도 했으니 장마는 다 갔겠다. □□□을 하다(아주 새롭게 하다).

10. 원채의 처마 끝에 잇대어 늘여 지은 집. 또는 차양을 달아 지은 의지간(依支間).

¶ □□를 만들어 조그만 찻집을 내다. 뒤꼍에 □□를 내다.

11. 이미 있는 것 위에 다시 덧대거나 덧보탬. 또는 그런 일이나 물건.

¶ 기름과 땀과 때가 □□□를 이룬 작업복을 벗어던지고 물속으로 들어갔다. 남의 광고물 위에 다른 광고가 □□□를 치고 있다. □□□치다(다른 것 위에 덧덮어 대다).

12. 궁궐 안의 옥좌나 법당의 불좌(佛座) 위에 장식으로 만들어 다는 집의 모형. 감실(龕室).

¶ 홍천 수타사 대적광전의 □□은 빼어나다. 불단 위에 화려한 □□을 달았다.

13. 화를 돋우어 말을 퍼부어가며 싸움. 또는 그 다툼.

¶ □□을 퍼부으며 싸우는 여편네들. □□하고 싶은 마음이었지만 꾹 참았다.

14. 죄인을 심문할 때 두 다리를 한데 묶고 그 사이에 두 개의 막대기를 끼워 비틀던 형벌.

¶ □□를 틀다. □□ 참듯 하다(모진 고통

---

7. 제비초리 → '초리'는 어떤 물체의 가늘고 뾰족한 끝부분의 뜻으로 '눈초리, 위초리(우듬지), 회초리'처럼 쓰이는 말이다.

8. 명개

9. 개부심 → 부시다[2]

10. 달개 → 달개집(달개로 된 집이나 외양간); '우데기'는 너와집의 처마 둘레에 둘러쳐서 바람이나 눈비를 막는 달개를 일컫는 말이다.

11. 덧게비

12. 닫집 → 어원적 의미는 '매달아 놓은 집. 또는 따로 지어놓은 집'이다.

13. 부집 [←불+집] → 부집하다

14. 주리 → 주릿대, 주릿방망이

을 억지로 참다).

15. 늘 마음에 걸리는 근심이나 걱정

¶ 깊은 □□에 잠기다. □□없이 내리는 봄비.

16. ▸넉넉하여 마음이 아주 느긋하다. ▸긴장이 풀린 상태에 있다. 힘이 없어 느슨하다.

¶ 저녁을 배불리 먹었더니 기분이 □□□□. 바닷가에 모래벌이 펼쳐져 보기만 해도 □□□□. □□□한 기분에 잠기어 한담을 나누고 있을 때였다.

17. 마음이 흐뭇하여 기쁘고 만족스런 느낌이 있다.

¶ 얼굴이 □□□□□. 마음이 □□□이 흐뭇하다.

18. 일을 해 나가기가 매우 힘들고 고되다.

¶ 농촌살림이 □□□□□. 당장은 일이 □□□□겠지만 시간이 지나면 나아질 것이다.

19. 빛살이나 빛깔이 강렬하여 마주 보기가 어렵도록 눈이 어리어리하다(=시리다).

¶ 눈이 □□도록 파란 가을 하늘.

20. 그릇 따위를 씻어 깨끗하게 하다(≒가시다).

¶ 먹고 난 그릇을 □□□.

[문제 9]

1. 나뭇가지의 아귀.

¶ 과실나무 □□□에 돌을 박다(나무시집 보내기 풍속). 뿔처럼 길쭉하게 내민 □□□를 '뿌장귀'라고 한다.

2. 있는 모두. 몽땅.

¶ 한 번에 □□□를 빼다. 자식 먼저 보내고 살맛조차 □□□ 잃었으리라마는 노래로 달래며 지낸다. 놀음으로 전 재산을

---

15. 시름 → 시름겹다(가눌 수 없을 정도로 시름이 많다), 시름없이, 된시름, 한시름(큰 걱정)

16. [거늑하다] 거늑하다; [거느즉하다] 거느즉(한)

17. [해낙낙하다] 해낙낙하다, 해낙낙(이)

18. [각다분하다] 각다분하다, 각다분하(겠지만)

19. [부시다[1]] 부시(도록) → 눈부시다(황홀하다. 업적 따위가 뛰어나다)

20. [부시다[2]] 부시다 → 씻부시다, 훌부시다(한꺼번에 몰아서 씻다. 음식을 남김없이 먹다); 개부심, 인부심(人-; 인부정을 막는 일)

[정답 9]

1. 가장귀

2. 송두리 → 송두리째(있는 대로 모두)

□□□째 날리다.

3. 자손에게 유전하는 소질(=내림).
¶ 방랑벽이 그 집안의 □□다.

4. 쓸모 있어 남이 찾을 만한 점이나 가치.
¶ □□□가 있는 물건을 따로 챙겨 두다. □□□ 없는 물건만 쌓이다.

5. 무슨 일을 하는 데에 쓸모 있게 쓰이는 물건이나 재료.
¶ □□도 없이 무슨 일을 하느냐.

6. 일할 때 아무 연장도 가지지 않은 맨손. 아무 반찬도 없이 먹는 맨밥.
¶ 그는 □□□라도 무엇이건 만들어 낼 수 있는 능력을 가진 사람이다. 일을 하는 데 아무 기술이나 기구도 없이 □□□로 하는 사람을 '건깡깡이'라고 한다. 귀한 손님을 □□□로 대접하다니.

7. 네 활개를 벌리고 뒤로 발딱 나자빠지는 일.
¶ 얼음판에서 □□□□를 하다.

8. 아주 귀찮고 싫증나게 구는 일.
¶ 왜 □□를 대고 앉았느냐? 하도 □□대어서 몸서리난다.

9. 음흉하고 심술궂게 욕심을 부리는 성질.
¶ 그 따위로 나를 대접하니 □□를 부릴 수밖에 없지. □□가 사납다. 음흉하게 □□부리는 짓을 '몽짜'라고 한다.

10. 몸이나 마음이 괴로울 때 걸핏하면 내는 짜증.
¶ 아이가 선잠을 깨더니 잠투정으로 □□□을 부린다. □□□을 내다(짜증을 내다).

11. 수선스럽고 실없는 말이나 짓.
¶ □□을 부리다. □□스러운 사람에게는 일을 맡기기가 꺼려진다.

12. 마음속에 품은 느낌이나 생각.

---

3. 부주 [←부조(父祖)] → 내림(유전되어 내려오는 신체나 성격의 특성)
4. 찾을모 ≒장점(長點)
5. 소납
6. 매나니
7. 낙장거리 〈큰〉넉장거리
8. 민주 → 민주대다(성가시게 굴다. 귀찮고 싫증나게 굴다)
9. 몽니 → 몽니궂다(몽니가 심하다), 몽니꾼, 몽니쟁이(몽짜)
10. 찜부럭 → 찜부럭하다
11. 괴덕 → 괴덕스럽다(언행이 실없고 수선스러워 미덥지 못하다)
12. 속종

속마음.

¶ □□으로 지목할 놈은 여럿이지만 이렇다 할 증거가 없다. 그의 □□에 의하면 이제는 아들을 장가보낼 때가 된 것이다.

13. 되잖은 소리로 쓸데없이 지껄이기 좋아하는 사람. 말다툼을 잘하는 사람.

¶ 온 동네를 돌아다니며 떠드는 □□□□. □□□□같다(되잖은 소리로 입을 놀리어 수다스럽다).

14. 아는 것이나 모르는 것이나 다 모른다고 잡아떼는 일.

¶ 그는 경찰심문에 □□□로 일관했다. □□□를 잡다/ 대다(그저 덮어놓고 모른다고 잡아떼다).

15. 나이는 다르지만 띠가 같은 사람.

¶ 어머니와 딸은 양띠 □□□이다.

16. 남과 가깝지 못하여 서먹하다. 사물에 익숙하지 못하다.

¶ 몇 해를 두고 □□□게 지내는 사이. 미장 기술을 배운 지 얼마 안 돼 아직은 □□□□.

17. 야속하고 섭섭한 느낌이 있어 마음이 언짢다.

¶ 내 말을 너무 □□게 생각지 말기를 바라네. 충고를 □□□하지 마라.

18. 생김새나 마음씨가 깨끗하고 빈틈이 없이 야무지다.

¶ 소녀의 □□□ 얼굴은 석고로 빚어낸 상인 듯하다. 부드러우면서도 기품이 드러나고 어여쁘면서도 □□□기는 드문 일이다. 토종 국화는 엄동이 될 때까지 그 □□□ 자태를 흐트러뜨리지 않았다. 그는 말투가 □□□□. 의지를 □□히 가지다.

19. 성미가 곱고 부드러우며 상냥하다. 미닫이 따위가 여닫을 때에 미끄럽고 나근나근하다.

¶ 순이는 슬기롭고 □□□□여 누구라도 칭찬을 한다. □□□히 보이는 사람. 성실이는 □□□□ 그녀를 보고 한눈에 반하고 말았다. 살짝 힘을 줬는데도 미닫이는 □□□□게 열렸다.

---

13. 가납사니
14. 모르쇠
15. 띠동갑(-同甲) → 띠(해를 십이지의 동물 이름으로 이르는 말)
16. [서름하다] 서름하(게), 서름하다
17. [고깝다] 고깝(게), 고까워(하지)
18. [결곡하다] 결곡한, 결곡하(기는), 결곡한, 결곡하다, 결곡(히) → 결결하다(지나칠 정도로 결곡하다)
19. [여낙낙하다] 여낙낙하(여), 여낙낙(히), 여낙낙한, 여낙낙하(게)

20. 살아 나아갈 계획을 세우다.

¶ 아내와 밤새도록 □□□□ 보았지만 살 길이 막막했다. 자네 □□□가 고작 그 정도인가?

[문제 10]

1. 몸의 힘살과 뼈마디.

¶ 몸살이 나서 □□이 저리고 쑤신다. □□이 쑤시는 걸 보니 비가 올 모양이다.

2. 마치 한 몸같이 가까운 사이.

¶ 둘이는 정말 □□이었다. 우리는 나이도 같고 성격도 비슷하여 금방 □□이 되었다.

3. 일이 순조롭지 아니하게 방해하는 어떤 조건. 이리저리 트집을 잡아 까다롭게 구는 일.

¶ 처음 시작한 사업이라 □□도 많다. 이 일에는 유난히 □□이 많이 끼어든다. 그는 어릴 적부터 음식에 □□이 심하였다. □□을 부리다.

4. 헝겊이나 곡식, 나무 따위를 해치는 벌레를 두루 일컫는 말. 또는 눈에 띄지 않게 어떤 사물에 조금씩 해를 끼치는 사람이나 물건.

¶ 옷에 □이 먹어 두 군데나 구멍이 뚫렸다. 마약은 국민 건강과 국가 경제를 □먹는다. □이 쑤시다(무엇이 하고 싶어 안절부절못하다. 마음이 들뜨거나 초조하여 가만히 참고 기다리지 못하다).

5. 강이나 큰 내에 두껍게 언 얼음이 터서 갈라지며 생기는 금.

¶ 봄이 다가오면서 강에 □□이 돌기 시작하였다. □□이 돌면 얼음낚시가 위험하다.

6. 여자가 바람이 나서 정을 통한 남자와 함께 달아나는 일. 술과 색에 빠져 방탕하게 놀아나는 짓.

¶ 과부며느리가 한밤중에 □□을 갔다. □□을 나선 사람.

7. 아이들이 서로 잡으려고 쫓고 쫓기어 달아나고 하며 뛰노는 놀이.

---

20. [의건모하다] 의건모해, 의건모(생활해 나가기 위한 계획)

[정답 10]

1. 삭신
2. 옴살
3. 가탈 〈센〉까탈 → 가탈지다, 가탈스럽다
4. 좀 → 좀내(좀이 난 물건에서 나는 냄새), 좀먹다, 좀약(-藥), 무좀; '바구미'는 곡물의 해충이다.
5. 패름
6. 난질 → 난질가다, 난질꾼
7. 가댁질

¶ 공원에서 □□□을 하며 떠드는 아이들. 맑은 시냇물에 들어가 물장구치고 □□□하며 놀던 기억이 생생하다.

8. 어린아이의 겨드랑이를 잡고 쳐들었다 내렸다 하며 어를 때 아이가 다리를 오그렸다 폈다 하는 짓. 또는 그렇게 시키는 일.

¶ 아이를 추슬러 □□□을 시키며 즐거워하는 할아버지.

9. 젖먹이의 두 겨드랑이를 껴서 붙잡고 좌우로 흔드는 일. 몸을 좌우로 흔드는 짓.

¶ 아버지가 □□□로 아이를 까불린다. 흔들의자에 앉아 □□□을 한다.

10. 아무렇게나 대강대강 하는 일. 또는 그 물건.

¶ 하청업자가 □□으로 지은 건물이 무너졌다. □□공사는 뿌리 뽑아야 한다. 물건을 □□으로 만들어 팔다니.

11. 곡식의 이삭이 패어 나옴. 또는 그 이삭.

¶ 벼의 □□이 잘 되다. □□이 고르다.

12. 무나 배추 따위의 꽃줄기.

¶ 씨를 받기 위하여 □□□꽃이 피도록 무를 가꾸다. 배추 □□□가 솟아오르다.

13. 마늘의 꽃줄기나 파 따위의 줄기 끝에 달리는 망울.

¶ 마늘밭에 가보니 □이 솟아났다. 파에 □이 나와 쇠졌다.

14. ▸화장을 하지 않은 맨얼굴. ▸서로 겨우 낯이나 아는 정도의 사이.

¶ 그녀는 □□이라도 예쁘기만 하다. 그 사람과 나는 □□이라 마주치면 서로 인사나 할 정도다.

15. 남의 바쁜 사정은 생각지 아니하고 자기가 하고자 하는 일에만 서두르는 꼴.

¶ 자기 일만 □□□□ 돌본다. 상대방이 싫어하는데 □□□□ 쫓아 들어갈 것까지

---

8. 가동질 → 가동가동/하다, 가동거리다/대다(다리를 오그렸다 폈다 하다)

9. 부라질

10. 날림 → 날림치

11. 패암

12. 장다리 = 동(무나 배추 상추 등에서 꽃이 피는 줄기) → 씨가 달린 채 말리는 장다리는 '댕가리', 씨를 떨고 남은 장다리는 '꽁다리'라고 한다. '부룻동'은 상추의 줄기다.

13. 종 → 마늘종, 뭇종(무장다리의 어린 대), 팟종

14. 민낯; 풋낯

15. 부전부전 → 부전부전하다

없지 않은가? 그는 잔칫집에 와서 자기 아이들 먹을 것만 □□□□ 챙기고 일은 하지 않았다.

16. 어떤 기운이 서리어 있거나 물기를 머금고 있어 가지런하고 곱다.

¶ 비에 살짝 젖은 그녀의 모습이 참 □□□□구나. □□□□ 말의 털. 꽃은 □□□히 아침 이슬을 머금고 있다.

17. 깨끗하고 윤이 반들반들 나다.

¶ □□□□□ 검은 머리. 새로 돋는 풀싹이 파릇파릇 □□□□할 때였다.

18. 털이 보드랍고 반지르르하다.

¶ 털이 □□한 고양이. 고슴도치도 제 새끼는 □□□□고 한다.

19. 부부가 아닌 남녀가 은밀한 관계를 계속하여 맺다.

¶ 그날 저녁에도 그 쪽에서 한사코 □□□려고 하였다.

---

16. [함초롬하다] 함초롬하(구나), 함초롬한, 함초롬(히)

17. [함치르르하다] 〈큰〉흠치르르하다. 함치르르한, 함치르르(할)

18. [함함하다] 함함(한), 함함하다(고)

19. [보쟁이다] 보쟁이(려고) → 오쟁이 지다

20. 까다롭거나 힘들지 않아 하기가 쉽다.

¶ 겉에서 보는 것만큼 □□□ 일이 아니다. 생각보다 □□히 돈을 번 것 같다. 그 일이 □□찮다.

[문제 11]

1. 남편과 아내. 부부(夫婦)를 이르는 말.

¶ 같이 살면 □□□□지 어째 명색이 없느냐?

2. 피륙을 낳는(짜는) 일. 또는 짠 피륙.

¶ 베를 □□하다(길쌈하다). 고운 □□로 서방님의 옷을 짓다.

3. 살아 있는 나무에 붙은 채 말라 죽은 가지.

---

20. [수월하다] 수월한, 수월(히), 수월(찮다) → 수월내기(다루기 쉬운 사람), 수월수월/하다, 수월스럽다

[정답 11]

1. 가시버시 → 가시아비(장인), 가시어미(장모), 가시집(처가)

2. 낳이 → 낳다(실로 피륙을 짜다), 낳이하다(길쌈하다), 막낳이, 받낳이, 베낳이

3. 삭정이 → 굽정이(구부정하게 생긴 물건), 묵정이, 썩정이(썩어빠진 물건이나 속이 썩은 나무)

¶ 산에서 □□□를 모아 불쏘시개로 쓰다. □□□ 꺾듯(힘들이지 않고 단순하고 쉽게).

4. ▸옆으로 길게 뻗은 나뭇가지를 땔나무로 일컫는 말. ▸주된 몸뚱이나 원줄기에 딸린 물건. 중요한 일에 딸리어 있어 그리 대수롭지 않은 일.
¶ 아궁이에 □□□를 넣고 불을 지피다. 그 일은 문제의 핵심을 놓친 □□□□에 지나지 않는다.

5. 난벌과 든벌. 곧 나들이옷과 집에서 입는 옷.
¶ □□□은 구별해서 입어야 한다.

6. 손에 익은 재주.
¶ □□□이라 쉽게 끝낼 수 있을 것이다. 이 정도의 일이라면 □□□이 아니라도 할 수 있겠다. 작가라면 글쓰기에 □□□이 난 사람이다. □□□이 나다(손에 익숙해지다).

7. 폭행이나 위협을 당하였을 때 울부짖고 떠들며 항거하는 일[≒시위(示威)].
¶ 단호한 □□□으로 위기를 면하다. 죽기 살기로 □□□해서 풀려 나오다.

8. 매무시한 뒤의 모양새.
¶ □□□가 단정하다. □□□가 곱다.

9. 옷을 입을 때 매고 여미는 뒷단속을 하는 일.
¶ □□□에 신경을 쓰다. 한복을 입을 때는 □□□를 잘해야 매무새가 곱다.

10. 약속을 지키겠다고 담보로 상대편에게 잡혀 두는 물건이나 사람. 인질(人質).
¶ 땅문서를 □□로 잡고 돈을 빌려주다. 오랑캐에게 왕자를 □□로 잡히다. 부녀자를 □□로 삼고 인질극을 벌이다.

11. 똑똑하지 못하고 얼떨떨한 사람. 어리보기.
¶ □□□ 같은 녀석. 병신과 □□□.

---

4. 화라지; 여줄가리 [←옆+줄+어리] → 대솔하라지(큰 소나무의 가지를 잘라서 패 놓은 장작), 발매치(발매 때, 큰 나무에서 쳐낸 가지인 땔나무)
5. 난든벌 → '난든'의 어원적 의미는 '나가고 들어온'이다.
6. 난든집
7. 베정적 → 베정적하다
8. 매무새
9. 매무시
10. 볼모
11. 머저리

12. 무엇이든지 곧잘 잊어버리는 흐리멍덩한 사람을 얕잡아 이르는 말.
¶ 이런 □□ 같은 사람 봤나?

13. ▸크거나 긴 물건의 한 부분. ▸목적이 같은 사람이 한패를 이룬 무리.
¶ 아랫□□□를 드러내다. 연극 □□□에 가입하다. 한 □□□에 끼다.

14. 내 마음대로.[+부정어]
¶ 이건 □□□ 되는 일이 아니다. 이 세상에 □□□ 되는 일은 별로 없다.

15. 마땅히 털이 날 자리에 털이 없어 반반한 꼴. 산에 초목이 없이 반반한 꼴. 술을 마셨는데도 취하지 않고 정신이 또렷한 꼴. 일거리가 없이 지내는 멋쩍은 꼴.
¶ 하는 일 없이 □□□□ 앉아 허송세월하다니.

16. 시비나 승부를 다툴 때 서로 지지 않으려고 버티어 겨루다.
¶ 그 친구는 학창시절에 나와 □□□던 사이이다. □□□며 다투다.

17. 성미가 깔깔하고 딱딱하다. 나뭇결이나 피륙 바탕이 잘 갈라지게 깔깔하고도 연하다. 빛깔이 맑고 깨끗하다. 빈틈없이 세밀하다.
¶ 사람이 좀 나긋나긋해야지 □□□면 사회생활하기가 힘들어진다. 오동나무 목재는 □□□여 다루기에 편하다. □□이 조사하다.

18. 사람의 언행이 매우 가볍다.
¶ □□□ 사람. 걸음도 □□고 나귀의 방울소리가 밤 벌판에 울렸다.

19. ▸쉬이 따르지 않고 고집스럽게 버티다. 반항하다. 어기대다. ▸반항하는 태도나 말로 버티어 맞서다.
¶ 고문에도 굴하지 않고 끝가지 □□□. □□지만 말고 내말을 들어라. 남의 말을 귀담아 들을 줄도 알아야지 늘 □□려고만 하니 큰일이다. 어린 것이 어른과 □□□.

---

12. 맹추 〈큰〉멍추 → 맹하다(사람이 싱겁고 흐리멍덩하여 멍청한 듯하다)
13. 동아리[1]; 동아리[2]
14. 내폴로
15. 맨송맨송 → 맨송맨송하다/맨송하다
16. [겯고틀다] 겯고틀(던), 겯고틀(며) → 겯거니틀거니(서로 겨루느라고 이리저리 겯고 틀고 하는 꼴); 겯다[2]

17. [짯짯하다] 짯짯하(면), 짯짯하(여), 짯짯(이)
18. [해깝다] 해까운, 해깝(고)
19. [벋대다] 〈센〉뻗대다. 벋대다, 벋대(지); [벋서다] 〈센〉뻗서다. 벋서(려고만), 벋서다

20. 당연히 오거나 가야하는데도 그리하지 아니하다.

¶ 회장은 회의 참석을 □□□고 전화도 하지 않았다. 모임에 □□□고 안 가다.

[문제 12]

1. 일을 시킬 때 대강을 알려주고 그에 필요한 모든 도구를 준비하여 주는 일.

¶ 선임이 꼼꼼히 □□□□를 해주어 일이 쉽게 끝났다. □□□□할 시간도 없다. □□도 모르고 덤벼들면 낭패다.

2. 조상의 피를 이어받은 자손들. 동포. 민족.

¶ 우리 □□의 고유한 문화는 보존되어야 한다.

3. 육체적으로 힘이 드는 일을 한 데 대하여 받는 돈이나 물품. 어떤 물건이나 시설을 이용하고 주는 대가.

¶ □도 제대로 못 받고 일을 해주었다. 한복 짓는 □을 넉넉히 주다. 목수의 품□을 '서천'이라고 한다.

4. 잇댄 두 나무가 벌지 않도록 사이에 박는 'ㄷ' 모양의 쇠토막.

¶ 잇댄 재목에 □□를 박다/ 치다. 두부모에 □□ 박기.

5. 나무그릇 따위의 벌어지거나 금 간 데에 걸쳐 박는 못.

¶ 금이 간 함지박에 □□□을 박다. 딸 하나가 □□□이 되어서 내외간 간신히 벌어지지 않고 산다. 남북을 □□□으로 이어 통일을 이루자. □□□은 두 곳을 단단히 거머쥐는 구실을 하는 못이다.

6. 재목 따위의 이에짬을 든든히 하기 위해 박는 굵은 나무못.

¶ 끼워 맞춘 재목에 빠지거나 흔들리지 않도록 □□□을 박다.

7. 덜 구워져서 불을 붙이면 연기와 냄새가 나는 숯.

¶ 화로에서 □□□를 골라내다. 아궁이

---

20. [베갈기다] 베갈기(고)

[정답 12]

1. 건잠머리, 건잠 → 건잠(제대로 된 일의 내용)

2. 겨레 → 겨레말, 겨레붙이, 배달겨레

3. 삯 → 삯꾼, 삯일, 날삯(일급), 품삯; 뱃삯, 비행기삯

4. 꺾쇠 → '지네철(-鐵)'은 재목의 이음매에 건너 치는, 지네 모양의 쇳조각이다.

5. 거멀못 → 거멀도장(간인), 거멀쇠, 거멀장

6. 산지못, 〈준〉산지

7. 냉과리 → 희나리

에 □□□를 피우는 부엌은 연기로 자욱하다.

8. 화톳불이 꺼진 뒤에 미처 다 타지 않고 남아 있는 나뭇개비.

¶ 한데서 장작을 모아 질러 놓은 불이 사위고 □□□□만 몇 개 남아 있다.

9. 장작을 때고 난 뒤에 꺼서 만든 숯. 또는 피었던 참숯을 다시 꺼 놓은 숯.

¶ 모아 놓은 □□으로 불을 피워 찌개를 끓이다.

10. 말이나 일한 것의 보람. 또는 그 효력. 꼭 지켜야 할 명령.

¶ 자네 말이 □□이 섰는지 일이 잘 풀렸네. 먹은 것이 □□에 안 간다. 그의 말은 언제나 □□이 섰다. □□을 세다(명령을 꼭 지키게 하다).

11. 조금 드러나 보이는 표적. 잊지 않기 위하여, 또는 구별이 되게 하기 위하여 물건에 표시를 함. 한 일에 대한 좋은 결과나 효력.

¶ 비로소 □□이 보이다. □□을 두어 잊지 않게 하다. 소설을 읽다가 □□하여 두었다. 열심히 노력한 삶의 □□을 느끼다. □□찬 새해를 맞이하다.

12. 사리를 밝히고 잘 처리해 가는 능력. 지혜(智慧).

¶ 여러 사람의 □□를 모으다.

13. 변변치 못한 몰골. 변변치 못한 처지.

¶ □□꼴이 사나운 사람을 '펄꾼'이라고 한다. 뭐, 네 □□에 남을 돕겠다고?

14. ▸목의 뒷등. 머리. ▸산이나 언덕을 넘어 다니게 된 비탈진 곳. 중년 이후 열 단위만큼의 나이를 일컫는 말.

¶ □□를 들다/ 숙이다. □□ 하나 까딱하지 않는다(마음의 동요도 없이 꼼짝도 하지 않다). □□를 넘다. 육십 □□를 바라보다.

15. 맞붙은 틈에 흔적이 전혀 없다. 일이 잘 어울려서 틈이 생기지 않다.

---

8. 무드러기

9. 뜬숯

10. 성금 → 성금이 서다(효력이 생기다).

11. 보람 → 보람줄(책갈피에 장치해 둔 줄)

12. 슬기 → 슬기롭다

13. 주제, 〈본〉주제꼴 → 주제넘다(=신둥부러지다), 주제사납다(꼴사납다), 옷주제(옷을 입은 모양새)

14. 고개[1]; 고개[2]

15. [찜없다] 찜없(게), 찜없(게), 찜없(이) → 찜나다(틈이 생기다)

¶ 부러진 상다리를 □□게 이어 붙이다. 수련회에 가서 할 일을 □□게 짜 보아라. 모든 일이 □□이 다 잘 끝났다.

16. 불기운이 세지 않을 정도로 달아 있다.

¶ □□□ 불에 엿을 고다. 방안에 불기운이 아직도 □□히 남아 있다.

17. 불기운이 매우 세다. 누긋하거나 부드럽지 못하고 꽛꽛하다. 성미가 진득하거나 누긋한 맛이 없이 팔팔하다. 나무의 옹이 부분에 뭉쳐 엉긴 진이 많다.

¶ 불이 너무 □아서 밥이 탔다. 결이 □ 피륙. 성미가 너무 □□. 빨갛게 □ 관솔이라서 불이 잘 붙는다.

18. 싫증이 날 만큼 귀찮게 자꾸 억지를 부리다. 떼를 쓰다.

¶ 굳이 어미를 따라가겠다고 □□□는 어린애가 가엽다. 나이 들어서 □□□는 모습이 좋아 보이지 않다.

19. 불이 다 타고 사그라져서 재가 되다.

¶ 바람이 심해 숯불이 쉬이 □□□. 새벽녘에 가서야 모닥불이 □□었다.

20. 정도에 지나치게 주제넘다.

¶ □□□□□게 떠벌릴 필요가 있을까. □□□□□ 참견 말아라. 여럿 중에서 머리가 제일 크고 □□□ 수천이가 대장이었다.

[문제 13]

1. ▸윗옷의 양쪽 겨드랑이 밑의 가슴과 등을 두르는 부분의 넓이. 윗옷을 입었을 때 가슴과 옷과의 틈. 안거나 안기는 것으로서의 가슴. ▸그 동작이나 됨됨이.

¶ 이 옷은 □이 넓어 활동하기에 편하다. □이 넉넉하다. 어머니의 □에 안기다. 조국의 □에 안기다. 말하는 □이 어른 같다. 생긴 □이 사나워 보인다.

2. 무슨 일에 드는 힘. 또는 수고.

¶ 김장은 □이 많이 드는 일이다. 모내기에 사흘 □이 들었다.

---

16. [뭉근하다] 뭉근한, 뭉근(히)

17. [괄다] 괄(아서), 관, 괄다, 관

18. [여든대다] 여든대(는)

19. [사위다] 사위다, 사위(었다)

20. [신둥부러지다] = 신둥지다, 신둥부러지(게), 신둥부러진, 신둥진

[정답 13]

1. 품1; 품2

2. 품3 → 품값(품삯), 품앗이, 품셈; 다리품

3. 가냘픈 사람이나 물건. 간사한 사람.

¶ 아우는 □□□□라 감기에 잘 걸린다. 세상이 바뀔 때마다 □□□□들이 들끓는다.

4. 잔약한 사람이나 보잘것없는 물건을 이르는 말.

¶ 저런 □□□를 어디에 쓰나? □□□는 그만 버린다.

5. 장기나 윷의 말을 한번 집어 들었거나 만지면 무를 수 없는 규칙.

¶ 친구는 바둑을 둘 때 □□□□를 지키지 못해 욕을 먹는다.

6. 누이를 처남과 혼인시킴. 곧 두 남자가 각기 상대방의 누이와 결혼하는 일.

¶ □□□□으로 겹사돈이 된 집안. 우리는 □□□□한 사이다.

7. 오직 빗물에 의해서만 경작할 수 있는 논. 천수답(天水畓).

¶ 가뭄이 하도 심하여 □□□□에 모내기할 엄두가 나지 않는다.

---

3. 사시랑이

4. 연생이

5. 거드렁이

6. 누이바꿈

7. 천둥지기 = 하늘바라기, 높드리

8. 바닥이 깊고 물이 늘 있어서 기름진 들(=고래실).

¶ 가뭄에도 □□□은 소출이 크게 줄지 않는다. 일찍이 □□□에 모를 내다.

9. 골짜기의 높은 곳. 높고 메말라서 물기가 적은 곳에 있는 논밭.

¶ 땅뙈기라고는 고작 □□□ 서너 마지기뿐이다.

10. 작은 물건이 어지럽게 매달리거나 한데 묶여 있는 너절한 것. 또는 그 꼴. 너저분하게 이것저것 끊임없이 이야기하는 꼴.

¶ 구슬이 □□□□□□ 달려 있다. 천장에 거미줄이 □□□□□□ 매달려 있다. □□□□□□ 말만 늘어놓다. 김치□□□(무청이 달린 채로 절여 담근 김치).

11. 물고기의 뱃속에 있는 공기 주머니.

¶ 구명조끼는 □□를 응용한 것이다. 민

---

8. 구렛들 → 구레(낮아서 물이 늘 괴어 있는 땅바닥. 패어 들어간 곳. 웅덩이), 구레논

9. 높드리 ↔ 깊드리(바닥이 깊은 논. 골채)

10. 주저리(주저리) → 발주저리(해진 양말을 신은 너절한 발), 짚주저리; 주절거리다/대다

11. 부레 → 부레뜸(연줄에 부레풀을 먹이는 일), 부레질/하다, 부레풀, 부레끓다(몹시 성이 나다)/끓이다

어의 □□로 풀을 쑤어 공업용 접착제로 쓴다.

12. ▸'잔꾀가 많고 약은 사람'을 조롱하여 이르는 말. ▸작은 이익을 노리어 남보다 먼저 약빠르게 달라붙는 사람.

¶ 저런 □□□□가 어떻게 당 대표가 됐을까. 장바닥을 기웃거리는 □□□□. 사람 됨됨이가 워낙 좀스럽고 □□□□라서 주위 사람들에게 따돌림을 당한다.

13. 불이 순하게 슬슬 타는 꼴.

¶ 모닥불이 □□□□ 타오르다.

14. 조금씩 천천히 나아가는 꼴.

¶ 급하지 않으니까 □□□□ 하도록 하시오. 십 리 길을 한나절 걸려 아기족거리며 □□□□ 걸어왔다.

15. 나무나 풀뿌리 따위가 몹시 시들어 마른 꼴(≒소들소들).

¶ □□□□ 마른 상추. 대추가 □□□□ 말랐다. 껍질째 □□□□하게 말린 밤을 '소득밤'이라고 한다. □□□□ 마른 지에밥

16. 하는 짓의 동기가 아름답지 못하다.

¶ 일이 □□□□게 되었다. □□□□게 그게 무슨 꼴이냐?

17. 나이가 꽤 들어 보이다. 적지 않다(꽤 많다).

¶ 나이도 □□□ 사람이 실수를 하다니. 모인 사람이 □□았다.

18. 부러움과 시새움으로 욕심이 게염스럽게 목구멍에 치밀어 오르다.

¶ 언니가 새 옷을 샀다고 □□□□어 종알거리는 아우.

19. 밭곡식이나 푸성귀 따위가 물의 해를 입다.

¶ □□□은 배추밭. 밭작물은 □□□으면 끝장이다.

---

12. 쥐알봉수; 감발저뀌, 〈준〉감바리

13. 여울여울, 〈작〉야울야울 → 여울지다[2](생각 따위가 천천히 타오르는 불길처럼 일다)

14. 싸목싸목

15. 소득소득, 〈큰〉수득수득 → 반수둑이(半−; 어떤 물건이 반쯤만 수득수득하게 마름. 또는 그러한 물건)

16. [소증사납다] 소증사납(게) → 소증(하는 짓의 동기)

17. [솔찬하다] 솔찬한, 솔찮(았다)

18. [거미치밀다] 거미치밀(어) → 게염/개염스럽다(시새워서 탐내는 마음이 있다)

19. [물손받다] 물손받(은), 물손받(으면)

20. 땅이 너무 습하여 푸성귀들이 물러서 썩다. 장마가 오래 계속 되어 땅이 질게 되다.

¶ 배추 잎사귀가 □□아 올 농사를 망쳤다. 비로 인해 땅이 □□□.

[문제 14]

1. 농사꾼들이 농번기에 협력하기 위하여 이룬 모임.

¶ 지난날 농촌에서 마을 단위로 □□를 조직하였다. 풀베기 □□를 마치고 동네 잔치가 벌어지다.

2. 능한 솜씨를 서로 바꾸어 일함.

¶ 우리 집 도배일과 자네 집 미장일을 □□□하세. 앞으로 살아가면서 □□□할 일이 많을 걸세.

3. 힘드는 일을 거들어 주어서 서로 품을 지고 갚는 일.

¶ □□□로 이웃집 밭일을 하다.

4. 거리낌이 없이 제가 하고 싶은 대로 하는 태도나 성미. 비위 좋게 남의 일에 참견을 잘하는 일.

¶ □□ 좋게 남의 방에서 자고 있다. □□ 좋게 돈을 멋대로 쓰고 다닌다. □□이 좋아서 아무 일에나 간섭이다. □□이 좋다(=넉살스럽다).

5. 대단찮은 사람이 제멋에 겨워서 부리는 거드름.

¶ □□□□를 피우는 모습이 보기에 안 좋았다. □□□□ 그만 치고 네 일이나 열심히 해라. □□□□ 치다(교만한 사람이 애써 겸손한 체하다).

6. 암상(심술)이 나서 함부로 악을 쓰고 욕을 하며 대드는 일.

¶ 참을 수 없게 □□을 부리다. □□스러운 행동을 삼가라.

7. 막무가내로 부리는 모질고 나쁜 짓이나 억지 또는 떼.

¶ 본데없이 자라서 그런지 □□을 자주 부린다. □□을 쓰다.

---

20. [무솔다] 〈준〉솔다, 무솔(아), 무솔다

[정답 14]

1. 두레 → 두레기(-旗), 두레꾼, 두렛일
2. 손바꿈
3. 품앗이
4. 사날 → 제사날로. 넉살(비위 좋게 언죽번죽 구는 짓)
5. 야비다리
6. 포달 → 포달스럽다(야멸치고 암상스럽다), 포달지다(말솜씨가 사납고 다라지다)
7. 짐병

8. 혼인한 지 얼마 안 되는 안팎사돈끼리 생일 같은 때 서로 보내는 물건.
¶ 시어머니께 □□를 전하여 드리다. 사돈집에 □□를 보내다.

9. 아들딸의 혼인 때에 쓰거나 뒷날에 쓰기 위하여 마련해 둔 옷감.
¶ 딸은 부모님께 받은 □□으로 시어머님의 한복을 지어드렸다.

10. 눈이나 얼음 위에서 미끄러지지 않도록 신바닥에 대는 것.
¶ □□을 독일말로 아이젠이라고 한다. '재리'는 신 굽에 박는 큰 징을 말한다.

11. 노리개·반지·비녀 따위에서 보석이나 진주의 알이 빠지지 않도록 물리고 겹쳐서 오그리게 된, 삐죽삐죽한 부분.
¶ 반지의 □□□이 헐겁더니 보석이 빠져버렸다.

12. 제 생각으로. 남의 시킴을 받지 않고 제 스스로.
¶ □□□□ 만들었지만 제법 쓸 만하다. 그 일은 □□□□ 한 짓이다.

13. 남모르게 비밀스레 이야기하는 꼴.
¶ 저희들끼리 구석에서 □□□□ 속삭이다. 벌써 알고 물으시는데 □□□□할 것이 무엇이오.

14. 몹시 조르는 꼴.
¶ □□□□□ 보채는 아이. 하도 □□□□□해서 부탁을 들어주었다.

15. 산이 크고 웅장하며 지형이 깊어 으슥하다. 나무나 풀이 무성하다. 규모가 매우 크다.
¶ 산세가 □□ 지리산. 흥정이 성사되면 내가 □□게 성앳술 한잔 살게.

16. 맛이 맵거나 독하여 혀끝이 아리다. 살갗이 쓰라리다. 상처 같은 데가 따끔따끔 아리다. 술에 취하여 정신이 아리송하다.
¶ 고추가 너무 매워 혀가 □□□□. 매를 맞은 자리가 □□□□.

---

8. 소두
9. 상답
10. 사갈
11. 거미발
12. 제사날로 → 사날

13. 으밀아밀 → 으밀아밀하다
14. 오복조르듯
15. [거하다] 거한, 거하(게)
16. [알알하다] 알알하다

17. 성미가 몹시 급하다.

¶ □□□게 날뛰면 될 일도 안 된다. 병화의 눈에는 □□□게 날뛰는 경애보다 지희가 은근하고 깊이가 있어 보여서 좋았다. 그는 성질이 □□□서 주위에 사람이 모이지 않는다.

18. 자리를 함께 나란히 하다. 맞서 견주다.

¶ 둘이 □□어 서니 쌍둥이 같군. 누가 더 큰가 어깨를 □□어 보다. 시비를 □□□.

19. 아기가 몸이 불편하거나 무엇을 해달라고 심하게 졸라 성가시게 굴다(=조르다).

¶ 아기가 젖을 달라고 □□□. 아침부터 □□는 아이를 달래다.

20. 날씨가 흐리어 어둠침침하다(=끄느름하다).

¶ 날씨가 □□□□ 것을 보니 곧 눈이라도 내릴 것만 같다. 장마철에는 날씨가 □□□□□.

---

17. [발자하다] 발자하(게), 발자해(서)

18. [가루다] 가루(어), 가루다

19. [보채다] 보챈다, 보채(는)

20. [끄무레하다] 끄무레한, 끄무레하다 → 끄물끄물/하다, 끄물거리다/대다

[문제 15]

1. 남에게 너그럽고 붙임성, 포용성을 가지고 따뜻이 대함. 또는 그런 태도나 성질.

¶ 그 사람 □□이 좋다. □□이 있게 군다. □□없는 이 한마디 들으려고 그 먼 길을 왔던가. 말투가 □□스럽다.

2. 일을 주선하거나 변통함. 또는 그런 재주[=두름손, 솜씨, 수완(手腕)].

¶ 사장은 □□이 좋아 사업을 잘 꾸려 나간다. □□이 없으면 고생이다.

3. 흐르는 물이 둑에 바로 스쳐서 개개지 못하도록 냇둑의 가에 말뚝을 내리박고 가로 결은 나뭇가지. 삼굿 위에 덮는 풀. 비빔밥에 섞는 갖은 나물.

¶ 시냇물은 □□을 지른 후미진 굽이에서 흐르기를 멈추듯 한다. □□ 위에 고추장을 듬뿍 얹어 비빈 밥이 먹음직스럽다. 나물붙이로 된 초라한 안주를 '□□안주'라고 한다.

[정답 15]

1. 푸접 → 푸접없다(인정이나 붙임성, 또는 엉너리가 없고 쌀쌀하기만 하다), 푸접스럽다

2. 주변 → 주변머리, 주변성(-性; 두름성, 융통성), 말주변

3. 거섶 → 거섶안주(-按酒; 나물붙이 안주)

4. 땅에 꽂기 위하여 창대·깃대 등의 끝에 끼워 맞추는 끝이 뾰족한 쇠.
¶ □□가 박힌 깃대를 땅에 꽂다.

5. 물건 끝의 뭉툭한 곳.
¶ □□□뼈는 골반에 이어지는 '넓적다리의 머리빼기'를 뜻하는 말이다. '□□□살'은 작은 새를 잡는 데 쓰는 화살이다. □□□에 놀란 새. □□□ 손잡이(방울처럼 생긴 손잡이).

6. 논이나 밭가에 둘러쌓은 작은 둑이나 언덕.
¶ 논배미에 □□을 내다. 논밭 □□에 드문드문 콩을 심었다. □□에 누운 소(편하고 팔자가 좋은 사람).

7. 밭과 밭 사이의 경계를 이루는 두두룩한 곳. 논밭을 갈아 골을 타서 만든 두두룩한 바닥.
¶ □□을 돋우다. □□을 지어 콩을 심다. □□에 난 잡초를 뽑다. 주머니가 □□하다.

8. 바다에서 해산물을 채취하는 일을 하는 처녀.
¶ □□□는 말똥만 보아도 웃는다(처녀는 우습지 않은 일에도 곧잘 웃음을 이름).

9. 바다 속에 들어가서 조개나 미역 등 해산물을 따는 사람. 해녀(海女).
¶ 잠수 작업을 하던 □□□가 수면에 올라 테왁을 잡고 숨비소리를 내며 쉰다. □□□가 금방 따온 미역이 싱싱하다.

10. 물건을 싸는 데 쓰이는 작은 천.
¶ □□□로 도시락을 싸다. 물건을 □□□에 싼 덩이를 '보퉁이'라고 한다.

11. 새벽에 동이 트면서 환히 비치는 햇살(빛줄기).
¶ □□이 잡히기 시작할 무렵부터 모래밭에 나가 해돋이를 기다렸다. □□ 잡히다(동이 트면서 햇살이 환하게 비치기 시작하다).

---

4. 물미 → 물미막대기(물미를 맞추어 낀 지겟작대기)
5. 고두리 → 뼈고도리(뼈로 만든 화살촉)
6. 두렁 → 두렁길(논두렁 위로 난 길), 논두렁, 밭두렁
7. 두둑 → 두둑하다(매우 두껍다. 넉넉하다. 두두룩하다), 밭두둑(밭두렁)

---

8. 비바리, 〈준〉비발
9. 보자기[1]
10. 보자기(褓－)[2] → 조각보, 봇짐(괴나리봇짐),
11. 동살 → 햇귀(해가 처음 솟을 때의 빛), 살(해나 별에서 내뻗치는 기운)

12. 빛 따위가 침침하고 흐릿한 상태.
¶ 주위에 저녁 □□□이 깔렸다. 스산하고 찬 기운이 도는 □□□한 달밤에 바람이 솔솔 분다. 초저녁 달빛이 □□□히 비치다.

13. 자그마한 사람이 고개를 찬찬히 숙이며 절하거나 차분하게 앉는 꼴. 물체가 천천히 땅으로 내려오는 꼴.
¶ 손녀가 할아버지께 □□□ 절을 올린다. 깃털 하나가 □□□ 내려앉다.

14. 모습이 변하지 않고 그대로(=고스란히). 가볍게 살짝(=살며시).
¶ 횡재를 □□이 포기하고 말았다. 눈송이가 □□이 내려앉는다. 아기가 □□이 잠들다.

15. 고요하고 쓸쓸하게. 호젓하게(호젓이).
¶ 창가에 □□이 앉아 명상에 잠기다. □□이 생활하다. 나는 바닷가에 홀로 서서 □□이 상념에 잠겼다.

16. 모자람이 없이 온전하게, 고스란히 갖추어.
¶ 우주 만물의 실상을 □□이 이해할 수 있을까? 이 책에는 성인들의 가르침이 □□이 담겨 있다.

17. 융통성 없이 새침하고 쌀쌀하다. 박력이 없고 대가 약하다. 부피나 길이가 조금 모자라다.
¶ 그렇게 □□□ 사람에게는 친구가 많을 리 없다. □□□ 성격. 바지가 □□□□.

18. 성질이 호탕하면서 드세고 급하다(↔사근사근하다). 목소리가 굵고 거세다(↔새되다). 풀이 너무 세다.
¶ 여자아이가 남자처럼 성격이 □□□서 걱정이다. □□□고 구성진 목소리.

19. 쓸쓸한 느낌이 들 정도로 아주 고요하고 잠잠하다.
¶ 겨울밤이 깊어지자 온 마을이 □□□□. 사방이 쥐 죽은 듯이 □□□여 벌레소리 하나 들리지 않는다. 집 안은 □□□여

---

12. 으스름 → 으스름달(밤), 으스름하다, 으슴푸레하다(달빛이나 불빛이 흐릿하고 침침하다)
13. 나부시, 〈큰〉너부시
14. 소롯(이)
15. 오롯(이[1])
16. 오롯(이[2]) → 오롯하다(남고 처짐이 없이 온전하다)
17. [몽총하다] 몽총한, 몽총하다
18. [괄괄하다] 〈준〉괄하다, 괄괄해(서), 괄괄하(고)
19. [괴괴하다] 괴괴하다, 괴괴하(여), 괴괴한

사람이 없는 것 같다. □□□ 달밤.

20. 무서운 느낌이 들 만큼 아주 고요하고 쓸쓸하다. 방해되는 것이 없이 조용하다(≒한적하다↔시끄럽다 번거롭다).

¶ □□□ 산길을 걷다. 둘만의 □□□ 시간을 갖다. 깊은 산속에 □□이(오롯이) 자리 잡은 산사. 서산이 달이 □□이 걸려 있다.

[문제 16]

1. 일이 어떻게 되어가는 형편.

¶ 그 일은 □□가 어려운지 끝내 포기하고 말았다. □□를 보다(일이 되어가는 형편을 살펴보다).

2. 생식기 둘레에 난 털. 음모(陰毛). 또는 검불이나 수염.

¶ □□이 길다. □□이 없는 여자를 '되리'라고 한다. □□이 많이 나서 험상궂은 수염을 '털수세(털북숭이)'라고 한다.

3. 벼나 보리의 낟알에 붙어 있는 까끄라기. 거친 벼. 거죽에 잘게 갈라져 일어나 거치적거리는 것.

¶ 가을걷이를 해봐야 □□□□ 한 섬 돌아올까 싶지 않다. 손톱 가에 일어난 □□□□.

4. '수염(鬚髥)'의 순우리말.

¶ □□이 석 자라고 먹어야 샌님(체면만 차리다가는 아무것도 못 한다). '탑삭□□'은 짧고 다보록하게 많이 난 수염을 이르는 말이다.

5. 관자놀이와 귀 사이에 난 머리털. 귀밑털.

¶ 젊은이의 긴 □□이 시건방지게 보일 때가 있다. □□을 길게 기르다.

6. 질병이나 재앙으로 화를 입는 고비.

¶ 해산으로 □□진 아내가 안쓰럽다. 웬만큼 있는 집이라도 여러 아이를 시집장가 보내려면 아무래도 □□가 지게 마련이다. □□가 지다(병으로 몸이 쇠약해지다. 씀씀이가 지나치거나 재앙을 입어 살림이 어

---

20. [호젓하다] 호젓한, 호젓한, 호젓(이), 호젓(이)

[정답 16]

1. 매개

2. 거웃 → 불거웃(불두덩에 난 털), 씹거웃, 삼거웃(삼에서 떨어진 검불), 입거웃(수염)

3. 거치렁이 → 손거스러미(손톱이 박힌 자리 위에 일어난 거스러미)

4. 나룻 → 구레나룻(귀밑에서 턱까지 잇달아 난 수염), 가잠나룻(짧고 숱이 적은 구레나룻)

5. 살쩍 → 살쩍밀이

6. 지위

려워지다)

7. 나무를 다듬거나 깎을 때 생기는 잔 조각(=나무지저귀).

¶ 목공예 작업장 바닥에 □□□□가 널브러져 있다.

8. 어린아이의 두 눈썹 사이의 살 속에 파랗게 내비치는 심줄.

¶ 갓난아기의 얼굴에 □□□가 돋더니 돌이 지나면서 없어졌다.

9. 물건을 정돈하거나 담아두기 위하여 짚으로 만든 작은 바구니.

¶ □□□를 엮다. □□□를 지다(자기 아내가 다른 남자와 간통하다).

10. 대나 싸리로 한쪽이 트이고 테가 둥글게 결어서 만든 그릇.

¶ 음식을 □□□에 담다. 쑥을 캐서 □□□에 담다.

11. ▸무엇을 동이거나 양쪽에 건너질러 매거나 하는 데 쓰는 물건. 벌여 선 행렬. 인연이나 관계. ▸쇠붙이를 쓸거나 깎는 연장.

¶ □로 묶다. □(연줄)을 대다. 쇠기둥에 슨 녹을 □로 쓸어버렸다.

12. 먹은 마음의 중심이 되는 생각이나 태도. 사물의 가장 중요한 부분.

¶ □□가 서다/ 약하다. □□가 없는 사람. 내가 이제는 이 집의 □□다. 너는 우리 집안의 '□□잡이(중심이 되는 사람)'가 될 사람이다.

13. 기한이나 일 또는 자기의 허물이나 책임 등을 우물우물하며 미루어 나가거나 넘기려하는 꼴.

¶ 어차피 해야 할 일을 □□□□하고 있다. 사고가 나자 책임을 부하에게 □□□□ 떠넘기려고 한다.

14. 애쓰지 않고 저절로. 제때에 알맞게.

¶ 일손이 아쉽더니 □□ 잘되었다. 발도

---

7. 지저깨비 = 목찰(木札)

8. 거머리[1] → 거머리[2](거머릿과의 환형동물. 남에게 달라붙어서 괴롭게 구는 사람)과 동음이의어다.

9. 오쟁이 → 씨오쟁이

10. 소쿠리

11. 줄[1]; 줄[2] → 줄다리기, 줄섬[열도(列島)], 타락줄(머리털로 꼬아 만든 줄); 고생줄(苦生–), 돈줄, 밥줄, 연줄(緣–), 핏줄

12. 줏대(主–)

13. 을밋을밋(하다)

14. 제창

다 매었고 □□ 비까지 오니 오늘은 쉬자. 그것 참 □□이다(명사적 용법으로 쓰임).

15. 어떤 일의 단서나 말의 출처를 여기저기 더듬어 찾다.

¶ 자칫 미궁에 빠질 뻔한 사건을 □□□어 해결하다. 유언비어의 출처를 □□□□.

16. 성질이 외곬으로 너무 곧아 융통성이 없다.

¶ 할아버지께서는 □□□□□ 분이시다. 남의 의견을 무시하는 □□□□□ 성격이 일을 그르칠 때가 있다.

17. 자기의 주장이나 의견이 똑바르고 세다. 마음이나 품성이 곧고 바르다.

¶ 젊은이의 □□□ 소리도 경청해야 한다. 아이들을 무원칙하게 사랑하지 말고 □□□게 키워야 한다.

18. 여간한 일에는 놀라지 않을 정도로 깜찍하고 야무지다. 사람 됨됨이가 깜찍하게 다라지다.

¶ 나이에 비해서 몹시 당돌하고 □□□□ 녀석이다. 어린놈이 너무 □□□□□.

19. 앓던 병이나 시끄럽던 일이 가라앉다[=진정(鎭靜)되다].

¶ 약기운에 병이 조금 □□□ 것 같다. 앓던 이가 좀 □□□어가다. 싸움이 □□□□.

20. 앓던 병이 조금 나은 듯하다. 언짢던 기분이나 감정 따위가 누그러진 듯하다. 몰리거나 급박하던 형편이 다소 풀리다.

¶ 몸도 □□□니 이제는 바깥바람이나 쐬고 싶다. 황 노인도 기분이 □□□였던지 낚시질을 떠났다. 시험이 끝나자 □□□진 학생들이 시내로 몰려나왔다.

---

15. [줄밑걷다] 〈준〉줄걷다, 줄밑걷(어), 줄밑걷다 → 줄밑(어떤 일 또는 이야기의 실마리나 출처); 어원적 의미는 '줄의 끝을 걷어 올리다'다.

16. [무양무양하다] 무양무양한

17. [대바르다] 대바른, 대바르(게)

18. [댕가리지다] 댕가리진, 댕가리지다 → 댕가리(씨가 달린 채 말리는 장다리)

19. [간정되다] 간정된, 간정되(어가다), 간정되다

20. [우선하다] 우선해(니), 우선해(였던지), 우선해(진)

[문제 17]

1. 머리를 빗을 때 빗에 빗기는 머리털의 결.

¶ 손녀의 머리는 □이 좋고 윤기가 흐른다.

[정답 17]

1. 담[1] → 담[2](일정한 공간을 둘러쌓아 올린 것)과 동음이의어다.

2. 찧기 위하여 말리는 벼(=나락).
¶ 멍석을 깔고 □□를 널다. 참새 떼들이 □□를 쪼아 먹고 있다.

3. ▸껍질을 벗기지 않은 곡식의 알맹이. ▸곡식의 낟알이 까끄라기나 허섭스레기가 없이 깨끗하다.
¶ 흩어진 □□을 줍다. □□ 하나라도 아껴라. 곡식으로 만든 음식을 '□□기'라고 한다. □□게 먹고 가늘게 싼다(크게 욕심 부리지 않고 제 분수를 지켜는 것이 옳고도 편하다는 말). 잘 말렸다가 □□게 빻아서 가루로 만들어 환을 지어 먹는다. 까끄라기가 없는 벼를 '□□벼'라고 하고, 부피에 비해 무게가 제법 나가는 짐은 '□□짐'이라고 한다.

4. ▸무릎의 구부러지는 오목한 안쪽 부분. ▸무릎에서 발목까지 앞쪽에 뼈가 있는 부분.
¶ □□을 못 쓰다. □□이 저리다(마음을 졸이다). □□을 박다(공박하다). □□□를 걷어 채이다. 종아리는 □□□의 뒤쪽에 붙은 살이다.

5. 어떤 말이나 사실을 부인 또는 거절하거나 남에게 조용히 하라는 뜻으로, 손을 펴서 내젓는 일.
¶ 극장에서 떠드는 아이들에게 □□□를 치며 조용히 하라고 했다. 아우는 □□□를 쳐 말려도 길을 마구 건너오다 사고를 당했다.

6. 찌개나 국에 넣는 고기붙이. 떡국·만둣국·국수·덮밥 등에 맛을 내기 위하여 얹는 고기·채소·과일·튀김 같은 것.
¶ 떡국에 □□를 얹다. 된장찌개에 고기 □□를 넣다.

7. 쇠고기를 얇게 저며 갖은 양념을 해서 구운 음식.
¶ □□□□ 굽는 냄새가 코를 찌른다.

8. 씻지 않고 양념도 하지 않은 채 소금만 뿌려서 구운 짐승의 고기.
¶ 멧돼지 □□□□를 맛있게 먹었다.

---

2. 우케
3. 낟알; [몽글다] 몽글(게), 몽근 → 낟알기, 낟가리; '낟'은 곡식의 옛말이다. '낟알'은 '낱낱의 알'을 뜻한다. 몽글리다(어려운 일에 단련이 되게 하다)
4. 오금; 정강이 → 정강마루, 정강말(제 발로 걷는 걸음), 정강이뼈
5. 손사래, 〈준〉손살 → 손사랫짓/하다
6. 꾸미 → 고명
7. 너비아니 → '너비'는 폭(幅)을 뜻한다.
8. 방자고기

9. 늦가을에 감을 딸 때, 까치 따위의 날짐승이 쪼아 먹으라고 따지 않고 몇 개 남겨두는 감.

¶ 감나무 꼭대기에는 □□□으로 남겨둔 열매가 눈을 맞고 있었다.

10. 민어의 부레 속에 쇠고기·오이·두부 같은 것으로 소를 넣고, 끝을 실로 잡아매어 삶아 익힌 음식.

¶ 귀한 손님의 술상에 □□가 오르다.

11. 아주 연한 살코기를 가늘게 썰어 양념을 넣고 바싹 볶다가 다시, 썬 파나 깨소금·후춧가루 따위를 뿌려 익힌 반찬.

¶ 도시락 반찬으로 □□□□를 싸 주었다.

12. 흙과 유기물질이 섞여 물속에 생기는 냄새나는 찌끼.

¶ 물이 빠져나간 개펄에서 비릿한 □□내가 풍겨 왔다. 조개를 소금물에 담가 □□을 토해내게 한 다음 요리를 하였다.

13. 말로 업신여김의 뜻을 나타냄. 남의 떳떳하지 못한 근본을 폭로하는 말.

¶ □□하는 말을 듣다. 시기심이 많은 그는 친구가 칭찬 받을 때마다 □□했다. 그는 지체가 낮다는 이유로 사람을 □□했다.

14. 마음은 그렇지 않으나 일부러. 고의(故意).

¶ □□ 바보인 체한다. □□ 모른 체한다.

15. 무엇을 미루어 생각할 때에, 꼭 그러할 것이라는 뜻을 나타내는 말 (=틀림없이, 반드시).

¶ 이 번 시험에는 □□ 합격할 것이다. 내일은 □□ 비가 올 것이다. □□ 그럴 사람이 아니다.

16. 어떤 일에 오래 종사하여 일·기술 따위가 손에 익고 몸에 배다. 기름이 묻어서 흠씬 배다.

¶ 손에 □□ 익숙한 솜씨. 땀에 □□ 옷. 장판지를 콩기름에 □□.

17. 대·갈대·싸리 따위의 오리로 씨와 날이 어긋매끼게 엮어 짜다. 풀어

---

9. 까치밥

10. 가보

11. 조리치기

12. 해감 → 해감내(해감의 냄새)

13. 할경

14. 짐짓 [+체한다]

15. 집고 [←집(다)+고]

16. [겯다[1]] 결은, 결은, 겯다 → 결은신(물이 스미지 못하게 기름을 바른 신)

17. [겯다[2]] 겯다, 겯다, 겯다, 겯(듯) → 겯지르다/질리다

지거나 자빠지지 않도록 서로 어긋매끼게 끼거나 걸치다.

¶ 대오리로 바구니를 □□. 둘이 서로 어깨를 □□. 비계를 단단히 □□. 별 □듯 하다(별이 총총 박히듯 빽빽하다).

18. 암탉이 알을 낳을 무렵에 소리를 골골 내다.

¶ 알□□ 소리를 내며 돌아다니는 암탉.

19. 잘 되어 가는 남의 일을 잘못되도록 짓궂게 헤살놓다. 다른 사람의 횡재에 한 몫을 무리하게 청하다.

¶ 그 사람은 마을 일이라면 공연히 □□□는 버릇이 있다. 되지 못하게 □□□기가 쉬우니 조심해서 일을 처리해야 한다.

20. 마구 사납게 또는 난잡하게 행동하다. 남의 일을 훼방하다(=희짓다). 날씨가 매우 사납게 굴다.

¶ 아이들이 몹시도 □□□고 할머니가 짜증 삼아 말했다. 다 되어가는 혼사를 □□□. 눈보라가 □□던 날씨.

---

18. [겯다[3]] 겯는

19. [가리틀다] 가리트(는), 가리틀(기가)

20. [갈개다] 갈갠다(고), 갈개다, 갈개(던) → 갈개잠, 갈개질/하다, 갈개치다

[문제 18]

1. 마소의 먹이를 담아 주는 나무 그릇. 큰 나무토막이나 돌을 길쭉하게 파내어서 만듦(=궁이).

¶ 소 외양간 □□에 여물을 넣어주다.

2. 마소에 먹이는 풀.

¶ 소먹이로 들에서 □을 베어 오다.

3. 짚이나 풀을 말려서 잘게 썬 마소의 먹이.

¶ 작두로 썬 □□을 솥에 넣고 쇠죽을 끓이다.

4. 밥 짓는 일.

¶ 조석 □□를 시킬 사람을 구하다. 새벽 □□(새벽밥)를 하기 전에 머리를 단정하게 빗다. 늦게 온 손님 때문에 한□□를 하였다.

[정답 18]

1. 구유 → 구유골(비탈면이 급하며 바닥이 좁고 깊은 골짜기. 협곡), 구유배(구유 모양의 배), 구유전뜯다(도움 받음을 자랑으로 삼다. 남에게 돌봐 주기를 청하다)

2. 꼴 → 꼴꾼, 꼴망태, 말꼴, 소꼴

3. 여물 → 여물죽(−粥), 여물통(−桶), 짚여물

4. 동자 → 동자질(부엌일), 동자아치, 한동자(끼니때가 지난 뒤에 차리는 밥)

5. 절에서 밥 짓고 물 긷는 일을 맡아서 하는 사람.

¶ 혹독한 □□□□ 노릇도 수행의 한 과정이다.

6. 한 번 부르르 끓어오르는 꼴. 일정한 정도로 한 차례 진행되는 모양.

¶ 된장찌개가 □□□ 끓어오르면 불을 줄여야 한다. 간장을 □□□ 끓여 달이다. 바쁜 일이 □□□ 지나간 다음에 다시 생각하라. □□□ 자고 일어나 밭에 나가 김을 매었다. 몸살은 □□□ 되게 앓아야 낫는가 보다.

7. 간장이나 고추장 따위를 담아 상에 놓는 나부죽한 작은 그릇.

¶ 양념을 □□에 담아 상에 올리다.

8. 굽 없는 접시 모양의 넓은 질그릇.

¶ □□□에 수북이 담긴 산나물. 간장독을 덮은 □□□.

9. 둥글고 넓적하며 아가리가 쩍 벌어진 질그릇. 소래기보다 운두가 약간 높고 양쪽에 손잡이가 있다.

¶ □□□는 떡살을 담그거나 설거지통으로 쓰였다.

10. ▸저녁때 서쪽 하늘에 보이는 '금성(金星; 새벽에는 샛별로 불림)'을 이르는 말. ▸밤하늘을 가로지른 띠 모양의 많은 별 무리. 은하수(銀河水).

¶ □□□□□는 배고픈 개가 저녁먹이를 바랄 무렵에 뜨는 창백한 별이라는 데서 붙여진 이름이다. □□□는 은하(銀河)를 강에 비유하여 이르는 말이다.

11. ▸바다 위에 낀 매우 짙은 안개. ▸큰 바람이 일어나려 할 때 먼 산에 구름같이 끼는 보얀 기운.

¶ □□가 자욱이 덮여 바로 앞에 있는 섬도 희미하게 보인다. 마음에 □□가 낀 것처럼 언제나 우울하다. 한라산에 □□□이 이는 것을 보니 태풍이 오려나 보다. 뱃사람들은 □□□이 보이면 출항을 하지

---

5. 불목하니

6. 한소끔

7. 종지 → 종짓굽, 종지뼈(무릎 한가운데 있는 뼈), 종지윷(종지에 담아서 던지는 윷); 종지보다 조금 넓고 평평한 그릇을 '종발'이라고 한다.

8. 소래기 〈준〉소래

9. 자배기 → 옹자배기/옹배기(아주 작은 자배기); 자배기보다 운두가 높은 오지그릇은 '고내기', '버치'는 자배기보다 조금 깊고 크게 만든 질그릇을 말한다.

10. 개밥바라기; 미리내 [←미르(龍)+내(川)]

11. 해미; 바람꽃

않았다.

12. 아침 무렵에 해안 지방에서 바닷바람과 뭍바람이 바뀔 때 한동안 바람이 자는 현상.
¶ □□□이 지나기를 기다리다.

13. 어떤 일에 바로 뒤이어 거듭(=다시, 되짚어).
¶ 대답할 틈도 없이 □□ 물어보다. 철수는 소리를 내어 웃으며 □□ 인사를 하였다.

14. 바라보일 만한 정도로 뒤에서 멀찍이 떨어져 따라가는 꼴.
¶ 아이는 어머니 뒤를 □□□□□□ 따라가다. 곰녀는 칠성이 뒤를 □□□□□□ 따라갔다.

15. 꽃이나 잎이 시들다. 점점 쇠약해지다. 해와 달이 약해지거나 스러지다.
¶ 모란꽃 □□는 오월 말. 나라의 운명이 □□□. 달빛이 □□□.

16. 날이 우중충하게 흐리고 바람기가 없다.
¶ □□□□ 날씨에 마음이 답답하다.

17. 보기 흉하게 칙칙하다. 날씨가 어둡고 칙칙하다(≒잠포록하다). 오래되어서 색이 바래 선명하지 않다.
¶ □□□□ 방 안. □□□□ 날씨. 칠이 벗겨져 □□□□ 대문. 3년 동안 입은 교복 색깔이 □□□□□.

18. 날씨가 찌는 듯이 더워지다. 너무 무르거나 풀려서 본 모양이 없어지게 하다.
¶ 여름철 한낮의 □□ 날씨 때문에 외출을 하지 못했다. 낙엽 □□ 거름을 밭에 주다.

19. 남과 옳고 그름을 겨뤄 말다툼할 때, 약점을 잡히다.
¶ 상대편에게 □□□서 아무 말도 하지 못하다. 급한 성미에 □□□ 소리를 해놓고 말문이 막혔다. 발목을 잡히고 □□□

---

12. 아침뜸 → 저녁뜸
13. 잼처
14. 바람만바람만
15. [이울다] 이우(는), 이울다
16. [잠포록하다] = 잠록하다, 잠포록한
17. [우중충하다] 우중충한, 우중충하다 → 충충하다. 거무충충하다
18. [물쿠다] 물쿤 → 찌물쿠다(날씨가 찌는 듯이 물쿠다)
19. [감잡히다] 감잡혀(서), 감잡힐, 감잡히(고)

고 야단났네.

20. 조금도 굽죄이는 데가 없이 어연번듯하고 떳떳하다.

¶ 우리 집안을 이 정도로 일으켜 세운 것이 □□□.

[문제 19]

1. 정성 들여 다듬지 않고 거칠게 대강 만드는 일. 또는 그렇게 만든 물건.

¶ □□으로 얽어 놓다. □□을 치다(대강 짐작하여 정하다. 얼추잡다).

2. 새벽에 동이 터 날이 막 밝을 무렵. 여명(黎明).

¶ 부지런한 농부는 □□□에 집을 나섰다.

3. 해가 질 무렵.

¶ 늦어도 □□□ 안에는 돌아와야 한다. □□□이 되니 추워진다.

4. 크고 넓적하게 생긴 독.

¶ □□에 물을 가득 채웠다.

5. 물을 길어 담아 두고 쓰는 큰 가마나 독.

¶ □□에 물을 가득 길어 붓다.

6. 옷 속이 뚫려 통해야 할 것을 잘못해 양쪽이 들러붙게 꿰매는 바느질.

¶ 소매 끝을 □□□한 것을 다시 뜯어 꿰매다.

7. 남을 욕할 때 가운뎃손가락만 펴고 남의 앞에 내미는 짓.

¶ □□□□로 남의 비위를 건드리다. 서로 □□□□하며 싸우는 아이들.

8. 상대편을 위협하는 뜻으로 쥐어 보이는 주먹.[+대다, 들이대다]

¶ □□□을 들이대며 우격다짐으로 으르다. 턱밑에 □□□을 대다. □□□을 지르다(을러대다).

---

20. [빛접다] 빛접다

[정답 19]

1. 건목 → 건목재(-木材; 대강 다듬은 재목)
2. 갓밝이 → 중세어형은 '갓불기'로 어원적 의미는 '이제 막 밝은 때'다.
3. 해거름, 〈준〉해름 → '해거리'는 격년(隔年)을 뜻하는 말이다.
4. 드므
5. 두멍 = 물두멍 → 땅두멍(도자기를 만드는 흙의 앙금을 가라앉히기 위하여 땅을 파서 만든 구덩이)
6. 권당질
7. 꼴뚜기질
8. 종주먹

9. 물건 값을 받을 값보다 더 많이 부르는 일(≒바가지). 값을 깎는 일[할인(割引)]. 사실보다 보태거나 깎아서 듣거나 말함.

¶ □□□가 없는 가격. 물건 값을 □□□하다. 그의 말은 어느 정도 □□□해서 들어도 된다.

10. 아내가 자기의 바라는 바를 잠자리에서 남편에게 속삭여 청하는 일.

¶ □□□□□에 안 넘어가는 남편 없다.

11. 물건을 걸기 위해 벽 따위에 달아 놓는 나무 갈고리.

¶ 저고리를 벗어 □□□에 걸다. 창고의 □□□에 잡동사니를 걸어놓다.

12. 닭이나 새가 앉도록 닭장이나 새장 속에 가로 지른 나무 막대. 새벽에 닭이 우는 번수를 세는 말.

¶ 닭이 □에 올라앉다. 닭이 세 □ 우니 날이 밝아 옵디다.

13. 갈대나 싸리 따위를 묶어, 밤길을 밝히거나 제사 때 화톳불을 놓는 데 쓰이는 물건.

¶ □에 불을 붙여 어둠을 밝히다.

14. 다리에 힘이 없어 중심을 잃고 이리저리 발을 헛디디는 꼴.

¶ 그는 며칠 굶은 사람처럼 □□□□ 발을 내딛었다. 아내의 부축을 받으며 자리에서 일어났지만 □□거리며 제대로 움직이지를 못했다.

15. 앓고 난 다음의 걸음걸이가 기운이 없어 쓰러질 듯이 비슬거리는 꼴.

¶ 야윈 몸으로 □□□□ 걸어가다. 몸살이 나서 신열이 대단했지만 회사를 향해 □□□□ 걸어갔다.

16. 일을 망치도록 경망스럽게 굴다. 방정을 떨다.

¶ □□□고 다니는 친구 때문에 일이 안 풀린다. 과장이 □□□는 바람에 협상이 깨지고 말았다.

17. 무슨 일을 시작하기에 앞서 좋지 못한 일이 생겨 마음이 꺼림칙하다.

---

9. 에누리 → 에누릿속(에누리로 하는 속내)

10. 베갯밑공사(-公事) = 베갯밑송사(-訟事)

11. 말코지

12. 홰[1] → 횃대(옷을 거는 막대), 홰치다

13. 홰[2] → 횃불, 횃불잡이(선도자, 선구자)

14. 허든허든, 허든(거리며) → 허든거리다/대다

15. 허영허영 → 허영거리다/대다

16. [조라떨다] 조라떨(고), 조라떠(는)

17. [재장바르다] 재장바르(게)

¶ 큰일을 앞두고 □□□□게 일집을 벌이지 말고 좀 더 두고 보세. 남의 큰일을 앞에 놓고 우리 생색내자고 □□□□게 얕은 꾀를 써서는 안 되네.

18. 날카로운 연장으로 도려내다. 마음을 아프게 하다.
¶ 살을 □□ 듯한 바람. 가슴을 □□ 듯한 슬픔. 살이 □□□ 듯한 추위.

19. 남의 일을 방해하여 망쳐 놓다.
¶ 그 애 혼자 알아서 하고 있는 일에 □□□□지 말고 가만있어라. 나를 안 끼워 주면 □□□□ 테다.

20. 말이나 행동 따위가 앙큼하고 좀 거만한 데가 있다. 몸가짐이나 태도가 새침하고 꽁하다. 좀 틈이 나 있다.
¶ 철수는 가끔 □□□□게 행동을 하여 눈총을 받는다. 어린애가 □□□□ 생각을 갖다. □□□□ 아내. □□□□ 문틈으로 바람이 들어온다.

---

18. [에다] 에는, 에는, 에이는 → 에이다
19. [탑새기주다] 탑새기주(지), 탑새기줄
20. [아기똥하다] 〈큰〉어기뚱하다, 아기똥하(게), 아기똥한 → 아기똥거리다(몸을 둔하게 움직이며 느리게 걷다)

[문제 20]

1. 험하고 가파른 비탈. 아래에서 위를 쳐다보았을 때를 일컬음.
¶ 깎아지른 듯한 □□. 기다시피 하여 □□길을 올라갔다. □□에서 자라는 소나무. '□□끝'은 협상에서 더 이상 물러설 수 없는 처지를 뜻한다.

2. 깎아지른 듯한 언덕이나 벼랑. 위에서 내려다보았을 때를 일컬음.
¶ 지난 밤 □□□□에서 떨어지는 꿈을 꾸었다.

3. 강이나 바닷가의 낭떠러지.
¶ 험한 □□가 치솟은 해안. 세찬 파도가 벼루에 부딪치다. 강가나 바닷가의 낭떠러지로 통하는 길을 '□□ㅅ길'이라고 한다. □□ㅅ길을 조심조심 내려가다.

4. 돌이나 바위가 삐죽삐죽 내밀어 험한 곳.

[정답 20]

1. 벼랑 → 벼랑끝(벼랑의 가장자리, 극단적인 방법)
2. 낭떠러지 = 낭 → 낭벼랑(낭떠러지처럼 가파른 벼랑)
3. 벼루[1] → 벼루[2](먹을 가는 데 쓰는 문방구)와 동음이의어다.
4. 너설 → 바위너설

¶ 산길을 가로막은 □□. 골짜기 □□을 건너 외딴집을 찾아갔다.

5. 나무는 없고 잡풀만 우거진 좀 높고 편편한 거친 들.

¶ 험한 산길을 벗어나 넓은 □□으로 나왔다. 반은 □□농사이고 반은 부대기농사여서 소출이 그리 많지 않았다.

6. 옆에서 보살피거나 온갖 심부름을 하는 일.

¶ 환자의 □□을 들고 있다. 아버지의 □□을 드느라고 하루도 꼼짝을 못한다.

7. 한 사람 가까이에서 시중들며 보살피는 일.

¶ 음식 □□을 들다. 시어머니 □□하랴 아이들 돌보랴 몹시 바쁘다.

8. 온갖 일을 돌보아 주는 일(≒치다꺼리). 시중. 입을 것이나 먹을 것 따위를 대어주는 일(=수발).

¶ 남편 □□□에 온갖 정성을 쏟다. 죽 쑤어 개 □□□한다. 딸의 해산(解産) □□□를 하다. 자식 뒷□□□에 바쁘다.

9. 한 배의 여러 마리 중에서 맨 먼저 태어난 짐승의 새끼. 언행이 좀 모자란 '못난 사람'을 비유하는 말.

¶ □□□라 그런지 몹시 허약한 체질이다.

10. 강이나 바다의 바닥이 얕거나 폭이 좁아 물살이 세차게 흐르는 곳.

¶ □□을 조심스레 건너다. □□져 흐르는 시냇물. □□로 소금 섬을 끌래도 끌지(무슨 일이든 시키는 대로 하겠다는 말).

11. 넘어 다니도록 길이 나 있는 높은 산의 고개.

¶ □를 넘어가다. □의 마루터기를 올라서면 마을이 내려다보인다. '□넘이'는 산으로부터 내리 부는 바람을 이르는 말이다.

12. 비탈진 산골짜기 같은 곳에 층층으로 된 좁고 작은 논배미.

---

5. 버덩 → 버덩농사(-農事; 버덩을 일구어 짓는 농사), 강버덩(강기슭에 난 버덩), 돌버덩, 솔버덩(소나무가 무성하게 들어선 들)

6. 시중 [←수종(隨從)]

7. 수발 → 수발들다(시중들다), 수발하다

8. 바라지[1] → 바라지[2](햇빛이 들도록 바람벽 위쪽에 낸 자그마한 창)와 동음이의어다.

9. 무녀리

10. 여울 → 여울나들이(건너기 쉬운 여울목), 여울목(여울의 턱이 진 곳), 여울지다(여울을 이루다), 살여울(물살이 빠른 여울물)

11. 재[1] → 재빼기(잿마루), 잿길; 재[2](타고 남은 가루)와 동음이의어다.

12. 다랑이 → 다랑논, 논다랑이(작은 논배미)

¶ 위의 □□□ 물을 아래로 흘려보내다. 논 한 □□□도 없던 가난뱅이가 부지런히 벌어 부자가 되다.

13. 형제자매 사이의 정의(情誼).

¶ 우리 집은 형제가 둘뿐이라 유난히 □□이 좋은 편이다. 남매간에 그렇게도 □□이 없어서야. 형제간에 □□머리 없이 밤낮 헐뜯고 싸운다. 한집안끼리 □□머리가 이렇게 사나워서야.

14. 짓궂은 행동이나 말로 남을 자꾸 성가시게 하는 꼴. 음식에 섞인 흙모래 따위가 자꾸 씹히는 꼴.

¶ 형이랍시고 아우를 □□□□ 건드리다. 밥에 모래가 □□□□ 씹힌다.

15. ▸키가 작고 얌전하며 어린 티가 있다. ▸얼굴이 둥그스름하고 나부죽하며 키가 자그마하고 몸맵시가 있다.

¶ □□□□□게 생긴 시골 처녀. 신부는 □□□□□ 생김새로 나이보다 앳되어 보인다.

13. 띠앗[띠앗머리] ≒의초

14. 지분지분, 〈작〉자분자분 → 지분거리다/대다

15. [아리잠직하다] 아리잠직하(게); [도리암직하다] 〈준〉되람직하다, 도리암직한

16. ▸매우 앳되고 젊다. ▸젊은이의 성미나 언행이 풀이 없어 마치 늙은이 같다.

¶ 시내 중심가에 □□□□□ 남녀들이 거리를 메웠다. □□□□□ 사나이. 자네는 타고난 □□□□ 샌님이다.

17. 얼굴에 애티가 나게 젊다. 여리다.

¶ □□□□□ 여자. □□□□□ 나뭇가지.

18. 먹은 것이 잘 소화되지 아니하여 속이 더부룩한 느낌이 있다.

¶ 과식을 했더니 뱃속이 □□□□. 아침을 늦게 먹었더니 속이 □□□서 점심 생각이 없다.

19. 배가 약간 고픈 느낌이 있다(=시장하다, 궁금하다).

¶ 찬밥일지라도 □□□ 김에 맛있게 먹었다. 배 속이 □□□□. □□□여 무엇이 먹고 싶은 상태를 '헛헛하다'라고 한다. '허출하다'는 허기가 져서 □□□□를 뜻하는 말이다.

16. [애동대동하다] 애동대동한; [고리삭다] 고리삭(은)

17. [애리애리하다] 애리애리한 → 애리다(가냘프고 연약하다)

18. [징건하다] 징건하다, 징건해(서)

19. [출출하다] 〈작〉촐촐하다, 출출한, 출출하다, 출출해(여)

20. 화목하고 우애나 정이 있다.
¶ 외로운 넋들이 모여 □□□게 사는도다. 그들 형제는 □□가 좋다. 아내와 처음부터 □□가 좋지 못했다. 그 노부부는 □□가 깊어서 서로를 상당히 위한다.

[문제 21]

1. 앓는 사람이나 몸을 푼 여자를 돌봐주는 일.
¶ 환자 곁에서 정성껏 □□하다. 그 집은 아버지의 병□□ 때문에 얼마 안 되는 재산을 다 써 버렸다.

2. 병중에 자리를 옮겨 요양함.
¶ 폐암을 앓고 있는 어머니를 공기 맑고 조용한 산골로 □□을 보내드리다. □□을 나가다.

3. 너무 쇠약해지거나 앓고 난 끝이라 몸을 가눌 기운이 없음.[+못하다]
¶ 요즘 할머니는 □□을 못하고 방에 누워만 계신다.

4. 어떤 일이나 동작이 진행되는 마침 그 때(≒기회, 틈).
¶ 이 □□에 잠이나 실컷 자자. 감시원이 잠시 눈을 돌리는 □□에 슬쩍 빠져나가다. 사람들이 붐비는 □□에 아이를 잃어버렸다.

5. 여울목 같은 데서 세차게 흐르는 물살. 어떤 생각이나 감정으로 가슴이 세차게 설렘.
¶ 강을 건너가다가 □□에 떠내려 갈 뻔하였다. 물이 세차게 소용돌이치는 것을 '□□질'이라고 한다. 감격에 사무친 사람들의 가슴 가슴은 해 솟는 바다처럼 □□치며 설렜다.

6. 앞으로 꽤 멀리 마주 바라보이는 곳.
¶ 시골집 창문을 열면 □□□□□에 한 폭의 풍경화가 펼쳐 보인다.

7. 가지가 많고 작달막하게 딱 바라

---

20. [의초롭다] 의초롭(게), 의초 → 의초(형제자매의 우애. 띠앗머리. 부부간의 정의)

[정답 21]

1. 구완 [←구원(救援)]
2. 비접 [←피접(避接)]
3. 출면
4. 사품[1]
5. 사품[2] → 사품치다, 물사품
6. 맞은바라기 ≒과녁빼기(조금 먼 거리에 똑바로 건너다보이는 곳) → 과녁빼기집
7. 보득솔 = 애솔 → 도래솔(무덤가에 죽 둘러선 소나무), 솔수펑이(솔숲), 솔버덩(소나무가 무성하게 들어선 들); 보드기(크게 자라지 못한 나무)

진 어린 소나무.

¶ 무덤가는 □□□로 둘러쳐 있다. 까투리가 □□□ 밑으로 숨는다. □□□ 심어 정자라(장래의 성공이 까마득함을 비유).

8. 피륙의 베어낸 자리에서 풀어지는 올.

¶ 옷감의 □□가 빠져나가는 것을 막기 위해 둘러서 꿰매는 것을 '휘갑'이라고 한다. □□가 생기지 않도록 감침질하다.

9. 옷이나 이부자리의 두 폭을 맞대어 박거나 꿰매어 생긴 줄.

¶ 옷 □□가 터졌다. 옷을 살 때는 □□마다 살펴보아야 한다. 소매 밑의 □□를 따라서 댄 헝겊을 '팔배태'라고 한다.

10. 버선 따위의 발등 쪽의 꿰맨 솔기.

¶ 발이 하도 크다보니 버선의 □□이 터졌다.

11. ▸옷 솔기 가운데 접혀서 속으로 들어간 부분. ▸옷 따위의 가장자리를 딴 헝겊으로 가늘게 싸서 돌린 선. 쌍꺼풀진 눈시울의 주름진 금.

¶ 양복을 재단할 때 □□을 넉넉히 두고 마르다. 헝겊의 □□을 접어 맞대고 실 땀이 겉으로 보이지 않게 꿰매는 것을 '공그르기'라고 한다. □□을 두르다. 아내의 □□진 얼굴을 보는 순간 세월의 무상함을 느꼈다. □□이 지다(눈시울에 쌍꺼풀이 져서 금이 생기다).

12. 천의 가장자리를 풀리지 않게 얽어서 꾸미는 일. 너더분한 일을 잘 마무름.

¶ 올이 풀리지 않도록 □□을 치다. 돗자리 가장자리를 □□치다. 수레바퀴 끝의 □□쇠를 '줏대'라고도 한다. 말을 이리저리 잘 둘러서 맞추는 일을 '말□□'이라고 한다.

13. 실·끈 등을 잡아매어 마디를 이룬 것. 어떤 일에서 순조롭지 못하게 맺히거나 막힌 부분 또는 일의 순서에 따른 결말.

¶ 보자기에 선물을 싸서 묶을 때에는 □□이 풀리기 쉽게 하였다. 이 일은 여기서 □□이 지어진 셈이다.

---

8. 푸서 → 감치다(용수철 모양으로 감아 꿰매다)

9. 솔기, 〈준〉솔 → 가름솔, 곧은솔기, 등솔기, 어깨솔기

10. 수눅

11. 시접; 가선

12. 휘갑 → 휘갑뜨기, 휘갑쇠(물건의 가장자리나 끝 부분을 보강하기 위하여 휘갑쳐 싼 쇠), 휘갑치다(꿰매다, 잘 마무르다)

13. 매듭 → 나비매듭, 풀매듭(↔옭매듭), 매듭짓다(마디를 만들다, 마무리하다)

14. 품격(品格)과 법도(法度).

¶ 지도자라면 □□에 어긋나는 일을 해서는 안 된다. □□을 갖춘 사람.

15. 큰 옷을 줄일 때에 일부분을 접어 넣고 호거나 옷이 해지지 않도록 일부에 다른 천을 대고 듬성듬성 꿰매다.

¶ 치맛단을 □□□.

16. 성품·생김생김 따위가 서글서글하고 말과 행동이 활발하다.

¶ □□□□□ 성격. 성격이 □□□□ 시원하다.

17. 얼굴 모양이나 생김새가 선이 굵고 시원스럽다.

¶ 이목구비가 □□□□□ 건장한 젊은이. 남편은 □□□□□ 게 사람 좋다는 평을 듣는다.

18. 고단하여 잠이 소르르 들게 몸이 나른하다.

¶ 밤새 책을 읽었더니 □□□□. □□히 잠이 들었다.

19. 기운이 빠져 나른해지다.

¶ 그만한 이야기를 나누는 데도 할머니는 대번에 □□□셨다. 날씨가 무더워지자 몸이 □□□□. □□□ 목소리.

20. 부피가 점점 줄어들다. 생기가 빠져서 몸이 꼬부라지거나 착 늘어지다. 성미가 바르지 않게 되다.

¶ 손님을 치르고 나니 쌀자루가 많이 □□□□□. 한동안 기운을 차리는 듯하더니 다시 □□□□□. 워낙 □□□□ 성미라서 매사에 걸고 든다.

[문제 22]

1. '햇볕'의 준말.

¶ □이 따갑다. '돋을□'은 아침 해돋이 무렵의 첫 햇살을 뜻한다. 비나 눈이 오

---

14. 보법

15. [징그다] 징그다 → 징거두다(앞으로 할 일에 대하여 미리 마련해 두다, 듬성듬성 꿰매어 두다), 징거매다(대강 꿰매다), 징검다리, 징검돌

16. [걱실걱실하다] 걱실걱실한, 걱실걱실 → 걱실거리다/대다

17. [억실억실하다] 억실억실한

18. [솔곤하다] 솔곤하다, 솔곤(히)

19. [까라지다] 까라지(셨다), 까라지다, 까라진

20. [까부라지다] 까부라지다, 까부라지다, 까부라진

[정답 22]

1. 볕 → 땡볕, 뙤약볕, 불볕

는 날 잠깐 반짝 쬐다가 이내 숨어버리는 햇볕을 '여우□'이라고 한다. □이 난 날 잠깐 뿌리는 비는 '여우비'라고 한다.

2. 작은 틈을 통하여 잠시 비치는 햇볕. 그늘진 곳의 조그마한 햇볕의 기운. 햇볕을 음덕(蔭德; 조상의 덕)으로 여기며 고마움을 이르는 말.

¶ 나뭇잎 사이로 □□가 비친다. 손바닥만한 □□도 들지 않는 어두운 감방. 구름낀 □□도 쬔 적이 없건마는.

3. ▸돈이나 세력을 믿고 젠체하며 억지를 쓰는 짓. 또는 그런 짓을 함(=입찬소리). ▸풍을 치며 떠벌리는 소리. 실상이 없는 큰소리.

¶ □□를 부리다. 양반 □□ 좀 작작 하세. 세력을 믿고 □□하다. 허구한 날 □□만 치고 다닌다.

4. 살아가기에 어렵도록 가난한 형세(≒억판; 매우 가난한 처지).

¶ 이 □□□에 조밥이면 어떻습니까.

5. 땅에 괸 물을 빠지게 하거나 경계를 짓기 위하여 가늘고 얕게 판 도랑.

---

2. 볕뉘 → 뉘[1](누리, 한 평생, 작은 것)

3. 떠세; 헛장

4. 엉세판

5. 갈개

¶ 장마철 물이 괴기 전, 밭에 □□를 내었다. 콩 심은 데와 열무 심은 밭고랑 사이에 □□를 내다.

6. 물이 고여 질척거리는 땅이나 길.

¶ □□을 피해서 걸어가다. □□에 빠져 신을 버렸다.

7. 땅이 질어서 곤죽이 된 곳.

¶ □□길을 가다가 미끄러져 넘어졌다. □□의 흙탕물이 튀는 바람에 옷이 엉망이 되었다.

8. 온통 물에 젖는 꼴.

¶ 산속에서 소나기를 만나 온 몸이 □□가 되었다. 파도가 높이 일어 배를 탄 사람들이 □□가 되다.

9. 강이나 좁은 바다 물목에서, 배가 닿고 떠나고 하는 일정한 곳.

¶ □□에 배를 대다. □□를 건너다.

10. 물가의 배를 매어 두기 좋은 곳.

¶ 날이 저물자 □에 들어 닻을 내렸다.

---

6. 물창

7. 진창 → 진창길

8. 물초

9. 나루 → 나루터, 나룻가, 나룻배, 강나루

10. 섯[1] → 섯[2](불끈 일어나는 감정)과 동음이의어다.

태풍이 분다고 하니 배를 □ 안으로 대피시키다.

11. 윗사람에게 남을 헐뜯어 일러바치는 일. 참소(讒訴). 헐뜯음.
¶ 윗사람에게 친구를 □□하다. 다 된 일이 □□들어 틀어지고 말았다. 간사한 무리들이 또 □□하기 시작했다. 만약에 그런 속내평을 했다가 누가 □□노는 놈이라도 있으면 그대로 소작이 날아가고 말기 때문이었다.

12. ▸급하고 날카로워 걸핏하면 화를 잘 내는 성질. ▸알랑거리며 떠벌려 늘어놓는 너스레.
¶ 그는 낙선한 뒤부터 □□가 부쩍 늘었다. □□를 내다/ 부리다(사소한 일에도 화를 잘 내다). 그 사람은 술만 마시면 □□를 놓아 비밀을 털어놓을 수가 없다. □□를 떨고 있다. □□를 늘어놓는다.

13. 상대편의 말을 슬쩍 받아 엉뚱한 말로 재치 있게 넘기는 말.
¶ 그는 장난기가 심해 □□□를 잘한다.

14. ▸터무니없는 일을 자랑으로 떠벌리거나 거드럭거리며 허풍을 떠는 말. ▸경위에 닿지 않는 덜된 말.
¶ 잘못을 하고도 오히려 □□□를 친다. □□□를 늘어놓다. □□□하지 말고 진지하게 얘기해라. 익은 밥 먹고 □□□하지 마라.

15. 어려우면서도 속은 살아서 남에게 굽히지 않으려고 하는 큰소리.
¶ 궁핍하게 살면서도 남 앞에서는 □□□를 하며 당당한 모습을 잃지 않으려 한다.

16. 성질·문장·말투·목소리 따위가 부드럽지 못하고 딱딱하거나 거칠다.
¶ 보리밥이 □□□□. 문장이 □□□여 다듬어야겠다. 평소의 능란한 말주변이 다 어디 갔는지 □□□ 목소리로 대답하였다.

---

11. 하리 → 하리놀다(일러바치다), 하리들다(일이 되어 가는 도중에 방해가 생기다), 하리쟁이

12. 피새[1]; 피새[2] → 피새여물다(피새를 잘 내는 성깔이 있다), 피새나다(은밀한 내용이 발각되다), 피새놓다(매우 중요하고 긴한 체하며 방해를 놓다)

13. 신소리 → 예를 들면, '고맙습니다'라는 말에 '곰 왔으면 총으로 쏘게요' 따위가 있다.

14. 흰소리; 선소리

15. 산소리 → 산소리하다(큰소리치다)

16. [꺽꺽하다] 꺽꺽하다, 꺽꺽하(여), 꺽꺽한,

17. 글의 뜻이 도막도막 끊어져 문맥이 통하지 아니하다.

¶ 이 책은 □□□□□ 부분이 많아 읽기에 불편하다.

18. 물체가 환히 비치도록 맑고 투명하다.

¶ 유리창을 □□게 닦아놓았다.

19. 동작을 진행하는 가운데 다음 동작에 힘을 더하기 위하여 한 번 쉬다.

¶ 몇 걸음 내디디고 □□□는 듯하더니 껑충 높이 뛰어올랐다. 하던 말을 잠시 □□□며 목을 가다듬다.

20. 맺고 끊는 데 없이 느리고 게을러빠지다.

¶ 삼촌은 일손이 달리는 농번기에도 □□□게 앉아만 있다.

[문제 23]

1. 무거운 것을 들어 땅에서 뜨게 하는 일.

¶ □□도 힘에 겹다. 겨우 □□을 할 정도다. □□을 못하다(조금도 알아내지 못하다. 아예 생각조차 못하다).

2. 어떤 일을 상대편이 알아차릴 수 있도록 슬쩍 일깨워주는 일.

¶ 좋은 소식이 있을 거라고 □□을 하다. 어서 도망가라고 □□해 주다. □□으로 비틀히 말해 주다.

3. 물건이 터지어 나갈 시초인 가느다란 작은 틈. 너무 긁어서 살갗이 벗어지고 짓무른 상처.

¶ 그릇에 □□이 나다. 등에 □□이 생기다.

4. 생선 따위의 요리 재료에 칼로 베어서 만든 진집.

¶ 도미에 □□을 내어서 굽다.

---

17. [삭독삭독하다] 〈센〉싹독싹독하다, 삭독삭독한

18. [괭하다] 〈센〉꽹하다, 괭하(게)

19. [전주르다] 전주르(는), 전주르(며)

20. [증판하다] 증판하(게) → 증하다(몹시 너저분하고 게으르다)

[정답 23]

1. 땅띔

2. 귀띔 → 귀띔하다(=찔러주다); 비틈히(말뜻이 어느 정도 그럴 듯하게)

3. 진집

4. 칼집

5. 순간적으로 서슬에 불끈 일어나는 감정.

¶ 소식을 듣는 □에 쏟아진 눈물. 영문도 모르고 □김에 싸웠다. 아이의 □을 죽이지 마오. 말 한 마디에 □이 풀리다. □이 삭다(불끈 일어나던 감정이 풀어지다. 의문이 풀리다).

6. 마땅히 어떠해야 하는데 '그러하지 못할망정 도리어'의 뜻을 나타내는 말.

¶ 도와줄 □에 이렇게 훼방을 놓다니. 잘못을 빌어야 할 □에 큰 소리를 친다.

7. 늙어서 노인이 된 처지.

¶ □□□에 고생을 하다. □□□에 망신살이 뻗치다.

8. 보통 사람보다 나이가 많아서 어떤 일을 시작한 사람. 나이가 들어서 중이 된 사람.

¶ □□□로 시작한 학업이었던 만큼 어려움이 적지 않았다.

9. 불교에서 환속(還俗)한 사람이 다시 중이 되는 일. 또는 그 중.

¶ □□□ 중은 동자승이었던 때를 그리워하였다.

10. 남에게 기대어 억지를 쓰듯 괴롭히는 짓.[+붙다. 붙이다]

¶ 한 달 동안이나 친구에게 □□ 붙어 지낸다. 마음에 없는 사람이 오히려 □□를 붙으려 한다.

11. 검질긴 성미로 끈질기게 달라붙는 짓거리. 또는 그런 사람.

¶ 그렇게 □□ 부리지 말라. □□를 부리는 친구의 태도에 화가 치밀었다.

12. 해가 진 뒤 컴컴해질 때까지의 어스레한 동안.

¶ □□□가 밀려올 때면 어머니는 으레 내가 있을 만한 곳을 찾아다니셨다.

13. 저녁이 되어 가게나 상점의 문을 닫을 무렵.

¶ □□에 들러 보게. □□에 손님들이 몰려왔다.

---

5. 섯[2]

6. 섯[3]

7. 늙바탕 → 늘그막(늙마; 늙어가는 무렵), 늙수그레하다, 늙숙하다, 늙직하다, 고비늙다(지나치게 늙다), 애늙은이

8. 늦깎이

9. 되깎이

10. 진대

11. 진피 → 진피아들(지지리 못난 사람)

12. 땅거미 [←땅+검(다)+이]

13. 들마

14. 먹은 것이 소화되지 않아 속이 자꾸 메스껍고 곧 게울 듯한 꼴(=니얼니얼, 느글느글).

¶ 속이 □□□□ 토할 것 같다.

15. 말이나 행동을 되는 대로 아무렇게나 하는 꼴.

¶ □□□□ 지껄여대다. □□□□ 혼자 욕설을 퍼붓다가 잠이 들었다.

16. 상하고 찌들어 비위가 상할 정도로 냄새가 고리다.

¶ 습기 찬 방에서 □□□ 곰팡내가 코를 찔렀다.

17. 약간 상하여 음식의 냄새나 맛이 신선하지 못하다.

¶ 어제 끓여 놓은 된장찌개 맛이 좀 □□□□. 젊은 사람의 사고방식이 왜 그리 고리□□□냐?

18. 변변찮은 국이나 찌개 따위의 맛이 제법 구수하여 먹을 만하다.

¶ 시래깃국이 꽤 □□□□.

19. 어찌 되었는지 몰라서 마음이 답답하다. 속이 출출하여 무엇이 먹고 싶은 생각이 나다.

¶ 집안 소식이 □□□□. 입이 □□□□. 별짓 다하는 군. 입이 □□□거든 손가락이나 빨지.

20. 뱃속이 허전하여 자꾸 먹고 싶다(=궁금하다). 별난 음식이 먹고 싶어 입맛이 당기다.

¶ 한창 □□던 때라 떫은 감이나마 맛있게 먹었다. 아무리 □□ 마음을 눌러도 입안에 군침만 가득했다.

[문제 24]

1. 미리 보이는 빌미. 앞으로 어떻게 될 가망이나 징조. 조짐(兆朕).

¶ □이 사납다. 이번 일은 □이 좋을 것 같지 않다. 불길한 □이 나타나다. 호황의 □이 보인다.

---

14. 니글니글 → 니글거리다/대다

15. 귀둥대둥

16. [쿼쿼하다] 〈작〉쾨쾨하다. 쿼쿼한

17. [타분하다] 〈큰〉터분하다. 타분하다, (고리)타분하(냐) → 고리타분하다. 모름하다

18. [구뜰하다] 구뜰하다 → 엇구뜰하다(조금 구수한 맛이 있다), 구수하다, 엇구수하다

19. [궁금하다] 궁금하다, 궁금하(거든) → 궁금증(-症), 궁겁다(마음에 궁금한 느낌이 있다)

20. [구쁘다] 구쁘(던), 구쁜

[정답 24]

1. 늦 → 말늦, 비늦

2. 조금도 빈틈이 없이 아주 야무진 사람.

¶ 당찬 □□□는 손끝도 야무지다. 윤똑똑이나 □□□도 실수할 때가 있다. 친구는 □□□여서 사기당할 사람이 아니다.

3. 남의 환심을 사려고 어벌쩡하게 서두르는 짓.

¶ □□□를 부리다. 뻔히 □□□치는 줄 알면서도 번번이 당하는 내가 바보지. □□□ㅅ손이 대단한 사람.

4. 의뭉스럽게 남을 속이거나 골리는 짓. 또는 그런 솜씨.

¶ □□□□를 부린다. 그의 □□스러운 꾀에 넘어가 내기에 졌다.

5. 간사스럽게 아양을 떠는 태도.

¶ 상사에게 □□을 떨다(알랑거리다). □□스럽게 굴다.

6. 조금 상한 채로 말라서 희끗희끗하게 얼룩진 고추.

¶ □□□를 골라내고 빻았다.

7. 끝물에 따 들이지 못하여 가지에 달린 채 서리를 맞고 말라 버린 고추나 목화송이.

¶ 일손이 달려 미처 거둬들이지 못한 □□□□ 고추가 아깝다.

8. 호수보다는 작으나 못보다는 크며 땅바닥이 저절로 둘러빠지고, 진흙 바닥에 물이 괴어 있는 곳(=달가니). 헤어나기 힘든 상태나 상황.

¶ 자동차가 □에 빠지다. 경기 침체의 □에서 벗어나다.

9. 물가의 가장자리나 언덕. 큰물이 질 때에나 물에 잠기는 물가의 널찍하게 둔덕진 곳[=고수부지(高水敷地)].

¶ 모처럼 한강 □□에 나가 공놀이를 하며 즐겁게 놀았다. 안양천 □□에 체육공원을 만들다.

10. 어떤 일이나 대상에 물리거나 질려 지긋지긋하게 느껴지는 생각

---

2. 모도리 → 모이다[2](작고도 야무지다)

3. 엉너리 → 엉너리치다, 엉너릿손(엉너리로 남을 후리는 솜씨)

4. 엄펑소니 = 엄펑 → 엄펑스럽다

5. 간살 → 간살부리다, 간살스럽다, 간살쟁이

6. 희아리 [←희(다)+아리(얼룩)]

7. 대바라기

8. 늪 → 늪지대(-地帶); 못(천연으로나 인공으로 넓고 깊게 판 땅에 늘 물이 괴어 있는 곳)

9. 둔치

10. 넌더리 〈준〉넌덜 → 진저리

(≒몸서리).

¶ 그 일은 생각만 해도 □□□가 난다. □□□를 치다. □□□를 내다(성가실 정도로 싫증이 나게 굴다).

11. 얄밉도록 몹시 능청을 떪.

¶ □□ 솜씨가 여간이 아니다. □□치게 말하다. □□맞게 굴다.

12. 일을 잘 처리하는 솜씨(=주변).

¶ □□□이 좋은 삼촌. 마음이 무던하고 □□□도 좋아 대갓집 맏며느리감이다.

13. 남을 휘어잡아 부리기 잘하는 솜씨. 일을 잘 처리할 만한 솜씨.

¶ 우리 사장님은 □□이 세다. 사람 부리는 □□이 여간이 아니다.

14. 난데없이 도중에(≒갑자기).

¶ 밥 먹다말고 □□□ 어딜 가느냐. 잘 다니던 회사에 □□□ 사표를 내다.

15. 그리 쉽사리.[+부정어]

¶ 우리의 삶이란 □□□ 되는 것이 아니다. □□□ 지기야 하겠소? 그 불이 □□□ 꺼지지는 않겠지.

16. 그릇 속에 물건이 거의 다 차 있다.

¶ 독에 쌀을 □□□게 채우다. 동이가 □□□게 차도록 물을 길어 붓다.

17. 못이나 우물 따위에 괸 물이 가득하다.

¶ 저수지에 물이 □□□여 모내기에는 지장이 없겠다. 마을 우물은 아무리 가물어도 □□□□.

18. 좀 아픈 듯하면서 근질근질 가렵다.

¶ 부스럼 자리가 □□□면서 좀 쑤신다.

19. 빈대나 벼룩 따위의 물것에 물려 가렵다.

¶ 간밤에는 □□□서 한잠도 못 잤다. 모기에 물린 자리가 □□□.

---

11. 능갈 → 능갈맞다(밉살스럽게 능갈치다), 능갈지다, 능갈치다(교묘한 방법으로 잘 둘러대는 재주가 있다)
12. 두름손
13. 휫손
14. 다따가
15. 간대로

---

16. [치면하다] 치면하(게), 치면하(게)
17. [근근하다[1]] 근근하(여), 근근하다
18. [근근하다[2]] 근근하(면서)
19. [무렵다] 무러워(서), 무렵다

20. 남의 물건을 슬그머니 휘몰아서 제 것으로 가지다(=몽태치다, 훔치다).

¶ 공금을 감쪽같이 □□□□.

[문제 25]

1. 물건을 갈라 나누어 가지는 몫. 물건을 여러 몫으로 나누는 일.

¶ 나에게 오는 □□□이 없다. □□□이 고루 돌아가지 않다. □□□한 것을 도로 거두어 모으다.

2. ▸사람이나 물건을 대수롭지 않게 보고 업신여겨 이르는 말. ▸넷으로 가르는 일.

¶ 나를 □□□로 안다. □□□로 여기다.

3. 독이나 화로 따위 물건의 위쪽 가장자리가 나부죽하게 된 부분.

¶ 그릇의 □. 화로의 □에 재가 얹혔다.

4. ▸놋쇠나 구리로 만든 솥. ▸놋쇠로 만든 국그릇.

¶ □□□을 걸다. 가마솥 달밑이 □□□ 달밑을 검다 한다. □□□는 반병두리보다 좀 작은 그릇이다.

5. ▸배추·마늘·과일 따위를 셀 때, 100개를 한 단위로 이르는 말. ▸북어(마른 명태) 20마리를 한 단위로 세는 말.

¶ 마늘 한 □과 오이 두 □, 북어 두 □를 샀다.

6. ▸쪽진 머리가 풀어지지 않도록 꽂는 장신구. ▸나는 새 모양을 은으로 만들어 용수철 위에 붙인 다음, 족두리 따위에 다는 장식품.

¶ □□를 찌르다. 족두리에 □□을 달다.

---

20. [후무리다] 후무리다 → 후무리기(몽태치기, 도둑질)

[정답 25]

1. 노느몫 → 노느다, 노느매기(분배), 노느이다(여러 몫으로 나누이다)

2. 네뚜리[1]; 네뚜리[2] → 세뚜리(한 상에서 셋이 함께 식사하는 일. 세 몫으로 나누는 일)

3. 전[1] → 전두리, 귓전, 마룻전(마루의 가장자리), 뱃전, 솥전, 이맛전(이마의 넓은 부분); 전[2](갈퀴나 손으로 한꺼번에 껴안을 정도의 나무나 꼴 따위의 분량)과 동음이의어다.

4. 노구솥; 갱지미 → 노구메(산신령에게 제사지내기 위하여 노구솥에 지은 밥), 노구메정성(-精誠), 발노구(발이 달린 노구솥), 통노구(품질이 낮은 놋쇠로 만든 노구); 달밑(솥 밑의 둥근 부분)

5. 접; 쾌 → 말린 오징어 20마리는 한 축이다.

6. 비녀; 떨잠(-簪) → 비녀못(비녀쇠), 비녀장(굴대 머리 구멍에 끼는 못. 나무못), 민비녀(무늬 없는 비녀), 옥비녀(玉-)

7. 상투를 짠 뒤에 풀어지지 않게 꽂는 물건.

¶ 머리에 □□을 꽂다. □□을 빼다(머리를 풀고 잘못을 인정하고 굴복하다).

8. 무엇을 넣기 위하여, 끈이나 새끼 따위로 그물처럼 떠서 만든 물건.

¶ □□을 메고 게 잡으러 가다. □□을 짊어지고 약초를 캐러 간다.

9. 대·싸리·고리버들 따위로 결어서 만든, 아가리가 좁고 바닥이 넓은 바구니. 또는 그것에 담은 분량을 세는 말.

¶ □□□에 옥수수를 담다. 붕어를 한 □□□ 잡았다.

10. 눈시울에 생기는 작은 부스럼.

¶ □□□가 나서 눈시울이 아리다.

11. 귓바퀴의 아래쪽으로 붙어 늘어진 살.

¶ 귀고리를 하려고 □□을 뚫다. 그녀는 부끄러워 □□까지 붉어졌다. □□만 만지고 있다(손을 못 쓰고 결과만 기다리고 있다).

12. ▸산모퉁이의 휘어 둘린 곳. ▸구부러지거나 꺾어져 돌아간 자리. 모서리 부분의 구석진 곳.

¶ 고개 □□□가 눈앞에 보였다. 산□□□를 돌아가다. 길□□□에서 왼쪽으로 돌아라. 방의 한쪽 □□□에 쭈그려 앉다. 서울의 어느 □□□에 사는지 알겠니?

13. 어린애의 목구멍을 축일 정도로 젖을 적게 먹임. 또는 그만큼밖에 안 나는 젖의 분량.

¶ 산모가 먹지를 못하여 □□□도 안 되는 젖이 나온다. □□□이나 하게 젖을 빨린다.

14. 들은 경험. '잇속 있는 말을 놓치지 않는 능력'을 이르는 말.

¶ 그 이야기라면 나도 □□□가 있지. □□□가 밝구나.

---

7. 동곳 → 동곳잠(−簪; 동곳 모양의 옥비녀)

8. 구럭 → 멍구럭(성기게 뜬 큰 구럭), 빚구럭(빚이 많은 상태를 비유), 사냥구럭, 장구럭(場−; 시장에 갈 때 들고 다니는 구럭)

9. 다래끼[1] → 민다래끼, 종다래끼

10. 다래끼[2]

11. 귓불 = 귓밥

12. 모롱이[1]; 모퉁이 → '모롱이[2](웅어의 새끼)와 동음이의어다; 모퉁잇돌(주춧돌), 모서리

13. 목놀림

14. 들은귀 → 들은풍월(−風月), 들음들음(이따금씩 들어 아는 지식)

15. 대강을 하는 짐작. 또는 겉가량으로 짐작함(=어림).

¶ 수확량을 □□할 수가 없다. 이것을 □□으로 하나 더 만들어라. □□없는 그의 말은 믿을 수가 없다.

16. 잘 들으려고 귀를 기울이다.

¶ 모두가 두리번거리며 귀를 □□었다. 누구 말이 옳은지 □□어 듣다. 경애는 바람결에 들려오는 노랫가락에 귀를 □□며 이물 쪽을 내다보았다.

17. 힘에 겨워 다루거나 치러내기에 벅차다(↔만만하다).

¶ 그 선수는 나에게 □□□ 상대다. 짐이 너무 무거워 혼자 나르기에 □□□.

18. 옷의 매무새나 무엇을 싸서 묶은 꼴 따위가 경쾌하고 가든하다.

¶ 옷차림새가 □□□□. 이삿짐을 □□히 꾸리다.

19. ▸식구나 구성원이 많지 않아 홀가분하다. 옷차림이나 가진 물건 따위가 간편하다. ▸딸린 사람이 적어서 아주 홀가분하다.

¶ 가족이 □□□□. 식구가 많지 않아 □□□ 살림을 '홀앗이살림'이라고 한다. 흐트러짐이 없이 잘 정돈되어 □□한 것을 '간동하다'라고 한다. 자식들도 다 따로 나가고 우리 내외만 □□□게 살고 있다.

20. 음식 따위를 식지 않게 하려고, 불 위에 놓아두거나 따뜻한 데에 묻어 두다. 한 그릇에 여러 가지 음식을 곁들여 담다. 사람을 안동하여 보내다.

¶ 찌개그릇을 화로 위에 □□□. 제사에 쓸 어물을 바구니에 □□어 담다. 고향 사람에게 □□어 동생을 보내다.

[문제 26]

1. 길쌈할 때 실을 감고 풀고 하는 데에 쓰는 도구. 굴대의 꼭대기에 + 로 짠 나무를 대고 그 끝에 짧은 기둥을 박았음.

¶ □□에 베실을 감다. 누운 자리에서 빙빙 돌면서 자는 잠을 '□□잠'이라고 한다.

---

15. 대중 → 대중없다, 대중하다, 겉대중, 눈대중, 손대중

16. [강구다] 강구(었다), 강구(어), 강구(며)

17. [버겁다] 버거운, 버겁다

18. [회매하다] 회매하다, 회매(히)

19. [단출하다] 단출하다, 단출한, 단출(한); [홋홋하다] 홋홋하(게)

20. [앙구다] 앙구다, 앙구(어), 앙구(어)

[정답 26]

1. 돌꼇

2. 베를 짤 때 날실을 감는 틀.

¶ □□□□에 베실을 감을 때 사이사이에 대는 나뭇가지를 '배빗대'라고 한다. □□□□ 잘라 넉가래 만들기(아주 만들기 쉬운 것을 이르는 말).

3. 완전하게 한 섬이 못 되는 곡식. 무더기로 쌓여 있는 더미.

¶ 가을 추수에 얻은 것이 겨우 보리 □□뿐이다. 돌 두 □□.

4. ▸갓난아기가 두 팔을 머리 위로 벌리고 자는 잠. ▸아무데서나 쓰러져 자는 잠.

¶ 대청마루에서 □□□을 자는 아기. 얼마나 피곤하였으면 저렇게 □□□을 자겠나.

5. 재앙이나 탈 따위가 생기는 원인.

¶ 늦게 온 것을 □□로 삼아 꾸짖다. 놀란 것이 □□가 되어 시름시름 앓아눕다. □□잡힐 행동은 하지 않아야 한다.

6. 사물의 가장 긴요한 막다른 때의 상황. 기회나 막다른 절정.

¶ 죽을 □□를 여러 번 넘기다. 영화가 한창 재미나는 □□ㅅ사위에 전기가 나갔다. 이 번 □□만 잘 넘기면 형편이 좀 나아질 것이다.

7. 정해 놓은 날짜를 뒤로 미룸. 물려받거나 물려주는 일.

¶ 돌림병으로 개학날을 □□이 어떤가. □□을 받은 가보(家寶).

8. 서열이나 차례에서 으뜸의 아래. 둘째.

¶ 긴급한 점으로 보면 이 일도 □□은 갑니다. 그는 선거를 치렀다하면 아쉽게도 □□이었다.

9. ▸초가을에 비가 내리다가는 개고를 되풀이하는 장마. ▸강우량이 아

---

2. 도투마리

3. 무지 → 나무무지, 돌무지, 불무지(모닥불을 피워 놓은 더미)

4. 나비잠; 멍석잠 ≒등걸잠

5. 빌미 → 빌미잡다(빌미로 삼다. 불행이 생기는 원인으로 삼다)

6. 고비 → 고빗사위(고비의 아슬아슬한 순간), 된고비(어려운 고비), 마감고비(일을 끝내는 데서 중요한 마지막 단계나 대목), 한고비(가장 어려울 때)

7. 물림 → 대물림(代−), 책상물림(冊床−; 글만 읽다가 세상에 처음 나서서 물정에 어두운 사람)

8. 버금 → 버금가다, 버금딸림음(−音), 버금상(−賞)

9. 건들장마; 마른장마

주 적거나 또는 맑은 날이 계속되는 장마철.

¶ □□□□가 그치면 가을도 깊어지리라. □□□□와 불볕더위에 단비가 내렸다.

10. 밀물이 들어와 가장 높이 찼을 때. 만조(滿潮). 찬물때.

¶ □□을 기다리는 뱃사람들.

11. 미세기(썰물과 밀물)의 차(差).

¶ □□□를 보고 낚시 계획을 세우다. □□□를 보다(조수의 간만의 차를 헤아려 보다).

12. 일정한 방향으로 이동하는 바닷물의 흐름. 해류(海流).

¶ 한류(寒流)를 찬□□라고 하고, 난류(暖流)는 더운□□라고 한다.

13. ▸능력은 없고 그저 착하기만 한 사람. ▸헐었거나 무지러져서 못쓰게 된 물건. 아무것도 모르고 어리석은 사람.

¶ 성격이 □□□다. 이 집 영감은 □□□는 아니라 말할 수 없고, 여간 못마땅한 일이 있어도 마나님이 하자는 대로 좇아가는 위인이다. 산골 □□□□라는 말은 들어도 정직한 사람이다.

14. 이러니저러니 여러 말 할 것 없이 죄다 몰아서(=도틀어, 통틀어).

¶ 일이 잘되고 못됨은 □□□ 내 탓이다. □□□ 얼마에 팔겠소?

15. 몸이 약하거나 늙어서 늘 골골하는 꼴(≒시난고난).

¶ □□□□□□ 앓고 있는 노인.

16. 섬·자루 등에 곡식을 담을 때 좌우로 흔들거나 아래위로 까불러서 곡식이 많이 들어가게 하다. 출렁거리게 하다.

¶ 쌀자루를 □□□. 출렁다리를 □□며 놀다.

17. 음식이 먹음직스럽다. 모양이 어울려서 보기에 좋다. 하는 짓이 잘 어울리고 짜인 맛이 있다.

¶ □□□□ 밥상. 김이 오르는 시루떡이 보기만 해도 □□□□□. 색동저고리에 무지개치마를 □□□□게 입은 처녀. 오늘

---

10. 물참 ↔ 잣감[간조(干潮)]

11. 무수기

12. 무대 → '물'과 '대(帶; 띠)'의 합성어로 보이는 말이다.

13. 무룡태; 무지렁이

14. 도파니

15. 고로롱고로롱. 〈준〉고롱고롱 → 고로롱거리다/대다, 고로롱팔십(-八十)

16. [충이다] 충이다, 충이(며)

17. [앙그러지다] 앙그러진, 앙그러졌다, 앙그러지(게)

행사는 □□□□게 꾸며 놓은 듯하다. 여행 계획을 □□□□게 짰다.

18. 자연의 힘이 미치어 손해나 상해를 입다. 거치적거리거나 못된 짓으로 일을 방해하다.

¶ 바람이 □□□ 나무. 다른 힘에 억눌리거나 □□□을 당하는 것을 '치이다'라고 한다.

19. 마음에 흐뭇할 만큼 탐스럽다.

¶ 꽃송이가 □□□□. 들판에는 □□□ 이삭들의 물결이다. 가지마다 붉게 익은 사과 알이 □□□게 주렁주렁 열렸다.

20. 병을 앓거나 몹시 지쳐서 허약해진 몸이 차차 회복되다.

¶ 한동안 잘 요양한 덕분에 몰라보게 몸이 □□□. 웬만큼 □□면 일을 시작하겠다.

[문제 27]

1. 주변이 좋아서 형세에 따라 일을 잘 처리하는 재주. 주변성[=융통성(融通性)].

¶ □□□이 좋다. □□□이 없는 사람.

2. 어려움이나 시련, 고통을 잘 참아내는 성질. 인내성. 참을성.

¶ 젊은 사람이 □□□이 없어 탈이다.

3. 옷 따위의 길이.

¶ 외투의 □□이 길다.

4. 그릇이나 신 같은 물건의 높이.

¶ □□가 높은 그릇. 밥주발은 □□가 꽤 높다.

5. 집의 칸이나 모난 그릇 따위의 안으로 잰 길이.

¶ □□을 재다. 설계도면에서 벽 두께를 뺀 □□이 실제 공간이다.

6. 옷 안에 받치는 감. 안감.

¶ □□을 대다. □□을 받치다.

---

18. [이아치다] 〈준〉이치다, 이아친, 이아침 → '이아다'는 '흔들다'의 옛말이다.

19. [호암/호함지다] 호암지다, 호암진, 호암지(게)

20. [추서다] 추섰다, 추서(면)

[정답 27]

1. 두름성

2. 견딜성(-性) [←견디다(물리적 극복)] → 견딜힘(인내력)

3. 기장 → 기장차다(물건이 곧고 길이가 길다)

4. 운두 → 우너리(가죽신의 운두)

5. 안목

6. 안찝 ↔ 거죽감

7. 다른 개인이나 패에 대하여 이 편의 힘이 된 일가나 친척.
¶ 이 고을에서는 그 사람이 가장 □이 센 편이다. □이 세다(족속이 많고 번성하다. 떨거지가 많다)

8. 신의 가를 두른 부분(신울). 울타리의 준말. 속이 비고 위가 트인 물건이 가를 둘러싼 부분.
¶ □이 넓은 그릇. □이 높은 물통.

9. 어떤 일을 이루려고 몹시 애쓰는 힘. 울화나 고통 따위를 참으려고 숨쉬는 것도 참으면서 애쓰는 힘.
¶ □□□을 다하다. 울지 않으려고 □□□을 썼다.

10. 속으로 은근히 동정하는 마음. 보기보다 야무진 힘.
¶ 부모님 생각에 노인만 보면 □□이 든다. 그는 내 이야기를 다 듣고 난 뒤 □□으로 위로의 말을 해주었다. 보기에는 약하지만 □□이 있다. □□이 센 사람을 '앙세다'라고 한다.

---

7. 울[1]

8. 울[2] → 울안, 울어리, 울짱(울타리 말뚝. 울책)

9. 안간힘

10. 알심

11. ▸빛이 누런 늙은 오이. ▸늙어서 겉이 단단하고 씨가 잘 여문 호박.
¶ 밥에 □□나물을 넣고 비벼서 먹다. 할머니는 □□□□으로 죽을 쑤셨다.

12. 체로 쳐서 밀가루를 뇌고 남은 찌끼.
¶ □□로 누룩을 빚다.

13. 메밀의 가루를 체에 쳐낸 무거리.
¶ □□로 떡을 빚다. 노깨나 □□ 또는 거친 보리 싸라기 따위를 반죽하여 밥 위에다 찐 떡을 '개떡'이라고 한다.

14. 마음속에 품어 두다. 겉가량으로 헤아리다.
¶ 늘 □□□고 있던 일. □□□아 백 개도 넘겠다.

15. 입맛이 당기게 썩 맛깔스럽다. 마음에 썩 들게 그럴싸하다.
¶ 국물이 □□□□. 오징어무침이 □□□□. □□□게 만든 작품.

---

11. 노각; 청둥호박 ↔ 애호박

12. 노깨 → 뇌다(굵은 체에 친 가루를 더 보드랍게 하려고 고운체로 다시 한번 치다)

13. 나깨 → 나깨만두, 나깨수제비

14. [안쫑잡다] 안쫑잡(고), 안쫑잡(아)

15. [쌈박하다] 쌈박하다, 쌈박하다, 쌈박하(게)

16. 맛이 진하고 냄새가 좋다. 차려 낸 것이 푸짐하고 호화롭다.

¶ 이 집 음식이 □□□기로 유명하다. 음식이 □□□여 보는 것만으로도 배가 부를 지경이다.

17. 무엇이 많고 푸지다는 뜻으로 '생각한 것보다 너무 적음'을 비꼬는 말.

¶ 기껏 초대해 놓고 꽤나 □□□□게 차렸구나.

18. 투박하지 않고 세련되고 맵시가 있다.

¶ □□□ 말씨. □□□ 꽃병. 색깔이 곱고 □□□게 생긴 사기그릇을 많이 만들어 낸다.

19. 투박하고 상스럽거나 튼튼하기만 하고 멋이 없다.

¶ □□□□□ 말씨. □□□□게 생긴 뚝배기. 말본새 한번 □□□□□.

---

16. [훈감하다] 훈감하(기로), 훈감하(여)

17. [후파문하다] 후파문하(게) → 푸닥지다

18. [양간하다] 양간한, 양간한, 양간하(게)

19. [툽상스럽다] 툽상스러운, 툽상스럽(게), 툽상스럽다/투상스럽다 → 툽상하다(투박하고 상스럽다)

20. 무엇을 억지로 하려고 애쓰는 태도가 있다.

¶ 고시에 합격하려고 □□□□게 공부한다. 사람이 여간 □□□□□야지. 딸 같은 양 마담 앞에서 □□□□□ 꼴을 거듭 드러내기가 점직한 노릇이었지만 자칫하면 일을 그르칠까봐 꾹 참았다.

[문제 28]

1. ▸자로 재어 팔거나 재단하다가 남은 천의 조각. 어떤 기준에 미치지 못할 정도로 작은 조각. ▸한 섬을 채우지 못하고 남은 분량.

¶ 비단 □□□를 모아 만든 방석. 모름지기 □□□ 시간을 잘 활용해야 한다. 벼 두 섬 □□□.

2. 두 땅이 맞닿은 경계를 나타낸 표. 물건과 물건 사이를 구별 지은 표.

¶ 여기는 경기도와 강원도의 □□가 되는 곳이다. 한민족이 나아갈 길은 군사분계선이라는 □□를 걷어내는 일이다. 독서하다가 책갈피에 □□를 끼워 놓았다.

---

20. [굴침스럽다] 굴침스럽(게), 굴침스러워(야지), 굴침스러운 → 점직하다(좀 미안하고 부끄러운 느낌이 있다)

[정답 28]

1. 자투리; 마투리

2. 살피

3. 나뭇가지 사이 따위에 걸쳐 맨 시렁. 물 위에 앉아서 낚시를 할 수 있도록 발판처럼 만든 대(臺).

¶ □을 매다. □에 물건을 얹다. □ 위에 올라가 낚시를 하다.

4. ▸음식을 차리어 남을 대접하는 일. ▸크게 손님을 겪는 일.

¶ 잔치 □□로 보낸 하루. 이사를 해서 □□가 겹쳐도 아내는 즐거워했다. 잔칫날 정성을 다하여 □□을 마쳤다.

5. 넘겨서 맡는 걱정거리.

¶ □□을 쓰다. □□을 받다. 자식을 둔 사람은 □□이 많다. 아주 순하여 남의 비위에 두루 맞는 사람인지라 늘 □□이 많다.

6. 많은 빚에 얽매여 헤어날 수 없게 된 사람.

¶ □□□□□인 사람이 처한 상태를 '빚구럭'이라고 한다.

---

3. 덕 → 덕장(생선 따위를 말리기 위하여 덕을 매어 놓은 곳. 또는 그 덕), 오이/호박덕

4. 겪이; 일겯 → 놉겪이(날삯으로 일하는 사람을 대접함), 손겪이(손님치레); 놉(품팔이 일꾼)

5. 더넘 → 어원적 의미는 '더 넘는 것'이다.

6. 빚두루마기 → 빚꾸러기(빚을 많이 진 사람), 빚쟁이

7. ▸남의 빚을 대신 갚아줌. ▸빚쟁이들이 몰려와서 빚진 사람의 남은 물건을 빚돈 대신 가져가는 일.

¶ □□□에 신물이 난다. □□□하는 바람에 돈 모을 겨를이 없다. 회사가 부도가 나자 창고는 □□□로 난리다.

8. 어떤 물체에 다른 물건이 닿거나 하여 생긴 자리. 상처나 부스럼 따위가 아문 흔적.

¶ 눈물 □□을 닦다. 불에 덴 □□. □□을 밟다(사람이나 동물이 남기고 간 발자국을 따르다).

9. 나무를 깎아 다듬을 때 쓰는 연장.

¶ □□로 원목을 다듬다. 목공실에는 □□ㅅ밥과 대팻밥이 늘 쌓여 있다.

10. 짐승의 발자국.

¶ 채소밭 여기저기에 고라니 □□가 있다. □□를 짚다(짐승이 지나간 자리를 따라 찾아가다).

---

7. 빚물이; 빚잔치

8. 자국[1] → 자국눈(겨우 발자국이나 날 정도로 조금 내린 눈), 자국물(발자국에 괸 물), 발자국, 손자국, 핏자국; 자국[2](집산지)와 동음이의어다.

9. 자귀[1] → 자귀질/하다, 자귓밥

10. 자귀[2]

11. 개나 돼지 따위에 과식으로 생기는 병.

¶ 돼지가 □□가 나서 일어서지 못한다.

12. 남기거나 끼쳐진 표나 자리. 흔적(痕迹). 사람·동물 따위의 간 곳이나 사라진 행방.

¶ 고향의 옛 □□를 찾아볼 수가 없다. □□를 감추다(숨거나 사라지다).

13. ▸말이나 하는 짓이 얌전하지 못하고 덜렁거리는 여자(=사내번지기). ▸어려워함이 없이 제멋대로 쏘다니는 계집아이.

¶ 제발 □□□□처럼 나대지 마라. □□□□ 길들이기. □□□□가 자라 이제는 어엿한 숙녀가 되었다.

14. 동안을 별로 두지 아니하고 잇달아 갈마들어서.

¶ 제자들이 □□□□ 찾아오다. 그 식당은 손님들이 □□□□ 찾았다. 그 선로 위를 전동차가 □□□□ 달린다. 온 가족이 □□□□ 설득했지만 남편은 좀처럼 놀음에서 손을 떼지 못하였다.

15. 품위나 능력의 정도가 자기보다 못하게.[+보다. 여기다. 대하다]

¶ □□□ 보고 업신여겼다가 큰코다쳤다. 손님을 □□□ 여기고 함부로 대접하다니.

16. 짐승끼리 싸우려고 서로 으르대며 잔뜩 노리다.

¶ 개의 □□□ 자세. 소싸움에서 □□□ 소를 그린 작품.

17. 얼굴을 험상궂게 찌푸리다. 사물을 손으로 움켜쥐다.

¶ 소화불량으로 잔뜩 □□□ 얼굴. 파를 다듬다가 손님이 오자 대강 □□□고 현관으로 나갔다.

18. 살림이 넉넉하고 오붓하다. 눈이나 비, 연기 따위의 양이 많다.

¶ 살림살이가 실속이 있고 □□□□. □□□ 생활. 눈이 앞을 가릴 만큼 □□□게 내리고 있었다.

---

11. 자귀[3]

12. 자취 → 발자취(발로 밟은 흔적. 지나온 과거의 역정)

13. 말괄량이; 뻘때추니

14. 뻠들이로

15. 나지리 → 낮다, 나지막하다, 나직하다(조금 낮다), 나직이, 마지막이

16. [투그리다] 투그린, 투그린

17. [응그리다] 응그린, 응그리(고)

18. [포실하다] 포실하다, 포실한, 포실하(게)

19. 매우 많아서 넉넉하다. 음식이 풍족하고 먹음직하다.

¶ 잔칫상에 먹을 것이 □□□. 음식을 □□게 장만하다.

20. 흔히 적은 것을 많다고 비꼬아 말할 때에 '꽤 푸지다'의 뜻으로 쓰는 말.

¶ 그 □□□ 돈벌이를 시키느라고 우리를 이렇게 호락호락하게 보는구나. □□□게 술도 사곤 하였다.

[문제 29]

1. 붙임성이나 포용성이 있어 남과 잘 사귀는 솜씨.

¶ □□□□가 있다. 아우는 □□□□가 좋아 주변에 사람이 많다.

2. 조금도 부끄러워하지 않고 비위 좋게 구는 짓이나 성미.

¶ □□을 떨다. □□이 좋다. □□ 좋은 강화 년이다(체면도 염치도 모르는 여자를 놀림조로 이르는 말).

3. 분별이 없이 함부로 하는 말이나 행동.

¶ 위아래도 없이 □□□□을 해대다. 예의범절도 모르고 □□□□을 해서는 큰일이다. 이제 와서 □□□□을 해도 소용이 없다.

4. 매정하고 쌀쌀한 태도.

¶ 너무 □□□을 부리면 안 된다. □□□을 부리다(몰인정하고 쌀쌀한 태도를 보이다). 서릿발같이 싸늘한 그녀의 □□□을 대하면 대번에 얼굴이 굳어진다.

5. 까마귀 새끼가 자라서 어미에게 먹이를 물어다 줌으로써 길러 준 은혜를 갚는 일. 자식이 어버이의 은혜를 갚는 일. 반포(反哺).

¶ □□□을 받다. □□□하는 일은 자식 된 도리다. 부모님을 여의고 보니 □□□을 제대로 못한 것이 후회되다.

6. 어떤 해를 입은 한을 풀기 위하여 상대편에게 그만한 해를 입힘. 또는

---

19. [푸지다] 푸지다, 푸지(게) → 푸짐하다(푸지고 소담하다)

20. [푸닥지다] 푸닥진, 푸닥지(게) → 후파문하다

[정답 29]

1. 너울가지

2. 넉살 → 넉살맞다, 넉살스럽다

3. 마구발방 → 마구잡이(앞뒤를 헤아림 없이 닥치는 대로 함부로 함)

4. 냉갈령 → 냉갈령부리다

5. 안갚음 → 안받다, 안받음

6. 앙갚음

그런 행동. 보복(報復). 복수(復讎).
¶ □□□을 받다. 게을러서 쫓겨난 놈이 사장에게 □□□하려 든다.

7. 손목·발목·손아귀 등의 회목이 과로로 마비되어 시고 아픈 병의 증세.
¶ 다리에서 □□□이 나도록 뛰어다녀야만 하는 제 신세가 새삼스럽게 가엾은 생각이 들었다.

8. 요사스럽고 간악(奸惡)한 기운.
¶ □□가 온 방안을 휩싸고 돈다.

9. 어떤 일이나 사물에 따라 화복(禍福)이 생기는 일.
¶ 오늘은 손□□가 사납다.

10. 민속에서, 한 집안의 살림이 그 덕이나 복으로 늘어가는 것으로 믿고 소중히 여기는 동물. 또는 사람.
¶ 우리 집안이 흥하려고 □이 들어온 것 같다. 이 아이가 우리 집의 □이지요.

11. 달맞이할 때 불을 질러 밝게 하기 위하여 생솔가지 따위를 쌓아 집채처럼 만든 나무 무더기.
¶ 정월 대보름날 밤에 □□을 태우고 소원을 빌었다.

12. 일 년 내내 부스럼을 앓지 않게 된다 하여, 정월 보름날에 까서 먹는 밤·잣·호두 따위를 이르는 말.
¶ □□을 딱하고 깨물다. 이를 튼튼히 하기 위하여 □□을 깨무는 일을 '이박기'라고 한다.

13. 길쭉한 물건이나 상자 등의 양쪽 면. 길쭉한 물건의 끝에 대는 물건.
¶ 서까래 □□□를 도심질하다. 베개의 □□□.

14. 작두 머리의 쇠기둥에 가로 끼우는 비녀 모양의 굽은 쇠.
¶ 작두로 짚을 썰다가 □□□가 빠지는 바람에 큰일 날 뻔하다.

---

7. 자가품 → 자개바람(쥐가 나서 근육이 곧아지는 증세)

8. 해매

9. 떠퀴 → 날떠퀴(그날그날의 운수), 발떠퀴(사람이 가는 곳을 따라 생기는 운수), 손떠퀴(손을 대기만 하면 생기는 운수)

10. 업 → 업구렁이, 업두꺼비, 업거울, 인업(人－; 사람으로서의 업. 또는 사람으로 태어난 업)

11. 달집

12. 부럼

13. 마구리 → 마구리테, 마구리판, 뒷마구리

14. 고두쇠

15. 양철통.

¶ 예전에는 석유 □□과 물 □□이 생활 필수품이었다.

16. 서로 사귀거나 지내는 데 사이가 좋아 화목하다. 의좋게 지내다.

¶ 모처럼 □□□진 집안에 평지풍파를 일으키지 말게. 며느리는 시누이들과 □□□게 잘 지낸다. 옹기종기 모여 앉아 □□히 노는 아이들.

17. 잠시도 미루거나 머뭇거리지 않다. 시간에 맞게 빠르다.

¶ 성화가 □□□□. 소식을 듣자마자 □□□이(댓바람에) 달려오다.

18. 마음먹고 있는 것과 같이 뜻에 꼭꼭 잘 맞다. 바라는 대로 되다. 시키는 대로 하여 조금도 어김이 없다.

¶ 어떻게 그렇게 □□□은지 참 신통하다. 그 사람은 □□□아서 일처리가 깔끔하다. □□□이 일을 한다.

15. 초롱

16. [구순하다] 구순해(진), 구순하(게), 구순(히) → 의초롭다

17. [득달같다] 득달같다, 득달같(이)

18. [득돌같다] 득돌같(은지), 득돌같(아서), 득돌같(이)

19. 물건의 거친 곳을 연장으로 자르거나 깎아서 곱게 다듬다.

¶ 대패로 목재의 거친 면을 □□니 매끄럽게 되었다. 칼 같은 것으로 물체의 가장자리를 말끔히 도려내는 일을 □□□이라고 한다.

20. 죽어서 이별하다. 멀리 떠나보내다. 시집보내다.

¶ 일찍 부모를 □□□. 막내딸을 □□□.

[문제 30]

1. 짐승을 꾀어 잡는 기구의 한 가지. 남을 모함하거나 해치려는 교활한 꾀. 올무. 올가미.

¶ □이나 올가미로 산짐승을 잡다. □을 놓다. □에 걸려들다.

2. 첫 번째에 팔리는 것으로 미루어 헤아리는 그날의 장사 운수.

¶ □□가 좋다. 오늘은 □□부터 재수가 없더니 종일 파리만 날린다. 오늘 장사는

19. [도시다] 도시(니), 도심질 → 도려내다(사물의 한 부분을 둥글게 베거나 잘라내다)

20. [여의다] 여의다 → 여위다(몸에 살이 빠져 파리하다)

[정답 30]

1. 덫 → 창애(쥐덫)

2. 마수 → 마수걸다, 마수걸이, 마수손님

점심때가 넘도록 □□걸이도 못했다.

3. 무더기로 있는 과실이나 생선 가운데 크고 굵은 것들. 군계일학(群鷄一鶴)의 뜻으로도 쓰임.

¶ 아주머니는 과일 무더기에서 □□□□만 골라가고 잔챙이만 남겼다. 그 사람은 동창 가운데서 잘 나가는 □□□□ 인물이다.

4. 큰 물건.

¶ 수박이나 참외 따위의 모든 과일이 □□□라고 다 좋은 것이 아니다.

5. 겉보기에 좋고 질적으로 실속이 있는 물건을 속되게 이르는 말.

¶ 물건을 □□□로 잘 골라 왔군.

6. 사람이 죽었다는 소문.

¶ 나도 그런 □□□를 들었는데 사실인지 확인해 보아야겠다.

7. 더할 수 없는 여유나 더 해야 할 필요(≒까닭, 이유).[+없다]

¶ 더할 □□ 없이 훌륭한 작품이다. 의심할 □□ 없는 사실이다.

8. 조금이라도 움직일 수 있는 여유.

¶ 저 혼자서는 □□□도 못하는 사람이다. 작은 방에 사람이 너무 많이 들어앉아서 □□□가 없다. 대합실 안은 피서 인파로 □□□없이 붐볐다.

9. 손해에 대한 보충이나 일의 잘못한 것에 대한 갚음.

¶ 밤잠 못자고 일하게 된 것은 낮잠을 잔 □이다. 남의 악담을 자주 하더니 그 □으로 병이 났다. 남을 속여 먹은 □으로 동티가 대단히 났다. □을 내다(보충이나 갚음이 되도록 일이나 행동을 하다).

10. ▸조금이라도 떠들거나 반항하려는 말이나 태도.[+없다. 못하다] ▸남에게 조금이라도 들리게 내거나 반항하는 소리.[부정·금지어]

¶ 뒤에서는 흉보다가 앞에서는 □□□ 못한다. □□□도 내지 말고 가만히 있거라.

---

3. 머드러기 ↔잔챙이 → 지스러기(고르고 남은 부스러기나 찌꺼기, 마름질하거나 에어 내고 난 나머지)

4. 왜뚜리

5. 왜배기 ↔진상치(進上–; 허름한 물건)

6. 왼소리

7. 나위

8. 옴나위 → 옴나위없다(몸을 움직일 여유가 없다), 옴나위하다(간신히 움직이다)

9. 앙갚

10. 깩소리 〈큰〉끽소리; 찍소리

11. 밥 한 그릇과 반찬 두어 가지로 아주 간단하게 차린 밥상.

¶ 이제 □□□□은 가난한 형편이 아닌 건강하고 검소한 생활의 상징이다.

12. 빨래한 옷감을 감아 다듬이질하는 방망이. 쟁기질이 서툴러 갈리지 않고 남은 고랑 사이의 땅.

¶ □□□로 다듬이질을 하다. 아들이 갈다 만□□□를 아버지가 갈았다. □□□가 치밀다(몹시 화가 나서 배알이 곤두서다).

13. 조각에서, 글자나 그림이 두드러지도록 섭새기는 일.

¶ 구름무늬가 □□□된 기둥.

14. 실제라고 가정하는 말로. 막상 말로.

¶ □□□□ 두 사람의 처지가 뒤바뀐다 해도 우정만은 변함이 없을 것이다. □□□□ 내가 그런 누명을 썼다면 그냥 두지 않겠다.

15. 지체하지 않고 서둘러 빨리 가는 꼴(=횡허니. ≒재빨리).

¶ □□□ 가 버리다. 한눈팔지 말고 □□□ 다녀오너라.

16. 놀라서 몸이 움츠러지다. 생물이 중간에 병이 나서 잘 자라지 못하다. 웃음·울음소리나 장단 등이 빨라서 잦아지다.

¶ 아기가 □□□□게 놀라다. 햇볕을 쪼이지 못해서 그런지 철쭉이 □□□□□. □□□□는 아기의 울음소리. □□□□게 웃다.

17. 그림·조각·음악·수(繡) 등이 정밀하고 교묘하다.

¶ 자수의 무늬가 □□□□□.

18. 상사(喪事)가 나다. 돌아가다(죽다). 일에 헤살(짓궂게 훼방함)이 들어 잘 되지 않다.

¶ 할아버지가 □□서 친척들이 모두 상가에 모였다. 무슨 병환에 그렇게 졸지에

---

11. 쥐코밥상 → 쥐코조리(도량이 좁고 옹졸한 사람)

12. 홍두깨 → 홍두깨다듬이, 홍두깨질/하다, 홍두깨살(소의 볼기에 붙은 고기)

13. 섭새김 = 돋을새김 → 섭새기다

14. 마기말로

15. 횡허케

16. [자지러지다[1]] 자지러지(게), 자지러지다. 자지러지(는), 자지러지(게) → 자지러들다, 잔지러지다(몹시 자지러지다)

17. [자지러지다[2]] 자지러지다

18. [궂기다] 궂겨(서), 궂기(셨소), 궂기(고) → 궂긴소식(−消息), 궂긴인사(−人事; 조문)

□□셨소? 가업을 □□고 들어앉다.

19. 실속이 있게 속이 꽉 차 있다.

¶ 옥수수가 □□□게 여물었다. 올해는 고추 농사가 □□□더군. 그녀는 보기보다 □□□게 살림을 잘한다.

20. 견실하고 충만하다. 내용이 충실하다. 힘겨운 일도 잘 해낼 만큼 다부지다.

¶ 책의 겉보기는 이래도 내용은 매우 □□□□. □□□ 연구 결과. □□□지 못한 사람. '다부지다'는 보기보다 □□□□를 뜻하는 형용사다.

[문제 31]

1. 물건을 사고팔 때, 제 값어치 외에 조금 더 얹어 주거나 받는 물건.

¶ 사과를 샀더니 □으로 한 개를 더 받다. '벼슬□'은 직책 덕분에 사사롭게 얻는 특별한 수입이나 이득을 말한다.

2. 개가(改嫁)하여 온 아내가 전남편에게 배거나 나아서 데리고 들어온 자식.

¶ 새 아내는 □□□로 세 아이를 데리고 왔다. □□□를 친자식처럼 보살피다.

3. 다 떨어서 싸게 팔 나머지 물건. 또는 그렇게 파는 일.

¶ 물건을 □□로 싸게 샀다. 팔다 남은 과일을 □□로 몽땅 팔다.

4. ▸살아 있는 나무줄기 속이 썩어서 생긴 구멍. ▸수박이나 호박 등이 땅에 닿아 빛이 변하고 거칠게 된 부분.

¶ □□ 먹은 고목에도 잎이 돋아났다. 수박을 재배할 때 □□□가 생기지 않도록 바닥에 짚을 깔아주다.

5. 겉모양은 그럴듯하나 속이 보잘것없는 물건이나 사람. 씨가 덜 여문 누르스름한 호박.

¶ 값이 싸서 사고 보니 □□□다. 끝물에 서리 맞은 □□□는 돼지 먹이로 주었다.

---

19. [옹골지다] 옹골지(게), 옹골지(더군), 옹골지(게)

20. [옹골차다] 〈준〉옹/올차다. 옹골차다, 옹골찬, 옹골차(지), 옹골차다

[정답 31]

1. 덤 → 덤받이, 벼슬덤

2. 덤받이

3. 떨이

4. 구새; 땅자리 → 구새굴뚝, 구새통(구새 먹은 통나무); 굴타리먹다

5. 굴퉁이

6. 곡식 가루를 반죽할 때에 물손을 맞추어 가며 덧치는 가루.

¶ 어머니는 □□□를 쳐가며 밀가루 반죽을 하셨다.

7. 지난날, 지주의 위임을 받아 소작지를 관리하던 사람.

¶ □□은 지주의 타박과 지청구를 다 받아 삭였다. 소작인은 □□의 비위를 맞추고 횡포를 견디어 내기가 여간 힘든 게 아니었다.

8. 이영을 엮어서 말아 놓은 단. 또는 그것을 세는 말.

¶ 이영 스무 □□을 엮어 지붕을 이었다.

9. 좋은 것을 다 고르고 난 뒤의 쓸모없는 찌꺼기.

¶ 파장 무렵 떨이라고 해서 가봤더니 머드러기는 다 골라가고 □□□만 잔뜩 쌓였더라.

10. 연을 띄울 때 연이 잘 올라갈 수 있도록 연을 잡고 있다가 놓는 사람.

¶ 아이가 방패연을 날리도록 아버지는 □□□□를 하였다.

11. 정식으로 혼인을 하지 않고 다른 남자와 사는 홀어미.

¶ 과부는 홀아비를 만나 □□□가 되어 부부처럼 살고 있다.

12. 사람을 함부로 끌고 다니면서 모욕과 부끄러움을 주는 일. 남의 비밀을 들추어내어 널리 퍼뜨리는 일.

¶ 마을 사람들은 그 죄인에게 온 동네 □□□를 돌리고 그길로 내쫓았다. 배은망덕하고 비열한 전남편이 댓글로 나를 □□□하다니 기가 막힐 노릇이군.

13. 마른 풀이나 낙엽·지푸라기 따위를 통틀어 이르는 말.

¶ 옷에 □□이 붙었다. □□을 갈퀴로 긁어모아 조금씩 태웠다.

---

6. 번가루

7. 마름[1] → 곁마름(마름을 돕는 사람), 도마름(都−; 여러 마름을 거느리는 우두머리 마름), 중마름(中−)

8. 마름[2] → 용마름(초가의 용마루나 담 위에 덮는 짚으로 지네처럼 틀어 엮은 이영)

9. 궤지기 ≒지스러기

10. 말똥지기

11. 가지기 [←가직(家直)+이]

12. 회술레(回−)

13. 검불 → 검부잿불(검불이 탄 잿불), 검부러기, 검부저기, 텃검불

14. 가는 가지나 덩굴들이 자라 어수선하게 엉클어진 얕은 수풀.

¶ □□을 헤치며 산에 오르다. 장미 □□. □□이나 수풀이 무더기로 우거져 있다(덤부렁듬쑥하다).

15. ▸곡식을 그러모으거나 펴거나, 밭의 흙을 고르는 데나 아궁이의 재를 긁어내는 데 쓰는 기구. ▸곡식이나 눈 따위를 한곳에 밀어 모으는 데 쓰는 기구.

¶ □□□로 벼를 펴서 말리다. 아궁이에 불을 밀어 넣거나 그러내는 데 쓰는 □□□를 '불당그래'라고 한다. □□□로 쌓인 눈을 치우다.

16. 곡식에 섞인 검부러기를 날리려고 나비가 날개를 치듯 키를 부쳐 바람을 일으키는 일.

¶ 할머니는 머리에 흰 수건을 두르고 □□□하는 흑백 사진을 보며 아픈 추억에 잠기셨다. 기계화된 농촌에서 □□□하는 모습을 보기가 쉽지 않다.

17. 종이나 헝겊 따위가 여기저기 늘어져 있어 어수선하다.

¶ 옷을 마름질한 방안이 □□□□□여 청소를 하였다. 종잇조각이 □□□□□ 교실 바닥.

18. 죄지은 사람을 벌로 끌고 돌아다니며 망신을 시키다.

¶ 연쇄 살인범은 □□□□ 후 격리시켜야 한다는 여론이 높다.

19. 사람이나 동물을 건드리어 성나게 하다.

¶ 부친이 □□놓은 비위가 좀처럼 가라앉지 않는다. 동물을 섣불리 □□는 일이 없도록 조심하시오.

20. 오이·호박·수박 등이 흙에 닿아 썩은 자리(땅자리)를 벌레가 파먹다. 열매가 썩다.

¶ □□□□은 호박. □□□□은 과일이 달다.

---

14. 덤불 → 덤불김치(무청이나 배추의 지스러기 따위로 담근 김치), 덤불숲, 덤불지다, 덤불혼인(婚姻－; 겹혼인), 가시덤불, 칡덤불

15. 고무래; 넉가래

16. 나비질 → 나비치다(나비질로 검부러기나 먼지를 날리다); 부뚜질(부뚜[돗자리]를 펴서 바람을 일으키는 일. 풍석질)

17. [에넘느레하다] 에넘느레하(여), 에넘느레한

18. [조리돌리다] 조리돌린 → 조리돌림

19. [거우다] 거워(놓은), 거우(는)

20. [굴타리먹다] 굴타리먹(은), 굴타리먹(은)

[문제 32]

1. 여러 사람이 놀이나 잔치 따위의 일로 모임.

¶ 결혼 □□□에 참석하다. □□□를 열다. 주말에 강원도 동강으로 □□□하러 간다.

2. 일을 차근차근히 잘하고 두름성(융통성) 있는 수단. 남의 사정을 이해하는 성질. 자기 이익을 위하여 쓰는 교묘한 수단.

¶ □□□를 다하여 난국을 헤쳐가다. 사람이 □□□가 있어 어려운 이웃을 잘 돕는다. 그는 □□□가 좋아서 무슨 일을 하면 손해 보는 일이 없다.

3. 몹시 인색하게 굴며 제 잇속만 차리려는 사람.

¶ □□□라고 소문난 철수에게는 진실한 친구가 없다. □□□ 같던 영감이 산소치레에는 돈을 아끼지 않네.

4. 간사스러운 사람이나 간사한 짓.

¶ 형님도 저 □□□에게 속을 때가 있으십니까. 저 □□□가 또 무슨 짓을 하려고 저러는가. 그는 윗사람에게 잘 보이려고 □□□를 치며 돌아다녔다.

5. 일 하나를 할 때마다 삯일꾼에게 하나씩 주는 쪽지. 일을 마친 뒤에 표로 삯을 계산함.

¶ □□를 내고 삯을 돈으로 계산하여 받다.

6. 거드는 사람 없이 살림살이를 혼자 꾸려나가는 처지. 또는 그런 처지에 있는 사람.

¶ □□□ 농사에 허리가 휠 지경이다. □□□가 앓아누웠으니 미음이라도 끓여줄 사람이 없다. 식구가 많지 않은 단출한 살림을 □□□살림이라고 한다.

7. 기둥이나 재목 따위를 그 놓일 자리에 꼭 맞도록 따 내기 위하여 바닥의 높낮이에 따라 금을 긋는데 쓰는 도구.

¶ 목수는 기둥의 밑동을 □□로 금을 긋고 깎아 주춧돌에 올렸다.

[정답 32]

1. 모꼬지 → 모꼬지하다, 모꼬지되다, 모꼬지판
2. 간사위
3. 갈가위
4. 간나위
5. 만보 ≒전표(錢票; 현금 대신 지급하는 쪽지)
6. 홀앗이
7. 그레 → 그레칼, 그레발(그렝이발; 그레질하며 자르거나 깎아 없앨 부분), 그레질/하다, 그렝이공법(-工法)

8. 통나무의 겉쪽을 쪼개 낸 널쪽.
¶ □□□는 흔히 땔감으로 쓴다.

9. 귀 밑에 난 잔 머리카락(=살쩍).
¶ 어느새 □□□가 희끗하게 변했다.

10. 액체를 따르는 데 편리하게, 그릇 한쪽에 붙여 만든 새의 부리처럼 내민 부분.
¶ □□가 달린 항아리. 단지의 □□가 떨어져 나가 쓸모없게 되다. 도가니의 □□로 쇳물을 따르다.

11. 솥을 덮는 뚜껑. 솥뚜껑.
¶ □□을 덮다. □□을 엎어 번철처럼 부침개를 부치다.

12. 말씨나 하는 짓이 간사하고 얄미운 태도. 얄궂은 성질.
¶ □□ 부리는 태도가 있다. 더 이상 □□ 피우지 말라. □□을 빼다(거만하게 간사한 태도를 보이다). 생긴 건 듬직한데 하는 짓은 영 □□스럽다.

13. 풍채 좋은 큰 덩치.
¶ □□이 대단하다. 그의 □□에 눌려서 힘 한번 써 보지 못하고 주저앉아 버렸다.

14. 보기만 하고 간섭하지 않는 꼴.
¶ 어머니는 아들의 투덜대는 소리를 □□□□ 듣고만 계셨다. 싸움을 □□□□할 뿐 말리는 사람은 한 명도 없다.

15. 관심이 없이 건성으로 대하는 꼴(≒본체만체).
¶ 나를 보고도 □□□□한다. 사람을 □□□□ 대하다.

16. 몸집이 크고 말이나 하는 짓이 씨억씨억하다. 손이 울퉁불퉁 마디가 지고 단단하다. 일솜씨가 시원시원하고 다부지다.
¶ 그는 나이에 비해 워낙 숙성한데다가 □□□서 짜장 어른 같다. 사람이 □□□서 일하는 것도 아주 시원스럽다. 사람됨이 □□□ 뿐만 아니라 허우대도 헌걸차다. 나무 등걸처럼 □□□ 손.

---

8. 죽데기 → 죽널(널의 일부에 나무의 둥근 표피가 있는 널)
9. 자분치 → 어원적 의미는 '잡은 것'이다.
10. 귀때, 〈준〉귀 → 귀때그릇, 귀때대야, 귀때동이
11. 소댕 → 소댕꼭지, 쇠소댕
12. 가살 → 가살꾼, 가살스럽다, 가살쟁이(가살이), 가살지다
13. 엄장 ↔옹망추니. 옹춘마니 → 몸집
14. 볼만장만
15. 본숭만숭
16. [거쿨지다] 거쿨져(서), 거쿨져(서), 거쿨질, 거쿨진

17. 성질이 굳세고 시원시원하다. 굳건하고 활발하다.

¶ 걸음걸이가 □□□□□□. 그는 올 때보다도 서슬이 더 퍼레져 □□□□ 저수지를 향해 발길을 돌렸다.

18. ▸풍채가 좋고 의기가 당당하다[=헌거(軒擧)하다]. 기운이 매우 장하다. 키가 썩 크다. ▸매우 크고 모양이 웅장하여 위엄이 있다.

¶ □□□고 씩씩해 보이는 군인. 사람됨이 거쿨질 뿐만 아니라 허우대도 □□□□. □□스러운 체격에 기백도 당당하다. □□□ 모습. 체격이 □□□□.

19. 키와 몸집이 크고 늘씬하다.

¶ □□□ 키에 잘 생긴 청년. 허우대가 □□□□.

20. 보기에 다랍게 인색하다.

¶ 저 노인은 참으로 □□□□□. 가진 것도 많은 사람이 □□스레 굴다니.

[문제 33]

1. 배 속에 알이나 이리가 들지 않아 홀쭉한 생선. '줍게 된 물건'을 비유하는 말.

¶ 산란철이 지나 잡힌 조기여서 모두 □□뿐이다. 가랑이가 □□인 바지를 입다. 벼 따위를 훑어서 떠는 일을 '□□질'이라고 한다.

2. ▸남이 쓰다가 물려 낸 물건. ▸대추나무의 열매.

¶ 나는 어렸을 때 늘 형들의 □□를 사용하였지 새것을 사 본 기억이 별로 없다. 이 옷은 언니의 □□를 고쳐서 입은 것이다. □□를 따다.

3. 음식 맛의 성질.

---

17. [씨억씨억하다] 씨억씨억하다, 씨억씨억

18. [헌걸차다] 헌걸차(고), 헌걸차다, 헌걸; [우람하다] 우람한, 우람하다

19. [헌칠하다] 헌칠한, 헌칠하다 → 헌칠민틋하다(키와 몸집이 보기 좋게 크고 번듯하다); 훤칠하다(길고 미끈하다. 막힘없이 깨끗하고도 시원스럽다)

20. [가린스럽다] 가린스럽다, 가린(스레) → 가린주머니(가린스러운 사람), 가린하다(욕심이 많고 몹시 인색하다) [←慳吝(간린)]

[정답 33]

1. 홀태 → 홀태바지, 홀태버선, 홀태부리(홀쭉하게 생긴 물건의 앞부리)

2. 대추[1]; 대추[2]

3. 맛깔 → 맛깔손(요리 솜씨), 맛깔스럽다

¶ □□스러운 비빔밥. □□스러운 글 솜씨. 음식을 □□스레 장만하다.

4. 떡이나 만두·통김치 따위의 속에 맛을 내기 위하여 넣는 여러 가지 재료.

¶ 송편에 넣을 □를 넉넉히 준비하다. 절인 배추에 김칫□를 넣는다.

5. 술·죽·기름 따위를 풀 때 쓰는 국자 비슷한 기구. 또는 그것에 담아 분량을 세는 말.

¶ 술독에 용수를 박고 꽃국을 □□로 떠내다. 기름 세 □□. 호박죽 한 □□.

6. 술이나 장을 거르는데 쓰는 기구. 지난날, 죄수의 얼굴을 못 보게 머리에 씌우던 둥근 통 같은 기구.

¶ □□를 지르다(술이나 간장을 뜨기 위하여 이것을 박다).

7. ▸고기나 생선 따위를 굽는 데 쓰는 기구. 굵은 쇠테에 가는 철사로 그물처럼 엮어 만듦. 적철(炙鐵). ▸철사를 잘게 엮어 작은 바가지 모양으로 만든 기구.

¶ □□에 생선을 굽다. □□로 튀김을 건져내다.

8. 솥에 무엇을 찔 때, 찌려는 것이 바닥의 물에 잠기지 않도록 솥 바닥에 놓는 댓조각이나 나뭇개비 따위.

¶ □□□를 놓고 떡을 찌다.

9. ▸오래 되고 헐어서 입지 못하게 된 옷가지나 천 조각 따위(=마병). ▸바늘·실·담배쌈지 따위의 여러 가지 자질구레한 물건.

¶ 비록 □□를 걸쳤을망정 마음은 비단결 같다. 지난날에는 시골 마을에 □□장수들이 다녀갔다.

10. 실·연줄·낚싯줄 따위를 감는 데 쓰는 틀.

¶ □□를 풀다/감다. □□살풀다(연을 날

---

4. 소[1] → 솟거리(소를 만드는 재료), 김치소(김치를 다진 소), 김칫소(김치에 들어가는 소), 떡소, 소박이김치

5. 구기 → 박구기(쪽박으로 만든 구기), 술구기

6. 용수 → 용수뒤(술이나 간장을 거른 뒤의 남은 찌꺼기)

7. 석쇠; 석자 → 석쇠구이, 석쇠무늬(격자무늬); '적쇠(炙-)'는 사투리다.

8. 겅그레

9. 넝마; 황아 [←황화(荒貨)] → 넝마주이; 마병(오래 되어 허름한 물건)

10. 얼레

릴 때 이것을 돌리면서 실을 풀어내듯이, 난봉이 나서 재물을 없애기 시작하다).

11. 연을 날릴 때 줄을 남김없이 다 풀어 줌. 살림을 다 떨어 끝장남. 파산(破産). 어떤 일이 막판에 이름.

¶ □□를 해서 연을 날려 보내다. 줄이 다 풀린 얼레의 살을 '□□ㅅ살'이라고 한다. 일이 □□에 다다랐다.

12. 실이나 줄의 가닥. 또는 그것을 세는 말.

¶ □이 풀리다. □이 가는 베. 한 □의 실.

13. 실·삼·종이 같은 것으로 가늘게 비비거나 꼰 줄.

¶ □를 꼬다. □가 실이 되도록(끈질기게 조르거나 되풀이해서 말을 늘어놓는 모양).

14. 속이 메스꺼울 정도로 게울 것 같아지거나 떠름한 생각이 치밀어 오르는 꼴.

¶ 메스꺼움이 □□□□ 괴어오르다. 어제의 일이 목구멍에서 □□□□ 괴어올랐다. 마음 한편이 □□□□해서 참을 수가 없다.

15. 먹고 싶지 않은 음식을 마지못해 억지로 먹다.

¶ 몇 술 □□□고 일어났다. 그렇게 밥을 □□□려거든 그만 먹어라. 밥을 마냥 □□□고 앉았다.

16. 일하는 품이 거쿨지고 먹음새가 좋아서 보기에 탐스럽다. 성미가 별나고 억척스럽다.

¶ 먹는 것이 □□□□□. 한 그릇 밥을 □□□□게 비워 냈다. 음식을 □□스레 잘도 먹는다.

17. 자극이 몹시 심하다.

¶ 냉면 국물 맛이 □□□. □□ 배추김치.

18. 고기 따위가 썩거나 변하여 냄새나 맛이 약간 누리고 구리다.

¶ □□□ 생선. 부두에는 바람이 불어올 때마다 □□□ 비린내가 풍겼다.

---

11. 망고 → 망고하다(파산하다)

12. 올 → 올가미, 올망(-網; 그물), 올새(피륙의 날과 씨가 가늘고 굵은 정도), 올곧다

13. 노 → 노끈, 노놓치다(죄인을 잡았다가 슬그머니 놓아주다), 노드리듯(노끈을 드리운 것처럼 빗발이 죽죽 쏟아져 내리는 꼴), 지노(紙-)

14. 요글요글

15. [데시기다] 데시기(고), 데시기(려거든), 데시기(고)

16. [걸쌍스럽다] 걸쌍스럽다, 걸쌍스럽(게), 걸쌍(스레)

17. [쩡하다] 쩡하다, 쩡한

18. [뉘뉘하다] 뉘뉘한, 뉘뉘한

19. 음식을 먹거나 먹는 것처럼 입을 열었다 닫았다 하며 놀리다. 음식을 조금 먹다.

¶ 입맛을 □□□. 무엇을 □□ 게 있어야지. 모처럼 오셨는데 □□ 게 아무것도 없어서 어쩔 줄 몰라 하다.

20. 남에게 지기 싫어하며 모질고 억센 데가 있다.

¶ 아이들은 모두 □□□□게 절름발이 흉내를 내었다. 뒤에서는 □□□□□ 위협 소리와 함께 연방 돌이 날아왔다. 일을 맡자 한눈팔지 않고 □□스레 해치운다.

[문제 34]

1. 드는 돈.[=비용(費用). 경비(經費)].

¶ 이번 일에 □□이 많이 났다.

2. 일한 끝에 생기는 이익. 소득(所得).

¶ □□이 많은 일. 이번에는 □□이 톡톡하대요. 오늘 장사는 □□이 좋다.

3. 물건의 속이 두려빠져서 텅 빔.

¶ 어릴 적에 친구들과 둥구나무 □□에 들어가 비를 긋기도 하였다. '장돌다'는 속이 □□하여 자위가 뜨다를 뜻하는 동사다.

4. 변덕스럽게 익살을 부리며 엇나가는 말과 짓.

¶ □□도 사람 봐가면서 떨어야지. 여럿 앞에서 □□를 부려 사람을 망신시킨다. 하는 짓이 워낙 □□스러워서 진심을 헤아릴 수가 없다. □□스레 놀다.

5. 처음에는 할 듯이 하다가 갑자기 딴전을 부리는 일.

¶ 금방 돌아갈 듯이 서둘다가 그냥 주저앉아 버리니 무슨 □□인지 모르겠다. 그 노인은 늘 마지막에 이르러서야 □□을 부치며 고집을 피웠다. □□을 부치다(처음에는 승낙하였다가, 갑자기 엉뚱한 말을 끄집어내어 일을 안 되게 하다).

6. 머릿속에 외어 둔 기억. 또는 그런 짐작.

¶ 우리나라 명시(名詩)를 □□으로 줄줄

---

19. [다시다] 다시다, 다실, 다실

20. [걸쌈스럽다] 걸쌈스럽(게), 걸쌈스러운, 걸쌈(스레)

[정답 34]

1. 비발 → 같은 뜻인 '해자'는 옛말이다.

2. 날찍

3. 회공 → 회공되다(한 부분을 중심으로 뭉떵 빠져나가서 비게 되다)

4. 괘사 → 괘사스럽다

5. 괘장

6. 왼금

내려 외는 사람이 있다. 실향민이 □□으로 고향집을 그리다.

7. 쌍으로 된 생선의 알주머니.

¶ 대구의 □□는 매우 크다.

8. 찹쌀가루·밀가루·수수가루 등을 반죽하여 소를 넣고 넓고 둥글게 지진 떡.

¶ □□□를 전병(煎餠)이라고도 한다. 가마 솥뚜껑을 엎어 걸고 □□□를 부치다.

9. 무명·모시·명주 따위를 누이는 일(≒마전).

¶ □□을 한 모시. 무명을 □□하다.

10. 피륙을 삶거나 빨아 말려 바래는 일. 표백(漂白).

¶ 옷감을 □□하다.

11. 여러 가지 자질구레한 것들이 뒤섞인 허름한 물건.

¶ 이삿짐을 꾸릴 때 □□□□를 거두어 고물장수에게 주다. □□□□를 사고파는 벼룩시장.

12. 옷감이나 재목 따위를 치수에 맞추어 베고 자르는 일. 재단(裁斷).

¶ 옷감을 펼쳐놓고 저고리를 □□□하다.

13. 일부 명사 앞에 붙어 '가느다란', '썩 작은', '엷은'의 뜻을 나타냄.

¶ 집 짓고 남은 뒷마당을 '□뒤', 집 사이에 남은 길고 좁은 빈터를 '□터'라고 한다.

14. 모아 놓은 물건의 양이 축남이 없이 온전하거나 상당히 많다.

¶ 세간이 꽤 □□□□. □□□ 상태로 받다. 물려받은 재산을 □□히 보관하다.

15. 활발하고 두름성이 있으며 대범하다. 규모는 없으나 인색하지 아니하여 잘 쓰는 버릇이 있다(헤프다).

¶ 성격이 □□□□. 그 형은 마음이 □□□ 사람이다. 그는 돈을 너무 □□□게 쓰고

---

7. 자래
8. 부꾸미 → 수수부꾸미, 찰부꾸미
9. 누임 → 누이다(천을 잿물에 삶아 물에 빨아서 희고 부드럽게 하다), 누임하다
10. 마전 → 마전장이, 마전하다; 바래다(빛깔을 희게 하다)
11. 잡살뱅이 → 허섭스레기

12. 마름질 → 마름새, 마름돌(다듬은 돌)
13. 실- → 실개울, 실고추, 실뒤(집을 짓고 남은 뒷마당), 실안개, 실터(집 사이에 남은 길고 좁은 빈터)
14. [온천하다] 온천하다, 온천한, 온천(히)
15. [헙헙하다] 헙헙하다, 헙헙한, 헙헙하(게), 헙헙하다

다닌다. 돈의 쓰임새가 □□□□.

16. ▸더운 볕이 들어 덥게 하다. 달빛이나 햇빛 따위가 희미하게 비치다. ▸약간 보일 정도로 엷고 희미하거나 또는 보일 듯 말 듯 희미하면서 분명하다.

¶ 함석지붕 처마 끝에는 후끈후끈한 더운 기운이 숨이 막히게 □□□. 달빛이 □□ 정원에 고즈넉하게 앉아 무언가 깊은 사념에 잠겨 있는 여인. 안개 속으로 산봉우리가 □□□게 드러났다. □□□ 달빛.

17. 어떤 물건을 물에 담가 맛이나 빛깔 따위가 빠져 액체 속으로 배어들게(우러나게) 하다. 어떤 구실로 위협하거나 달래어 남의 것을 억지로 얻다.

¶ 쓴맛을 □□□. 금품을 □□□.

18. 때가 올라서 매우 찌들다. 때가 덕지덕지 묻다.

¶ 시커멓게 □□ 소맷자락. 작업복에 기름때가 □어 빨아도 때가 잘 빠지지 않는다.

19. ▸좀 물기 있는 고기나 약재 따위를 이리저리 저으면서 볶듯이 살짝 익히다. ▸그릇에 달구어 익히거나 기름을 두르고 저어가며 익히다.

¶ 찻잎을 따서 □□. 불린 미역을 □은 다음 물을 붓고 국을 끓이다. 콩을/ 고기를 □□.

20. 끓여서 진하게 하다. 한약제에 물을 부어 끓여 우러나게 하다.

¶ 간장을 □□□. 구겨진 옷은 다리미로 다려 입고, 탕약은 □□ 먹는다.

---

16. [우리다[1]] 우리다, 우린; [우련하다] 우련하(게), 우련한

17. [우리다[2]] 우리다, 우리다 → 우려내다(억지로 얻어내다), 우려먹다(음식 따위를 여러 번 우려서 먹다. 이미 썼던 내용을 다시 써먹다); '울구다/울그다'는 사투리다

18. [덖다[1]] 덖은, 덖(어)

19. [덖다[2]] 덖다, 덖(은); [볶다] 볶다

20. [달이다] 달이다, 달여

[문제 35]

1. 덩굴이 엉킨 모양을 나타낸 그림.

¶ 덩굴무늬를 그린 기와를 '□□기와'라고 한다.

2. 건물의 단청에서 비늘이나 물결 또는 그물의 모양으로 그려 넣는 색깔 띠.

¶ 고건축물의 빛바랜 □를 다시 그려 넣다.

[정답 35]

1. 만달
2. 휘

3. 구차하게 사는 처지나 생활 형편.
¶ □□을 면하려면 놀지 말고 열심히 일해야 한다.

4. 얄망궂고 되바라진 태도나 말씨(≒야발).
¶ □□을 떨다/ 부리다/ 피우다. □□스럽게 구는 짓을 '얄(얄개)'이라고 한다.

5. 무슨 일에든지 쓸모가 있는 재주와 솜씨.
¶ □□□이 있는 사람은 어디를 가나 제구실을 한다.

6. 일은 다잡아 하는 솜씨.
¶ □□□이 뜨다(일을 다잡아 하지 못하거나 한다 해도 미숙하여 매우 굼뜨다).

7. ▸땅바닥으로 벋거나 다른 것에 감겨 오르는 식물의 줄기. ▸길게 벋어나가 늘어진 식물의 줄기(등·다래·칡 따위의 줄기).
¶ 칡이 □□을 벋다. '□□손'은 다른 물건에 감기어서 줄기를 지탱하게 하는 가느다란 것을 말한다. □□의 엉킨 모양을 나타낸 그림을 '만달'이라고 한다. 등나무의 □□이 치렁치렁 늘어지다. 수양버들 □□이 봄바람에 살랑살랑 흔들린다.

8. 바람 따위가 한 번 몰아쳐 부는 횟수를 세는 말.
¶ 한 □□□의 비바람이 일다.

9. 농촌에서 비가 온 분량을 나타내는 말. 보습이 들어갈 만큼 땅속으로 스며들어간 빗물의 양을 이름.
¶ 단비가 한 □□□ 내렸다.

10. 논이나 그릇에 물을 넣을 때 딴 데로 흘러 나가 버려지는 물. 맛도 모르고 마구 들이켜는 물.
¶ 논꼬(논의 물꼬)를 터서 □□을 빼다. 소나기 한 줄기에 □□이 넘치는 도랑둑. 술을 □□ 켜듯 마신다.

---

3. 구덥 → 구듭(귀찮은 남의 뒤치다꺼리)을 치다.
4. 야살 → 야살궂다, 야살스럽다, 야살쟁이(야살이); 야발(야살스럽고 되바라진 태도. 또는 그런 말씨), 야발쟁이, 야발스럽다; 얄개
5. 잡힐손 → 난든집(손에 익은 재주)
6. 잡을손
7. 덩굴 = 넝쿨; 넌출 → 덩굴지다; 넌출지다(넌출이 치렁치렁하게 늘어지다)
8. 모라기
9. 보지락
10. 벌물 → '벌-'은 범위나 정도를 벗어나다를 뜻하는 말로 '벌불, 벌술, 벌윷' 등으로 쓰인다.

11. 물이 많아 몹시 넘쳐흐름. 물건이 많이 퍼짐.

¶ 큰물이 져 개울물이 □□을 한다. 홍수가 □□한 논들. □□하여 흐르는 물을 '벌물'이라고 한다. 한가위가 되니 가게마다 햇과일이 □□을 한다.

12. 해가 뜨거나 질 때 하늘이 벌겋게 물드는 현상.

¶ 붉은 □□이 곱게 지다. □□빛에 물든 금빛 바다.

13. 십리나 오 리 미만의 거리를 이를 때 '리(里)' 대신으로 쓰는 말.

¶ 북녘으로 두어 □□ 더 가면 어머니 계시는 고향집인데. 여기서 두어 □□ 가면 절이 있다.

14. 진실되지 아니하고 장난으로 하는 짓.

¶ 사람은 □□을 버려야 남에게 인정받는다.

15. ▸닥치는 대로 맞게 쓰일 만하게. ▸이것저것 가리지 않고 닥치는 대로 아무렇게나 해치우는 꼴.

¶ 아무데고 □□□ 쓸 수 있는 물건. □□□□□□ 할 수도 없고 난감하다.

16. 잘났으면서도 짐짓(일부러) 못난 체하다.

¶ 능력 있는 사람이 예의상 □□□는 소리로 대답하다. 나의 물음에 그녀는 □□□는 소리로 모르겠다고 말했다. 마름이 소작인들의 □□□은 표정에서 무슨 낌새를 눈치챘는지 말머리를 돌렸다. □□□게 굴다.

17. 능글맞게 일부러 어리석은 체하는 데가 있다.

¶ 자네는 또 □□□□한 말로 얼버무리려 하지만 이번에는 아무도 속지 않을 걸세. □□□□한 말로 남을 속이려 하지 말라.

18. ▸보기에 똑똑하지 못하고 흐리멍덩한 데가 있다. ▸미련하고 어리석다.

¶ 그는 □□□□게 이야기한다. □□스레

---

11. 벌창 → 벌창하다(범람하다), 땀벌창(땀범벅)

12. 노을, 〈준〉놀 → 노을빛, 까치놀, 불노을, 아침/저녁노을

13. 마장

14. 흐락

15. 휘뚜루 = 두루두루; 휘뚜루마뚜루

16. [어리눅다] 어리눅(는), 어리눅(은), 어리눅(게)

17. [어리칙칙하다] 어리칙칙(한)

18. [탄명스럽다] 탄명스럽(게), 탄명(스레); [미욱하다] 미욱한, 미욱(스럽기는)

어물어물 대답하다. 매사에 맺고 끊음이 없이 □□스레 구니 사람들이 너를 믿지 않으려 한다. 아이는 □□□ 짓만 골라 한다. 사람이 □□스럽기는 꼭 곰 같다.

19. 얼굴이나 몸이 보기에는 야윈 듯하면서도 탄력성이 있고 부드럽다.
¶ □□□□한 몸매에 싹싹한 마음씨.

20. ▸말이나 행동이 경망하고 조급하다. ▸매우 가볍고 방정맞은 데가 있다.
¶ 대수롭지 않은 일을 □□□□□게 떠벌리다. 사람이 너무 □□□□□□서 어디 쓰겠나? □□□□□□서 남의 말을 가만히 앉아서 못 듣는다. 하도 □□□스레 굴기에 꿀밤을 한 대 주었다.

[문제 36]

1. 알맞은 수량 밖에 덧붙이는 물건이나 일. 사실을 지나치게 불려 하는 말. 헛소문. 가짜 뉴스.
¶ 요즈음 □□□가 많이 떠돌아다니니 조심할 일이다.

2. 도련(刀鍊; 종이의 가장자리를 가지런히 베어내는 일)을 치고 남은 부스러기 종이.
¶ 인쇄소 바닥에 □□가 널브러져 있다.

3. 펌프로 물을 퍼 올릴 때, 물을 끌어올리기 위하여 먼저 윗구멍에 붓는 물.
¶ □□□을 붓다. 선생님은 학생의 □□□ 역할을 해야 한다. 내 아이를 위해서라도 코로나 없는 세상 □□□이 되겠다.

4. 사람이 별로 가지 않는 외진 곳.
¶ 뒤뜰 □□□에 꽃밭을 가꾸었다. 그 꽃은 □□□에 심어라.

5. 뒤곁으로 난 길. '어둡고 서글픈 생활이나 처지'의 비유.
¶ 인생의 □□□을 걷다. 그 사건은 역사의 □□□로 사라지고 말 것인가?

6. 필요한 것을 이리저리 준비하여 갖추어놓음. 자기 것으로 마련하여 갖춤.
¶ 저녁 반찬을 □□하다. 내 집 □□이 점

---

19. [가량가량하다] 가량가량(한)
20. [호도깝스럽다] 호도깝스럽(게); [오도깝스럽다] 오도깝스러워(서), 오도깝(스레)

[정답 36]

1. 덧거리 → 덧거리질
2. 국지(–紙)
3. 마중물
4. 도린곁
5. 뒤안길
6. 장만

점 어렵다고 한다.

7. 준비하거나 대비함. 무엇을 하려고 하는 속셈이나 궁리. 계획. '당연히 그리하게 되어 있음'을 비유하는 말.

¶ 학자금을 □□하다. 여비를 □□하여 여행을 떠나다. 제 딴에는 무슨 □□이 있겠지. 비밀이란 새어나가게 □□일세. 사람은 언젠가는 죽게 □□이다. 흙탕물 속에서 놀고 온 아이라 옷이 □□이 아니구나.

8. ▸장구의 양쪽 마구리 가죽 테에 돌아가며 달아서 줄을 잇게 만든 쇠고리. ▸장구의 줄을 고를 때에 늦추거나 조르는 가죽 고리[=사피(斜皮)].

¶ 장구의 □□□에 걸려 있는 줄을 □□을 이용하여 조절하다.

9. 곡식을 담아 두는 세간. 나무로 궤짝같이 만듦.

¶ □□의 쌀이 바닥나다. 됫박이 □□ 밑을 긁는 소리가 난다.

10. ▸목이 짧고 배가 부른 자그마한 항아리. ▸물 · 술 · 간장 따위를 담아서 옮길 때 쓰는 오지나 나무로 만든 그릇.

¶ 고추장 □□를 햇볕에 놓아두다. 예전에는 간장을 □□에 담아 팔러 다녔다. 술□□과 된장 동이를 지게에 지고 날랐다.

11. 위가 넓고 운두가 낮은 모양의 그릇. 국이나 숭늉 따위를 담는데 씀. 또는 그것으로 담은 것을 세는 말.

¶ □□에 국수를 말다. 목이 말라 물 한 □□을 단숨에 들이켜다.

12. ▸몹시 지루하여 느끼는 싫증.[+나다/내다]. ▸남과 더불어 같이 일을 하다가 중도에서 싫증을 내다.

¶ 더 이상 □□가 나서 일을 못하겠다. □□를 내며 지겨워하다. 일을 지며리 해야 함에도 그 사람은 걸핏하면 □□기를 잘한다.

---

7. 마련 → 마련그림(설계도), 마련하다, 마련이 아니다(말이 아니다. 몰골이 형편없다).

8. 용두쇠; 부전

9. 뒤주 → 옷두지(옷을 담아 두는 세간)

10. 단지; 장군 → 꿀단지, 뜸단지, 신줏단지(神主－), 애물단지(－物－); '똥장군·오줌장군(오줌통)'의 준말

11. 대접[1] → 대접감, 대접무늬, 놋대접; '대접[2](소의 사타구니에 붙은 고기)'과 동음이의어다.

12. 주니; [뒤내다] 뒤내(기를)

13. 피로하여 몸이 나른한 증세.[+사람]

¶ 잠깐 눈을 붙여 □□을 떨고 다시 붓을 들었다. □□을 떨다(피로하여 나른한 몸을 쉬다).

14. 아주 맥이 풀려 늘어진 상태. 물건이 낡고 헐어서 결딴이 난 상태.

¶ 고되게 일을 하더니 □□가 되어 잠이 들었다. 물건이 아주 □□가 되고 말았다.

15. 남모르게 틈틈이. 새새틈틈(≒꾀꾀로).

¶ 외로운 이웃 노인을 □□□□ 도와드리다. □□□□ 먹여 살리다. 애처로운 생각이 들어 □□□□ 찾아보았다.

16. 정도가 너무 지나쳐 진저리가 날 만큼 몹시 싫증이 나다.

¶ 만날 보리밥만 □□□게 먹었더니 이제는 쌀밥을 먹었으면 좋겠다. 음식이 너무 달아서 □□□□. 장사도 □□□서 못하겠다.

17. 싫증이 나는 일을 억지로 하여 몹시 괴롭고 귀찮다.

¶ 똑같은 일을 되풀이하며 지루하고 □□□ 세월을 보내다. 한여름에 걷기가 □□□여 꼼짝 않고 집에 있었다.

18. 행동이 가볍고 참을성이 없다(↔진득하다).

¶ 원체 □□□는 작자라 지레 겁을 먹고 꾀를 낸다. 확인되지 않은 남의 말을 사실처럼 □□□이 왜곡 보도하는 것은 인권침해다. □□□는 귀신은 무랍도 못 얻어먹는다(너무 경솔하게 굴면 얻어먹을 것도 못 얻어먹는다).

19. 비가 조금씩 내리다가 그치다가 하다.

¶ 궂은비가 □□□□는 늦가을 오후. 며칠 동안 비가 □□□□서 집안에서 헌 책들을 뒤적거렸다. 오전부터 비가 □□□□고 있어서 행사를 계속 진행할지 말지 고민이다.

---

13. 주럽 → 주럽들다

14. 녹초 → 녹아떨어지다(몹시 나른하여 정신을 잃고 자다)

15. 구메구메 → 구메혼인(－婚姻; 널리 알리지 않고 하는 혼인); '구메'는 '구멍'의 옛말이다.

16. [약비나다] 약비나(게), 약비나다, 약비나(서) → 물리다. 주니나다

17. [약약하다] 약약한, 약약하(여)

18. [자발없다] 자발없(는), 자발없(이), 자발없(는)

19. [지짐거리다] 지짐거리(는), 지짐거려(서), 지짐거리(고) → 지짐대다, 지짐지짐/하다

20. 기온이나 날씨가 은근히 덥다. 불꽃이 세지 않고 약하다.

¶ □□□ 날씨. 장작이 마르지 않아서 연기가 나며 □□□게 타고 있다.

[문제 37]

1. 유달리 귀엽게 여겨 사랑함.

¶ 장손은 온 집안사람들의 □을 받고 자랐다.

2. 도시에서 멀리 떨어진 구석진 산골.

¶ □□에 살다가 오랜만에 도회지로 나와 보았다.

3. 나무를 패거나 자르거나 할 때 밑에 받쳐 놓는 나무토막. 곡식이나 궤짝 따위를 땅바닥에 쌓을 때 밑에 괴는 나무.

¶ □□에 통나무를 놓고 도끼로 패다. □□을 괴고 물건을 쌓다.

4. 대장간에서 불린 쇠를 올려놓고 두드릴 때 받침으로 쓰는 쇳덩이.

¶ 달군 쇠를 □□에 놓고 메로 두드리다.

5. 오이·호박·수박 따위의 덩굴을 걷어치우는 일.

¶ 늦가을에 호박밭의 □□□를 마쳤다. □□□한 원두밭.

6. 조의 이삭을 떨어서 좁쌀을 만드는 일. 조마조마하여 마음을 졸임. 또는 그렇게 졸이는 마음(≒안달).

¶ □□□이 나서 안절부절못하다. □□□이 나서 견딜 수가 없다.

7. 갑작스레 정신없이 휩쓸리는 서슬(기세). 남의 일에 까닭 없이 걸려드는 일.

¶ 열정의 □□□에 휩싸이다.

---

20. [웅신하다] 웅신한, 웅신하(게)

[정답 37]

1. 굄[1] → '괴다(사랑하다의 옛말)'의 명사형, 굄받이(귀염둥이); 굄[2](물건의 밑을 받쳐서 괴는 물건. = 고임)과 동음이의어다. 사랑을 뜻하는 '다솜[돗옴]'은 옛말 '돗다/돗오다'의 명사형이다.

2. 두메 → 두메산골, 두멧구석, 두멧사람, 두멧집

3. 모탕

4. 모루 → 모루채(모루 위에 달군 쇠를 메어칠 때 쓰는 쇠메), 모루판

5. 넉걷이

6. 조바심 → 조바심치다, 조비비다(마음을 몹시 졸이거나 조바심을 내다)

7. 후림불 → 후림(남을 꾀어 후리는 솜씨)

8. 젖먹이의 엉덩이 양쪽에 오목하게 들어간 자리.

¶ 손자 엉덩이에 난 □□□이 귀엽다.

9. '보통 사람보다 짧고 밭은 목'을 비유하여 이르는 말.

¶ □□□ 오그라들 듯(면구스럽거나 멋쩍어서 목을 움츠림). □□□이 되다(사물이 움츠러들다).

10. 지난날 벼슬하는 사람이 머리에 쓰던 것. 벼슬이나 지위를 속되게 이르는 말.

¶ □□를 쓰다(벼슬자리나 높은 지위에 오르다). '벼락□□'는 갑자기 얻어 하게 된 관직이나 직을 뜻한다.

11. 물을 높은 데로 자아올리는 데 쓰는 물레바퀴 모양의 기구[=물푸개. 양수기(揚水機)].

¶ □□□를 돌려 물을 퍼 올리다.

12. 쌓인 눈이 속으로 녹아 스러짐.

¶ 푹한 날씨로 쌓인 눈이 안에서부터 녹는 것을 □□□이라고 한다. 봄이 다가오면서 □□□물이 골짜기에 조금씩 흘러내린다.

13. 겨우 발자국이나 날 정도로 조금 내린 눈.

¶ 올겨울 들어 처음으로 □□□이 내렸다.

14. 부처의 설법은 가르침을 받는 이의 자질에 따라 다르지만, 그 근본의 뜻은 꼭 같다는 말.

¶ 영성과 물성이 □□임을 아는 것이 참 앎이다.

15. 갑자기 벌어진 말이나 행동이 터무니없다. 생급스럽고 터무니없어 도무지 이해할 수가 없다.

¶ 그는 결코 □□□□한 짓은 하지 않는다. 병화는 □□□□한 소리를 묻는다고 놀란 눈을 멀뚱히 떠 보았다. 전혀 없는 사실을 □□□□ 끄집어내다.

16. 말이나 짓이 앞뒤가 서로 맞지 아니하고 엉뚱하다. 전혀 터무니없

---

8. 자라눈
9. 자라목
10. 감투 → 감투싸움(벼슬자리 다툼), 감투밥(수북하게 담은 밥), 감투거리(여자가 남자 위에 엎드려 하는 성행위)
11. 무자위
12. 눈석임 → 석다(녹다)
13. 자국눈
14. 한맛 → 한맛비(부처님의 설법이 중생에게 고루 끼침)
15. [생게망게하다] 생게망게(한), 생게망게
16. [생뚱맞다] 생뚱맞(은) → 생뚱스럽다

다.

¶ □□□은 얘기를 해서 골탕을 먹이다. □□□은 소리를 잘도 한다.

17. 말이나 짓이 이치에 맞지 않고 소갈머리가 없다.

¶ 그 사람은 □□□□ 소리를 퍽도 잘 한다.

18. 흔하게 쓰다. 음식 따위를 마음껏 먹다(삼성들리다, 포식하다).

¶ 돈을 □□□고 다닌다. 잔칫집에서 배 터지게 □□□□.

19. 살림이나 생활이 아주 넉넉하다. 쓰고도 남는다 하여 쓰는 통이 크다.

¶ 용돈을 아껴야지 □□□게 써서는 안 된다. 돈을 □□□□ 쓰다.

20. 언짢았던 마음을 좋은 말로 풀어서 누그러지게 하다. 어떤 행동이나 말을 문제 삼지 않고 넘기다.

¶ 으르고 □□□. 조금 □□다가 다시 나무라기 시작했다. 자신이 한 말을 없었던 것으로 □□려고 한다. 남의 흉을 보다가 미안한 지 농담이라고 □□고는 자리를 피했다.

17. [새수빠지다] 새수빠진

18. [설체하다] 설체하(고), 설체하다

19. [흔전하다] 흔전하(게), 흔전만전 → 흔전거리다/대다, 흔전만전/하다, 흔전흔전/하다

20. [눙치다] 〈작〉농치다. 눙치다, 눙치(다가), 눙치(려고), 눙치(고는)

[문제 38]

1. 벼나 보리 따위의 꽃가루.

¶ 벼의 □□□가 날릴 때쯤이면 고향 뒷산에 산딸기가 익어가고 있을 것이다.

2. 괴어 있는 물 위에 떠서 몰려 있거나 물가에 밀려 나온 검불. 또는 물가에 흙이 패어 드러난 풀·나무 뿌리.

¶ 연못에 □□이 켜켜이 앉았다. □□ 밑에 숨어 있는 물고기. 장마철에 쓸려온 저수지의 □□을 치우다.

3. 얼음 위에 덧얼어 붙은 얼음.

¶ 강기슭에 얼어붙은 □□. 스케이트를 타다가 □□에 걸려 넘어지다.

[정답 38]

1. 자마구

2. 너겁

3. 너테 = 보쿠 → 얼음 위에 괴어 있는 물은 '덧물'이라고 한다.

4. 남의 빚이나 손해를 대신 물어주는 일.

¶ 아우가 진 빚을 형이 □□□□할 형편이 못된다.

5. 막벌이꾼이나 사당패 같은 패의 우두머리(=꼭두쇠).

¶ 돌쇠는 사당패 □□□를 붙잡고 한방에 날려버렸다.

6. 검불이나 잎나무 따위를 모아 피우는 불. 또는 그 불의 더미.

¶ 마당에 □□□을 피워 놓았다.

7. 주로 한데에서 장작 따위를 한군데에 수북하게 모아 피우는 불(=우등불).

¶ 겨울철 공사장에서 □□□을 피워 놓고 몸을 녹여가며 일을 한다.

8. ▸이글이글 핀 숯불. ▸어두운 밤에 잠깐 나타났다가 사라지는 불빛.

¶ □□□ 위에 올려놓은 물주전자가 끓는다. □□□에 홀려 밤길을 헤매다.

9. 어수선하고 소란스러운 행동으로 남을 괴롭히는 짓.

¶ 온 동네를 쏘다니며 □□□이나 하는 불량배. 손자 녀석들이 여기저기 뛰어다니며 □□□하는 바람에 정신이 하나도 없었다. □□□을 치다(말썽을 일으키다).

10. ▸돛을 올렸다 내렸다 하는데 쓰이는 돛대 끝에 단 도르래. ▸남자가 혼자서 자기의 성기를 손으로 주물러서 성적 쾌감을 얻는 짓.

¶ □□□이 고장 나서 용총줄이 꼼짝하지 않으니 돛을 올릴 수가 없다. □□□을 하는 것도 습관이다.

11. 끝에 가죽이 덮인 자지. 포경(包莖).

¶ 아이를 데리고 병원에 가서 □□□□ 제거 수술을 시키다.

12. 너니 나니 하고 부르며 서로 허물없이 말을 건넴. 또는 그런 사이.

¶ 그 친구와 나는 □□□□ 사이이다.

---

4. 무리꾸럭 → 어원적 의미는 '물어내어 꾸리어 박음'이다.

5. 모가비 [←목+아비]

6. 모닥불

7. 화톳불

8. 잉걸불 = 불잉걸; 여우불

9. 분대질 〈준〉분대 → 분대꾼, 분대질하다

10. 용두밀; 용두질 = 수음(手淫), 자위(自慰) → '용두'는 배의 돛대 꼭대기 부분이나 용두질을 뜻한다; 고패

11. 우멍거지

12. 너나들이 → 너나없이(너나 나나 가릴 것 없이 모두)

13. 나나 다른 사람이나 다 마찬가지로.

¶ □□□□ 모두 제 일에 바쁘다. 농번기에 들에서 □□□□ 일하는 농부들.

14. 성적(性的) 충동을 받아 야릇하고도 잡스럽게 구는 꼴.

¶ 몸을 □□□□ 꼬며 달라붙는 계집.

15. 몸집이 크고 하는 짓이 점잖고 무게가 있다(≒드레지다). 매우 푸지다.

¶ 생김새가 □□□ 보이는 청년이 들어왔다. □□□ 허우대. □□□게 벌어진 잔치. □□□게 한턱을 내다.

16. 사람이 무엇을 넉넉하게 가지다. 흐뭇하리만큼 가지다.

¶ 생일 선물을 □□□□□.

17. 모자람이 없이 넉넉하다. 마음씨가 옹졸하지 않고 너글너글하다.

¶ 여비(旅費)가 □□□□. 날짜가 □□히 남아 있다. 그는 성격이 □□□ 편이다. 사람이 □□해서 모두 그를 좋아한다.

18. 마음껏 사치를 부리다.

¶ □□ 생활을 하다. 옷차림이 매우 □□□.

19. 남거나 모자람이 없이 꼭 알맞다.

¶ 손님 수에 □□게 선물을 마련하다. □□게 차린 생일 음식.

20. 마음에 섭섭한 느낌이 있다. 쓸쓸하다.

¶ □□□ 웃음을 짓다. 떠나는 친구가 □□□. 가을이라 마음이 □□□.

[문제 39]

1. ▸지난날, 공청(公廳)이나 동네에서 집집이 떠맡기어 거두어들이던 돈. ▸나라나 공공단체가 국민에게서 거두어들이는 금품.

¶ 세금을 순 우리말로 □□□라고 한다.

---

13. 내남없이

14. 는실난실

15. [거방지다] 거방져, 거방진, 거방지(게) → '거판지다. 걸판지다'는 사투리다.

16. [한포국하다] 한포국하다

17. [푼푼하다] 〈준〉푼하다. 푼푼하다, 푼푼(히), 푼푼한, 푼푼(해서) → 너글너글하다(마음씨가 너그럽고 시원시원하다)

18. [하리다] 하린, 하리다

19. [팽하다] 팽하(게)

20. [서겁다] 서거운, 서겁다, 서겁다

[정답 39]

1. 나가시[〈낛]; 무랍[1] → 무랍[2](물에 만 밥)과 동음이의어다.

정부에서 □□를 거두다.

2. 정신을 바짝 차리도록 따끔하게 내리는 명령.
¶ 아버지의 □□□이 떨어지다.

3. 한꺼번에 쏟아져 내리는 명령. 뭇사람의 공격.
¶ 윗사람의 □□□□에 정신이 없다.

4. 일을 스스로 하지 않고, 이리 밀고 저리 밀고 하는 짓.
¶ □□□로 반나절을 보내다. 주어진 일을 책임지고 해야지 서로 □□□을 해서는 안 된다.

5. 일의 갈피를 잡아 마무르는 끝매듭.
¶ 앞뒷말의 □□를 맞추며 이야기하다. 이번 일은 내 손으로 □□를 짓고 말겠소. □□를 짓다(일을 끝마무리하다. 매듭짓다. 일의 가부를 결정하다. 공글리다).

6. 한 쪽 끝이 둘로 갈라지게 다듬은 기둥.
¶ □□에 용두레를 걸어 물을 푸다. □□를 다듬어 양쪽에 세우고 불을 피워 고기를 굽다.

7. 앞으로 또는 밖으로 밀고 나아가는 힘. 자신 있게 맞서 제 주장을 내세우는 힘. 특히 경제력 따위에서 자신 있게 내세우는 기세.
¶ 한다고 하면 하고 마는 □□□이 억센 사나이. □□□이 있는 지도자. □□□이 있어야 집을 사지.

8. 제힘으로 일을 해내겠다는 성질. 곧 진취성이나 냅뜨는 성질.[+없다]
¶ □□ 대가리는 한 푼도 없는 놈이로군. 얼핏 보기에도 □□라고는 조금도 없게 생겼다. □□ 없다(진취성이 없다).

9. 부모나 조상에게서 유전되어 내려오는 신체나 성격 따위에서의 특성. 내력(來歷).
¶ 부지런한 것은 그 집안의 □□이다. 키가 큰 것도 그 집의 □□이다.

---

2. 따끔령(-令)
3. 모다기령(-令) → 모다깃매(뭇매), 모다기욕, 모다기모다기(모닥모닥)
4. 밀각질 → 밀각질하다
5. 아퀴[1]
6. 아퀴[2] → 아퀴쟁이(가장귀가 진 나뭇가지)
7. 내밀힘 = 추진력(推進力) → 내밀성(-性; 추진하는 능력이나 그런 성질)
8. 보추
9. 내림 → 부주(자신에게 유전하는 소질)

10. 물건을 흥정하러 온, 어수룩하고 만만하게 보이는 사람.

¶ 상인이 나를 □□□ 취급을 하여 흥정이 깨지고 말았다.

11. 짚이나 댑싸리로 바구니 비슷하게 엮어 만든 그릇.

¶ 닭이 □□□에 알을 낳았다.

12. 검불·털·잔 나뭇가지 따위를 모아 지은 새의 집.

¶ 까치가 벚나무에 □□를 틀었다. □□를 치다(보금자리를 만들다).

13. 새가 알을 낳거나 깃들이는 둥우리(=둥지). 지내기에 매우 포근하고 아늑한 자리.

¶ □□□□를 치다. 행복과 사랑의 □□□□.

14. 같은 항렬의 남자 사이나 친근한 남남끼리의 사이에서 나이가 적은 사람.

¶ 형만한 □□ 없다. □□를 보다(동생이 생기다).

15. 오빠나 남동생의 아내.

¶ 우리 부모님은 남동생과 □□가 모시고 산다.

16. 놀랄 만하다(≒놀랍다). 재미가 없다.

¶ □□□ 사건/ 재난. 하는 짓마다 □□□. 사는 것이 □□□.

17. 마음이 굳건하고 확실하여 아주 미덥다.

¶ □□□ 뜻이 없으면 기다리기 어려울 것이다. 그는 내가 □□□는 표정과 말씨를 완연하게 드러냈다.

18. 믿음성이 있다(미덥다). 진실하다.

¶ 자꾸 눈치를 살피는 게 □□게 보이지 않다. 우리는 그분의 말이 □□□. 신인 작가가 억척스러운 어머니 상을 그려내는 시각이 □□□.

---

10. 내미손 → 딸내미, 아들내미; '내미'는 송아지의 사투리로, 어원적 의미는 '송아지처럼 앳되고 귀여운(어리숙한) 사람'이다.

11. 둥우리 → 닭둥우리, 채둥우리(싸리채나 버들채로 결어서 만든 둥우리)

12. 둥지 → 벌둥지(벌집), 새둥지, 알둥지

13. 보금자리

14. 아우

15. 올케 = 오레미

16. [선겁다] 선거운, 선겁다

17. [구덥다] 구더운, 구덥다 → 미덥다(믿음성이 있다)

18. [미쁘다] 미쁘(게), 미쁘다

19. 땅바닥 따위를 단단하게 다지다. 일 따위를 확실하게 매듭을 짓다. 아퀴를 짓다. 흩어져 있는 것을 가지런히 하다.

¶ 바닥을 잘 □□□□.

20. 일에 기운차게 남을 앞질러 쑥 나서다.

¶ 그는 무슨 일에든 남보다 먼저 □□는 성미다. 어쩐지 □□ 마음이 나지 않는다. 어른들 일에 □□□가 된통 혼났다.

[문제 40]

1. 말·소·양 등 짐승의 발톱. 구두 바닥의 뒤축. 그릇 밑에 붙어서 그 그릇이 평평히 놓이게 하는 둥근 받침.

¶ 채찍을 치자 말은 □으로 땅을 차며 달렸다. □이 높은 구두. □을 갈다. 접시의 □이 떨어져 나갔다.

2. 말굽에 대어 붙이는 U 자 모양의 쇳조각.

¶ 말발굽을 깎고 □□를 대어 징으로 박다.

3. 신의 가죽 창 밑에 박는 쇠로 된 못.

¶ 구두에 □을 박다. 말굽에 편자를 대고 박는 □을 '대갈'이라고 한다.

4. 신의 발바닥 부분. 또는 거기에 덧대는 가죽 따위.

¶ 구두의 □을 갈다.

5. 피륙 따위로 된 물건이 해진 구멍.

¶ 옷에 □이 나다(구멍이 나다).

6. 국거리로 쓰는 허섭스레기 쇠고기. 좋은 고기를 떼어내고 남은 쇠고기.

¶ □□로 국을 끓이다.

---

19. [공글리다] 공글리다

20. [냅뜨다] 냅뜨(는), 냅뜰, 냅뜨다(가) → 냅뜰성(망설이거나 머뭇거리지 않고 활발하며 시원한 성질. 내뛸성); 냅뜰 기운을 '딴기(−氣)'라고 한다.

[정답 40]

1. 굽 → 굽갈이

2. 편자 → 말편자, 얼음편자(미끄러지지 않게 박는 편자)

3. 징[1] → 징[2](놋쇠로 대야같이 만든 국악기)와 동음이의어다. 징걸이, 매부리징(신 뒤축에 박는 징), 잣징(대가리가 잣처럼 생긴 징)

4. 창[1] → 창갈이, 구두창, 굽창, 밑창, 속창

5. 창[2] → '창구멍'은 버선 따위를 지을 때, 안팎을 뒤집어 빼내기 위하여 일부분을 꿰매지 아니한 곳을 이르는 말이다.

6. 미절

7. 인절미나 흰떡 따위를 안반에 놓고 한 차례에 쳐서 낼 수 있는 떡의 분량. 또는 그것을 세는 말.

¶ 인절미 한 □□. '□□끝'은 흰떡을 안반에서 비비어 썰 때에 가락을 맞추어 자르고 난 나머지의 떡을 말한다.

8. 떡을 칠 때 쓰는 넓고 두꺼운 나무판[=떡판(-板)].

¶ □□에 떡을 치다. □□ 같은 엉덩짝.

9. 쪼개지 아니하고 구멍만 뚫어 속을 파낸 바가지.

¶ 크고 작은 □□□에 갖가지 씨앗을 넣어 보관하다. 겉모습은 □□스러워도 눈썰미가 있고 일손도 아주 빠르다.

10. ▸소금에 약간 절여서 통으로 말린 조기. ▸말린 작은 전복.

¶ □□를 석쇠에 올려 굽다. 떡조개(썩 작은 전복)를 말린 것을 □□□라고 한다.

11. 물고기를 소금에 절인 반찬. 해산물이나 나물 종류에 간장이나 찹쌀 풀을 발라서 말린 것을 굽거나 기름에 튀긴 반찬. 짭짤하게 무치거나 졸인 반찬. '뒤집다'를 뜻하는 말.

¶ □□을 구워먹다. 소금에 절여 매운재(독한 재)의 빛처럼 파랗게 된 준치 □□을 '맨재준치'라고 한다.

12. 여기저기 해진 자리를 깁고 덧붙이고 한 헌 옷.

¶ 절약(조리차) 정신이 강한 할아버지께서는 □□□를 걸치고 다니신다.

13. 바쁜 가운데서 달리 활용할 수 있는 시간이나 동안. 틈. 짬. 여가(餘暇).

¶ 숨 돌릴 □□도 없다.

14. 손이나 발바닥의 살갗이 딴딴해진 자리. 굳은살.

---

7. 모태

8. 안반 → 안반뒤지기/하다, 안반짝

9. 뒤웅박; 뒤웅(스러워도) → 뒤웅스럽다(뒤웅박처럼 생겨 보기에 어리석고 둔하다); 뒤웅박 팔자. 뒤웅박 차고 바람 잡는다(허무맹랑한 짓을 한다).

10. 굴비; 초꼬지 → 보리굴비, 자반굴비

11. 자반 → 자반갈치, 자반고등어. 뱃자반(잡자마자 배에서 절인 자반); 더덕자반, 미역자반; 자반뒤집기

12. 누더기 → 누덕누덕/하다; 넝마, 마병

13. 겨를, 〈준〉결 → 겨를철[농한기(農閑期)], 겨를하다(한가하다), 귓결(우연히 슬쩍 들은 겨를)

14. 못[1] → '못[2][정(釘)], 못[3](연못)'과 동음이의어다.

¶ 손바닥에 □이 박이다. 귀에 □이 박이도록 들었다.

15. 말에 재갈을 물리고 채치며 달리다.
¶ 말을 □□□며 앞으로 달려갔다.

16. 갑자기 좋은 수가 생기거나 뜻밖에 재물이 생기다. 횡재(橫財)하다.
¶ 온종일 집에만 있던 남편은 □□□ 듯 갑자기 밖으로 뛰쳐나갔다. 간밤에 □□□는 꿈을 꾸었다.

17. 음식이 넉넉하여 보기에도 아름답고 먹음직하다. 생김새가 탐스럽다.
¶ 나물을 무쳐 접시에 □□□게 담다. □□□게 차린 밥상. 꽃밭에 봉선화가 □□□게 피었다. □□히 차려 입은 옷맵시. 주렁주렁 매달린 포도송이가 □□스럽다.

18. 탐스럽게 두툼하고 부드럽다. 양이 매우 많다.
¶ 손이 희고 □□□□. □□□ 젖가슴. 밤새 눈이 □□□게 내렸다.

19. ▸남의 약점을 잡아 기를 펴지 못하게 하다. ▸떳떳하지 못하여 기를 펴지 못하다.
¶ 작은 실수로 □□혀 지내다. 그 사람은 □□이는 데가 있는 지 고개를 못 든다.

20. 일이 생각지 않게(공교롭게) 잘못되다.
¶ 불경기에 제 형편이 □□□게 되었습니다. □□스럽게도 경쟁이 붙어 큰 손해를 보았다. □□히 꼬여가는 일.

[문제 41]

1. 예전에 묵은 곡식은 떨어지고 보리는 아직 여물지 않아, 식생활이 가장 어려운 음력 4·5월을 이르던 말.
¶ □□□□가 태산보다 높다. 백성들은 초근목피까지 먹어가며 □□□□를 겨우 넘기는데, 관리들은 '소드락질'을 일삼았

---

15. [석다치다] 석다치(며)
16. [새수나다] 새수난, 새수나(는)
17. [소담하다] 소담하(게), 소담(히), 소담(스럽다) → 소담스럽다(수수하게 풍족하고 아름답게 보이다)
18. [흐벅지다] 흐벅지다, 흐벅진, 흐벅지(게)
19. [굽잡다] 굽잡(혀); [굽죄다] 굽죄(이는)
20. [공칙하다] 공칙하(게), 공칙(스럽게도), 공칙(히) → 공칙스럽다(일이 공교롭게 잘못된 듯하다)

[정답 41]

1. 보릿고개 → 보릿동(햇보리가 날 때까지의 보릿고개를 넘기는 동안), 소드락질(남의 재물을 마구 빼앗아 가는 짓. ≒노략질)

다니.

2. 일찍 여문 곡식이나 풋바심 곡식으로 가을걷이 때까지 대어 먹는 일.
¶ 식량이 부족하던 보릿고개 시절에 농촌에서는 □□을 먹었다.

3. 곡식을 말이나 되로 될 때, 그 위를 밀어서 고르게 하는 원기둥 모양의 나무 방망이(=둥굴대).
¶ □□□를 밀다. □□□질 하는 솜씨에 따라 쌀이 늘고 준다. 동사 '평미리치다'는 고르게 하다. 평등하게 하다를 뜻하는 말이다.

4. 크고 오래된 정자나무.
¶ 아이는 저녁 무렵이면 □□□□에 기대어 엄마를 기다렸다. 여름철 □□□□ 밑은 마을의 쉼터가 된다.

5. 큰 나무의 밑동.
¶ 태풍에 정자나무 □□가 부러졌다. 묵은 □□에서 새 싹이 돋다.

6. 손목이나 발목의 잘록한 부분. 강이나 길 따위가 꺾이어 방향이 바뀌는 곳.
¶ □□을 잡다. 강의 □□에 위치한 나루터. 동강의 □□에 이르러 보트를 멈췄다.

7. 여럿 가운데 맨 끝. 맨 나중에 돌아오는 차례. 마지막(↔처음).
¶ □□□에 서다. 이 번 판에서 □가 누구냐?

8. 오리·개구리 따위의 발가락 사이에 있는 막(膜). 잠수할 때 발에 끼는 오리발 모양의 물건.
¶ □□□를 차고 바다에서 헤엄을 치다.

9. 물속에 들어가서 팔다리를 놀리며 떴다 잠겼다 하는 짓.
¶ 냇물에서 □□□□하는 오리들. 아이들이 수영장에서 □□□□하며 놀고 있다.

10. 자질구레하고 공교로운 일을 잘하는 손재주. 큰일이 벌어진 판에서 잔손이 많이 가는 일.
¶ 남편은 □□□가 있어 웬만한 집안일은 손쉽게 해결한다.

---

2. 초련
3. 평미레(平-) → 평미레질/하다
4. 둥구나무
5. 둥치 → 밑둥치
6. 회목 → 발회목, 손회목, 팔회목
7. 회두리, 〈준〉회 → 회두리판(맨 나중의 판)
8. 물갈퀴
9. 무자맥질, 〈준〉자맥질
10. 잔재비

11. 사람이나 짐승의 배의 통, 뱃집.
¶ 막걸리 한 사발로 허기진 □□□를 채우고 다시 일을 하기 시작했다.

12. 한 살 차이의 동배(同輩)[=어깨동갑].
¶ 그와 나는 □□□□으로 절친한 사이다.

13. 교묘한 말로 남을 꾀어 그의 속마음을 말하게 하는 짓(≒베거리).
¶ 상대방을 □□□로 떠본다. □□□하는 수작을 안다. 약한 사람을 □□□하고 있는 건 분명 실수겠지요.

14. 꾀를 써서 남의 속마음을 슬쩍 떠보는 짓.
¶ 상대방이 나에게 □□□를 하려고 든다. 네가 아무리 나를 □□□하려 해도 쉽지 않을 게다.

15. ▸소목일이나 조각에서, 쓸데없는 부분을 연장으로 따내는 짓. ▸큰 덩이에서 조금씩 뜯어내는 짓.
¶ 석재를 정으로 □□하여 흉상을 조각하다. 빵을 □□□하여 먹다.

---

11. 뱃구레
12. 자치동갑(-同甲)
13. 연사질
14. 베거리 → 베거리(질)/하다
15. 땀질; 따깜질

16. 물건 따위가 오래 견디어 나지 못하고 쉬 없어짐을 이르는 말.
¶ 식구가 워낙 많다 보니 식량이 □□□□가 되다.

17. 억척스럽고 거세다. 억세다.
¶ 일을 □□게 하다. 비가 □□게 퍼붓는다.

18. 남이 이르는 말을 듣지 아니하다. 모르는 체하다.
¶ 남의 말을 □□□가는 후회한다. 자네만 그 일을 □□긴가?

19. 마음이 너그럽고 활달하다. 풍채가 좋고 아주 의젓해 보이다(헌거롭다).
¶ 인물이 □□□고 문장도 출중하다. 우리 분야에서는 김 과장처럼 □□□ 사람이 적격입니다. □□□게 생긴 사나이.

20. 어린아이나 그 무엇이 야무지고 탐스럽다.

---

16. 갱까먹기
17. [세괃다] 세괃(게)
18. [생먹다] 생먹다(가는), 생먹(긴가)
19. [늡늡하다] 늡늡하(고), 늡늡한, 늡늡하(게)
20. [도담하다] 도담한, 도담도담 → 도담스럽다(매우 도담하게 보이다)

¶ □□□ 아이들. □□□ 어깨의 부드러운 곡선이 여인의 옷맵시를 더욱 아름답게 하였다. 아이들이 □□□□ 잘 자라서 벌써 스무 살에 이르렀다.

[문제 42]

1. 화살을 메워서 쏘는 무기. 목화송이를 타서 솜을 만드는 기구. 현악기를 켜는 기구.

¶ □을 쏘다. □로 솜을 타다. 바이올린을 □로 켜다.

2. ▸시위를 벗긴 활. ▸심고가 닿는 활의 양 끝 부분.

¶ 활쏘기를 마치면 □□□ 상태로 보관해야 한다. □□□가 뒤틀리면 도지개로 바로 잡아야 한다.

3. 화살의 머리를 시위에 끼도록 에어낸 부분.

¶ □□가 부러진 화살. '주살'은 □□에 줄을 매어 쏘는 화살이다. 사대(射臺)에서 과녁으로 부는 바람을 □□바람이라고 한다.

4. 활 한가운데 손으로 쥐는 부분.

¶ □□ 내밀 듯(받으라고 팔을 쭉 뻗쳐서 내미는 꼴).

5. 마루청을 놓기 위하여 먼저 굵은 나무로 가로나 세로로 짜 놓은 틀. 통나무나 각재(角材) 따위로 가로세로 어긋맞게 '井' 자 모양으로 메워 지은 집.

¶ □□을 짜 맞추다. 강원도 깊은 산골에서 □□집을 볼 수 있다.

6. 너새(기와처럼 쓰는 얇은 돌; 동기와. 돌기와)로 지붕을 인 집.

¶ 억새풀을 뜻하는 '너새'로 지붕을 이은 집을 □□□이라고 한다. '너와'는 너새가 변한 말로 나무너와, 돌너와가 있다.

7. 손실을 입거나 모자라는 것을 다른 것으로 보태어 채움.

¶ 결손을 □□하다. 오늘 다 못한 일은 내일 □□해라.

[정답 42]

1. 활

2. 부린활; 도고지 → 심고(시위를 양냥고자에 걸기 위해 그 끝을 소의 심줄로 만든 고)

3. 오늬 → 오늬도피(-桃皮), 오늬무늬(지그재그 패턴), 오늬쪽매

4. 줌통, 〈준〉줌 → 줌머리(줌통의 위쪽 부분), 줌손(줌통을 쥔 손)

5. 귀틀 → 귀틀마루, 동귀틀(짧은 귀틀), 귀틀집

6. 너새집/너와집

7. 벌충

8. 몇몇 명사 앞에 붙어서, '어린', '작은'의 뜻을 더하는 말.

¶ 어린 소리를 '□소리', 어린 무를 '□무' 라고 한다.

9. 고소하게 여기는 일.

¶ □□□□! 공연스레 허풍을 떨고 으스댈 적에 알아봤지.

10. 힘을 써서 무거운 물건을 들어 올릴 때 내는 소리. 애써 찾던 것이 발견되는 때에 갑자기 나오는 소리.

¶ 아버지는 그 무거운 돌을 □□□□ 하며 번쩍 들으셨다.

11. 어린아이를 안거나 무거운 물건을 들어 올릴 때 하는 소리.

¶ 아이가 얼마나 튼실한 지 □□□□□ 하며 안아 올렸다.

12. 말이나 행동이 거칠고 사나운 사람.

¶ 누가 □□□을 모른다더냐, 모른 척하는 것이지.

13. 지긋지긋하게 말을 듣지 않는 꼴. 애걸복걸하는 꼴.

¶ 그 아이는 말을 □□□ 안 듣는다. 왜 그렇게 □□□ 말을 안 듣는 거냐? 살려달라고 □□□ 빌다.

14. 어지럽혀지거나 때가 끼어 더러워지다. 순결성이나 순수성이 어지러워지다.

¶ □은 속옷을 깨끗이 빨다. 양심이 □은 사람이 주제넘게 정의를 외치다니?

15. 사람됨이 어수룩한 맛이 없이 매우 인색하다.

¶ 김 씨는 워낙 □□□어서 마을 사람들에게 인심을 잃었다.

16. 몹시 야박하고 인색하다.

¶ □□은 세상인심. 인심이 □□은 동네. 그 영감은 □□기로 이름난 구두쇠다.

---

8. 열- → 열굽(열삼의 잎), 열바가지(쪽박), 열쭝이(어린 새), 열피리(피라미 새끼)

9. 잘코사니

10. 아카사니, 〈큰〉이커서니

11. 어뜨무러차

12. 구나방

13. 잔생이 → 잔생이 보배라(못난 체하는 것이 처세에 이롭다).

14. [덞다] 덞(은), 덞(은) → 덞기다, 덞이다; 옛말 뜻이 '더럽혀지다. 물들다'다.

15. [바냐위다] 바냐위(어서)

16. [강밭다] 강밭(은), 강밭(은), 강밭(기로) → 밭다[3]

17. ▸액체가 바특하게 졸다. 몸에 살이 빠져서 여위다. 근심이나 걱정 따위로 몹시 안타깝고 조마조마해지다. ▸건더기가 섞인 액체를 체 따위로 걸러 국물만 받아 내다(거르다).

¶ 가물어서 냇가의 물이 □아 버렸다. 난민들은 살이 □고 핏기가 없어 보였다. 간이 □아 오르다. 콩 국물을 체에 □□. 막걸리를 체에 □□.

18. 어떤 것에 열중하거나 탐하는 정도가 지나치게 심하다. 지나치게 아끼고 알뜰하여 보기에 인색하고 박하다. 입이 지나치게 짧다.

¶ 돈에 □□. 생선회/ 술에 □□. 그는 재물과 여색에 □은 사람이다. 입이 □아서 밥을 못 먹겠다.

19. 시간적으로 너무 여유가 없다. 길이가 매우 짧다. 공간이 몹시 가깝다. 숨결이 가쁘고 급하다.

¶ □은 일정. 떠날 날짜가 너무 □□. 목이 □□. 천장이 □아 머리가 닿다. □은 숨을 몰아쉬다.

20. ▸두 대상이나 물체·시간 따위의 사이가 가깝거나 짧다. 음식의 국물이 흥건하지 않고 톡톡하다(톱톱하다). ▸음식의 국물이 바특하고 맛이 있다.

¶ □□□게 나앉다. 목이 □□□ 강아지. 시간이 너무 □□□□. 국물이 □□□□. □□□□ 된장찌개.

[문제 43]

1. 미리 정한 중량의 금은 세공품을 만들 때, 재료의 무게에서 얼마를 덜어 내어야 할지 어림으로 셈하는 종작.

¶ □□을 잡다(덜어낼 양을 헤아려 짐작하다).

2. 조금의 줄어듦.

¶ 돈 한 푼 □□을 낸 일이 없다. 살림을 제법 □□없이 알뜰히 하다.

3. 본디 큰 물건을 깎고 저미어서 볼

---

17. [밭다[1]] 밭(아), 밭(고), 밭(아); [밭다[2]] 밭다 → 밭이다, 밭치다

18. [밭다[3]] 밭다, 밭(은), 밭(아서)

19. [밭다[4]] 밭(은), 밭다, 밭다, 밭(아), 밭(은) → 강밭다, 밭은오금, 다밭다(몹시 짧다)

20. [바특하다] 바특하(게), 바특한, 바특하다, 바특하다; [바따라지다] 바따라진

[정답 43]

1. 깔종

2. 깔축 → 깔축없다(조금도 축나거나 버릴 것이 없다).

3. 조리복소니

품없거나 못 쓰게 만든 것.

¶ 돌 조각을 하다가 □□□□□를 만들고 말았다.

4. 전체에 비하여 어느 한 부분이 너무 볼품없이 작게 된 형체. 병이나 그밖의 원인으로 제대로 자라지 못하여 초라한 몸.

¶ 저 조각상은 머리가 □□□□라 균형감이 떨어진다. □□□□를 살찌운다.

5. 음식을 한 사람씩 차례로 돌아가며 내어 함께 먹음. 또는 그런 일. 똑같이 나누어주거나 골고루 돌라 줌. 또는 그런 일.

¶ 날마다 저녁이 되면 마을회관에 모여 □□□로 막걸리를 마셨다.

6. 여러 사람이 추렴한 돈으로 음식을 마련하여 나누어 먹는 일.

¶ 술/ 설렁탕 □□□. 돼지를 잡아 □□□하다.

7. 여러 사람이 돈이나 물건 따위를 얼마씩 나누어 냄.

¶ 비용을 □□하다. 자식들이 □□하여 효도 관광을 보내드렸다.

8. 흙이나 나무·돌 따위를 잘못 건드려 지신의 노여움을 사서 받는 재앙. 건드리지 말아야 할 것을 잘못 건드려서 생긴 걱정이나 불행.

¶ 정자나무를 베어서 마을에 □□가 나겠다. 산소 □□. □□가 나다/ 내다.

9. 한 번 파서 건드린 흙.

¶ 생땅인 줄 알고 파 보았더니 □□□이 나왔다.

10. 식사를 제공하고 날삯으로 일을 시키는 일꾼. 삯꾼.

¶ □을 얻어 벼베기를 마쳤다. '□겪이'가 수월하지 않다.

---

4. 오망부리 → 오망자루(볼품없이 생긴 자그마한 자루); 오망-('작고 볼품없는'의 뜻)

5. 도르리

6. 도리기

7. 추렴[←출렴(出斂)] → 추렴새(추렴하는 일. 또는 그 돈이나 물건), 덧추렴, 말추렴(남들이 말하는 데 한몫 끼어들어 말을 거드는 일), 술추렴

8. 동티[←동토(動土)] → 구들동티(이렇다 할 아무 동티도 없이 죽음)

9. 놀란흙

10. 놉 → 놉겪이(놉에게 음식을 먹여 일을 치러내는 일)

11. 주로 농가에서 고용살이하는 사람.

¶ □□을 들이다. □□을 살다(머슴 노릇을 하다).

12. 물에 불린 쌀을 물과 함께 매에 갈아 체에 밭아서 가라앉힌 앙금.

¶ □□로 떡을 만들다.

13. 해와 달의 둘레에 생긴 둥근 테 모양의 빛. 대기 가운데 아주 가는 물방울이 떠 있을 때 빛의 굴절로 생김.

¶ 햇□□가 지면 비가 올 조짐이라고 한다. 달□□가 지다.

14. 나아가던 병세가 도로 더해지다 (≒도지다[1]).

¶ 날씨가 추워서 신경통이 □□□. 병을 □□지 않도록 조심해라.

15. 나아가거나 나았던 병이나 상처가 다시 덧나다(=재발하다). 가라앉았던 노여움이 다시 나다.

¶ 감기가 □□□. 아무 말 없이 가만히 있을 것을 공연히 말을 걸어 그의 화를 □□게 하였다.

16. 매우 심하고 호되다. 몸이 야무지고 단단하다.

¶ □□게 꾸짖다. 마음을 □□게 먹다. 그는 차돌처럼 □□ 몸을 가지고 있다. 몸이 쇳덩이처럼 □□□.

17. 장난이 심하고 극성스럽다.

¶ 아이들이 하도 □□□서 벌을 주었다. 이제 돌 지난 지 두어 달밖에 안 되는 것이 어떻게 □□□ 지 모른답니다. 아이가 □□히 까불다.

18. 장난 따위가 지나치게 심하다(=서낙하다). 사납고 모질다. 억척스럽게 부지런하다.

¶ 장난이 □□□ 아이. 성질이 □□□여 사람을 잘 사귀지 못한다. 혼잣손으로 □

---

11. 머슴 → 머슴꾼, 머슴살이, 머슴아이/머슴애

12. 무리[1] → 무릿가루, 무리떡, 무리송편, 콩무리, 흰무리(백설기)

13. 무리[2] → 달무리, 햇무리; 무리[3](떼)와 동음이의어다.

14. [더치다] 더치다, 더치(지) → 후더침(後−; 아이를 낳은 뒤에 일어나는 잡병)

15. [도지다[1]] 도지다, 도지(게)

16. [도지다[2]] 도지(게), 도지(게), 도진, 도지다

17. [서낙하다] 서낙해(서), 서낙한, 서낙(히)

18. [그악하다] 그악한, 그악하(여), 그악하(게), 그악(스레) → 그악스럽다(너무 사납고 모진 데가 있다)

□□게 일하여 여러 식구를 벌어 먹인다. 개들이 한창 □□스레 짖어댄다.

19. 돌림병이나 해충이 심하게 퍼지다가 조금 수그러져 뜨음해지다.

¶ 차도를 보이지 않던 병세가 어제부터 □□해지기 시작했다. 농약을 뿌린 뒤로 병충해가 □□히 수그러들다.

20. 요란하거나 사납던 기세가 잠시 수그러져 잠잠하다(=고자누룩하다). 괴롭고 답답하던 병세가 잠시 가라앉아 있다. 감정이나 심리가 좀 느긋하다.

¶ 바람이 □□□□지거든 시장 좀 다녀오너라. 병의 증세가 □□□□□. 분하던 마음이 좀 □□□□게 가라앉았다.

[문제 44]

1. 두 군데에 다리를 걸치고 유리한 쪽을 엿보아 살피는 짓.

¶ 여당과 야당 또는 지역구 사이에서 □□□□□를 하는 철새 국회의원 예비입후보자.

2. 굶주려서 몸이 여위고 쇠약해지는 일(=들찌).

¶ 요즘 세상에 □□ 나는 일이 있겠냐? 저렇게 □□진 몸으로 이 먼 길을 걸어오다니.

3. 겉으로는 튼튼해 보이나 실상은 허약한 사람을 낮잡아 이르는 말.

¶ 알고 보니 그 사람 아주 □□로군. 허우대를 보아서 건강한 사람처럼 보였는데 중병에 걸린 것을 보니 □□였나 보군.

4. 부엌과 천장 사이의 공간에 이층처럼 만든 곳.

¶ 귀한 물건을 □□에 보관하다. □□같다(물건 값이 매우 비싸다. 덩치가 당당하게 크다).

5. 지붕 안쪽의 겉면. 반자가 없는 가옥의 천장.

¶ 서까래가 갈빗대처럼 드러난 □□. □□에 주줄이 매달린 약봉지.

---

19. [누꿈하다] 누꿈(해지기), 누꿈(히)

20. [너누룩하다] 〈준〉너눅하다, 너누룩해(지거든), 너누룩하다, 너누룩하(게)

[정답 44]

1. 두길마보기, 〈준〉두길보기 ≒박쥐구실

2. 들피 → 들피지다(굶주려서 홀쭉하게 여위고 쇠약해지다)

3. 텡쇠 [←텅/통+-쇠(사람)]

4. 다락 → 다락방(-房), 다락밭(계단밭), 다락집, 고미다락, 쇠다락(외양간 위에 걸쳐놓은 다락)

5. 보꾹

6. ▸지붕 밑이나 위층 바닥 밑을 종이나 나무로 평평하게 만든 방의 천장. ▸반자를 들이지 않고 서까래에 흙을 붙여 만든 천장. 산자 안쪽에 흙을 바른[치받이] 천장.

¶ 보꾹과 □□ 사이의 공간을 '더그매'라고 한다. □□를 받다(몹시 노하여 날뛰다). 천장이 □□□이라 그런지 집안이 넓어 보인다.

7. 마룻대에서 보 또는 도리에 걸쳐 처마 끝까지 건너지른 통나무. 연목(椽木).

¶ 반자를 들이지 않고 □□□에 흙을 붙여 만든 천장을 '제고물'이라고 한다. □□□ㅅ감 아끼려다 용마루 썩힌다.

8. 기둥과 기둥 위를 건너질러 서까래를 얹히는 나무.

¶ □□를 받치고 있는 모가 진 나무를 '장여'라고 한다. 서까랫감인지 □□ㅅ감인지 모르고 길다 짧다 한다.

9. ▸돼지 따위의 가죽 안쪽에 두껍게 붙은 기름의 켜. ▸높은 곳에서 공사를 할 때 디디고 서도록 긴 나무와 널을 다리처럼 걸쳐놓은 시설.

¶ 돼지□□로 기름을 내어 빈대떡을 부치다. 공사를 하기 위하여 □□를 설치하다. □□를 걷다(어긋매끼다).

10. 툇마루나 좌판 밑에 받쳐 대는 짧은 기둥. 갱내(坑內) 양쪽에 버티어 세우는 통나무.

¶ □□□가 밀리면서 마룻바닥이 꺼졌다.

11. 돌다리의 바닥에 까는 청판돌을 받드는 귀틀돌.

¶ □□□이 틀어지면서 청판돌(廳板-)이 주저앉아 보수공사를 하다.

12. 두부를 만들 때 콩물을 짜고 남은 찌꺼기.

¶ □□ 먹은 배는 연약과도 싫다 한다. 싼 게 □□떡이다.

---

6. 반자; 제고물 → 반자틀, 널반자, 빗반자, 삿갓반자(반자틀을 하지 않고 서까래에 그냥 바른 반자)

7. 서까래 → 선자서까래(扇子-; 편 부챗살 모양으로 배치한 서까래), 붙임혀(추녀의 양쪽에 붙이는 반쪽 서까래)

8. 도리 → 굴도리(둥글게 만든 도리), 납도리(모나게 만든 도리), 들도리, 빼도리

9. 비계[1]; 비계[2] → 비곗덩어리, 비곗살, 돼지비계; 비계목(-木), 달비계(위에서 달아 내린 비계. = 그네비계)

10. 동바리, 〈준〉동발 → 동바릿돌(동바리를 괸 돌), 주먹동발(가장 작은 동발)

11. 동틀돌

12. 비지 → 비지땀, 비지떡, 비짓국, 되비지

13. 술을 거르고 남은 찌끼. 술찌끼.
¶ □□으로 간장도 담그고 죽을 쑤어 먹기도 하였다.

14. 재강에 물을 타서 모주를 짜내고 남은 찌꺼기. 눈가에 끼는 눈곱.
¶ 할아버지는 예전에 □□□에 설탕을 쳐서 드셨다고 한다. 입에서 술내가 나고 눈에서 □□□가 나오면서 혀 꼬부라진 소리로 말을 하다.

15. 간장을 졸일 때 윗면에 떠오르는 찌꺼기. 간장을 담은 그릇의 밑바닥에 가라앉은 된장 부스러기.
¶ □를 걷어내면서 간장을 달이다. 간장 속에 가라앉은 된장 찌끼를 '□찌끼'라고 한다.

16. 요란하거나 사납던 기세가 수그러져 잠잠하다(≒조용하다. 고요하다). 몹시 괴롭고 답답하던 병세가 좀 수그러져 그만하다.
¶ 한참 몰아치던 비바람이 새벽녘에 □□□□□졌다. 시끌벅적한 시장이 조금 □□□□□졌다.

17. 시끄럽던 것이 진정되어 잔잔하다.
¶ 늦도록 떠들던 아이들도 잠이 들었는지 밤은 □□□□□기만 하다. 전쟁터에도 한밤중에는 □□□□□ 정적이 흘렀다.

18. 소문이 널리 퍼져서 떠들썩하다(≒왁자하다).
¶ 그 인기 배우의 염문(艶聞)이 □□□□. 이름만 □□□지 막상 가보니 초라하기 짝이 없다.

19. 여러 사람이 모여서 왁자지껄하게 떠들다.
¶ 교실이 떠나라고 □□□는 아이들.

20. 누구라고 맞대어 바로 말하지 아니하고 괜스레 큰 소리로 떠들다.
¶ □□□면서 도둑을 쫓아갔다. □□□는

---

13. 재강 → 송이재강(전국만 떠낸 술의 재강); 소주를 곤 뒤에 남은 찌꺼기는 '아랑'이라고 한다.
14. 지게미
15. 토
16. [고자누룩하다] 고자누룩해(졌다) → 잔자누룩하다, 너누룩하다
17. [잔자누룩하다] 잔자누룩하(기만), 잔자누룩한
18. [왜자하다] 왜자하다, 왜자하(지)
19. [왜자기다] 왜자기(는)
20. [왜장치다] 왜장치(면서), 왜장치(는) → 왜장질(쓸데없이 큰소리로 마구 떠드는 짓), 왜장독장치다(제 위에 아무도 없는 듯이 혼자서 마구 큰소리를 치다)

바람에 정말로 죽음이 박두한 줄로 알았다.

[문제 45]

1. 여럿 가운데 가장 중요한 내용.
¶ 책을 읽을 때에는 내용의 □□을 골라 내어 따로 적어두면 뒤에 참고가 된다. 큰집 세간의 □□을 뽑아내 짐을 꾸려 서울로 보냈다.

2. 재물 가운데 가장 값나가는 물건. 식탁 위에 오른 음식 중에서 가장 맛있는 음식.
¶ □□은 모두 이 방 안에 있다. 저녁 식탁에 오른 음식 가운데 □□은 불고기다.

3. 밤에 자다가 마시려고 잠자리의 머리맡에 준비하여 두는 물.
¶ 할아버지가 주무시는 방에는 어머니가 늘 □□□를 두었다.

4. ▸물건의 동인 줄을 죄는 기구. 동인 줄의 가운데에 비녀장을 질러 비비 틀면 줄이 죄어들게 됨. ▸무엇을 틀기 위한 것. 남의 일을 훼방하는 것.
¶ □□를 틀다. □□가 풀리다. □□를 놓다(서로 견고틀고 하면서 일을 방해하다).

5. 틈이 나거나 뒤틀린 활을 바로잡는 틀.
¶ □□□를 틀다(얌전히 있지 못하고 공연히 몸을 비비 꼬며 움직이다)

6. 특히 기억할 것을 표시해 두기 위하여 그대로 글을 써서 붙이는 좁고 기름한 종이쪽.
¶ 여행용 가방에 □를 붙여 보내다.

7. 낚싯줄에 달아매어 물위에 뜨게 만든 물건.
¶ □가 수면 위로 솟아올랐다.

8. ▸바람을 쐬면 머리가 아픈 증세. ▸술내를 맡아서 아픈 머리.
¶ 갑돌이는 □□□□ 그리고 갑순이는 □□□ 증세가 있다.

[정답 45]

1. 알짬
2. 알천 [←알[핵심]+천(錢; 재물)]
3. 자리끼 → 밤잔물(밤을 지낸 자리끼)
4. 탕개; 틀개 → 탕개목(−木), 탕개붙임(탕갯줄을 틀어서 나무쪽에 붙임), 탕갯줄
5. 도지개
6. 찌[1] → 찌지(−紙; 쪽지)
7. 찌[2] → 찌낚시, 구슬찌, 야광찌(夜光−); 찌[3](똥; 매찌, 물찌똥)와 동음이의어다.
8. 바람머리; 술머리 → '찬바람머리'는 아침저녁으로 찬바람이 불어오는 가을을 뜻하는 말이다.

9. 어떤 물체가 수평인가 또는 수직인가를 헤아려 보는 일.

¶ 줄을 치고 □□을 보아서 측량하다. □□을 보다(겨냥을 대어 살펴보다. 이해관계를 노려서 살펴보다).

10. ▸중이 등에 지고 다니는 자루 같은 큰 주머니. ▸이리저리 돌아다니며 수행하는 중의 옷 따위.

¶ 시주승이 □□을 메고 다니다. 중이 행랑을 넣고 다니는 자루를 □□라 하고 여기에 넣고 다니는 옷가지를 □□□라고 한다.

11. '세상(世上)·평생(平生)'을 이르는 말.

¶ 온 □□가 눈으로 하얗게 덮이다. 평화의 기운이 온 □□에 퍼지길. 내 □□에 무슨 뉘(덕)을 보겠나.

12. 공중에서 빗방울이 찬 기운을 만나 얼어서 떨어지는 얼음. 우박(雨雹).

¶ 때 아닌 □□가 내려 농작물에 피해를 입혔다.

13. 큰 종에 속하는 짐승(↔토록). 메뚜깃과의 곤충.

¶ □□가 어슬렁거리는 숲길. □□ 떼가 지나간 자리에는 풀 한 포기 남아나지 않는다.

14. 꽃이나 푸성귀 따위의 묶음. 또는 그 묶음을 세는 말(≒단).

¶ 열무 세 □□을 샀다.

15. 짚·땔나무·푸성귀 따위의 묶음. 또는 그것을 세는 말.

¶ □을 짓다. □이 크다. 시금치 두 □. 생산한 얼갈이배추를 □으로 지어 팔다.

16. 옷자락·소매·가랑이 등의 가장자리를 접어 붙이거나 감친 부분을 뜻하는 '옷단'의 준말.

¶ 치마의 풀린 □을 꿰매다. □을 접어 바지의 기장을 줄이다.

---

9. 다림 → 다림줄, 다림추(-錐), 다림판(-板)

10. 바랑; 지대/지대기

11. 누리[1] → 누리꾼(네티즌), 누리다, 뒷뉘(앞으로 올 세상. 후세), 한뉘(사람의 한 평생)

12. 누리[2]

13. 누리[3]

14. 다발 → 다발나무, 관다발(管-), 꽃다발, 돈다발, 빛다발[광속(光束)]

15. 단[1]

16. 단[2] → 누운단(웃옷의 아랫단), 바짓단, 치맛단

17. 잘잘못 또는 성적이나 실적을 살펴 평가하다.

¶ 시험 점수를 □□. 논술 답안지를 □기에 머리가 아팠다. 사람을 이리저리 □□ 보다.

18. 무거운 물건의 한끝을 쥐고 번쩍 치켜 올려 내뻗치다. 마음을 잔뜩 가다듬고 매섭게 벼르다. 꼲다.

¶ 총을 왼팔로 □□ 올리다. 장대를 □□ 쥐고 내닫다. 기자들은 볼펜을 □□고 앉아 중대 발표를 기다렸다. 연필을 □□고 시험지가 배부되기를 기다렸다.

19. 허술한 데가 없이 야무지고 알차다.

¶ 나이에 비해 말씨가 □□□□. □□□ 대답. □□□기는 사돈네 가을 닭이다(보기가 좋아도 나와는 아무 상관도 실속도 없다는 말).

20. 다른 것이 섞이거나 보태진 것 없이 알짜로만 순수하다. 의심할 바 없이 순진하다. 남김없이 말끔하다.

¶ □□□ 참기름. □□□ 거짓말. □□□게 거두어들이다. □□□게 먹어치우다.

[문제 46]

1. 나무나 풀에 눈같이 내린 서리.

¶ 한겨울 □□□가 낀 함백산은 장관이다. □□□가 끼어 하얀 소나무 잎.

2. 해질 무렵에 멀리 보이는 푸르스름하고 흐릿한 기운.

¶ 산 저편에 □□가 보일 무렵 순찰을 돌기 시작하였다. 저녁 □□가 산등성이의 앙상한 섶 위로 천천히 내려앉았다. □□ 어린 햇빛.

3. 비가 오려 하거나 올 때에 비를 맞혀서는 안 될 물건을 거두어치우거나 덮는 일.

¶ 장마가 다가오니 □□□□ 대책을 세우자. 하늘에 먹구름이 뒤덮이자 □□□□하시는 어머니.

---

17. [꼲다] 꼲다, 꼲(기에), 꼲아(보다)

18. [꼬느다] 꼬나, 꼬나, 꼬느(고), 꼬느(고)

19. [오달지다] 〈준〉오지다, 오달지다, 오달진, 오달지(기는) → 야무지다(사람됨이 야물다)

20. [알쭌하다] 알쭌한, 알쭌한, 알쭌하(게)

[정답 46]

1. 상고대 = 수상(樹霜), 무송(霧淞) → 눈꽃(꽃이 핀 것같이 나뭇가지 위에 얹혀 있는 눈)

2. 이내 = 남기(嵐氣)

3. 비설거지

4. 내리던 비가 그치어 날이 개기까지의 동안.

¶ 여름 날씨는 □□이 가볍다. 장마철이라 □□이 재다. □□이 무거워진 먹구름.

5. 바닷가에 펼쳐진 넓은 들판.

¶ 고향 바닷가에는 □□가 끝이 보이지 않게 펼쳐져 있다. 바람이 거친 □□를 질러가다.

6. 질그릇이나 놋그릇의 깨진 금.

¶ 독이 □가 가다. 고려자기의 실굽에 □가 갔으나 별로 눈에 띄지 않았다. 틈난 돌이 터지고 □ 먹은 돌이 깨진다(무슨 징조가 보이는 일은 그대로 된다).

7. 질그릇의 깨어진 조각(=까팡이).

¶ 어린아이들이 □□□□로 소꿉살림을 차리다.

8. 사기그릇의 깨어진 작은 조각.

¶ □□□□를 밟아 발바닥에 상처가 났다.

9. ▸나무·돌 따위의 결을 따라 일어나는 조각. 굴의 껍데기를 따낸 뒤에도 아직 굴에 붙어 있는 껍데기 조각. ▸돌이나 질그릇 따위가 삭아서 겉에 일어나는 엷은 조각.

¶ □을 따다(굴의 살에 붙은 껍데기 조각을 떼어 내다). 비석에 □□이 일다.

10. 금조개 껍데기를 얇게 썰어 낸 조각. 나전 공예에 널리 쓰임.

¶ □□가 박힌 옷장.

11. 남의 마음에 들기 위하여 말·표정·몸짓 따위를 일부러 지어내는 일.

¶ 해해거리며 □□을 떠는 꼴을 보고 있자니 구역질이 난다. 그는 변덕스러운 그의 □□이 싫었던지 아무 말도 하지 않았다. □□을 부리다/ 떨다.

12. 속내를 남에게 알리지 않아야 할 일. 비밀(秘密).

¶ 그 일은 □□이라 끝날 때까지는 보안이 필요하다. □□을 지키다. □□을 지르다(비밀을 함부로 알리다).

---

4. 빗밑 → 빗밑이 가볍다(빗밑이 오래지 않다), 빗밑이 무겁다(오래고 지루하다)
5. 노해 → 노햇사람(노해에서 사는 사람)
6. 태 → 태가다(금이 가다), 태를 먹다(그릇이 깨져 금이 생기다)
7. 이징가미
8. 사금파리

9. 적[1]; 구적 → 구적돌(돌이 삭아서 겉에 일어난 얇은 조각)
10. 자개 → 자개그릇, 자개농(–籠),
11. 노죽 = 알랑거림 → 노죽스럽다, 노죽쟁이
12. 노총

13. 근본이 되는 터전. 근거(根據). 터를 잡은 자취.

¶ □□□없는 거짓말. 값이 □□□없이 비싸다.

14. 좋은 것으로 고르고 난 뒤에 남은 허름한 물건.

¶ 이삿짐을 싸고 남은 □□□□□ 세간을 내다버리다. 당신에게는 이것이 □□□□□처럼 보일지 몰라도 나에게는 소중한 물건이다.

15. 허름하여 아무렇게나 쓸 수 있는 중요하지 않은 물건.

¶ □□□로 쓰이는 일이나 물건을 '허드재비'라고 한다. 집에서 일할 때 □□□로 입는 옷.

16. 음식이 메지고 빡빡하여 타박타박한 느낌이 있다. 다릿심이 없다.

¶ □□□□□게 잘 익은 감자. 오십 리 길을 쉬지 않고 걸었더니 다리가 □□□□.

17. 몸은 작아도 당차고 다부지다.

¶ □□□ 목소리. 물러서지 않고 □□□게 대들다. 그는 몸뚱이가 □□져서 주먹깨나 씀직해 보였다.

18. 작달막하고 딱 바라지다(≒땅딸막하다).

¶ □□□□ 체격. □□□히 생긴 사내가 문간을 막고 서 있다.

19. ▸무엇에 시달리어 기운이 빠지다. 기력이 쇠약해지다. ▸몹시 지쳐서 기운이 없다(≒휘주근하다).

¶ 아이들에게 시달려 □□ 선생님. 산후조리를 잘못해 □□□. 수많은 식솔을 거두느라 시달려온 □□□ 가장의 얼굴을 보면 안쓰럽다. 하루 종일 돌아다녔더니 온몸이 □□□□.

20. ▸옷 따위가 풀기가 빠져서 축 늘어지다. 몹시 지쳐서 도무지 힘이

---

13. 터무니 → 터무니없다(=엉터리없다)

14. 허섭스레기 = 허접쓰레기 → 잡살뱅이

15. 허드레 → 허드레꾼(잡역부, 중노미), 허드레옷(막옷), 허드렛물, 허드렛일

16. [파근파근하다] 파근파근하(게), 파근하다

17. [암팡지다] 암팡진, 암팡지(게), 암팡(져서) → 암팡스럽다, 암차다(암팡스럽고 힘차다)

18. [앙바틈하다] 〈큰〉엉버틈하다, 앙바틈한, 앙바틈(히) → 앙밭다(작고 탄탄하다)

19. [휘지다] 휘진, 휘지다; [맛문하다] 맛문한, 맛문하다

20. [휘주근하다] 휘주근(해서); [휘지르다] 휘질러

없다. ▸옷을 몹시 구기거나 더럽히다.

¶ □□□해서 퇴근하신 아버지. 장난이 어찌나 심한지 하루에도 옷 몇 벌을 □□□ 놓는다.

[문제 47]

1. 먹다가 그릇에 남은 밥.

¶ 식은 □□을 국에 말아먹다. 숫음식이고 □□이고 가리지 않고 다 먹어치웠다.

2. 남에게 무턱대고 무리한 떼를 쓰는 짓. 덜 여물어 찌그러진 열매.

¶ □□□□를 부리다/ 붙다(남에게 무리하게 떼를 쓰다).

3. 생각보다 많은 정도를 나타내는 말.

¶ 벌써 두 말 □이나 먹었다. 일 주일이면 끝낼 줄 알았던 일이 한 달 □이나 걸렸다.

4. 산이나 지붕 따위의 길게 등성이가 진 곳. 신체의 불룩한 곳. 물결의 가장 높은 부분.

¶ 해가 서산 □□에 걸려 있다. 풍랑의 □□는 뾰족하고 너울의 □□는 둥그스름하다.

5. 한복 바지를 입은 뒤에 그 바짓가랑이 끝을 발목에 졸라매는 끈.

¶ 풀어진 □□을 고쳐 매다.

6. 해진 옷에 덧대어 깁는 헝겊 조각.

¶ 바지 무릎에 □□를 대고 깁다.

7. '논배미(논두렁으로 둘러싸인 논의 한 구획)'의 준말. 논의 뙈기를 세는 말.

¶ 마을 앞 너른 □□. 개울 건너 열두 □□의 논.

[정답 47]

1. 대궁 → 대궁상(-床; 먹다 남은 밥상), 대궁술(먹다 남은 술); 먹다 남은 음식은 '턱찌끼'라고 한다.

2. 찌그렁이 → 찌그러지다

3. 텀 = 턱(그만한 정도나 처지)

4. 마루[1] → 마루터기(마루턱), 고갯마루, 산등성마루, 종마루(宗-), 용마루, 잿마루, 콧마루; 마루[2](높게 널빤지를 평평하게 깔아 놓은 곳; 골마루, 툇마루)와 동음이의어다.

5. 대님 → 중대님(中-; 무릎 밑에 매는 대님), 풀대님(대님을 매지 않은 채 그대로 터놓는 일)

6. 다대 → 바대(해지기 쉬운 부분에 덧대는 헝겊 조각)

7. 배미 → 너렁배미(너른 논배미), 장구배미(가운데가 잘록하게 장구처럼 생긴 배미)

8. 한 말의 씨앗을 뿌릴 만한 땅이라는 뜻으로, 논밭의 넓이를 나타내는 말. 약간의 그것.

¶ 논 한 □□□의 넓이는 150~300평을 말한다. 논 □□□나 가지고 있다고 으스댄다.

9. 짜그라져서 못쓰게 된 물건.

¶ 그는 어법에도 안 맞고 □□□□ 같은 말들을 버젓이 써대는 형편없는 작가다.

10. 털어먹을 수 있는 집이라는 뜻에서, '주책없이 돈을 함부로 쓰는 방탕한 사람'을 우려먹는 쪽에서 이르는 말.

¶ 당신 같은 □□은 처음 보오.

11. 급하게 서두르거나 시끄럽게 떠들어 어수선함.

¶ □□을 떨다. 잔치 준비로 온 집안이 □□하다. 몹시 □□하고 황급히 서두르는 모양을 '부랴부랴/부랴사랴'라고 한다.

12. 여러 사람이 한곳에 모여 야단스럽게 부산을 떨며 법석이는 일.

¶ 교실에서 한바탕 □□를 떨며 노는 아이들. 이 □□통에도 잠을 자다니. □□를 놓다(여러 사람이 법석거리다).

13. 그릇 따위의 뚫어진 구멍이나 이의 썩은 부분에 박아서 메우는 딴 조각.

¶ 뚫린 양은솥에 □을 박았다. 치과 병원에서 이에 □을 해 넣다.

14. 많은 사람이 모여 떠들썩하게 북적거리는 꼴(≒북적북적). 정신이 건잡을 수 없이 아뜩한 꼴.

¶ 명절 때면 온 동네가 □□□□ 들끓었다. □□□□한 시골 장터. 술에 취해 개맹이가 풀어져 □□□□ 사람을 알아보지 못한다.

15. 피륙이나 종이 따위가 군데군데 치이거나 미어진 꼴. 물건의 반드러운 거죽이 스쳐서 드문드문 벗어진 꼴.

¶ □□□□ 낡은 옷. 삼베옷이 하도 오래 입어 □□□□하다. 책상 칠이 □□□□ 벗

---

8. 마지기 → 땅마지기(몇 마지기의 논밭); 되지기, 섬지기

9. 짜발량이 → 사그랑이(다 삭아서 못쓰게 된 물건)

10. 털찝 [←털(다)+집] → 털어먹다(다 써서 없애다)

11. 부산 → 부산하다, 부산스럽다

12. 북새 = 법석 → 북새질/하다, 북새판, 짓북새(심한 북새)

13. 봉

14. 인성만성

15. 희치희치

겨졌다.

16. 작으면서도 갖출 것은 다 갖추어 귀엽고 깜찍하다. 격에 어울리지 않게 작다.

¶ 궤도를 따라 달리는 장난감 기차가 무척이나 □□□□. 우리 형은 덩치에 비해 손이 □□□□. □□□게 작은 체구. 아이가 □□스레 웃는다.

17. 나이 어린 사람이 주제넘고 시건방지다. 버릇이 못되게 들어 남의 충고를 듣지 아니하다.

¶ □□은 소리 좀 작작(어지간하게) 해라. 아이들이 □□어서 말을 통 안 듣는다. 어른이 타일러도 □□은 얼굴을 하고 있다.

18. 하는 짓이 주제넘고 건방지다(=궤란쩍다. 신둥부러지다). 달갑지 않거나 못마땅하다.

¶ 태도가 □□□여 마음에 들지 않는다. 묻는 말에 □□□게 되받다. □□스러운 녀석. 남의 일에 □□스레 나서서 공연히 욕을 먹다.

19. 근심 걱정이 너무 많아서 사소한 일은 좀처럼 돌아볼 틈이 없다. 사물이 너무 적거나 시시하여 마음에 차지 않다.

¶ 지겹도록 계속된 □□□□은 생활에 지칠 대로 지쳤다. 돈이 적다고 □□□□게 여기지 말길 바랍니다.

20. 어린아이가 너무 어른스럽게 행동하거나 젊은이가 늙은이 같아 영악한 데가 있다.

¶ 일곱 살이라고 하기에는 아이가 하는 행동이 너무 □□□□□. 아이가 하는 짓이 너무 □□□□□ 보기가 민망하다. 중학생이 □□□□게 어른들처럼 모양을 내려고 애를 쓰다. □□스레 노는 아이.

[문제 48]

1. 비가 겨우 먼지나 일지 않게 할

---

16. [앙증하다] 앙증하다, 앙증하다, 앙증하(게), 앙증(스레) → 앙증맞다, 앙증스럽다

17. [시먹다] 시먹(은), 시먹(어서), 시먹(은)

18. [시퉁하다] 시퉁하(여), 시퉁하(게), 시퉁(스러운), 시퉁(스레) → 시퉁스럽다, 시퉁머리 터지다(매우 주제넘고 건방지다)

19. [신청부같다] 신청부같(은), 신청부같(게)

20. [자깝스럽다] 자깝스럽다, 자깝스러워, 자깝스럽(게), 자깝(스레) → 영악하다(잇속이 밝고 애바르다)

[정답 48]

1. 먼지잼 → 어원적 의미는 '먼지를 재움'이다.

정도로 조금 옴.

¶ 가뭄 끝에 □□□만 오다. 이번 비는 □□□하다가 말 것 같군.

2. 여러 번 되풀이하여 몸에 배다시피 한 버릇.

¶ □이 박인 담배를 끊기가 쉽지 않다.

3. 조상 대대로 전해내려 오는 많은 재물.

¶ 형편을 보아하니 집에 무슨 □□□□이라도 있겠소. 문중(門中)에서 □□□□을 장학재단에 기부하였다.

4. 일이 한 가지씩 끝나는 마디. 단락(段落).

¶ 일을 할 때에는 □□를 지어야 한다. □□를 내어 아퀴를 짓는 것을 '매잡이'나 '매조지'라고 한다.

5. 이야기나 글 따위의 특정한 부분.

2. 인

3. 짙은천량 → 짙다(재물 따위가 넉넉하게 남다)

4. 메지 ≒끝. 매듭 → 메지대다/내다(한 가지 일을 끝내 치우다), 메지메지/매지매지(물건을 여러 몫으로 따로 나누는 꼴); 일본어 '메지'는 우리말로 '줄눈. 사춤'이다.

5. 대목 → 대목밑(목밑; 가장 긴요한 시기를 앞둔 때), 대목장(-場), 설대목

일의 특정한 부분이나 대상. 설이나 추석 등을 앞두고 경기가 한창 활발한 시기.

¶ 슬픈 □□만 나오면 눈물이 난다. 한창 신나는 □□에서 말을 끊다. 주목할 만한 □□이 있다. 섣달 □□에는 시장에 사람들이 붐빈다.

6. 비가 많이 내려 강물이 넘쳐흘러 육지를 침범하는 일. 또는 그 넘치는 물. 홍수(洪水; 큰물).

¶ 지난해 큰 □□가 나서 온 마을이 물에 잠겼다. □□가 들다.

7. 활에 걸어서 켕기는 줄.

¶ 화살을 □□에 먹이다. □□를 얹다(활시위를 메우다).

8. 간사한 꾀로 남을 속여 은근히 해롭게 하는 짓. 남이 못된 일을 꾸밀 때 미리 다른 사람에게 알리는 일.

¶ 그 사람이 친구에게 □□□를 놓았다. □□□하여 사고를 미리 막다.

6. 시위[1] → 시위나다(홍수가 지다), 봄시위(봄철에 강물이 넘쳐 뭍으로 흐르는 것)

7. 시위[2], 〈본〉활시위 → 시위잠(활시위 모양으로 몸을 웅크리고 자는 잠)

8. 발거리

9. 남의 비밀을 캐내어 다른 사람에게 넌지시 일러 주는 짓.
¶ □□를 서다(남의 비밀을 일러바치다). 그 사람은 □□꾼으로 소문이 자자하다.

10. 큰 다툼이나 시비. 일이 크게 벌어진 판.
¶ 가끔 운동경기 도중에 □□□가 벌어진다. 그는 상관과 □□□를 했다. 사소한 농담 끝에 □□□로 번졌다.

11. 일이 되고 안 되는 것과 이기고 지는 것이 결정되는 마지막 끝판.
¶ 드디어 씨름경기가 □□□□에 이르다.

12. ▸남을 높이어 그의 '얼굴'을 이르는 말. 흔히 건강 상태를 말할 때 씀. ▸'얼굴'을 속되게 이르는 말.
¶ 요새 □□이 아주 좋으십니다. □□뼈(뺨과 관자놀이 사이에 내민 뼈). □□등걸(몹시 파리해져서 뼈만 앙상한 얼굴)

13. ▸쓰기 싫은 글씨를 마지못하여 아무렇게 쓰는 꼴. '깨지락깨지락/깨질깨질'의 준말. ▸글씨를 함부로 이리저리 갈겨 써놓은 꼴.
¶ 글씨를 □□□□ 쓰다. 밥을 □□□□ 먹고 있다. 담벼락에는 □□□□ 아무렇게나 낙서가 되어 있었다.

14. 한 동안 뜸하였음으로 시간이 좀 오래면서 분량이 많고 넉넉하게.
¶ 너무 가물었으니 비가 □□□□ 와야 벼가 자라겠는걸. □□□□ 앉아 쉬다. 바쁜 일정 때문에 부족했던 저녁 식사를 모처럼 □□□□ 먹었다.

15. 우연히 이러하게 되어. 이럭저럭하여.
¶ 고향을 떠난 지 □□□□ 10년의 세월이 흘렀다.

16. ▸능청스럽게 남을 속이는 음흉

---

9. 발쇠, 〈준〉발 → 발쇠꾼
10. 대두리
11. 대마루판 → 대마루(지붕 위의 가장 높게 마루가 진 부분)
12. 신관; 광대[1] → 광대[2](배우)와 동음이의어다.

13. 깨작깨작, 〈큰〉끼적끼적; 괴발개발 → 깨지락깨지락(어떤 동작이나 일을 할 때 마음에 탐탁하지 않은 듯이 게으르고 굼뜨게 하는 꼴)
14. 이드거니
15. 이러구러
16. [엉거능측하다] 엉거능측한; [음충하다] 음충한, 음충한, 음충(스러운) → 음충스럽다, 음충맞다(매우 엉큼하고 흉측하다)

한 데가 있다. ▸성질이 엉큼하고 불량하다.

¶ 친구에게 □□□□□ 수단을 부리다니. 네가 그렇게 □□□ 사람인 줄 미처 알지 못했구나! □□□ 말로 둘러대다. □□스러운 웃음소리.

17. 치사하게 인색하고 욕심이 많다.

¶ 그는 □□□ 사람으로 소문이 났다. 돌이켜보면 형님에게 늘 □□□게 굴었습니다. 그 □□스러운 친구가 후원금이라니 웬일이지? 이웃 간에 너무 □□히 구는 인심.

18. 어떤 일에 물리거나 지루해져서 싫증이 난 기색이 있다(≒진저리나다). 마음이 내키지 않고 언짢아서 시무룩하거나 토라져 있다.

¶ 연일 계속되는 여야 간의 정쟁(政爭)은 그저 □□□ 뿐이다. 컴퓨터 게임도 매일 하니 □□□□. 아우는 □□□ 표정으로 계속 입을 다물고 있다. 가격을 낮춰 볼 생각인지 집을 보러 온 사람이 □□□ 얼굴로 흠을 잡기 시작했다.

19. 정분이 두텁지 못하여 조심스럽다. 수줍고 부끄러운 느낌이 있다.

¶ 서로 □□□게 지내다. 그들은 학교 선후배로서 그리 □□□□ 사이가 아니었다. 처녀가 그런 일을 하자니 □□□기야 하겠지. 혼자 찾아가기는 □□□□.

20. ▸무슨 기회든지 악착같이 이용하려는 성질이 있다. ▸무슨 일이든지 기회를 놓치지 않고 재빠르게 붙잡아 잘 이용하는 소질이 있다.

¶ 계집의 마음먹음이 당차고 □□□아서 우습게 알았다간 봉변을 당할지 모를 일이다. 노조 일을 □□□게 처리해 나가는 위원장. 그는 재물과 이익에 □□게 덤비곤 한다. □□게 일을 도와주다. 알뜰하게 □□□(=아금받다).

---

17. [타끈하다] 타끈한, 타끈하(게), 타끈(스러운), 타끈(히) → 타끈스럽다

18. [시뜻하다] 〈거〉시틋하다. 시뜻할, 시뜻하다, 시뜻한, 시뜻한

19. [스스럽다] 스스럽(게), 스스러운, 스스럽(기야), 스스럽다 → 스스럼없다(보기에 스스러워하는 태도가 없다. = 무람없다)

20. [아금받다] 아금받(아서), 아금받(게); [발밭다] 발밭(게), 발밭(게), 발밭다 → 아금바르다(알뜰하고 다부지다), 아금박하다(탐탁하고 살뜰하다. 이악하고 깐깐하다); 발바투(때를 놓치지 않고 재빠르게)

[문제 49]

1. 국·찌개의 국물이 있는 음식.
¶ □□□도 없는 밥을 먹었다. 할머니는 된장찌개 같은 □□□이 있어야 진지를 잘 드신다.

2. 먹을 음식이 쓰거나 느끼하거나 텁텁하거나 할 때, 무엇을 먹어서 입맛을 개운하게 하는 일. 또는 그런 음식.
¶ 한약을 마시고 □□□으로 사탕을 먹었다. □□□으로 맥주 한 잔씩을 마시다.

3. 초목의 뿌리를 싸고 있는 흙.
¶ 나무에 □을 주다. □을 주다(흙을 긁어 올려 식물의 뿌리를 덮어주다).

4. 베틀이나 재봉틀에 딸린 부속품. 그 속에 씨실을 넣고 날실 틈으로 오가게 하여 피륙을 짬.
¶ 베틀에 앉아 □을 놀리는 솜씨가 매우 능숙하다.

5. 갓난아기의 정수리가 채 굳지 않아서 숨 쉴 때마다 발딱발딱 뛰는 연한 곳. 숨구멍. 정문(頂門; 정수리).
¶ □□□은 급소다. 머리의 □□□ 자리를 '쥐독'이라고 한다.

6. 쇠를 불에 달구었다가 찬물이나 기름에 담가 강하게 만드는 일. '끊임없이 훈련을 시킴'을 비유하는 말.
¶ 대장간에서 □□□로 쇠를 단단하게 만들다. 선수들이 □□□로 체력을 다진다.

7. 쇠를 불 속에 넣어 불리는 일.
¶ 벌겋게 □□이 된 쇠를 모루 위에 놓고 메로 두드린다. 무쇠를 □□한 것이 '시우쇠'다.

8. 죄인이 공범자(共犯者)를 일러바치는 일.
¶ 낱낱이 □□을 하다. 볼기를 몇 대 맞고 곧은□□을 하였다. 애매한 사람을 잡아가 □□을 하다니.

[정답 49]

1. 술적심 → 어원적 의미는 '밥 먹을 숟가락을 국물에 적심'이다.
2. 입가심 → 가시다
3. 북[1]
4. 북[2] → 북[1], 북[3](타악기)과 동음이의어다.
5. 숫구멍
6. 담금질 → 담금질하다
7. 불림[1] → 불리다(쇠를 불에 달구어 단단하게 하다), 성냥하다(쇠를 불에 불리다)
8. 불림[2] → 곧은불림[직초(直招); 지은 죄를 사실대로 말함]. 애매하다(아무 잘못도 없이 누명을 쓰거나 책망을 듣게 되어 억울하다)

9. 도둑에게 고통을 주어서 저지른 죄를 사실대로 말하게 하는 일.

¶ □을 대다. □을 내다(형벌을 가하여 죄상을 자백하게 하다). 죄인의 자백을 받는 일을 '□받이'라고 한다.

10. 쥘부채의 살이나 가위다리의 교차된 곳에 못과 같이 박아 돌쩌귀처럼 쓰이는 물건. 일이나 물건의 가장 요긴한 부분.

¶ 부채 □□. 두 다리의 한 끝에 □□을 만드니 훌륭한 집게가 되었다. 회장은 모임에서 □□노릇을 해야 한다.

11. 매듭·사개·고동·사북 따위의 죈 정도나 무엇에 맞추어서 짠 자리.

¶ □□가 풀리다. □□가 튼튼하게 짜인 책장. □□가 늦다(느슨하다. 하는 짓이 야무지지 못하다). □□가 빠지다(정신이 흐릿하거나 느릿느릿하다).

12. 참. 과연. 틀림없이 정말로.

¶ □□, 그렇긴 하군. 그는 □□ 사실인 것처럼 이야기한다.

---

9. 밥

10. 사북

11. 흘게

12. 짜장

13. 밤을 새워서.

¶ □□□ 이야기를 나누다. □□□ 일을 하다. 전화를 받고 □□□ 달려오는 길이다.

14. 발길이 가는 대로 한 걸음 한 걸음 천천히 더듬듯이 걷는 짓. 살그머니 다가오는 짓.

¶ □□□□ 나선 게 여기까지 왔네. 얼음 덮인 개울 밑에서 물소리가 조잘거리며 봄철은 □□□□ 다가오고 있었다.

15. 성품이 까다롭지 않고 수더분하다(=무던하다). 언행이나 모양새가 수수하고 텁텁하다. 맛이나 냄새가 독하지 않고 순하다.

¶ 사람이 □□할 성싶지만 실상은 여간 거만하고 팩한 성미가 아니다. □□□ 시골 아주머니. □□□ 얼굴. 해감내 물씬 풍기는 노햇사람들의 □□□ 사투리가 정겹다. □□□ 잎담배.

16. 어떤 대상이 새싹처럼 새롭고 생기가 있어 신선하다. 푸르고 싱싱하다(≒싱그럽다; 싱싱하고 향기롭다).

---

13. 밤도와 → '손도와'는 '남의 일을 거들어 도와'를 뜻하는 말이다.

14. 발밤발밤 → '발볌발볌'은 사투리다.

15. [푸수하다] 푸수할, 푸수한 → 팩하다(걸핏하면 성을 내고 뾰로통하다)

16. [풋풋하다] 풋풋하다, 풋풋한

¶ 봄나물 향이 매우 □□□□. □□□ 국화 향기. □□□ 서정과 동화적 해학이 깃든 그림. □□□ 사랑. 산길을 걸으니 □□□ 흙냄새가 났다.

17. 푸성귀나 머리털 따위가 잘 자라서 알차고 길다. 성질이나 일 처리가 반듯하고 야무지다. 주접이 들지 않고 깨끗하고 단정하다.
¶ □□□게 자란 배추. 솜씨가 □□□□. 일을 □□□게 잘한다. □□□ 노인.

18. ▸병으로 몸이 야위어 기운이 없다. ▸병이 오래 되거나 몸이 약하여 시름시름 앓다.
¶ 아파서 □□□□□□. □□□□□던 몸이 빠르게 회복되었다. 병치레를 하느라 늘 □□□□. □□하는 마누라.

19. 심한 고생이나 병 따위로 몸이 몹시 파리하여 뼈가 앙상하게 드러나다.
¶ 일제 강제징용을 상징하는 □□□□ 노동자상을 소녀상 옆에 나란히 세웠다.

20. 날이나 끝이 무디어진 연장을 불에 달구고 두드려 날카롭게 만들다. 마음이나 의지, 힘 따위를 빈틈없이 가다듬어 가지다.
¶ 낫을 대장간에서 □□□. 투지를 □□□.

17. [칠칠하다] 칠칠하(게), 칠칠하다, 칠칠하(게), 칠칠한 → 칠칠맞다[+부정어]. 칠칠찮다
18. [비영비영하다] 비영비영하다, 비영비영하(던) [비영←병(病)]; [골골하다] 골골하다, 골골(하는) → 골골거리다/대다
19. [겅더리되다] 〈센〉껑더리되다, 겅더리된
20. [벼리다] 벼리다 → 벼림질/하다

[문제 50]

1. 서로 비교가 됨.
¶ 내 친구는 누나하고는 □도 안 된다.

2. 거리의 멀고 가까움을 서로 비교함.
¶ 목적지까지 □□를 해보다. □□하다(비교하다).

3. 저 혼자서 독차지하여 장사를 하는 사람.
¶ 거리 모퉁이 □□□□ 아저씨는 돈을 많이 벌었다.

[정답 50]
1. 짼
2. 장두
3. 외목장수 → 외목(외길목)

4. 나무의 줄기를 가로로 자른 면에 나타나는 바퀴 모양의 테.

¶ 나무의 □□□가 해마다 하나씩 늘어난다. 베어낸 □□□의 발이 넓은 쪽이 남쪽 방향이다.

5. 종이나 헝겊·지푸라기 따위의 작은 오라기.

¶ 헌옷 □□□□. 기자 □□□□. 창고에는 세간 □□□□가 널브러져 있다.

6. 지난 허물이나 흠을 초들어 흉봄.

¶ 그 일로 감정이 상한 그들은 □□를 하며 서로 싸운다. 까맣게 잊고 있던 일을 □□하여 난처하게 만들다. 혹시 옛일을 □□하면 난처하니 그를 멀리하시오. 자네는 무슨 심사로 나를 □□하려 하는가?

7. ▸알코올 성분이 들어있는 음료. ▸한 숟가락의 분량.

¶ □을 마시다. 첫 □에 배부르랴. 밥 몇 □만 더 드시오.

8. ▸가마나 기·띠·보자기 따위의 둘레나 끝에 장식으로 다는 여러 가닥의 실. ▸책·종이·피륙 따위의 포갠 부피.

¶ 모자에 □을 달다. □을 단 책상보. 책의 □이 두텁다.

9. 나무토막으로 장구 비슷하게 만들어 가는 노끈에 걸고 공중으로 치뜨렸다 받았다 하는 장난감.

¶ 어린이들에게 □□□은 균형 감각을 익히는데 도움이 되는 장난감이다. □□□을 받다(남을 요리조리 놀려 먹다. 쓸까스르다).

10. 추운 겨울에 유리창이나 벽 같은 데 김이 서려서 서리처럼 허옇게 얼어붙은 것.

¶ 창문에 □□가 끼다.

11. ▸쟁깃술의 윗머리에서 앞으로 뻗치어 나아간 가장 긴 나무. ▸고기가 모여드는 바닷물 밑에 있는 돌 또는 고기가 모여드는 섶과 풀.

¶ □□가 부러진 쟁기. □□ 앞 끝에 가로

---

4. 나이테 → 뿔테(암소가 새끼를 낳을 때마다 그 뿔에 하나씩 생기는 줄무늬)

5. 나부랭이, 〈큰〉너부렁이

6. 정가(하다) → 정가되다(허물이 되다)

7. 술[1]; 술[2] → 술구더기(걸러 놓은 술에 뜬 밥알), 술턱(술대접); 술적심, 밥술, 어석술(한쪽이 닳아진 숟가락), 한술(적은 음식)

8. 술[3]; 술[4] → 책술(卌-; 책의 두꺼운 정도)

9. 죽방울

10. 성에[1] → 성에꽃(서리꽃), 성엣장(물위에 떠서 흘러가는 얼음덩이)

11. 성에[2]; 성에[3]

박은 막대기를 '물추리막대'라고 한다. 북한에서는 어초(魚礁; 물고기의 서식장이 될 수 있도록 설치한 시설물)를 순우리말로 □□라고 한다.

12. 나무로 된 음식 그릇.
¶ □□□에 담은 보리밥. 과자와 사탕을 □□□에 담아 내오다.

13. 나무로 만든 수레바퀴.
¶ 소 달구지의 □□□를 휘갑쇠로 싸다.

14. 바퀴의 가운데 구멍에 끼우는 긴 쇠막대나 나무. 축(軸).
¶ 바퀴의 □□. 물레의 몸이 얹힌 □□를 '굴똥'이라고 한다.

15. 술을 큰 잔으로 마시는 일.
¶ 초복(初伏)날 군치리에서 □□나 한잔 하러 갑시다.

16. 소주를 큰 잔으로 마시는 일. 또는 소주를 큰 잔으로 파는 집.
¶ 하도 추워서 □□□□로 한 잔 했다.

17. 특히 어떤 일만을 입에 올려서 말하다.
¶ 남의 약점을 □□어 말할 거리가 못 된다. 하필 그 자리에서 그 일을 □□게 뭐람. 남의 잘못을 □□어 따지다. '정가하다'는 지난 허물이나 흠을 □□어 흉을 보다를 뜻하는 동사다.

18. 어떤 대상이 조금 어긋나다.
¶ 창문틀이 □□□□여 잘 열리지 않는다.

19. 한데 어울리지 아니하고 따로 떨어져 밖으로만 돌다.
¶ 일에는 □□아도 먹는 데는 잽싸다. 친구들을 피하여 □□□.

20. 남을 추슬렀다 낮추었다 하여 비위를 거스르다.
¶ 만날 때마다 □□□□는 소리만 한다. 나잇살이나 처먹은 사람이 □□□□는 듯한 버르장머리는 뭐요? 지영이는 가만 보면 □□□□는 말버릇이 있는 거 같지 않아?

---

12. 두가리
13. 굴레미
14. 굴대
15. 대포 → 대폿잔(-盞), 대폿집, 왕대포; 군치리(개고기를 안주로 하여 술을 파는 집)
16. 다모토리
17. [초들다] 초들(어), 초들(게), 초들(어), 초들(어)
18. [자빠룩하다] 자빠룩하(여)
19. [베돌다] 〈작〉배돌다, 베돌(아도), 베돌다 → 베돌이(베도는 사람)
20. [쓸까스르다] 쓸까스르(는)

[문제 51]

1. 일정한 때에 먹는 밥, 또는 그 밥을 먹는 일.

¶ 식량이 떨어져 □□를 거르다. 라면으로 □□를 겨우 때우다. □□를 마련하다.

2. 사람 됨됨이의 점잖은 무게.

¶ 나이는 어려도 □□가 있어 보인다. 생김새나 □□가 완전하게 이루어지지 못하다(데생기다). 사람을 앞에 놓고 □□질하는 것 같아서 아니꼬운 생각이 들기도 하였다.

3. 저울 따위로 물건의 무게를 달아 보는 일. 계량(計量). 저울질.

¶ 돼지고기를 대저울로 □□□하다.

4. '상앗대질(상앗대로 배를 움직이게 하는 일)'의 준말. 다투거나 대화할 때 상대의 얼굴을 향해 팔을 뻗치거나 막대기 따위로 내지르는 짓.

¶ 강가의 배를 □□(질)로 밀어 강 가운데로 , 나가다. □□□하며 덤비다. 어디 대고 □□□이야.

5. ▸바람을 받아 배를 가게 하기 위하여, 대에 높게 펼쳐 매단 넓은 천. ▸배를 한 곳에 머물게 하기 위하여, 줄을 매어 물 밑바닥으로 가라앉히는 갈고리 달린 기구.

¶ 순풍에 □을 달고 뱃놀이를 하다. 바람을 가득 안은 흰 □. □을 올리다(어떤 일을 시작하다). □을 주다(일정한 곳에 머물다).

6. ▸자는 사람을 놀라게 하는 귀것(귀신). 기를 펴지 못할 만큼 벅차고 힘겨운 기운. ▸어떤 무렵이나 때. 어떤 정황이나 조건.

¶ 서슬 퍼런 주인의 분부에 □□가 눌렸다. □□눌리다(잠결에 무서운 꿈에 질려서 답답함을 느끼다). 식사를 끝낼 □□에 손님이 찾아왔다. 힘든 □□에 공연히 기력을 낭비하지 말고 체력 보충에 힘쓰시오.

7. 결정적인 거절.

[정답 51]

1. 끼니 → 끼니때, 끼닛거리, 세끼(하루하루의 끼니), 끼(끼니를 셀 때 쓰는 말)
2. 드레 → 드레지다(사람됨이 젊잖아 무게가 있다), 드레질/하다
3. 마까질 → 마까질하다(저울질하다)
4. 삿대질 → 삿대질하다
5. 돛; 닻 → 돛단배, 돛대; 닻가지, 닻줄, 닻혀(닻가지의 끝)
6. 가위[1]; 가위[2] → '가위[3](바느질 도구)'와 동음이의어다.
7. 자빡 = 납백(納白) → 자빡계(-契; 돈을 타는 동시에 탈퇴하게 만든 계)

¶ 그 사람이 친구의 간절한 부탁에 □□을 쳤다. □□을 대다/ 치다(딱 잡아떼어 거절하다. =괘괘이떼다). □□을 맞다(딱 잘라 거절을 당하다).

8. 생선의 싱싱한 정도.
¶ □이 좋은 고등어. □이 간 생선을 먹으면 배탈이 난다.

9. 채소나 과일·어물 따위가 얼마 동안을 두고 한목 무리로 나오는 차례.
¶ 끝 □의 오이. 첫 □의 조기.

10. 물건에 묻어서 드러나는 빛깔.
¶ □이 곱다. 손톱에 봉숭아 □을 들이다. □이 바래다.

11. 건축에서, 어떤 물건의 이쪽 끝을 저쪽 구멍에 맞추려고 얼마쯤 가늘게 만든 부분.
¶ 문□□가 끼이는 구멍을 '문둔테'라고 한다.

12. 문을 잠글 적에 가로지르는 나무나 쇠장대. 관건(關鍵).
¶ 대문에 □□을 지르다. □□을 풀다. □□이 꽂히도록 구멍을 뚫어서 댄 기름한 나무토막을 '□□둔테'라고 한다.

13. ▸계속하여 자꾸. 무리하게 자꾸. ▸이따금 남이 보지 않는 틈을 타서 살그머니. 기회 있는 대로.
¶ 없는 돈을 내놓으라고 □□ 조른다. 아이가 □□ 운다. 십년공부를 하기로 굳게 마음을 절에 들어갔으나 처자식이 보고 싶어 □□□ 산을 내려왔다. 밖에서도 남편은 □□□ 손목을 쥐기도 했다. 영수는 아내를 기이고 □□□ 카지노를 찾아갔다.

14. 살림살이가 넉넉한 꼴.
¶ 사람들의 생활은 날로 □□□□ 좋아지고 있다. 젊은 부부가 함께 열심히 일하더니 생활이 □□□□ 윤택해지고 있다.

15. 성격이 굳어서 재물에 대하여 헤

---

8. 물[1]

9. 물[2] → 끝물 ↔맏물, 물물이(생산물이 때를 따라 한목씩 모개로 나오는 꼴)

10. 물[3] → 물감, 물들다/들이다, 꽃물, 풀물

11. 장부 → 문장부(門-; 널문짝 한쪽 끝의 아래위로 상투같이 내밀어 문둔테에 끼우게 된 것), 장붓구멍(장부를 끼우는 구멍), 장부촉(장부머리. 장부의 끝)/끼움/맞춤/이음

12. 빗장 → 빗장거리(남녀 간 '+' 모양의 성행위), 빗장걸이, 빗장둔테, 빗장뼈(쇄골)

13. 대고; 꾀꾀로

14. 즈런즈런 → 즈런즈런하다(가멸다)

15. [굼튼튼하다] 굼튼튼한

프지 않고 튼튼하다. 저축심이 많다.

¶ 할아버지는 부지런하고 □□□□ 생활로 집안 살림을 일으켜 세우셨다.

16. 점잖게 딱 잘라 거절하다. 자빡을 치다.

¶ 도움을 요청했으나 □□□□어 말하다.

17. 무슨 말을 하다가 매몰스럽게 핀잔이나 거절을 당하다.

¶ 그렇게 □□□□고도 부끄러워할 줄을 모른다. 그녀는 남편에게 □□□□을 각오하고 여행을 가자고 졸라대었다.

18. 옳은지 그른지도 모르고 아무 생각 없이 행동하는 데가 있다.

¶ 너의 그 □□□□은 습성 때문에 당최 맘 놓고 일을 맡길 수가 없다.

19. 돈이나 물건을 아껴서 조금씩 모으다.

¶ 오랫동안 □□□□ 돈으로 컴퓨터를 샀다. 그는 용돈을 □□□□ 갖고 싶었던 오디오를 샀다.

20. 물건이나 돈을 아껴 쓰고 그 나머지를 모아두다. 저축하다.

¶ 이 옥수수는 보릿고개를 위하여 □□어 둔 양식이다. □□ 돈을 잘 쓰다.

[문제 52]

1. 일의 갈피와 조리(條理).

¶ 말을 □□□ 있게 하다. 일이 하도 어수선해서 □□□를 못 차린다. 그 사람은 마을 일이라면 공연히 □□를 트는 버릇이 있다.

2. 도자기를 만들 때, 꾸덕꾸덕 마른 표면을 긁어서 모양을 내는 데 쓰는 꼬부라진 쇳조각.

¶ 도공이 □□□로 무늬를 놓다.

3. 그릇의 성형(成形)이 끝났을 때 물레를 돌리면서 다듬는데 쓰는 넓죽한 나무칼.

¶ 빚은 도자기를 □□로 매끈하게 다듬다.

---

16. [괘괘이떼다] 〈준〉괘괘떼다. 괘괘이떼(어)

17. [퉁바리맞다] 〈준〉퉁맞다. 퉁바리맞(고도). 퉁바리맞(을) → 퉁(퉁명스러운 핀잔. 퉁바리)

18. [퉁어리적다] 퉁어리적(은)

19. [모투저기다] 모투저긴, 모투저겨

20. [여투다] 여투(어), 여툰

[정답 52]

1. 가리새[1], 〈준〉가리 → 가리사니(사물을 가리어 헤아릴 실마리)

2. 가리새[2]

3. 예새

4. 하던 일이나 말을 끝마치지 못하고 중간에서 흐지부지 그만둠.

¶ 그 일은 짜증나서 □□□□하고 말았다.

5. 이해관계를 따지어 셈을 쳐 보는 생각. 생활의 형편.

¶ □□이 밝은 사람. 삼촌은 □□이 있는 사람 같지가 않다. 취업을 하고부터 집안의 □□이 조금씩 펴지기 시작했다.

6. ▸허황된 계산으로 실현성이 전혀 없거나 헛수고로 애만 쓰는 일. ▸어리석어 이해관계에 어두운 사람의 셈.

¶ 세상일을 □□□□으로 내다보다. □□□□으로 하는 장사.

7. ▸잘못 생각하여 자기에게 도리어 손해가 되게 하는 셈. ▸빚진 사람이 그의 재산을 빚을 준 모든 사람들에게 죄다 나누어 갖게 함. 또는 그런 일.

¶ □□ 때문에 손해를 보다. 부도난 회사 창고에서 □□에 정신없는 빚쟁이들.

8. 누웠을 때 발이 있는 쪽(↔머리맡). 어떤 사물의 아랫부분이나 끝부분이 되는 곳.

¶ 남의 □□에 드러눕다. 외국에 나갔다가 선산□□에나 묻히려고 돌아왔다.

9. 암소를 찾는 황소의 긴 울음소리.

¶ □□을 쓰다/ 켜다. 방목장에서 들려오는 □□ 소리.

10. 짐승이 짝짓기 하는 일. 교미(交尾).

¶ 개가 길가에서 □□를 하고 있다.

11. 암탉이 혼자서 땅바닥에 대고 흘레하는 짓.

¶ 암탉이 □□□하다.

---

4. 중동무이(中-) → 중동을 치다(중도에 그만두거나 끊다).

5. 셈평 → 셈평이 좋다(넉살스럽고 태평하다)

6. 독장수셈; 부엉이셈

7. 옥셈; 판셈 → 옥생각(옹졸하게 가지는 생각), 옥니; 빚잔치

8. 발치 → 발칫잠, 먼발치, 산발치(山-; 산의 아랫부분이 되는 곳), 시궁발치(시궁창이 있는 근처)

9. 영각 → 영각하다

10. 흘레 → 흘레붙다/붙이다, 흘레질/하다; 흘레구름(비를 내리려고 엉기어 드는 구름), 흘레바람(비를 몰아오는 바람), 개흘레(벽 밖으로 조그맣게 달아낸 칸살)

11. 땅까불

12. 시집간 여자가 뒤통수에 땋아 틀어 올려서 비녀를 꽂은 머리털.

¶ □을 찌다. □을 틀어 올리고 비녀를 꽂다를 '찌다'라고 한다.

13. 책이나 장부 따위의 한 면. 또는 그 면(面)을 세는 말.

¶ □마다 삽화가 들어 있다. 그 책은 모두 300□이다.

14. 한목에 많이.

¶ 이익을 □□□ 차지하다. 조금씩 말고 □□□ 가져가거라. □□□ 거두어가다.

15. 부득부득 조르는 꼴.

¶ 안된다고 하여도 어찌나 □□□□□ 조르는 지 할 수 없이 허락하였다.

16. 속살이 드러나도록 털이 모두 빠지거나 또는 살이 드러나도록 살점이 떨어지다.

¶ 머리털은 □□고 이가 빠져서 얼른 알아보지 못하였다. 단번에 □□도록 뜯겼다.

17. 하던 일을 중간에서 끊어 무지르다. 어떤 일을 끊어서 거절하다.

¶ 그는 말을 하다가 □□고 갑자기 말끝을 바꾸었다. 네가 어찌 내 말을 □□ 수가 있는가? 나는 친구의 부탁을 □□기 어려워 난감했다.

18. 사리를 판단하는 슬기가 있게 되다.

¶ 스무 살이면 □□ 나이도 되었다.

19. 암내 난 짐승에게 흘레(짝짓기, 교미)를 붙이다.

¶ 이웃집 수퇘지를 데려다 □□□.

20. 신이 나서 멋들어지고 푸지다.

¶ 그 모임은 □□□ 데가 있어 시종 화기애애한 분위기였다.

---

12. 쪽[1] → 쪽댕기

13. 쪽[2] = 페이지

14. 무트로 [←뭇(무리; 많은 것)+으로]

15. 물이못나게

16. [무이다[1]] = 미다 무이(고), 무이(도록)

17. [무이다[2]] 무이(고), 무일, 무이(기) → 중동무이

18. [셈들다] 셈들 → 셈나다(사물을 분별하는 슬기가 생겨나다)

19. [암구다] 암구다 → 암내(수컷을 꾀는 냄새), 암붙이다

20. [짐벙지다] 짐벙진

[문제 53]

1. 사람이 가꾸어 기르거나 산이나 들에 저절로 난 온갖 나물을 통틀어 이르는 말.
¶ 텃밭에 □□□를 심어 먹다.

2. 양념이나 나물 따위를 손가락 끝으로 집을 만한 분량을 세는 말.
¶ 소금 한 □□. 양념을 □□□□ 집어넣다.

3. 나물을 데치거나 가루를 반죽하여 조그마하고 둥글넓적하게 만든 덩이나 조각.
¶ 삶은 시래기 □□가 담긴 소쿠리.

4. 가늘고 긴 물건의 끝에 씌우는 물건.
¶ 연필 □□. '□□조상(祖上)'은 조상 가운데 가장 이름을 떨친 사람, '인□□(人-)'은 사람의 탈이나 겉모양을 뜻하는 말이다.

5. ▸아주 된 밥. ▸인절미나 술밑으로 쓰기 위하여 찹쌀이나 멥쌀 따위를 물에 불려서 시루에 찐 밥.
¶ □□□은 소화가 잘 안 된다. □□□에 누룩을 비벼 항아리에 넣어 발효시킨 술이 막걸리다.

6. 인절미에 섞여 있는 덜 뭉개진 찹쌀 알.
¶ 안반에서 떡메로 덜 찧어진 □□이 살강살강 씹힌다.

7. 찹쌀에 섞여 있는 멥쌀 비슷한 좋지 않은 쌀알.
¶ □□가 많이 섞인 쌀은 상품성이 떨어진다.

8. 흥정을 붙여 주고 구전을 받는 일을 업으로 하는 사람. 거간(居間).
¶ □□을 들다(가운데서 매매 따위를 거간해 주다).

[정답 53]

1. 푸성귀 → 푸새[1], 남새
2. 자밤, 자밤자밤 [←잡(다)+암] → 자밤자밤, 지범지범/하다, 지범거리다/대다
3. 쾌기 → 쾌기밥(주먹밥)
4. 두겁 → 붓두겁, 쇠두겁(쇠로 만든 두겁)
5. 고두밥; 지에밥
6. 옴쌀
7. 물계
8. 주릅 → 땅주릅, 집주릅; 소의 흥정을 붙이는 사람을 '쇠살쭈'라고 한다.

9. 물건을 사고파는 일이나 가격을 의논하는 일.
¶ 값을 □□하다. □□은 붙이고 싸움은 말리랬다. 배부른 □□. 민주주의는 결코 □□거리가 될 수 없다.

10. 물건을 사고팔 때 흥정이 다 된 증거로 옆에 있는 사람들에게 술·담배 등을 대접하는 일. 물건을 살 때 값어치 이외의 다른 물건을 더 얹어 받는 일(≒덤).
¶ □□를 내다. □□를 얹어 주다.

11. 광산 구덩이 속에서 동발과 띳장 사이에 끼워서 흙과 돌 따위가 떨어지지 않게 하는 나무나 널.
¶ 광산 입구 한쪽의 □□이 부러지면서 돌이 떨어졌다.

12. 방죽이 무너지지 않도록 대나무나 갈대를 엮어 둘러치거나 철선 따위로 엮은 바구니에 돌을 넣어 둑에 쌓는 일.
¶ 장마철에 앞서 마을 사람들이 □□□에 힘을 썼다.

13. 둘이 서로 어울려 한 벌이나 한 쌍을 이루는 것. 또는 그것을 세는 말.
¶ □ 잃은 기러기. □을 맞추다. □(배필)이 될 사람을 구하다.

14. 소나 돼지의 한쪽 갈비 전체를 하나로 세는 말. 과일을 담은 상자나 짐짝의 덩이를 세는 말.
¶ 소 갈비 한 □. 사과 두 □.

15. 한 되의 $\frac{1}{10}$의 들이(용량). 땅 넓이의 단위로 한 평의 $\frac{1}{10}$.
¶ 두 □ 들이 소주. 창고의 넓이가 두 평 세 □이다.

16. 일이 힘에 벅차서 어렵다. 죄어

---

9. 흥정 ≒협상(協商) → 가오리흥정(잘못하여 도리어 값을 올린 셈의 흥정), 맞흥정(사고파는 사람끼리 직접 하는 흥정)

10. 성애 → 성애술(흥정을 도와준 대가로 내는 술)

11. 살장 → 기둥이나 벽 따위가 넘어지는 것을 막기 위해 버티는 나무는 '살대'라고 한다.

12. 편비내(編-) → '비내'는 '비녀'의 사투리다.

13. 짝[1] → 짝짓기, 짝꿍(단짝; 매우 친한 동무)

14. 짝[2] → 짝[3](곳. 꼴. 틈이 벌어진 모양. 말 따위가 갑자기 퍼지는 모양)은 동음이의어다.

15. 홉 → 닷곱(다섯 홉)

16. [볼되다] 볼되(어), 볼되다, 볼된 → 죄어치다(쾌치다; 죄어서 몰아치다. 재촉하여 몰아대다)

치는 힘이 매우 단단하다.

¶ 하루만에 그 일을 다 해내기는 □□어 보인다. 그의 쥐는 힘은 □□□. □□ 망치질에 견디다 못해 못이 휘어졌다.

17. 정도에 지나쳐 감당하기 어렵다. 어떤 감정이나 기분에 흠뻑 젖어 있다. 때가 지나거나 늦다.

¶ 힘에 □□. 호강에 □□ 살다. '철□□'는 제 철에 뒤져 맞지 않다는 뜻이다.

18. ▸드문드문 흩어져 있거나 이따금씩 있다. ▸많은 수효가 듬성듬성 흩어져 있다.

¶ 흰 수염이 □□□□□게 자란 노인. 안부 편지를 □□□□□게 받는다. 길가에 개나리가 □□□□□게 피어 있다.

19. 은근히 속마음으로 기쁘다.

¶ □□□ 소식. 무척 □□□ 마음으로 일하고 있습니다. □□게 여기다. □□이 승낙하다.

20. 그 무엇에 대한 어떤 느낌이 가슴에 사무치게 일어나서 마음에 겹다.

¶ 나는 그의 마음 씀씀이가 □□□ 가슴이 뭉클해졌다. 영화를 보면서 뭔지 알 수 없는 □□□ 감정이 명치끝으로 밀려오는 것을 느꼈다. □□이 울다.

[문제 54]

1. 대대로 이어 내려오는 사회적 신분이나 지위. 문벌(門閥).

¶ □□가 높은 집안. 그는 □□가 낮다는 이유로 사람을 할경(말로 업신여김)했다.

2. ▸학식은 있으나 벼슬하지 않은 사람. 학덕을 갖춘 사람. 어질고 순한 사람. ▸신이 없어서 마른날에도 나막신만 신는다는 뜻으로 '가난한 ㅇㅇ'를 이르는 말.

¶ 그 사람은 □□ 집안에서 태어났다. 시골에 묻혀 사는 □□. 게으른 □□ 책장 넘기듯. 남산골샌님 □□□□ 정신이야말로 시대의 양심이다.

---

17. [겹다] 겹다, 겨워, 겹다 → 겨우, 눈물겹다, 시름겹다, 역겹다, 정겹다, 흥겹다, 힘겹다

18. [건성드뭇하다] 건성드뭇하(게); [경성드뭇하다] 경성드뭇하(게)

19. [기껍다] 기꺼운, 기꺼운, 기껍(게), 기꺼(이) → 기꺼워하다(기껍게 여기다)

20. [느껍다] 느꺼워, 느꺼운, 느꺼(이)

[정답 54]

1. 지체

2. 선비; 딸깍발이 → 골선비(骨-; 선비 티가 몸에 밴 사람), 깎은선비(말쑥하고 단정하게 차린 선비), 큰선비(학덕이 뛰어난 선비)

3. 덩굴지거나 줄기가 가냘픈 식물을 쓰러지지 아니하게 의지하여 자라도록 옆에 대어 꽂아 두는 막대기.
¶ 나팔꽃에 □을 대니 타래를 치듯 휘감아 올라간다.

4. 두루마기나 저고리 따위의 깃 아래에 달린 긴 헝겊.
¶ □이 날렵하다. 저고리의 □을 여미다.

5. 누에가 올라가 고치를 지을 수 있도록 준비하여 놓은 짚이나 잎나무. 물고기가 많이 모이도록 또는 김이 자라도록 하기 위하여 물속에 쌓아 놓는 나무나 갈대 따위.
¶ 누에를 □에 올리다. □을 지고 불로 들어가려 한다(짐짓 그릇된 짓을 하여 화를 자초하려한다는 말).

6. 여러 사람 가운데서 가장 처지는 사람. 골라내거나 쓰고 팔고 남은 가장 못난 찌꺼기.
¶ 녀석들은 양심과 의리라곤 눈을 씻고 찾아봐도 없는 □□□만 모인 오합지졸이었다. 실한 것은 다 나가고 □□□만 남았다.

7. 일정하게 하는 일 없이 놀면서 공연히 돌아다니는 사람.
¶ 막내는 □□□□가 되어 일도 안 하고 쏘다니기만 한다.

8. ▸쩨쩨한 수단이나 방법. ▸돌파구(突破口). 수단이나 방법.
¶ □□를 쓰지 마라. 빠져나갈 □□□를 찾다.

9. 체면이 깎일 일을 당하여 갖는 부끄러움. 수모(受侮).
¶ 우선 그랬으면 여태까지 □□□를 받던 반분풀이는 될 것 같았다. 그것은 그에게 □□□를 주고 싶어서 일부러 던진 말이었다.

10. 고원(高原)지대의 평평한 땅.
¶ □□가 펼쳐진 산머리. □□로 되어 있는 땅을 '덕땅'이라고 하며, 널따란 들을

---

3. 섶[1]
4. 섶[2] → 섶단, 섶자락, 옷섶
5. 섶[3] → 섶나무, 섶사냥(굴속으로 섶을 태운 연기를 들여보내어 굴에서 나오는 짐승을 잡는 사냥); 고섶(손을 내밀면 바로 찾을 수 있는 곳), 길섶(길의 가장자리)
6. 째마리
7. 발록구니 → 발록발록(놀면서 여기저기 돌아다니는 꼴)
8. 꼼수; 구멍수 → 꼼치(작은 것. 적은 것)
9. 끕끕수
10. 더기, 〈준〉덕 → 더기밭(더기를 개간한 밭), 덕판(더기의 밋밋한 땅), 높게더기

‘편□□’라고 한다.

11. 두두룩하게 언덕진 곳.
¶ □□에 올라서자 시야가 확 트인다. □□ 위로 난 길.

12. 논배미 사이로 난 꼬불꼬불하고 좁은 길.
¶ 두 사람은 아무 말도 없이 □□□을 걸었다.

13. 때가 꽤 올라서 더럽게.
¶ 때가 □□□□ 오른 모자.

14. 조금씩 살짝 빠져 나가는 꼴.
¶ 연설이 좀 길어지자 청중이 □□□□ 회의장을 빠져 나갔다.

15. 상관없는 일에 쓸데없이 참견하는 꼴.
¶ 네가 왜 그 일에 대하여 □□□□□□ 나서느냐?

16. ▸톡톡한 피륙의 짜임새가 곱고도 고르다. 마음이 트이지 못하고 인색하며 치사하다. ▸마음을 쓰는 폭이 좁다(≒쩨쩨하다).
¶ 베를 □□□게 짜다. □□□ 사람. 너무 □□□게 굴지 마라.

17. 행동이나 일 처리가 사사롭지 않거나 어느 한쪽으로 치우침이 없이 공평하고 정당하다.
¶ □□□고 밝고 청렴하고 부지런한 사람이 공무원 감이다. □□□ 인물. 일을 □□□이 처리하다.

18. 생각이나 뜻이 매우 깊고 넓다. 되바라지지 않고 속이 깊숙하다.
¶ 이 글에 담긴 뜻이 심오하고 □□□어 쉽게 이해가 되지 않는다. 검푸른 이끼가 돋은 □□□은 옹달샘. □□□게 새뜻한 맛이 있다(애초롬하다).

---

11. 둔덕 → 둔덕지다, 둔덕돌[경계석(境界石)], 우물둔덕
12. 논틀길 → 논틀밭틀(논두렁과 밭두렁을 따라서 난 꼬불꼬불한 좁은 길)
13. 자닥자닥, 〈큰〉지덕지덕 → ‘닥지닥지/덕지덕지’는 먼지나 때 따위가 좀 두껍게 끼어 더러운 꼴을 뜻하는 말이다.
14. 솔래솔래
15. 흥이야항이야, 〈준〉흥야항야

16. [쪼쪼하다] 쪼쪼하(게), 쪼쪼한; [쪼잔하다] 쪼잔하(게)
17. [공변되다] 공변되(고), 공변된, 공변되(이)
18. [웅숭깊다] 웅숭깊(어), 웅숭깊(은), 웅숭깊(게)

19. 기가 꺾여 움츠러들게 만들다. 너그럽지 못하고 옹졸하게 만들다. 깨뜨려 부수다.

¶ 그 일로 나를 자꾸 □□면 다음에 내가 무슨 얼굴로 그 사람을 대하니? □□ 성품의 형색. 시공품을 □□□. 문이 열리지 않는다고 □□서는 안 된다.

20. 격에 맞지 않는 짓이나 차림새로 창피를 당하다.

¶ 후배들 앞에서 □□□지 말고 점잖게 굴어라. 그 늙은이는 가끔 이상한 행동을 해서 □□□기 일쑤다.

[문제 55]

1. ▸어떤 일이나 현상의 마지막 단계. 막다른 곳. ▸산의 막다른 꼭대기.

¶ □□□에 가서 기권하다. □□□ 협상을 벌이다. 산골짜기의 □□□. □□□□에서 되돌아 내려오다. 노루가 다니는 길목은 '노루목'이라고 한다.

2. 흥겨운 신과 멋.

¶ □□이 나다(저절로 일어나는 흥겨운 기분과 멋이 생기다). □□진 풍물놀이.

3. 힘이 드는 일.

¶ □□을 마치다. 좋지 않은 몸에다 계속된 □□으로 그는 결국 앓아 누었다.

4. 내쉬는 숨을 억지로 참으며 괴로움을 이겨내려고 애쓰는 힘.

¶ □□을 쓰다. 이겨보려고 □□을 다했으나 당할 수 없었다.

5. 틀어쥔 손아귀 또는 손아귀의 힘. 보살핌이나 세력 또는 영향을 미치는 범위.

¶ □□이 세다(사람들을 휘어잡는 능력이 있다). □□에서 벗어나다. □□에 넣다(손아귀에 넣다).

6. 어처구니없을 정도로 새삼스러

---

19. [쫍치다] 쫍치(면), 쫍친, 쫍치다, 쫍쳐(서는)

20. [초라떼다] 초라떼(지), 초라떼(기)

[정답 55]

1. 막바지; 노루막이 → 어원적 의미는 '노루가 막다른 곳'이다.

2. 신명 → 신명지다(신이 나고 멋들어지다), 신(흥미와 열성이 생겨 매우 좋아진 기분)

3. 시역

4. 간힘 = 안간힘. 모질음 → 간힘주다(간힘을 아랫배에 내리 밀다)

5. 손탁

6. 새퉁 → 새퉁빠지다(매우 새퉁스럽다), 새퉁스럽다(어이없을 만큼 새삼스럽다), 새퉁맞다, 새퉁이

운 짓. 밉살스럽고 경망한 짓.

¶ □□을 부리다. □□스러운 장난. □□스레 말하다. □□빠진 짓을 하다.

7. 윗사람에게 꾸지람을 듣고 그 화풀이를 다른 데다 하는 일.

¶ 사장에게 한 소리 들은 부장이 직원에게 □□을 하다니.

8. 가진 것이 없고 말이나 행동이 착실하지 못한 사람(≒난봉꾼).

¶ 뼈대 있는 집안에서 자랐음에도 □□처럼 보였다. 그를 □□라고 하지만 그래도 쓸모가 있는 사람이다.

9. 아무것도 가진 것이 없음. 또는 그런 사람. 어떤 일을 하는 데에 아무런 기술이나 기구 없이 마구잡이로 함. 또는 그런 사람.

¶ □□인 주제에 사업이라니. 그가 지금은 □□이지만 멀지 않아 성공할 것이다. 그런 □□한테 누가 일을 맡기겠는가? 일을 □□으로 하다.

10. ▸가슴의 한 복판(=앙가슴). 속으로 품고 있는 생각. ▸가슴뼈 아래 한 가운데의 오목하게 들어간 곳.

¶ □□이 터질 노릇이다. □□이 검은 사람. □□는 사람 몸에 있는 급소의 하나다.

11. 발이나 돗자리 따위를 엮을 때 날을 감아 매는 조그마한 돌.

¶ □□□□을 옮겨가며 씨를 먹여 발을 엮다.

12. 그 판에서의 마지막 승리. 또는 마지막 승부를 가리는 일(=판막이).

¶ 결승전에서 김 선수가 배지기로 □□□하다.

13. 겉모양.

¶ □□이 번지르르하다. □□은 멀쩡한데 머릿속은 텅 비었다. □□ 좋은 하늘타리(겉모양은 좋으나 실속이 없음)

14. 조금도 부끄러워하는 기색이 없고 비위가 좋은 짓.

¶ 무안을 당하고도 □□□□ 떠벌리다. 넉살스럽게 □□□□ 떠들어 대다.

---

7. 배참
8. 날피
9. 날탕 = 건깡깡이
10. 복장; 명치 → 명치뼈
11. 고드랫돌, 〈준〉고드래
12. 판막음 → 판막다(판막음하다)
13. 허울 → 겉허울(겉으로 드러나 보이는 모양새)
14. 언죽번죽

15. 눈이 흐려서 보이는 것이 어렴풋하고 희미한 꼴.

¶ 눈물이 나고 □□□□ 흐리더니 이제는 눈이 시기까지 한다. □□□□하게 보이던 물체가 마침내 사라졌다.

16. 몹시 가냘프고 약하다. 애처롭고 애틋하다.

¶ 산길의 길섶에 □□□게 핀 오랑캐꽃. □□□ 가지들이 바람에 휘청거린다. □□□ 얼굴로 바라보다. 슬픈 곡조가 □□□게 흐르고 있다. 사공은 어디 가고 빈 배만 □□히 떠 있는고.

17. 애가 타도록 견디기 어렵다.

¶ □□□ 마음. □□히 호소하다/기다리다. □□히 바라보는 눈길이 애처롭다.

18. 몸이 튼튼하고 억세다. 성질이 굳고 무뚝뚝하다.

¶ 아버지는 □□고 착하신 분이시다. 그는 □□ 생김새와는 달리 마음씨가 매우 여린 사람이다. □□ 말투로 대답하다. 그의 대답은 퉁명스럽고 □□□.

19. 유난스러운 데가 없이 수수하다. 일이 제법 잘 되다. 일이 그리 까다롭지 않다.

¶ 자네의 일처리가 □□□□□니 내가 따로 지적할 것이 없네. 어린이가 만든 공작물치고는 꽤 □□□□□□. 일이 □□□□□서 힘들지는 않았다.

20. 남을 대하기가 마음에 흐뭇하고 반갑다. 거리낌이 없고 떳떳하다.

¶ 네가 오는 것을 □□지 않게 여길 사람은 아무도 없다. 친구들을 □□□ 마음으로 맞이하다. 그가 오는 것을 누구도 □□게 여기지 않았다.

[문제 56]

1. 목표나 기준에 맞고 안 맞음을 헤아리는 일. 또는 헤아려 보는 대중. 일이 되어가는 모양이나 시세 따위

---

15. 수리수리

16. [애잔하다] 애잔하(게), 애잔한, 애잔한, 애잔하(게), 애잔(히)

17. [애절하다] 애절한, 애절(히) → 한자어 애절(哀切)하다는 '몹시 애처롭고 슬프다'는 뜻이다.

18. [걱세다] 걱세(고), 걱센, 걱센, 걱세다

19. [어숭그러하다] 어숭그러하(니), 어숭그러하다, 어숭그러해(서)

20. [찐덥다] 찐덥(지), 찐더운, 찐덥(게) → 찐덥지다(보기에 매우 흐뭇하고 만족스러운 데가 있다)

[정답 56]

1. 가늠 → 가늠구멍, 가늠쇠, 가늠자, 가늠하다(짐작하다), 눈가늠, 손가늠

의 기미를 어림잡아 헤아림.
¶ 날탕이 아무 □□도 없이 사업에 뛰어들다. 자기 처지도 □□하지 못하는 놈. 도무지 물가 변동을 □□할 수가 없다.

2. 실제 일하는 사람 수. 또는 일한 양(=일손).
¶ □□가 모자라다. 우리 연구원에는 □□가 부족하다. 품앗이로 □□를 덜다.

3. 꽃이나 눈·열매 따위가 따로 된 한 덩이. 또는 그것을 세는 말.
¶ 꽃다발에서 시든 □□를 골라내다. 장미꽃 한 □□를 선물하다.

4. 꽃이나 자잘한 열매가 한데 모여 달린 덩어리. 또는 그것을 세는 말.
¶ 포도 한 □□□. □□□가 여럿 엉킨 꼴을 '송알송알'이라고 한다.

5. 앓는 사람의 병구완을 함. 오래 앓는 사람에게 편안하게 해 줌.
¶ 친구들이 아플 때 □□□을 도맡아 한다. 그녀는 10년 가까이 남편을 □□□하느라 쇠약해졌다. 경희는 부모님께서 조부모에게 □□□하는 것을 보아 왔기 때문에 노인을 공경할 줄 안다.

6. 나루터에 얼음이 얼기 시작하거나 풀릴 때 얼음을 깨고 골[통로]을 쳐 배를 건너게 하는 일.
¶ 이른 봄에 □□□하여 강을 건너다.

7. 산에 있는 나무나 풀을 함부로 베지 못하게 하고 가꾸는 일. 금양(禁養).
¶ 민둥산에 나무를 심고 □□을 하여 푸른 숲을 가꾸었다.

8. 산판의 나무를 한목에 베어냄.
¶ 인부들이 □□를 넣다(나무 베기를 시작하다). □□를 놓다(나무를 한목 베어 버리다). 내일 □□하러 가려고 낫과 도끼를 벼려 놓았다.

9. 많은 사람이 복잡하게 떠들어대거나 부산하게 움직이는 일.[+치다]
¶ 아이들이 방안에서 □□□를 치고 있다.

---

2. 손포
3. 송이 → 송이눈(함박눈), 송이밤(↔알밤), 꽃송이, 눈송이, 반송이
4. 송아리, 〈큰〉숭어리
5. 고수련, 고수련(하는)
6. 골배질
7. 말림 → 말림갓(말림하는 땅이나 산), 멧갓(나무를 함부로 베지 못하게 말리는 산); 말림은 '말리다(못하게 하다)'의 파생명사다.
8. 발매 → 발매나무(발매치), 발매일, 발매하다
9. 복대기 → 복대기다

10. 문짝을 여닫게 하기 위하여 암짝은 문설주에, 수짝은 문짝에 박아 맞추어 꽂게 된 쇠붙이.

¶ 거적문에 □□□(격에 맞지 않는 것). □□□를 달다.

11. 문고리를 꿰고 자물쇠를 채우기 위하여 둥글게 구부려 만든 고리 걸쇠.

¶ □□ 박힌 문짝을 발길로 차고 벗기어 대문을 가까스로 열었다.

12. 돌쩌귀처럼 문짝을 다는 데 쓰는 장식. 모양이 같은 두 쇳조각을 맞물려 만듦.

¶ 문짝에 □□을 달다. 백동□□을 단 미닫이.

13. 방과 방 사이 또는 방과 마루 사이에 칸을 막아 끼우는 문.

¶ 제사를 지낼 때에는 □□를 열어젖혀 공간을 넓힌다. '어간□□'는 대청이나 큰 방의 중간을 막은 문이다.

14. 두 기둥을 세우고 문짝을 다는 일각대문의 심방(心枋; 도리 같은 나무. 引枋) 끝에 세우는 나무.

¶ 나그네는 기와집 대문의 □□을 밟지 않고 넘어 집 안 마당에 들어섰다.

15. 바닥이 울룩불룩하여 고르지 못한 꼴(≒울퉁불퉁).

¶ 산길이 몹시 □□□□하다. 처음 만들어 본 멍석은 □□□□ 흉했다.

16. 갈수록 거리낌 없이 행동하는 꼴.

¶ 보고만 있으니 성미가 □□□□ 나빠지다. 보자보자 하니까 □□□□ 더해지는군.

17. 그릇에 가득한 액체가 전에서 넘칠락 말락 하는 꼴. 물체의 한 끝이 다른 물체에 스칠 듯 말 듯한 꼴.

¶ 샘물이 □□□□ 넘쳐흐른다. 손끝에 □□□□ 닿는 감. 엉덩이까지 □□□□ 닿는 머리채.

18. 사라져서 찾을 길이 없다. 흔적

---

10. 돌쩌귀 → 수/암톨쩌귀

11. 배목 → 배목걸쇠, 삼배목(三－; 비녀장에 배목 셋을 꿴 장식)

12. 경첩

13. 장지 → 장지문(－門), 들장지(들어 올리려 매달아 놓게 된 장지); 밀장지(옆으로 밀어서 여닫는 장지)

14. 지방 → 문지방(양쪽 문설주 아래에 가로 댄 나무)

15. 언틀먼틀

16. 자락자락

17. 자란자란, 〈거〉차란차란 ≒찰랑찰랑

18. [가뭇없다] 가뭇없(게), 가뭇없(이), 가뭇없(이) → 가뭇하다(약간 검은 빛이 있다)

이 없다.

¶ 수평선에 어른거리던 배가 □□□게 사라졌다. □□□이 사라지다. □□□이 후무리거나 먹어버리다.

19. 잊히지 않고 가물가물 보이는 듯하다.

¶ 그의 얼굴이 □□□여 잠을 이룰 수 없다. 아직도 눈에 □□□ 것은 두고 온 어린 애들이었다. 살아계셨을 때 어머니의 모습이 눈에 □□□□. 뒤돌아보던 그 모습이 눈앞에 □□□□.

20. 약간 보일 정도로 엷거나 보일 듯 말 듯 희미하다.

¶ □□□ 달빛. 안개 속으로 산봉우리가 □□□게 드러났다. 안개 속에 돛단배의 모습이 □□□게 떠올랐다.

19. [암암하다] 암암하(여), 암암한, 암암하다

20. [우련하다] 〈작〉오련하다(희미하다. 아련하다), 우련한, 우련하(게), 우련하(게) → 어른거리다(무엇이 보였다 안보였다 하다)

[문제 57]

1. 생활이 넉넉하지 못함.

¶ □□이 대물림되는 세상은 정의로운 사회가 아니다. 인재(人材)가 □□이 들다(필요한 것이 귀해져서 구하기 어렵게 되다).

2. 한창 좍좍 내리다가 잠시 그친 비.

¶ □□가 걷힌 모양이다. □□가 걷다(내리던 비가 잠시 그치다).

3. 햇볕이 나 있는 날 잠깐 뿌리는 비.

¶ 가뭄 끝에 □□□가 조금 왔다.

4. 겨드랑이나 오금 또는 불두덩 옆 아랫배와의 사이에 오목하게 패인 부분.

¶ 갑자기 □□□가 아파 좀 쉬었다 다시 걸었다.

[정답 57]

1. 가난 → 인가난(人-; 쓸 만한 사람이 모자라서 일을 하는 데 어려움을 겪는 상태), 찰가난(아주 심한 가난)

2. 웃비

3. 여우비 → 여우볕(궂은 날 잠깐 났다가 숨어버리는 볕)

4. 자개미

5. 포유동물의 수컷 생식기의 한 부분.

¶ 불친소는 □□을 까서 기른 고깃소다. '□까다'는 거세(去勢)하다를 뜻하는 동사다.

6. ▸그릇의 아가리를 덮거나 겉에 씌우는 물건. ▸허술하나마 위를 가리게 되어 있는 것.

¶ □□을 열다(일의 내막을 공개하다). 어디 □□□□라도 칠 만한 데가 있는 지 둘러보세.

7. 한동안 인내심을 가지고 착실히 하는 공부.

¶ □□□□□를 하더니 임용고시에 합격하였다.

8. 보거나 듣거나 하여 배운 지식이나 교양.

¶ □□□□이 그저 그런 사람이다. □□□□이 있는 사람.

9. 보아서 배운 예의범절이나 지식 또는 솜씨.

¶ □□가 있는 사람이다. □□없이 자라서 예절을 모른다.

10. 못마땅한 것을 참지 못하고 발끈 성을 내거나 딱 잘라 행동하는 성미.

¶ 그 사람은 담력이 크고 □□가 대단한 사람이다. 그만한 일로 왜 □□를 내고 그래. □□ 있는 사나이. 저렇게 □나서 설치니 그냥 넘어갈 것 같지가 않다.

11. 새끼로 날을 하여 짚으로 두툼하게 쳐서 자리처럼 만든 물건.

¶ □□을 깔고 앉다. □□을 뒤집어쓴 거지. □□문에 돌쩌귀(제 격에 맞지 않아 어울리지 아니함).

12. 추울 때 짐승의 등을 덮어주기 위하여 만든 거적.

---

5. 불알, 〈준〉불 → 불알친구, 불두덩(생식기 언저리의 두두룩한 부분)

6. 뚜껑; 우덜거지 → 두겁, 멍덕, 마개; '꺼펑이'는 어떤 물건 위에 덧씌워 덮거나 가리는 것을 말하고, 얽어 만든 물건의 뚜껑은 '우러리'라고 한다. '푸집개'는 병장기(兵仗器)를 덮은 것이다.

7. 한무릎공부(－工夫)

8. 배움배움, 〈준〉뱀뱀(이)

9. 본데

10. 결기, 〈준〉결 → 결나다(결기가 일어나다)

11. 거적 → 거적눈(윗눈시울이 축 쳐진 눈), 거적때기, 거적문(－門), 떼적(무엇을 막으려고 둘러치는 거적), 덕석밤(크고 넓적하게 생긴 밤)

12. 덕석 → 덕석잠(불편하게 자는 잠)

¶ □□ 같은 겨울 외투를 벗어버리고 봄옷으로 말쑥하게 차려 입었다.

13. ▸짐을 싣기 위하여 소의 등에 안장처럼 얹는 틀. ▸안장이나 길마 밑에 까는 물건. 마소의 등을 덮어 주는 담요 따위.
¶ □□ 무거워 소 드러누울까(남의 힘을 부질없이 얕잡아 볼 필요가 없다). 새끼 많이 둔 소 □□ 벗을 날 없다. 소의 □□ 밑에 덮는 짚방석 같은 물건을 '떰치'라고 한다. 말 등에 □□를 놓고 타다.

14. 잘 타이르는 뜻으로, 조리 있고 친절하게.
¶ 하나하나 □□□ 설명하다. 젊은이들을 □□□ 타일렀다.

15. 일을 정성껏 맺지 않고 어름어름 넘기는 꼴.
¶ □□□□ 일해서는 결코 인정을 받을 수 없다. 시간에 쫓겨서 □□□□ 해치우고 말았다.

16. 일을 맡아 잘 헤아려 재량껏 처리하다.
¶ 맡은 일이니 □□고 난 뒤에 얘기하라. 그 많은 일을 혼자 □□기는 버겁지 않겠니?

17. ▸할 일 따위를 모두 맡다(=도맡다). ▸남의 일을 떠맡아서 책임지다.
¶ 가족들의 생계를 □□□. 아내는 남의 일까지 □□□아 고생한다.

18. 몸가짐이 의젓하고 참을성이 있다(↔자발없다). 잘 끊어지지 아니할 정도로 눅진하고 차지다.
¶ 그렇게 조바심 내지 말고 □□□게 기다려라. □□이 기다리다. 밀가루 반죽이 □□□□.

19. 풀기가 꺾여 대들지 않고 다소곳이 있다. 기를 못 펴고 하라는 대로 할 상태에 있다(복종하는 데가 있다).
¶ 아무 소리 말고 □□□이 일해야 한다. 아버지의 말씀에 □□□□는 자세를 보이다.

---

13. 길마; 언치
14. 존조리
15. 흐죽학죽
16. [가말다] 가말(고), 가말(기는)
17. [떠맡다] 떠맡다; [안아맡다] 안아맡(아)
18. [진득하다] 〈작〉잔득하다, 진득하(게), 진득(이), 진득하다 → 진드근하다(몹시 진득하다)
19. [직수굿하다] 직수굿(이), 직수굿하(는)

20. 아무것도 없으면서 온갖 것을 다 가진 체하며 빼기는 태도가 있다.

¶ □□□□ 데가 있어 지키지도 못할 약속을 하였다가 낭패를 보았다. 인간에게는 □□□□ 속성이 있는가 보다. 그 애는 □□□□서 웬만한 것은 마음에 차지도 않는다니까요.

[문제 58]

1. ▸주물(鑄物) 따위를 부어서 만드는 물건의 틀. 풀칠하여 붙인 종이나 천이 들떠 있는 자리. ▸놋쇠 물을 부어 놋그릇을 만드는 틀.

¶ 녹인 쇳물을 □□□에 붓다. 여기저기 □□□이 난 장판 바닥. 뻘흙으로 만든 □에 놋쇠 물을 부어 그릇을 만들다.

2. ▸쇠붙이를 녹이는 데 쓰는 내열성 그릇. '흥분이나 감격 따위로 들끓고 있는 상태'를 비유하는 말. ▸'무릎도가니'의 준말로, 소 무릎의 종지뼈와 거기에 붙은 살.

¶ 시뻘건 쇳물이 일렁이는 □□□. 흥분/열광의 □□□가 되다. □□□로 탕(湯)을 끓이다.

3. ▸발회목 위에 안팎으로 도도록이 불거진 뼈. ▸소의 꽁무니뼈.

¶ □□□를 채이다. 새끼를 여러 배 나은 암소의 □□□□가 앙상하다.

4. 웃옷의 앞자락.

¶ □□□이 넓다(주제넘게 남의 일에 참견하다).

5. 사물과 사물을 잇는 마디. 또는 앞뒤가 들어맞고 체계가 서는 조리. 언제부터 언제까지의 동안. 저고리 소매에 이어 대는 동강의 조각.

¶ □이 닿지 않는 소리를 한다. 거짓말도 □이 닿아야지. 동이 뜨다(동안이 뜨다), □이 끊기다. 저고리에 □을 달다.

6. 비가 갠 뒤에 바람이 불고 기온이 내려가는 현상.

¶ 몸이 쇠약해져서 □□□□□에도 한기

---

20. [가즈럽다] 가즈러운, 가즈러운, 가즈러워(서)

[정답 58]

1. 거푸집; 밤³ → '거푸-'는 '겉·꺼풀/껍질'과 동근어다. '밤³'은 밤¹(↔낮), 밤²(밤송이의 열매), 밤⁴(송치가 먹는 물질)과 동음이의어다.

2. 도가니¹; 도가니²

3. 복사뼈; 거란지(뼈)

4. 오지랖

5. 동 → 동떠나다(관계를 끊고 떠나다), 동떨어지다, 두동지다; 동달이, 끝동, 색동저고리, 소맷동

6. 비거스렁이

를 느꼈다.

7. 사물의 삐죽하게 내민 부분. 또는 쑥 내민 모퉁이.

¶ 상자 □□□□에 이마를 부딪다. 돌□□□□(돌부리)에 걸려 넘어지다. 바위의 울퉁불퉁한 □□□□를 '바위옹두라지'라고 일컫는다. 나무 □□□□에 옷이 걸려 찢어지다.

8. 짐을 일 때 머리에 받치는 고리 모양의 물건. 짚이나 천을 틀어서 만듦. 나선처럼 빙빙 틀어 놓은 것. 또는 그런 모양.

¶ □□를 받치고 물동이를 이다. 뱀이 □□를 틀고 있다.

9. 두 절을 왔다 갔다 하는 개처럼 '양다리를 걸고 다니다가 양쪽 모두에게 따돌림을 당한 꼴이 됨'을 이르는 말.

¶ 두길마보기 즉 양다리를 걸치다가 □□□ 신세가 되었다.

7. 뿌다구니, 〈준〉뿌다귀

8. 똬리 → 똬리굴(루프식 터널), 똬리집(ㅁ자를 이루는 집)

9. 두절개

10. 자기의 이익과 편의(便宜)에 따라 이랬다저랬다 이리저리 붙좇는 기회주의적인 행동을 비유적으로 이르는 말.

¶ 저는 진실하고 변통성이 없어서 □□□□이나 회색분자가 되지 않는 결곡한 성격을 좋아합니다. □□□□은 정의를 저버리는 옳지 않은 삶의 태도다.

11. 일부 명사 뒤에 붙어 '기세'나 '힘' 또는 '효과'를 뜻하는 말.

¶ '눈□'과 '빗□'은 눈과 비가 내리는 기세를 뜻한다. '거름□', '약□'은 거름의 효과와 약(藥)의 효험을 말한다.

12. 줄이나 가는 막대기 따위가 탄력성 있게 휘어지거나 흔들리는 꼴.

¶ 낚싯대가 □□□□ 흔들린다. □□□□한 회초리.

13. 말이나 행동을 요량 없이 경솔하게 하는 꼴. 좀스럽고 염치없이 행동하는 꼴.

10. 박쥐구실 → 박쥐가 자기를 날짐승이라고도 하고 길짐승이라고도 한 데서 나온 말이다.

11. -발 → 말발, 물발, 서릿발, 거름발, 화장발(化粧)

12. 낭창낭창 → 낭창거리다/대다/하다

13. 소락소락, 〈큰〉수럭수럭

¶ 언제나 □□□□ 지껄이다. 어른 이름을 □□□□ 불러도 좋을 줄 알았단 말이냐? 하는 짓이 □□□□하다. □□□□ 남의 지갑을 뒤지다.

14. 아기가 곱게 자는 꼴. 비나 눈 따위가 보슬보슬 내리는 꼴.
¶ 엄마 품에서 □□□□ 잠든 아기의 모습. 싸락눈이 □□□□ 내려 소복소복 쌓이다.

15. 대쪽같이 몸이 강파르고 야무져 보이다.
¶ □□□ 외모답게 깐깐하다. 부인이 □□□서 생활력이 강하겠다.

16. 견디기 힘들고 만만하지 아니하다.
¶ 공사장에서 하는 일이 생각보다 □□□□. 둔덕은 험하고 입을 벌리기도 □□□여 이야기는 한동안 끊겼다.

17. 무르고 보드랍다. 부담스럽거나 무서울 것이 없어 다루기에 손쉬워 보이다(=낙낙하다, 넉넉하다). 힘들이지 아니하고 손쉽다(↔버겁다).
¶ 인절미는 씹기에 □□□ 떡이다. 작다고 □□□게(낙낙하게) 볼 게 아니다. 들고 다니기에 □□□□.

18. 만만할 정도로 헐하거나 쉽다. 대단치 않고 대수롭다.
¶ 그것은 □□□ 일이 아니다. 눈보라 속인데 험한 산길을 □□히 넘어가길 바랄까. 텃밭이건만 날마다 돌보는 일이 □□찮다. 그를 휘어잡기가 □□치 않으리라는 생각이 들었다.

19. 물건을 여러 개 차곡차곡 포개어 쌓다.
¶ 옷을 장 속에 □□ 넣다. 땔나무를 차곡차곡 □□□. 고기를 양념에 □□□.

---

14. 소록소록
15. [대살지다] 대살진, 대살져(서) → '대[竹]+살(근육)+지다'로 분석된다.
16. [대근하다] 대근하다, 대근하(여)

17. [만만하다] 만만한, 만만하(게), 만만하다 → 만만찮다, 만문하다(만만하고 무르다. 다루기가 쉽고 호락호락하다); 한자어 '만만(滿滿)하다'는 넘칠 정도로 가득하다를 뜻한다.
18. [조련하다] 조련한, 조련(히), 조련 → 조련찮다(만만치 않다)
19. [쟁이다] 〈준〉재다, 쟁여, 쟁이다 → 처쟁이다, 드러장이다(한군데에 많은 물건이 가지런히 쌓이다)

20. 넉넉하지 못하여 아쉽거나 퍽 곤란하다(≒가난하다). 신선하지 못하다.

¶ 연구비가 □□□□ 땅을 팔았다. 군량미가 □□□□고 회군하자 하니 이런 무엄한 일이 어디 있느냐? 배추가 □□□□.

[문제 59]

1. ▸옹기 따위의 양 옆에 달린 손잡이. ▸주전자처럼 그릇 따위에 둥글게 휘어 달아놓아 들 수 있도록 된 반달 모양의 손잡이.

¶ □□□가 떨어져 나간 물동이. 양동이의 □□이 부러졌다.

2. 질그릇 따위를 구울 때 도자기 굽 밑에 붙은 모래알이나 진흙덩이.

¶ 가마에서 구운 질그릇의 밑바닥에 붙은 □을 떼어내다.

3. 집터의 경계선(≒살피; 두 땅의 경계선).

¶ □□을 어기고 집을 지으면 건축법에 저촉되어 분쟁의 빌미가 된다.

4. 굵고 큰 못을 뽑을 때에 쓰는 연장. 쇠로 만든 지레의 한 끝이 노루발장도리처럼 되어 있음.

¶ □□으로 못을 뽑다. 나무 상자를 □□으로 뜯다.

5. 겨울에 잉어 따위를 낚기 위해 얼음을 끄는 쇠꼬챙이.

¶ 강바닥에 언 얼음을 □□로 뚫고 낚시를 하다. 배 주변에 엉기는 얼음이나 이물질을 제거하는 도구는 '씨리'라고 한다.

6. 말이나 소가 가려운 곳을 긁느라고 기둥이나 바위 같은 데에 몸을 대고 비비는 짓.

¶ 소가 □□□하는 통에 나무가 쓰러졌다. '장치다'는 말이 누워서 등을 땅에 대고 문질러 비비다를 뜻하는 말이다.

7. 소가 뿔로 물건을 마구 들이받는 짓.

¶ 그 황소는 □□□을 하다가 영각 소리를 내었다. 아이가 □□□ 시늉을 한다. 총각은 □□□하는 황소처럼 식식거리기만

---

20. [주저롭다] 주저로워, 주저롭다(고), 주저롭다

[정답 59]

1. 족자리; 들손
2. 증
3. 전곡
4. 배척
5. 쓰리
6. 비게질
7. 뜸베질 → 뜨다(소가 무엇을 뿔로 치받다)

하고 말이 없었다. □□□을 잘하는 황소를 '부사리'라고 한다.

8. 풀뿌리를 뽑거나 밭갈이를 하는 데 쓰는 농기구. 쟁기와 비슷하나 좀 작고 보습이 좁음.

¶ □□로 나무나 풀뿌리를 캐어 산을 개간하다. □□로 밭을 파다.

9. 소나 말이 끌게 하여, 갈아 놓은 논밭의 바닥을 고르는 데 쓰는 농기구.

¶ 논을 □□로 평평하게 고르고[삶고] 모내기를 하다.

10. 주로 흙을 파헤치거나 떠서 던지는 데 쓰는 기구.

¶ □□와 삽으로 도랑을 치다. 호미로 막을 것을 □□로 막는다.

11. ▸'고을', '골짜기', '고랑'의 준말. ▸'머릿골'의 준말.

¶ 그는 산간 지방 □을 안 다녀 본 데가 없다. □에서 부는 바람. □을 타다(밭고랑을 내다). □이 터지게 아프다.

12. 두드러진 턱이 있고 그 다음이 잘록하게 된 골짜기.

¶ 장마철 □□□에 천막을 치고 잠을 자면 순식간에 물이 불어 위험하다. □□□을 지나 한참 오르니 산등성이가 나타났다.

13. ▸아랫배와 두 허벅다리가 이어진 어름. 두 물건의 틈. ▸마을의 좁은 골목길. 좁은 골짜기의 사이.

¶ □이 가렵다. 고향 마을의 □□은 아련한 추억의 무대가 되는 곳이다. □□마다 숨어든 피난민. 잃어버린 아이를 찾으려고 □□마다 헤매다.

14. 얼마 뒤에. 나중에.[+알다]

---

8. 따비 → 따비밭(따비로나 갈 만한 좁은 밭), 솔따비(솔뿌리 따위를 캘 때 쓰는 따비)

9. 써레 → 써레질/하다, 써리다(써레질을 하다)

10. 가래[1] → 가래질/하다, 가랫밥(가래로 떠서 멀리 던지는 흙), 넉가래, 종가래, 한카래꾼(한 가래로 일하는 세 사람의 한패); 가래[2](둥글고 긴 도막)와 가래[3](가래톳)과 동음이의어다.

11. 골[1]; 골[2] → 골목/길, 골채; 골개(골짜기로 흐르는 개울), 골방(-房), 골뿌림

12. 상사목 → 상사(대패로 골을 쳐서 생긴 가는 줄)

13. 샅; 고샅 [←고을/골짜기+샅] → 샅바/싸움, 샅짬(샅의 짬 사이), 사타구니, 샅샅이, 손샅, 잇샅(잇몸의 틈); 고샅고샅(고샅마다), 고샅길

14. 조추 [←좇(다)+우]

¶ □□ 알리겠다. 이 일은 □□ 알게 될 것이다.

15. 형편에 따라 되어가는 대로.

¶ 아무 걱정 말고 □□□ 하는 것이 좋다. 서두르지 말고 □□□ 해가세. 빚은 □□□ 조금씩 갚으면 되지 않겠나.

16. 물에 넣고 끓이다. 달래거나 으르거나 꾀거나 하여 아주 고분고분하게 만들다(구워삶다). 논밭의 흙을 써레로 썰고 나래로 골라서 노글노글하게 만들다.

¶ 빨래를 □□. 술을 대접하고 □아 두었다. 논을 □고 못자리를 만들었다.

17. 잘난 체하고 짐짓 점잖은 체하며 온화한 맛이 없다. 말이나 하는 짓이 여느 사람과 달라서 별나다.

¶ 그는 말투가 직설적인 편이긴 하지만 □□□□□ 사람은 아니다. 그 사람은 □□스레 굴어 탈이다. □□스레 지껄이다.

18. 말이나 행동이 우아하며 의젓하고 점잖다(≒얌전하다).

¶ □□□ 태도. 옥분이는 커갈수록 □□□ 아가씨가 되었습니다. 망나니가 하루아침에 □□□기는 틀렸네.

19. 일이나 물건의 모양새가 투박스럽고 거칠다.

¶ □□□□게 만들어진 도자기. 작업을 □□스레 마무리하다. □□스레 생긴 얼굴.

20. 툭툭하고 꾸민 데가 없이 수수하다(≒투박하다↔양간하다).

¶ 목소리가 □□□ 시골 아저씨. 만듦새가 □□□ 질그릇.

[문제 60]

1. 두 물체가 서로 맞붙은 틈. 어떤 일의 겨를. 종이 등을 도련칠 때 칼이나 붓끝으로 조금 찍은 표적.

¶ 들어갈 □이 없다. 일이 바빠 통 □을 낼 수 없다. 종이에 칼로 □을 찍고 자르다.

---

15. 대대로 → 한자어 대대로(代代−)는 '여러 대를 거듭하여'를 뜻하는 말이다.
16. [삶다] 삶다, 삶(아), 삶(고)
17. [유체스럽다] 유체스러운, 유체(스레)
18. [음전하다] 음전한, 음전한, 음전하(기는)
19. [투깔스럽다] 투깔스럽(게), 투깔(스레)
20. [툭박지다] 툭박진, 툭박진 → 툭툭하다(목소리가 투박하고 거세다)

[정답 60]

1. 짬 → 돌짬(돌의 틈), 이에짬(이은 틈), 짬나다, 짬수, 짬짬이

2. ▸어떠한 일을 할 수 있는 알맞은 낌새나 형편. 눈치. ▸틈이 나는 대로 그때그때. 틈틈이.

¶ 도둑은 □□를 보아 담을 넘어 들었다. 다람쥐는 □□를 보아가며 도토리를 부지런히 날라갔다. 시간이 나는 대로 □□□ 책을 읽는 습관을 기르다. 직장에 다니면서 □□□ 외국어 공부를 했다.

3. 남몰래 자기들끼리만 짜고 하는 약속. 밀약(密約).

¶ 친구들과 □□□해서 놀러가다. 약소국은 강대국들의 □□□를 간파해야 한다.

4. ▸산과 들에서 자라는 띠나 억새 따위를 통틀어 이르는 말. 이엉. 기와. ▸억새의 꽃.

¶ □를 엮어 지붕을 이다. □□이 하얗게 덮인 산등성이.

5. 피륙의 날을 세는 말.

¶ 가는 실로 썩 곱게 짠 모시는 열 두 □다. 석 □ 삼베.

6. 쇠붙이의 겉에 생긴 화합물. 녹(錄).

¶ □□가 슬었다. □□ 끼었던 것이 확 벗어지다.

7. 소나 돼지 따위를 잡아서 그 고기를 파는 가게.

¶ 고기를 사러 □□에 가다. □□ㅅ간에서 고기를 베어 파는 사람을 '대동'이라고 한다.

8. 살갗의 꺼풀. 매미나 뱀 따위가 벗는 껍질.

¶ 영양실조인지 손바닥의 □□이 벗겨지다. 매미가 □□을 벗었다.

9. 그릇된 실수. 과실(過失). 흉.

¶ □□을 들추어내다. 한두 가지 □□이 없는 사람은 없다. □□을 벗다(죄명·누명 등을 씻다). 이웃과 □□없이 지내다.

10. 율무·녹두·칡 등의 녹말을 물에

---

2. 짬수; 짬짬이

3. 짬짜미 ≒짝짜꿍이, 담합(談合) → 짬짜미하다, 짬짜밋속(몰래 짜고 하는 약속의 속내)

4. 새[1]; 새품 → 새꽤기(억새나 갈대 등의 껍질을 벗긴 줄기), 썩은새(썩은 이엉), 망새

5. 새[2] → 새[3](날짐승)와 새[4](구새)는 동음이의어다.

6. 보미 [<보믜다(녹슬다)]

7. 푸주 → 다림방(−房; 푸줏간. 정육점)

8. 허물[1] → 허물다(헌데가 생기다)

9. 허물[2] → 허물없다(없이)

10. 응이 → 산약응이(山藥−; 마 가루를 꿀물에 풀처럼 쑨 음식)

풀어 묽게 쑨 죽의 한 가지.
¶ 수수나 메밀가루로 □□를 쑤어 먹다.

11. 팥죽 속에 찹쌀가루나 수수가루 등을 반죽하여 새알만 한 크기로 동글동글하게 빚어 넣은 덩이.
¶ 동지에 □□□을 넣은 팥죽을 먹다.

12. 물에 가라앉은 가루 모양의 물질. 침전물(沈澱物). '마음속에 남아 있는 개운치 아니한 감정'을 비유하여 이르는 말.
¶ 도토리 □□으로 묵을 쑤다. 가슴에 남아 있는 □□을 털어 버려야 병이 안 생긴다.

13. ▸실이나 헝겊 따위의 동강난 조각. 또는 그것을 세는 말. ▸도둑이나 죄인을 묶는 굵은 줄.
¶ 실 한 □□□. □□진 사람들이 법정 안으로 들어갔다. □□질[경칠] 놈아 정신 좀 차려라.

14. 설익은 밥이나 콩 따위가 씹힐 때 나는 소리. 또는 그러한 느낌.
¶ 감자가 덜 삶아져서 □□□□ 씹힌다.

15. 사실이 분명하고 옳으므로 더 자세히 말할 필요가 없다는 말.
¶ 어찌 □□□□, 부모님의 은혜를. □□□□ 행복은 마음속에 있다는 걸.

16. 남에게 숨겨오던 일이 들키어 알려지게 되다. 탄로(綻露) 나다.
¶ 첩자 노릇한 것이 □□□□□.

17. 따져서 엄하게 다잡다.
¶ 수사관들은 범인이 떠대어도 속지 않고 □□아 몰아세웠다.

18. 도둑에게 형벌을 가해 그 죄를 불게 하다. 낱낱이 캐묻고 따져서 잘못이나 죄를 털어놓게 하다.
¶ 그 놈은 아무리 □□□□도 불지 않는다. 그에게 도둑놈 □□□듯 아무리 다그쳐 물어도 입을 열지 않았다.

---

11. 새알심(-心) = 옹심이(사투리임)
12. 앙금
13. 오라기; 오라 → 오라지다(오랏줄로 묶이다), 오랏줄
14. 살강살강, 〈큰〉설겅설겅 → 살강거리다/대다
15. 다이를까 [←다+이르(다)+ㄹ까]
16. [자드락나다] 〈센〉짜드락나다. 자드락나다
17. [따잡다] 따잡(아) → 떠대다(거짓으로 꾸며 일컫다)
18. [딱장받다] 딱장받아(도), 딱장받(듯) → 딱장(-狀; 닦달하여 억지로 고백을 받아 내어 쓰게 하는 각서)

19. 음식이 찝찔하기만 하고 아무 맛이 없다. 마음에 조금 꺼림하다(≒꺼림칙하다). 일이나 생활이 아무런 재미나 흥취가 없다.

¶ □□□ 국물을 억지로 훌훌 마시다. 기분이 □□□□. □□□게 살아 온 지난 몇 해.

20. 음식이 씹어 먹기에 알맞도록 부드럽고 말랑말랑하다.

¶ 잘 익어 □□□□□ 복숭아를 할머님께 드렸다. 입에 □□□□□ 것은 어린아이부터 먹였다.

[문제 61]

1. 종이·헝겊·실 따위의 잔 부스러기.

¶ 재단실 바닥에 □□□□가 잔뜩 흩어져 있다. 옷에 붙은 □□□□를 떼어내다.

2. 연장을 뜻하는 일부 명사 뒤에 붙어, 무엇을 '베거나 깎을 때에 생기는 재료의 부스러기'를 뜻하는 말.

¶ 나무를 톱으로 썰 때 나오는 부스러기를 '톱□'이라고 한다. 실보무라지는 '실□'을 뜻하는 말이다.

3. 몹시 굶주려 있거나 궁하여 체면 없이 함부로 먹거나 덤비는 일(=허천[걸신(乞神)]).

¶ 밥을 □□을 해서 먹다. 돈과 권력에 □□들린 사람들이 일부 국회의원들이라니. 그는 평생 □□이 들린 듯 재물을 긁어모았다.

4. 새끼를 낳은 암퇘지. '음식을 지나치게 많이 먹는 사람'을 속되게 이르는 말.

¶ □□가 들린 듯이 밥을 먹어 치우다. □□ 같다(게걸스럽게 음식을 몹시 탐하다).

5. 음식을 많이 먹지 못하는 사람. 늘 병치레를 하는 허약한 사람.

¶ □□□□가 운동을 하더니 식성이 좋아졌다.

6. 우둔하고 완고하여 무뚝뚝한 사

---

19. [짐짐하다] 짐짐한, 짐짐하다, 짐짐하(게)

20. [마닐마닐하다] 마닐마닐한, 마닐마닐한

[정답 61]

1. 보무라지, 〈준〉보물 → 실보무라지(짧은 부스러기 실. 실밥)

2. –밥 → 가랫밥, 가윗밥, 도맛밥, 톱밥

3. 허발 → 허발들리다/하다, 허발쟁이

4. 걸귀

5. 고삭부리 → 어원적 의미는 '곯고 삭은 사람'이다.

6. 뚱딴지[1] → 뚱딴지같다(엉뚱하다); 뚱딴지[3](돼지감자)와 동음이의어다.

람. 엉뚱한 짓.

¶ □□□같이 제 자식을 보고도 말이 없다. □□□같은 소리를 하는군.

7. 전깃줄을 지탱하고 연결하기 위하여 전봇대에 다는 사기로 만든 기구.

¶ □□□를 달고 전깃줄을 늘이다.

8. 은밀한 대목.

¶ □□을 남긴 발표. 이야기가 □□에 이르자 목소리를 낮추고 사방을 살펴보았다.

9. 아주 소견 없이 방정맞고 경솔한 사람(≒촐랑이).

¶ 그는 무작정 덤벙거리고 다니는 □□□□는 아니다.

10. 부엌의 아궁이 위에 걸어놓은 솥 언저리의 평평한 자리.

¶ □□□의 소금도 집어넣어야 짜다.

11. 방고래·가마·솥 등에 불을 때는 구멍.

¶ 온돌 □□□에 장작을 넣고 불을 때다.

12. ▸솥을 건 아궁이에서 불길이 방고래로 넘어가게 된 곳. ▸불길을 빨아들이고 연기를 머무르게 하기 위하여 방구들 윗목에 깊이 파 놓은 고랑. 과녁 앞에 파놓은 구덩이나 강이나 내의 바닥에 갑자기 푹 들어가 깊어진 곳.

¶ □□□가 없이 불길이 그냥 고래로 들어가도록 된 아궁이의 구조를 '함실'이라고 한다. □□□는 온돌의 효율을 높이기 위한 장치다.

13. 아궁이 양쪽에 세우는 돌. 너와집의 지붕 위를 덮은 널빤지를 눌러 놓은 돌.

¶ □□ 위에 가로로 걸쳐 놓은 긴 돌을 '이맛돌'이라고 한다.

14. ▸날이 밝을 무렵. 밤 12시부터 날이 샐 때까지의 동안. ▸누런빛의 차지고 고운 흙. 벽에 바르는 흙.

¶ □□에 일어나 일터로 가다. 벽에 □□을 덧바르다.

---

7. 뚱딴지[2] = 애자(碍子)

8. 은짬

9. 새줄랑이

10. 부뚜막

11. 아궁이 → 군불아궁이, 함실아궁이

12. 부넘기(불목); 개자리

13. 봇돌

14. 새벽[1]; 새벽[2] → 꼭두새벽(아주 이른 새벽), 어슴새벽(어스레하게 밝아오는 새벽), 진새벽(채 날이 밝지 않은 어둑어둑한 새벽); 새벽질/하다, 덧새벽(덧붙여 바르는 흙)

15. 그렇게 언짢은 위에 또. 제 꼴에 게다가.

¶ 나는 지갑을 잃어버렸는데 □□□ 막차까지 놓쳤다. 영양실조에 걸린 데다 □□□ 질병까지 얻다. □□□ 너희들까지 사람을 깔보는 거냐.

16. 먹은 음식이 잘 삭지 않아 뱃속이 거북하다(≒부대끼다). 무슨 일이 뜻대로 되지 않아 마음이 자꾸 쓰이어 불편하다.

¶ 잔치 음식을 많이 먹었더니 속이 □□어 고생했다. 일이 □□어 정신이 없다. 매듭을 못 지은 일 때문에 마음이 □□ 잠이 오지 않았다.

17. 겉으로 다쳐서 내부에 상처가 생기다. 원통한 일로 남모르게 속이 상하다.

¶ 상대방의 모욕적인 한 마디가 가슴 속 깊숙이 □□□□. 덧없이 기대어 보는 □□□ 이 몸짓.

18. 마음이 옹졸하고 모양이나 태도가 오종종하다.

¶ □□□ 영감님이 그런 사업에 투자할 리가 없다. □□□ 성질머리.

19. 재빠르지 못하다. 매우 느리고 답답하다(=굼뜨다).

¶ □□□ 행동. 사람이 너무 □□□서 큰일을 맡길 수가 없다.

20. 소견이 좁고 미욱하다.

¶ □□□ 녀석 같으니 어쩌자고 그런 짓을 해. 워낙 □□□ 친구라 아직도 갈피를 잡지 못하고 헤맨다.

[문제 62]

1. 작은 폭포. 물떨어지.

¶ □이 흐르는 골짜기.

2. 작은 물줄기가 곧추 떨어지는 폭포. 또는 그것을 맞는 일.

¶ 산속에 들어가 □□를 맞으며 몸 단련

---

15. 우환에

16. [보깨다] 보깨(어), 보깨(어), 보깨

17. [은결들다] 은결들다, 은결든

18. [옹종하다] 〈준〉옹하다, 옹종한 → 옹종망종하다(옹종하여 보잘것없다)

19. [우통하다] 우통한, 우통해(서)

20. [용통하다] 용통한, 용통한 → 미욱하다(하는 짓이나 됨됨이가 어리석고 미련하다)

[정답 62]

1. 쏠 [+자연적] → 쏠물(조금 높은 바위에서 떨어지는 물)

2. 덕수 [+자연적, 인공적] → 덕수탕(-湯); 물맞이(병 치료를 위해 약수터나 폭포에 가서 물을 마시거나 맞는 일)

을 하다.

3. 떨어지거나 내뿜는 물의 힘.
¶ 분수의 □□이 세다.

4. 신불(神佛)이 사람에게 자식이 생기게 하여 주는 일. '무엇이 생기는 것을 미리 지시하여 줌'을 비유하여 이르는 말.
¶ 삼신이 □□하신 아들. 하늘이 □□하여 준 짝(배필).

5. 홀로서지 못하고 남의 밑에서 뒷바라지하며 고생하는 일.
¶ 아직도 형님 밑에서 □□□□하는 처지다.

6. 여러 가지 물건 중에서 변변치 않고 너절한 것(↔알천).
¶ 쓸 만한 것은 다 가져가고 □□만 남았다.

7. 삶은 국수를 솥에서 건질 때 쓰는, 망에 긴 자루가 달린 기구.
¶ 솥에서 삶은 국수를 □□□로 건져 얼른 찬물에 씻다.

8. 갸름하고 자그마하게 생긴 병.
¶ 참기름을 □□에 담아 놓고 먹다.

9. 남의 집에 임시로 와서 묵는 사람.
¶ 사랑방에 □이 들다. □을 극진히 대접하다. □을 치르다(잔치 따위의 큰일에 즈음하여 손님을 접대해 내다).

10. 물건을 잡으면서 셀 때에 한 번 잡는 수량. 자반고등어 따위는 두 마리. 배추는 두 통. 미나리·파 따위는 한 줌씩을 이름.
¶ 저자에서 자반고등어 한 □을 사다.

11. 목의 뒤쪽 부분과 그 아래 근처. 몸과 아주 가까운 뒤쪽.
¶ 찬바람이 불어 □□가 시리다. □□를 잡히다(약점을 잡히다). □□를 짚다(몹시 재촉하다)

---

3. 물숨
4. 점지
5. 뒤뿔치기 → 뒤뿔치다(남의 밑에서 그의 뒷바라지를 하며 도와주다)
6. 섭치 ≒잔챙이(자잘하고 보잘것없는 것) → 허섭스레기
7. 부디기
8. 소용
9. 손[1] → 손겪이(손님을 대접하는 일), 손님, 길손(나그네), 내미손(어수룩한 가게 손님)
10. 손[2] → 손[3][수(手)], 손[4](귀신)과 동음이의어다.
11. 덜미 ≒꼭뒤 → 덜미잡이, 뒷덜미, 등덜미, 목덜미

12. 어떤 일에 대한 관심이나 관계.[+부정어]
¶ 남이 무어라 하든지 □□□도 하지 않다. 주머니 사정은 □□□하지 않는다. 정치 따위는 □□□없는 듯한 태도. 여러 사람의 만류에도 □□□없이 제 고집대로 한다.

13. 소매나 바짓가랑이의 넓이. 굵기나 둘레. '도량(度量; 너그러운 마음과 깊은 생각)'을 비유하여 이르는 말. 배추나 수박 따위를 세는 말.
¶ □이 좁은 바지. □이 굵은 다리. 몸집은 작아도 □이 크다. 수박 한 □을 다 먹다.

14. 어떤 사물의 전부(=통짜로, 통으로, 도거리).
¶ 물건을 □□□로 사들이다.

15. 남을 해롭게 하는 짓.
¶ 그는 남을 □□□할 사람이 아니다. 가난한 사람을 깔보고 □□□하면 못써. □□□를 '남잡이'라고도 한다.

16. 신이나 부처에게 절하다.
¶ 부처님을 공경하여 □□□. 어머니는 날마다 서낭당에 정화수를 떠 올리고 비손하며 아들딸 잘 되라고 □□□□.

17. 손톱 따위로 할퀴다. 남에게 이러니저러니 마음에 거슬리는 말을 하여 화를 내게 만들다.
¶ 손톱으로 얼굴을 □□□. 너는 늘 기분 좋은 말도 그런 식으로 해서 나를 □□게 해.

18. ▸대하는 태도나 말 따위가 못마땅하고 마음에 섭섭하게 생각되어 언짢다(=노엽다). ▸섭섭하고 야속하다.
¶ 어른 말씀을 너무 □□□게 여기지 말게. 늦게나마 찾아온 것이 고맙기도 하고 □□□기도 하다. 자네 내 말을 □□게 생각하지 말게.

19. 사람을 마음대로 움직이지 못하도록 한군데나 같은 상태로 지내게 하다. 쐐기 따위를 단단히 끼어 있게

---

12. 아랑곳 ↔모른체 → 아랑곳없다; 어원적 의미는 '아는 바'다.
13. 통
14. 통거리(로)
15. 해코지(害−) → 해코지하다

16. [저숩다] 저숩다, 저쑤웠다
17. [각치다] 각치다, 각치(게) → 갉지르다 (날카로운 것으로 긁어 호비다)
18. [나무랍다] 나무랍(게), 나무랍(기도) [고깝다] 고깝(게)
19. [구어박다] 구어박다, 구어박혀 → 구어박히다

하기 위하여 불김을 쐬어서 박다.
¶ 노모를 방안에 □□□□. 도끼 자루를 □□□□. 그는 열흘째 집안에만 □□□□ 있다.

20. 한곳에만 붙박이로 있다. 줄곧 한 가지 일에만 골몰하다.
¶ 10년을 □□□던 직장에서 안타깝게 감원을 당하다. 형태소 사전 연구에 □□□ 지 십 년이 지나다. 한여름을 □□□로 산중 휴양지에서 보냈다.

[문제 63]

1. 밤이나 상수리 따위가 충분히 익어 저절로 떨어질 정도로 된 상태. 또는 그 열매.
¶ □□이 벌어진 밤송이. 밤은 □□이 굵고 대추는 볼이 붉다.

2. 자기의 차지가 된 것. 자기 몫. 소유물(所有物). 낭탁(囊橐).
¶ 나눠주고 남은 것은 내 □□□가 되었다. 저 물건은 내 □□□였던 것인데 친구에게 주었다. 자본주의 사회에서 □□□를 포기한다는 것은 쉬운 일이 아니다.

3. 바다나 호수로 가늘게 뻗어 있는 뭍의 끝부분. 갑(岬).
¶ □을 이룬 모래톱. □의 끝이 휘돌아간 곳을 '모롱□'이라고 한다.

4. 산길이나 물가 따위가 휘어서 굽어진 곳.
¶ □□진 골짜기. 인적 없는 □□진 곳은 혼자 다니지 말거라. 물가의 굽어 휘어진 곳을 '물□□'라고 한다.

5. 불깐 짐승.
¶ 불친 □□소를 길러 고깃소로 팔다. 불깐 돼지를 '□□돋'이라고 한다.

6. 일부 짐승 이름 앞에 붙어, 새끼나 알을 낳지 못하는 암컷임을 뜻하는 말.
¶ 송아지를 낳지 못하는 소를 '□암소'라고 한다.

---

20. [노박히다] 노박혔(던), 노박힌, 노박이로(계속해서 오래 붙박이로)

[정답 63]

1. 아람
2. 아람치 [←아룸(私)+-치]
3. 곶 [←곶다/꽂다]. 곶(串) → 장기곶, 장산곶
4. 후미 → 후미지다(무서운 생각이 들 만큼 호젓하고 깊숙하다. 으슥하다), 후밋길(후미진 길); 구미
5. 악대 → 악대소, 악대말
6. 둘- → 둘암탉, 둘암캐, 둘치

7. 처녀로 죽어서 된 귀신[↔몽달귀(도령귀신)].

¶ □□□이 나타난다는 전설속의 집.

8. 실제로는 눈앞에 없는 것이 마치 있는 것처럼 보이다가 사라져 버리는 현상[=환영(幻影), 신기루].

¶ □□에 시달리다. □□가 보이다. 너무 배가 고파 □□ 현상까지 생기는 것이었다.

9. 남의 일을 교활한 꾀로 방해하는 짓.

¶ □□□이나 하고 돌아다니지 않는지 걱정이다. 영희에게 경쟁의식을 느끼는 순희는 □□□로 상대를 곤경에 빠뜨리곤 했다.

10. 실지보다 지나치게 늘려 떠벌리는 짓.

¶ □□을 부리지 말고 진실 되게 말해라. 말을 참 □□하게도 하는군. □□스럽게 떠들어대는 그의 말에 모두들 흥분하여 웅성거렸다.

11. ▸좁쌀, 찹쌀 따위의 가루를 쪄서 엿기름에 삭히어 지진 떡. ▸찹쌀가루를 반죽하여 얇게 밀어서 둥글게 만들어 기름에 지진 떡.

¶ 추석에는 □□ 지지는 냄새가 온 동네를 진동한다. 할머니는 □□을 즐겨 드신다.

12. 세상일에 어둡고 사람의 마음을 알아차리지 못하는 어리석은 사람(=북숭이).

¶ 저런 □□한테 심부름을 시키다니.

13. ▸일을 정성껏 하지 않는 꼴. ▸어떠한 모양이나 동작·소리 따위를 흉내내는 일.

¶ 청소를 시키면 그는 늘 □□□□ 보이는 곳만 치우고 만다. 일을 좀 하라고 했더니 □□만 낸다.

14. 사귀는 정이 버성기어 서로의 사이가 쓸쓸하게 된 꼴.

¶ 초등학교 동창과 30년 만에 만나니 □□□□ 어색한 분위기가 계속되다. 촌수는 가깝지만 자주 못 만나서 서로 □□□□하게 지낸다.

---

7. 손말명
8. 곡두
9. 흑책질 → 흑책질하다(흥글방망이놀다)
10. 흥감 → 흥감스럽다
11. 노티; 산승
12. 부기
13. 쓰렁쓰렁[1]; 시늉
14. 쓰렁쓰렁[2]

15. 일부 동사 앞에 붙어, '그것이 불완전하다'는 뜻을 나타내는 말.

¶ 어설프게 하는 생각을 '□생각'이라고 한다. 자세하게 모르고 대강이나 반쯤 아는 것을 '□알다'라고 한다.

16. 일부 명사 앞에 붙어, '옷 따위에 솜을 두었음'이나 '배우자를 갖춘 상태'를 이르는 말.

¶ 솜을 둔 바지를 '□바지'라고 한다. 아내가 있는 남자를 '□아비', 남편이 있는 여자는 '□어미'라고 한다.

17. 상냥하지 못하고 미련하고 굼뜨며 무디게 생기다.

¶ 말이나 하는 짓이 너무 □□□. 좀 □□ 사내. 사람이 상냥한 맛은커녕 □□어서야, 원.

18. 성질이 털털하고 걸걸하여 꼼꼼하지 못하다. 표정이나 말투가 무뚝뚝하고 거칠다.

¶ 사내 녀석이라 좀 □□□은 면이 있다. 아들은 딸에 비해 □□□□.

19. 매우 굼뜨고 어리석다. 어리둥절하여 멍하다.

¶ 보기와는 달리 □□□ 데가 있다. 사람됨이 꾀도 없고 눈치도 없이 □□□기 그지없다. 영문도 모르는 일에 놀라 눈을 □□□게 뜨고 두리번거리다.

20. 결단성이나 다잡는 힘이 모자라다(=주저주저하다). 맺고 끊는 힘이 부족하다.

¶ 사람 됨됨이가 □□□□□. 매사에 □□□□ 게 자네 성격의 큰 흠일세. 지도자가 □□□□여 되는 일이 없다. 어찌 일을 그리 □□□이 처리하는가.

[문제 64]

1. 글방 따위에서 학생이 책 한 권을 떼거나 베끼는 일이 끝난 뒤에 선생과 동료에게 한 턱을 내는 일.

---

15. 데- → 데되다, 데삶다, 데생기다(덜 이루어지다), 데익다(설다)

16. 핫- → 핫것, 핫옷, 핫이불

17. [둘되다] 둘되다, 둘된, 둘되(어서야) → 둘하다(둔하고 미련하다)

18. [데설궂다(=데설맞다)] 데설궂(은), 데설궂다 → 데설데설/하다(성질이 호방하여 자상하지 못하다); 털털하다(까다롭지 않고 소탈하다)

19. [덩둘하다] 덩둘한, 덩둘하(기), 덩둘하(게)

20. [더덜뭇하다] 더덜뭇하다, 더덜뭇한, 더덜뭇하(여), 더덜뭇(이)

[정답 64]

1. 책씻이 = 책거리

¶ 천자문을 다 떼었다고 □□□를 하였다. 어머니는 아들이 □□□를 한다고 떡과 다과를 준비하셨다.

2. 남의 수고에 대하여 고맙다는 뜻으로 적은 물품을 주는 일.

¶ □□□를 못해 미안해서 어쩌나.

3. 좀스럽고 얄망궂은 손장난

¶ 그는 한때의 □□□으로 일생을 그르칠 생각은 없었다.

4. 원수(怨讐)로 여기는 악한 마음.

¶ □□를 갚다. 그들이 나한테 □□를 먹고 나를 골탕 먹이려고 일을 꾸며대는구나.

5. 잡은 짐승의 털을 뽑기 위해 끓는 물에 잠깐 넣었다가 꺼내는 일.

¶ 뜨거운 물에 □를 한 닭을 솥에 넣고 푹 삶다.

6. 밤중에 산 위에서 바람이 불어 몹시 추워짐. 또는 그 현상.

¶ □□□로 발이 시리다. 지난밤 □□□하더니 오늘 아침 수돗가에 얼음이 얼었다.

---

2. 손씻이

3. 손짭손 → 얄망궂다(이상야릇하고 짓궂다)

4. 승치

5. 튀 → 튀하다, 마른튀하다, 물튀하다

6. 산꼬대

7. 여기저기 돌아다니며 한 줄기씩 내리는 소나기. 산기슭으로 내리는 소나기.

¶ 약초를 캐러 산에 올랐다가 □□□을 피해 바위 밑으로 들어갔다. 한바탕 □□□이 내렸다.

8. 들에서 음식을 먹을 때나 무당이 굿을 할 때, 귀신에게 먼저 바친다고 하여 음식을 조금 떼어 던지는 일. 또는 그 소리.

¶ 들판으로 소풍을 가서 □□□를 한 다음 점심밥을 먹었다.

9. 비를 머금은 검은 조각구름.

¶ □□□□이 몰려오더니 비가 쏟아지기 시작하였다.

10. 젠체하며 뽐내어 우쭐거리는 고갯짓.

¶ 부도덕한 놈이 국장입네 하고 □□□이 이만저만한 일이 아니다. 상을 받았다고 □□□을 하고 다닌다.

---

7. 산돌림

8. 고수레

9. 매지구름 → 먹장구름(먹빛같이 시커먼 구름)

10. 곤댓짓

11. 방죽을 쌓을 때나 방죽의 흙이 무너지는 것을 막으려고 창살처럼 촘촘히 박는 말뚝.

¶ 지난밤 내린 비로 터진 자리에 □□을 박고 둑을 쌓아 올리다.

12. 흙이나 모래 따위가 무너지지 않도록 파 들어가기 전에 촘촘히 박는 말뚝. 또는 널판이나 철판.

¶ 막장을 파 들어가기 전에 안전을 위하여 □□을 박아 넣다.

13. 야물고도 암팡스러운 사람. 제게 이로운 일이면 기를 쓰고 영악하게 덤비는 사람.

¶ 그 □□□는 그 많은 일을 혼자 힘으로 해냈다. 그는 돈이 되는 일에는 □□□가 된다. 돈이 좀 될 듯싶으면 어김없이 □□□ 떼가 몰려온다.

14. 만든 것이 댕댕한 돌처럼 야무지고 단단하다.

¶ □□□□ 나무상자. 팔뚝의 근육이 □□□이 단단하다.

15. 썩 올차고 야무지다. 무슨 일이 힘에 겨워 감당하기가 벅차다.

¶ □□□ 목소리. □□□게 밀어붙이다. 벼이삭이 □□□게 여물어 고개를 숙였다. 조그만 보따리가 □□□게 무겁다. 일이 몹시 □□□ 체력이 달린다.

16. 남의 사정은 아랑곳하지 아니하고 자기 생각만 하다.

¶ 그의 □□□ 행동은 비판 받아 마땅하다. □□□ 목소리로 쏘아붙이다. 아우들의 하소연을 □□□게 뿌리치다.

17. 매우 차가운 느낌이 있다.

¶ 온돌 방바닥이 식어서 □□□□. □□□ 얼음덩이. □□□ 손을 주머니에 넣어 따뜻하게 하다. □□□□한 얼굴로 바라보는 사람들.

18. 얼어가며 조금씩 마르다.

¶ □□□ 북어. 겨울철 산간지방에서 명

---

11. 걸창
12. 쏠장
13. 부라퀴
14. [댕돌같다] 댕돌같은, 댕돌같(이)

---

15. [되알지다] 되알진, 되알지(게), 되알져 → 올차다(오달지고 기운차다)
16. [야멸치다] 야멸친, 야멸친, 야멸치(게) → 야멸스럽다
17. [차끈하다] 차끈하다, 차끈한, 차끈한, 차끈차끈(한)[2] → 싱겅싱겅하다(방이 차고 써늘하다)
18. [얼마르다] 얼마른, 얼말려 → 얼녹다. 얼부풀다(얼어서 부풀어 오르다)

태를 덕장에 □□□ 황태를 만든다.

19. 날씨가 갑자기 추워지다.

¶ 날이 □□여 채소가 몽땅 얼었다. 요즘은 푹해서 그렇지 한번 □□는 날이면 이 일대가 다 얼음판이오.

20. 옷감 등의 발이 매우 가늘고 성겨 보기에 시원하다. 바람결이 선선하다.

¶ □□□□ 모시 적삼. 날씨가 좀 □□□□□.

[문제 65]

1. 본디 것을 대신하여 다른 것으로 바꾸는 일. 대체(代替).

¶ 새 침대로 □□하였다. 이것으로 축사를 □□합니다.

2. ▸갯가 등의 진흙이 물속에서 검게 변하여 미끈미끈하게 된 것. ▸촌수나 항렬을 다져서 겨레붙이로서의 무엇이 되는 관계.

¶ 알맹이 없는 죽은 조개에 □만 가득하다. □ 흙으로 얼굴 마사지를 하다. 자식 □밖에 안 되는 애송이. 아저씨 □은 될 어른.

3. 강가나 바닷가에 있는 넓고 긴 모래벌판.

¶ 곶을 이룬 □□□을 '모래곶'이라고 한다.

4. 강물 속에 모래나 흙이 쌓이고 그 위에 풀이 우부룩하게 난 곳. 흔히 하류에 많이 생김.

¶ 모래섬처럼 쌓인 □□에서 물오리들이 쉬고 있다.

5. ▸바구니나 광주리 따위의 그릇을 만드는 재료가 되는, 껍질을 벗긴 싸릿개비나 가는 나무오리. ▸수레·달구지 따위의 양쪽으로 옆에 댄 긴 나무. 손잡이 막대. ▸가느다란 막대기. 채찍.

¶ □를 엮어 광주리를 만들다. 남의 일에 '□잡고' 나서다. □로 북을 치다.

---

19. [득하다] 득하(여), 득하(는) → 겨울 날씨가 퍽 따뜻할 때는 '푹하다'를 쓴다.

20. [상크름하다] 〈큰〉성크름하다, 상크름한, 상크름하다

[정답 65]

1. 갈음 → 갈음하다

2. 뻘[1]; 뻘[2] → 뻘밭(뻘 덮인 땅)

3. 모래톱 → 모래사장(-沙場), 모새(잘고 고운 모래)

4. 풀등 → 감풀(바닷가의 모래톱)

5. 채[1]; 채[2]; 채[3] → 채잡다(어떤 일을 주장하거나 주장이 되다), 솜채(솜을 두드리는 채), 애채(나무의 새로 돋은 가지)

6. ▸머리카락이나 수염 따위, 가늘고 긴 물건의 길이. ▸고루 염색되지 않고 줄이 죽죽 지게 된 빛깔. ▸채소를 잘게 써는 일.
¶ □가 긴 수염. 치렁치렁한 머리□를 잡다. □가 지다(염색이 고루 들지 못하다). □가 진 옷감으로 치마를 만들었다. 무를 □ 쳐서 무치다.

7. ▸집이나 집의 수·기물·이불이나 인삼을 세는 말. ▸어떤 상태가 계속된 대로 그냥의 뜻을 나타내는 말.
¶ 오막살이 한 □. '집□' 같은 파도가 밀려오다. 이불 두 □. 인삼 한 □(가공하지 않은 인삼 100근). 신을 신은 □ 방에 들어가다. 아무도 모른 □로 넘어가다.

8. 일정한 정도에 아직 이르지 못한 상태를 나타내는 말.
¶ 날이 □ 밝기도 전에 일어났다.

9. 병이나 심한 괴로움 등으로 말미암아 얼굴에 끼는 거무스름한 점.
¶ 얼굴에 □□가 잔뜩 끼어 거무죽죽하다.

10. 늙은이의 살갗에 생기는 거무스름한 얼룩점.
¶ □□□이 낀 얼굴. 나이가 들어가니 온몸에 □□□이 피기 시작하다.

11. 듬직하고 위엄이 있는 겉모양.
¶ 그의 □□□가 만만치 않다. 사람됨이 □□□가 있어서 가볍지 않다.

12. ▸갈매나무의 열매. 짙은 초록색. ▸빨간 물감이나 그 빛깔.
¶ 눈부신 햇빛 속에 □□ 등성이를 드러내는 여름 산. □□□□빛으로 물들인 보자기.

13. ▸잇꽃의 꽃부리에서 채취하는 붉은빛의 물감. ▸쪽의 빛깔. ▸검은빛을 띤 짙은 남색.
¶ □□치마를 곱게 차려 입다. □□으로 물든 하늘. 빛깔이 진한 □□을 '독물'이라고 한다.

---

6. 채[4]; 채[5]; 채[6]

7. 채[7]; 채[8] → 뜰아래채, 위채, 집채

8. 채[9] → 채전에(어떻게 되기 훨씬 이전에)

9. 기미 = 주근깨

10. 검버섯

11. 틀거지(틀) = 틀거리 → 틀스럽다, 틀지다

12. 갈매; 꼭두서니

13. 잇빛; 쪽빛(남색); 반물[감색(紺色; 야청빛)] → 석간주(石間硃)에 먹을 섞어 만든 검붉은 색을 '고사'라고 한다.

14. 돈이나 물건을 조금씩 여러 번에 나누어서 주거나 받는 꼴.

¶ □□□□ 주는 돈은 살림에 다 써 버렸다. 빚돈을 □□□□ 갚아 가다.

15. 어떤 일에 정신을 온전히 쏟지 않고 꾀를 부리거나 마음이 들떠 있는 꼴.

¶ 남의 일이라고 □□□□ 시간만 때우려고 한다. □□□□ 세월을 보내며 지내다. □□□□하게 일을 하다.

16. 몸이 야위고 파리하다(=대살지다. 수척하다). 성질이 까다롭고 고집이 세다. 몹시 가파르다.

¶ □□□ 얼굴. 그 애는 강파리한 얼굴에 성미도 □□□서 상대하기가 쉽지 않다. 몸이나 성미가 따위가 □□□ 듯하다. □□□ 비탈길.

17. 얼굴이 투실투실하여 복성스럽다. 살림이나 성품이 여유가 있고 넉넉하다(=푼푼하다). 성품이 느긋하고 너그럽다. 동정심이 깊다.

¶ 삼촌은 얼굴이 □□□□□. 살림이 □□□□ 집안. □□□□ 성격의 소유자.

18. 얼굴이 좁고 아래턱이 뾰족하다.

¶ 용의자는 □□□ 얼굴이다. 환자의 얼굴이 핏기 하나 없이 □□□□.

19. 얼굴의 생김새가 갸름하고 살이 적다.

¶ □□□□□ 얼굴이 가냘프다. □□□□□ 젊은 아낙은 생활력이 강해 보였다.

20. 나이는 많아도 얼굴이 곱고 깨끗하다(≒조촐하다).

¶ 얼굴이 □□□ 할아버지 한 분을 모시고 왔다.

[문제 66]

1. 말이나 사자 따위 짐승의 목덜미

---

14. 흘림흘림 → 흘려주다(여러 번에 조금씩 나누어 주다)

15. 흥뚱항뚱

16. [강파르다] 강파른, 강팔라(서), 강파른, 강파른 → 강파리하다(생김새가 강파른 듯하다), 강팔지다(성미가 까다롭고 너그럽지 못하다), 강파롭다(매우 강파르다)

17. [푼더분하다] 푼더분하다, 푼더분한

18. [팔초하다] 팔초한, 팔초하다

19. [초강초강하다] 초강초강한

20. [조쌀하다] 조쌀한 → 조쌀스럽다. 조촐하다(외모가 말쑥하고 아담하다)

[정답 66]

1. 갈기 → 갈깃머리, 눈갈기, 물갈기(흰 거품을 일으키며 갈기처럼 타래를 이루며 밀려오는 물결), 불갈기(타래 모양으로 흩날리는 불길)

에 난 긴 털.

¶ 그 말의 □□는 숱이 많고 은빛 윤기가 자르르 흘렀다. 말의 □□나 꼬리의 털을 '말총'이라고 한다.

2. 주로 한복에서, 치마나 바지 따위의 맨 위 허리에 둘러댄 부분.

¶ □□가 뜯어진 치마를 재봉틀로 박다. 치마의 □□에 달아 가슴에 둘러매는 끈을 '치마끈'이라고 한다.

3. 꽃과 함께 떨어진 어린 감.

¶ 노란 □□□가 수북이 쌓인 죽담.

4. ▸몸집에 어울리는 언행. ▸사람으로서의 가치나 구실.

¶ 사람이 □□□도 못하다니. 인제 □□□ 좀 하고 살아라.

5. ▸자기 아내를 딴 남자에게 빼앗기고 받는 돈. ▸기생이나 창녀들과 상관하고 주는 돈.

¶ 그래, 제 마누라를 빼앗겼으면 □□□이라도 챙겼어야 할 것 아니냐. 그만큼 놀았으면 □□□이라도 두둑이 쥐어주어야지.

6. 곡식을 찧거나 빻는 데 쓰는 기구. 통나무나 돌을 우묵하게 파서 만듦.[+인력]

¶ □□에 곡식을 넣고 찧다.

7. 곡식을 찧거나 빻는 기구.

¶ 디딜□□로 곡식을 찧는 소리가 요란하다. 소총이나 권총 따위의 발사 장치를 '□□쇠'라고 한다.

8. 절구나 돌확에 든 물건을 찧는 막대처럼 생긴 기구. 탄환의 뇌관을 쳐서 폭발하게 하는 송곳 모양의 장치.

¶ '절굿□□'로 보리를 찧다. □□를 내리치다.

9. 우묵한 돌절구. 절구의 아가리로부터 밑바닥까지 팬 곳.

¶ 정으로 돌을 쪼아 □을 만든다. □ 깊

---

2. 말기 [←말(다)+기] → 말기끈(말기에 달린 끈), 치마말기, 허리말기

3. 감또개, 〈준〉감똑 → 죽담(잡석을 흙과 섞어서 쌓은 담)

4. 덩칫값; 사람값

5. 왁댓값 〈준〉왁대; 해웃값/해웃돈

6. 절구 → 절굿공이, 돌절구, 쇠절구

7. 방아 → 방앗간(-間), 디딜방아, 물레방아, 엉덩방아, 품방아(남녀가 안아 품고 노는 짓)

8. 공이 → 나무공이, 돌공이, 쇠공이

9. 확 → 확바위(움푹 파인 바위), 확쇠(대문 아래쪽 지도리가 들어가는 데 끼는 쇠), 돌확, 방아확, 안확(眼-; 눈구멍)

은 집에 주둥이 긴 개가 들어온다(일이 우연히 잘 들어맞아 가는 것의 비유).

10. 시비가 일어나는 데에 관여하는 무리. 툭하면 경우를 따져 시비하는 사람.

¶ 상관없는 사람이 남의 일에 □□□□하고 나선다. □□□□가 심한 사람하고는 좋은 관계를 맺기 어렵다.

11. 어떤 일을 하는 데, 남의 도움 없이 혼자 힘으로 꾸리어 나감.

¶ 제 앞 □□도 못하면서 남의 일에 무슨 참견이니? 이 쪽 일은 내가 □□할 테다. 네 앞일이나 □□해 나가라.

12. 어떤 일을 제 힘으로 감당하여 해냄.

¶ 스스로 □□도 못할 것을 왜 시작을 했던고. 이왕 벌여 놓은 일이니 뒷□□이나 잘하세. 뒷□□도 못하면서 나서다.

13. 잠이 오지 않아 누운 채로 이 생각 저 생각하며 애태우는 꼴.

¶ 긴 겨울밤을 □□□□ 밝히다. 이 일 저 일이 □□□□ 갈마들어 머리를 어지럽히다.

14. 무섭거나 두려워서 마음이 초초한 꼴(=조마조마).

¶ 야단맞지나 않을까 □□□□해지다. □□□□ 가슴을 졸이다.

15. 집이나 세간 따위가 겉으로 보기보다 속이 꽤 너르다. 마음씨가 너그럽고 다정스럽다.

¶ 이사할 새 집은 거실이 □□□. □□고 싹싹한 마음씨. 친구는 나에게 □□게 굴었다. 고모는 조카를 □□게 맞아 주었다.

16. 태도가 맵시 있고 경쾌하다. 목소리나 맵시 따위가 예쁘고 애교가 있으며, 멋들어지게 보드랍고 가늘다(=간드러지다).

¶ 새댁이 □□□□게 차려 입고 외출을 하다. 여인들의 □□□□ 웃음소리.

---

10. 시빗주비(是非) = 말주비

11. 감장

12. 갈망 → 끝갈망(=끝마감), 뒷갈망(뒷감당), 말갈망(말의 뒷수습)

13. 고상고상 = 전전반측(輾轉反側) → 궁싯거리다

14. 소마소마

15. [살갑다] 〈큰〉슬겁다, 살갑다, 살갑(고), 살갑(게) → 곰살갑다(성질이 싹싹하고 상냥하다)/굼슬겁다

16. [산드러지다] 산드러지(게), 산드러진

17. 성격이 사근사근하고 부드러워 잔재미가 있으되 굳은 주견이 없이 요리조리 변하기 쉽다. 잔재미가 있다.

¶ 그의 성격은 □□□□□ 것과는 거리가 멀고 직설적이다. □□□□□ 그녀와 정이 들었다. 그이와 정답고 □□□□□게 지내지는 못했다.

18. 모습이 말쑥하거나 솜씨가 깔끔하다.

¶ 아버지의 옷차림은 언제나 □□□□. 궁중음식은 소박하고 □□□며 담백한 맛이 특징이다. 음식을 □□□게 차리다. □□스레 차린 제사상.

19. 재잘거리는 소리가 듣기에 똑똑한 데가 있다.

¶ 아이들이 재깔이는 소리가 □□□□게 여기까지 들려왔다. 교실 뒤쪽에 모여 □□스레 떠드는 아이들. 아내의 말이 좀 수다스럽기는 하지만 □□□□□서 좋았다.

20. 어린아이의 성질이 순하지 않고 사납다.

¶ 성질이 □□ 아이는 잘 달래가며 키워야 한다.

[문제 67]

1. 땅에 박힌 채 썩은 소나무의 그루터기.

¶ 화분처럼 □□□의 구멍에 흙을 메우고 꽃을 심다. 예전에는 □□□을 캐어 땔감으로 쓰기도 하였다.

2. 부스럼이나 헌데에 끼는 골마지 모양의 물질. 기름기.

¶ 피곤하니까 눈에 □이 끼다. '□창'은 소의 작은창자를 일컫는 말이다.

3. ▸소나 양 등 되새김질을 하는 위

---

17. [오사바사하다] 오사바사한, 오사바사한, 오사바사하(게)

18. [정갈하다] 정갈하다, 정갈하(며), 정갈하(게), 정갈(스레) → 정갈스럽다, 정가롭다(매우 정갈하다)

19. [자냥스럽다] 자냥스럽(게), 자냥(스레), 자냥스러워(서)

20. [삼하다] 삼한 → 어원적 의미는 '사나움이 많다'다.

[정답 67]

1. 고주박 → 고주박잠(등을 구부리고 앉아서 자는 잠)

2. 곱[1] → 곱끼다(종기나 부스럼이 생기다), 곱똥, 곱창, 눈곱; 곱[2](곱절이 되는 수량)과 동음이의어다.

3. 처녑; 홀떼기; 수구레 → 처녑집(집의 짜임새가 알뜰하고 쓸모 있게 된 집), 고들개(소의 처녑에서 너덜너덜하게 생긴 것)

의 한 부분. ▸심줄이나 근육 사이에 있는 얇은 껍질이 많이 섞인 질긴 고기. ▸쇠가죽에서 벗겨낸 질긴 고기.

¶ 간과 □□은 술안주로 제격이다. □□□는 질겨서 푹 삶아야 먹을 수 있다. 쇠가죽 안쪽에서 벗겨낸 흠지러기를 □□□라고 한다.

4. 암소의 배 속에 들어 있는 새끼. '송아지'의 사투리.

¶ □□는 어미 뱃속에서 밤을 먹고 자란다.

5. ▸머리로 잘 떠받는 버릇이 있는 황소. ▸아직 길들이 않은 송아지.

¶ □□□와 □□□□□는 길을 들여 순하게 한 다음 일을 시켰다.

6. ▸뿔이 날 만한 나이의 송아지. ▸성질이 몹시 사나운 황소.

¶ □□□□는 귀엽지만 □□□는 다루기가 무서울 정도로 사나운 짐승이다.

7. 줄처럼 쓰는 연장. 쇳조각 양쪽에 잘게 이를 새긴 줄의 한 가지.[-금속]

¶ □으로 책상 모서리를 쓸다.

8. ▸아무렇게나 마구 그린 그림. ▸다른 그림을 그대로 본떠서 그림[≒임화(臨畫)].

¶ □을 그리다. □을 치다. 남의 그림을 그대로 모사(模寫)하거나 표절(剽竊)한 그림을 순우리말로 □□□라고 한다.

9. 자기에게 불리한 말을 못하도록 돈이나 물품을 줌. 또는 그 금품.

¶ 미리 □□□를 했는데도 일이 잘못되었다.

10. 술을 친 찹쌀가루 반죽을 손가락 마디만큼씩 썰어서 기름에 튀기고 꿀을 발라 깨·콩가루 등을 묻힌 과자.

¶ 찹쌀을 찐 지에밥으로 □□을 만들다.

11. 농어나 숭어 같은 생선의 살을 잘게 썬 뒤, 그 위에 양념한 채소를 놓아 말아서 찐 것을 가로로 토막토막 썰어 놓은 음식.

¶ 정성이 많이 들어가는 □□□□은 술안주로 제격이다.

---

4. 송치 [←송(아지)+치] → 북한에서는 옥수수 이삭의 속을 '강냉이송치'라고 한다.
5. 부사리; 부룩송아지
6. 동부레기; 찌러기
7. 환[1]
8. 환[2]; 등글기 → 환쟁이(화가)
9. 입씻이 = 입씻김. 입막음
10. 강정 → 깨강정, 콩강정
11. 감화보금

12. 펑고기에 오이·전복·해삼·배 등을 섞고 양념한 다음 펑고기 국물을 붓고 실백을 띄운 음식.

¶ □□□는 수라상에 오르던 요리의 하나다.

13. 접어서 들고 다닐 수 있게 등받이 없이 걸상처럼 만든 물건. 승상(繩床).

¶ □□을 딛고 말에 오르다. □□에 앉아 낚시를 하다.

14. 길이 여러 갈래로 통한 곳.

¶ 사방 □□. 이곳은 여러 고을로 통하는 □□이다.

15. 손이나 발로 물을 서로 튀기거나 끼얹는 아이들의 장난.

¶ 어릴 때 맑은 물이 흐르는 냇가에서 고기도 잡고 □□□□하며 놀았던 때가 그립다.

16. 무슨 물건을 감추어 두고 서로 찾아내는 내기를 하는 아이들의 놀이.

¶ 놀이터에서 □□□□하고 노는 아이들이 귀엽다.

17. 장난으로 실없는 말을 하여 남을 부끄럽게 만들다.

¶ 어린 신랑을 □□□□.

18. 좀 미안하고 부끄러운 느낌이 있다.

¶ 남의 덕에 칭찬을 받으니 좀 □□□□. □□스러운 웃음을 짓다. 못난 아들은 어머니 앞에 □□히 앉아 잘못을 빌었다.

19. ▸부끄러워 면목이 없다. 부끄럽고 쑥스럽다. ▸겸연쩍고 부끄럽다. 다부지지 못하거나 겁이 많다.

¶ 그런 말을 하기가 □□□. 선생님께 인사를 드릴까 했으나 □□은 생각이 들어서 그만두었다. □□은 웃음을 지어 보이다. □□게 웃는다. 그는 성격이 □□어서 할 말도 못하는 사람이다. 내 실수가 □□어서 얼굴이 붉어졌다. '껑짜치다'는 상황이 □□고 어색하여 매우 거북하다를 뜻하는 형용사다.

---

12. 관전자

13. 승창

14. 난달 [←나(다)+ㄴ+달(곳. 땅)]

15. 물똥싸움, 〈준〉물싸움

16. 풍계묻이

17. [수수꾸다] 수수꾸다

18. [점직하다] 〈준〉점하다, 점직하다, 점직(스러운), 점직(히) → 점직스럽다

19. [짓쩍다] 짓쩍다, 짓쩍(은), 짓쩍(은); [열없다] 열없(게), 열없(어서), 열없(고) → '열쩍다'는 잘못된 말이다.

20. 납작하고 둥근 돌을 물 위를 스치게 던져서 담방담방 수면을 뛰어가게 하다.

¶ 나는 강가에 나가 □□□□□는 게 무척 재미있다.

[문제 68]

1. 한옥에서 처마 네 귀퉁이의 기둥 위에 끝이 위로 들린 큰 서까래. 또는 그 부분의 처마.

¶ □□가 날아갈 듯 쳐들린 기와집.

2. 지붕의 도리 밖으로 내민 부분.

¶ 제비가 □□에 집을 지었다.

3. 땔나무의 불기운이 세고 약한 정도.

¶ 장작이 덜 말라서[희나리] □□이 적다. 소나무 숯보다 참숯이 더 □□이 좋다. '□□머리'는 나무가 자랄 때 햇볕을 많이 받는 남쪽 부분을 이르는 말이다.

4. 산불이 크게 번지지 않게 하기 위하여 타고 있는 곳의 언저리를 미리 태워 버리는 일.

¶ □□을 달다. □□을 놓다.

5. 심사가 비뚤어져 남의 일에 헤살(짓궂게 훼방함) 놓기를 좋아하는 사람.

¶ 나는 그 사람을 □□□으로 알기에 일부러 멀리 대한다.

6. 물질 속에 있는 단단한 부분. 말이나 일의 중심이 되는 요점이나 핵심.

¶ 이 무는 □□□가 씹힌다. 길게 이야기하지 말고 □□□만 말해라.

7. 남자끼리 성교하듯이 하는 짓.

¶ 아이들 □□이나 하거드면 거먹쇠 아들일세.

8. ▸겨우 날기 시작한 어린 새. '나약하고 겁이 많은 사람'을 비유적으

---

20. [물수제비뜨다] 물수제비뜨(는)

[정답 68]

1. 추녀 → 추녀마루, 추녀허리, 말굽처녀, 선차추녀(扇子－), 알추녀(짧은 추녀)

2. 처마 → 처맛물(낙수), 처맛기슭(처마끝의 언저리), 겹처마, 홑처마

3. 불땀

4. 불깃 → 맞불(불이 타고 있는 맞은편에서 마주 놓는 불)

5. 불땔꾼

6. 골갱이 ≒고갱이(초목의 줄기 속에 있는 연한 심. 사물의 알짜가 되는 속내)

7. 비역 → 비역질/하다, 비역살(궁둥이 쪽의 살); 밴대질(여자끼리 성교를 흉내 내는 짓)

8. 열쭝이; 꺼병이

로 이르는 말. ▸꿩의 새끼.

¶ □□□가 둥지에서 나와 첫 비행을 하다. □□□들이 자라 보금자리를 떠나다. 곰의 새끼는 '능소니', 범의 새끼는 '개호주'라고 한다.

9. ▸꿀벌의 암컷. ▸꿩의 암컷(↔장끼).

¶ 암컷인 꿀벌을 □□□라 하고, 암꿩은 □□□라고 한다. 늙은 장끼(수꿩)는 '덜께기'다.

10. ▸새매의 암컷(↔난추니). ▸노루나 사슴의 암컷.

¶ 새매의 암컷은 □□□, 사슴의 암컷은 □□□, '피마'는 다 자란 암말을 뜻한다.

11. 매를 부리면서 매사냥을 지휘하는 사람.

¶ 매 받은 □□□가 온 산을 돌아다니며 사냥을 하다.

12. 매를 산 채로 잡는 기구. 닭의 둥우리처럼 생겼음.

¶ 매를 □□□로 덮쳐잡다.

---

9. 수여리; 까투리 → 서울까투리(약은 사람)

10. 익더귀; 느렁이

11. 수할치

12. 매두피 [←매+덮(다)+이]

13. 머리털 같은 것의 분량.

¶ □이 많은 머리. □진 구레나룻. 돈을 □하게 벌다.

14. 검질기게 남을 귀찮게 하는 꼴. 지긋이 힘을 주어 자꾸 누르는 꼴.

¶ 아이는 엄마에게 장난감을 사달라고 □□□□ 조른다. 허리를 □□□□ 밟다.

15. 급하거나 바빠서 몹시 허둥대는 꼴. 겨를 없이 지내는 꼴.

¶ 그는 반가운 마음에 □□□□ 뛰어갔다. 일을 □□□□ 해치우다. 요즘 □□□□ 보내느라 날 가는 줄도 모른다.

16. 산 채로 붙잡다 생포(生捕)하다. 마음이 쏠리도록 만들다.

¶ 멧돼지를 □□□□. 뭇 사내의 마음을 □□□□. 공포에 □□□혀 외출을 못하다.

17. ▸마음이 불안하거나 초조하여

---

13. 숱 → 숱지다(숱이 많다), 숱하다(분량이 많다. 흔하다), 머리숱

14. 직신직신, 〈작〉작신작신 → 직신거리다/대다

15. 진둥한둥, 〈작〉진동한동

16. [사로잡다] 사로잡다, 사로잡다, 사로잡(혀) → 사로잡히다

17. [사로자다] 사로잠; [사로잠그다] 사로잠그(고)

자는 듯 마는 듯 하게 자다. ▸빗장이나 자물쇠 따위를 고리에 반쯤 걸어 놓다.

¶ 헛간에 웅크리고 □□□을 잤더니 피곤하다. 대문을 □□□□고 잠깐 외출하다.

18. 성질이나 하는 짓 따위가 검질기다(=추근추근하다).

¶ 성격이 □□ 사람. □□게 달라붙다. □□게 따지고 들다.

19. ▸아주 빠른 물결이 굽이쳐 용솟음치다. ▸용솟음치며 끓어오르다. 솟구쳐 오르다.

¶ 저수지의 수문을 열자 물이 □□□□며 쏟아져 나왔다. 지난 장마철에 물이 심하게 □□□□서 강둑이 무너졌다. 분수의 물숨이 세어 하늘 높이 □□□□□.

20. 돛 같은 것이 바람에 부풀어 올라 둥글게 되다.

¶ 바람을 불어넣어 □□□□ 풍선. 갑작스런 바람에 치마가 □□□□ 두 손으로 감쌌다

---

18. [뉘지다] 뉘진, 뉘지(게)

19. [소쿠라지다] 소쿠라지(며), 소쿠라져(서); [솟고라지다] 솟고라지다 → 솟구치다, 솟치다(느낌 따위가 세차게 일어나다. 위로 높게 올리다)

20. [수수러지다] 수수러진, 수수러져

[문제 69]

1. 물건 따위를 잘 정리하거나 간수함. 일을 처리하여 마무리함.

¶ 무를 움 속에 □□□하다. 도구들을 잘 □□□하여 두다. 옆 사람에게 일의 □□□를 부탁해 놓았다.

2. 남에게 넘겨씌우거나 남에게서 넘겨 맡은 걱정거리나 허물. 억울한 누명이나 오명.

¶ 내가 □□□를 쓰게 되었다. □□□를 쓰고 옥살이를 하다.

3. 일 년을 넷으로 나눈 그 한 동안. 계절.

¶ 모내기 □. □을 만나다. □겹게 오는 비.

[정답 69]

1. 갈무리 → 갈무리하다(저장하다. 일을 처리하다)

2. 덤터기, 〈작〉담타기

3. 철[1] → 철다툼(철을 놓치지 아니하려고 서둘러 대는 일), 철바람, 철새, 철겹다(제철에 뒤져서 맞지 않다. 철늦다), 봄철, 장마철, 한철(성수기)

4. 사리를 분별하는 힘.

¶ □이 들 나이. □없이 굴다.

5. ▸일의 갈래가 구별되는 어름. 겹쳤거나 포개어진 물건의 한 겹 한 겹의 사이. ▸일이 되어 가는 속사정. 일의 갈피.

¶ 무슨 일부터 해야 할지 □□를 못 잡겠다. 책□□에 끼워둔 낙엽. 우리는 그 일의 □□을 도무지 알 수가 없다.

6. 포개어 놓은 물건의 하나하나의 층. 또는 그것을 세는 말. 노름의 횟수를 세는 말.

¶ 시루떡의 □를 두껍게 안치다. 세 □로 쌓다. 화투 한 □.

7. ▸구구한 말을 하며 남에게 무엇을 청하는 짓. ▸남에게 구걸하거나 빌어먹는 짓.

¶ 아무리 어려워도 남에게 □□□하며 살기는 싫다. 곧 죽어도 □□□ 치지는 않는다. □□□은 함께 다니지 않는다.

8. 혈통이 다른 종족 사이에서 태어난 아이나 새끼.

¶ 노새는 수탕나귀와 암말과의 사이에서 나온 □□다. 버새는 암탕나귀와 수말 사이에 난 □□다. 수퇘지와 암소가 흘레하여 낳는다는 짐승을 '매기'라고 한다.

9. 새끼 따위를 사리어 놓은 한 돌림. 또는 그것을 세는 말. 나선형 무늬를 단청에서 이르는 말. 두 지점 사이의 한 차례 왕복.

¶ 짚으로 새끼를 세 □□□ 꼬다. 시장까지 두 □□□나 물건을 날랐소. 두 집 사이를 세 □□□나 오고갔으나 헛일이었다.

10. 돼지의 가로막[횡격막] 부위에 있는 살.

¶ 돼지고기 가운데 □□□□은 아주 맛있는 부위다.

11. 목의 앞쪽.

¶ 돼지의 □을 따다. 턱밑에 털이 많이 난 닭을 '□부리'라고 한다. '□차다'는 더

---

4. 철[2] → 철나다/들다, 철모르다, 철부지(−不知), 철없다('오던/오새없다'는 사투리); 오새(사물의 속내를 분별하는 능력)

5. 갈피; 켯속 → 갈피갈피, 갈피끈(가름끈, 보람줄, 갈피표), 책갈피, 옷갈피

6. 켜 → 켜켜이, 켯속, 겉켜, 땅켜(지층), 떨켜, 보굿켜, 부름켜

7. 비라리; 비럭질 → 비렁뱅이(거지)

8. 튀기 = 혼혈아(混血兒), 잡종(雜種)

9. 고팽이

10. 갈매기살

11. 멱 → 멱미레(소의 턱밑 고기), 멱살/잡이, 멱통, 산멱통(살아 있는 짐승의 목구멍)

들어갈 수 없이 꽉 차다 또는 일이 끝나다를 뜻한다.

12. 마소의 어깻죽지가 붙은 부분. 낙타의 등에 두두룩하게 솟은 부분.
¶ 소의 □□□가 불룩하다. 낙타의 등에 □□□ 두 개가 솟아 있다.

13. 물건이 너무 늘어져서 바닥에 닿았다 들렸다 하며 끌리는 꼴.
¶ 치마를 □□□□ 끌며 걸어 나오다. □□□□하는 바짓가랑이.

14. 종잡을 수 없는 말로 이러쿵저러쿵 지껄이는 꼴.
¶ 술에 취한 체하고 □□□□ 자꾸 뇌까리다. □□□□ 늘어놓다.

15. 착 달라붙어서 남을 깐깐하게 조르는 꼴. 성질이나 하는 짓 따위가 검질기고 끈덕진 꼴.
¶ □□□□ 졸라 대다. □□□□ 따라다니다. '뉘지다'는 성미나 태도가 검질기게 □□□□하다를 뜻하는 말이다.

16. 하는 짓이 몹시 답답하도록 꼼꼼하고 느릿느릿한 꼴.
¶ □□□□ 일하다. □□□□ 따지고 들다. 보기에 답답하리만큼 □□□□한 동작.

17. 한 군데로 들이덮쳐 쌓이다. 사람이나 사물 따위가 한꺼번에 몰리다.
¶ 바람에 낙엽이 □□□□. 식당에 손님이 □□□□. 백만 군중이 □□□ 유세장.

18. 쌓여 있거나 담겨 있는 모양이 수북하다(=무드럭지다/무덕지다). 느낌이나 감정이 흥분된 상태에서 벅차다(=무지근/무직하다).
¶ 흙더미가 □□□□. 울짱을 깎고 있는 그 주위에는 자귓밥이 □□□□. 가슴이 □□□여 무슨 말을 해야 할지 망설여졌다.

19. 성질이 가라앉아 차분하다. 얼굴이나 모습이 위풍이 없이 초라하다(=만조하다).
¶ □□□ 성격. □□□ 사람도 불의를 보면 화가 왜 안 나겠는가. 행색이 □□□□.

---

12. 몬다위
13. 칠떡칠떡 → 칠떡거리다/대다
14. 콩팔칠팔
15. 추근추근, 〈작〉초근초근
16. 초군초군 → 초군초군하다
17. [답쌓이다] 답쌓이다, 답쌓이다, 답쌓인
18. [무둑하다] 무둑하다, 무둑하다, 무둑하(여)
19. [몬존하다] 몬존한, 몬존한, 몬존하다(만조하다)

20. 인정이 전혀 없이 억세며 성질이 악착같고 모질다.

¶ □□□□게 거절하다. 사람들이 너무도 □□□□□면 정이 가지 않는다. □□□□기가 굶주린 짐승 같다. □□스레 땅을 빼앗다.

[문제 70]

1. 물건을 만들거나 무슨 일을 하는 데 쓰는 도구(=연장).

¶ 서툰 목수가 □□ 나무란다.

2. 둘레의 줄. 죽 둘린 언저리. 사려 놓은 실의 묶음을 세는 말.

¶ 철사로 옹기의 □를 두르다. □가 둥근 모자. 털실 한 □를 둘로 나누어 꾸리로 감다.

3. 말의 갈기나 꼬리의 긴 털.

¶ 말이 □을 흔들며 들판을 달리고 있다. □으로 채를 만들어 먼지를 떨다.

4. 아침에 일어나서 아직 아무것도 먹지 않은 입.

¶ 꼭두새벽에 길을 떠나야 하는 까닭에 아침 요기도 못하고 □□으로 출발하였다. 씁쓸한 □□을 다시다. □□에 담배부터 피운다.

5. 물건의 가로 길이. 폭(幅).

¶ 강의 □□. 툇마루의 □□가 좁다. 피륙 따위의 □□를 '나비'라고 한다.

6. 부피에 비해 무게가 제법 나가는 짐(↔부픈짐).

¶ □□□은 젊은이가 지고 간다.

7. 날가죽의 털과 기름을 훑어 내어 가죽을 부드럽게 다루는 일.

¶ 쇠가죽을 □□□하여 북을 만들다.

8. ▸나무로 만든 새를 장대 끝에 올린 신앙의 대상물. ▸기다란 통나무

---

20. [몰강스럽다] 몰강스럽(게), 몰강스러우(면), 몰강스럽(기가), 몰강(스레)

[정답 70]

1. 연모 → 돌연모

2. 테 → 테두리, 테메우다, 나이테, 쇠테; 테실, 실테(실꾸리. 실톳)

3. 총[1] = 말총 → 총담요, 총채, 말총머리(조금 긴 머리를 말꼬리처럼 하나로 묶은 모양새); 총[2](짚신 앞쪽의 두 편짝으로 둘러 박은 낱낱의 신울)과 동음이의어다.

4. 잔입

5. 너비 → 볼[2]; '넓이'는 일정하게 차지하는 면적을 말한다.

6. 몽근짐 [←몽글다]

7. 무두질 = 가죽이김 → 무두장이, 무두질/하다, 무둣대

8. 솟대; 장승 = 벅수

나 돌기둥에 사람의 얼굴 모양을 익살스럽게 새겨 세운 것.
¶ □□ 위의 새 형상은 주로 오리나 기러기다. □□은 마을의 안녕을 지켜주는 수호신 또는 이정표 기능을 한다.

9. ▸발가락 밑바닥의 접힌 금이 터져 갈라진 자리. ▸손이나 발에 생기는 굳은살.
¶ 약을 발라 □□□과 □□을 빼다.

10. 목의 뒷덜미에 난 부스럼.
¶ 목에 □□가 나서 병원에서 치료를 받았다.

11. 호박·가지·고구마 따위를 잘고 납작하게 또는 가늘고 길게 썰어 말린 것.
¶ 애호박을 얇게 저민 뒤 말려 호박□□를 만들다. 가지□□를 물에 불려 무쳐 먹다.

12. 누룩이나 메주 따위를 디디어 만들 때 쓰는 나무틀. 밑 없는 되처럼 생겼음.
¶ 삶은 콩을 □□에 넣어 다져 꺼내다. □□를 베개 삼아 베고 눕다.

13. ▸명태의 이리, 알, 내장을 통틀어 이르는 말. ▸논 한 마지기에 얼마씩 값을 정하여 일하여 주기로 하고 미리 받는 삯.
¶ □□로 찌개를 끓이다. □□를 먹다(고지를 해 주기로 약속하고 삯을 미리 받아 쓰다.

14. 아버지의 외숙(外叔)이나 외숙모와 자기와의 관계. 또는 종손(從孫)과 자기와의 관계를 나타낼 때 쓰는 말.
¶ 누이의 손자를 '□손자'라고 부른다. 아버지의 외숙모는 □할머니, 아버지의 외숙은 □할아버지다.

15. 강이나 바다 같은 곳에서 갑자기 푹 빠져 깊은 곳.
¶ 시퍼런 □□□에서 소용돌이치는 냇물.

16. ▸매우 가까운 사람과 이별하여 서운하고 허전하다. ▸허전하고 서운

---

9. 까치눈; 티눈
10. 발찌 [←발제(髮際)]
11. 고지[1]
12. 고지[2]
13. 고지[3]; 고지[4] → 고락. 이리
14. 넛-
15. 달가니
16. [허우룩하다] 허우룩한; [허수하다] 허수하(게), 허수함

하다. 공허감을 느끼다.
¶ 그녀는 □□□□ 빛을 보이지 않으려고 일부러 고개를 돌렸다. 자기만 돌아볼 줄 그가 아닌 것을 아사달도 번연히 알건마는 어쩐지 마음 한 모서리가 □□□게 비어오는 것을 어찌할 수가 없었다. 곱게 기른 딸을 시집보내고 나니 마음 한구석이 허전하고, 모르는 사이에 없어져 빈자리가 난 것을 깨닫고 □□□을 느꼈다.

17. 흐르는 살별(꼬리별. 혜성)의 꼬리 빛이 세차다. 성질이 붙임성이 없이 차고 매섭다.
¶ 별빛이 □□□. 그녀는 □□ 눈과 육감적인 입매를 가진 말괄량이지만 정이 많다. 그 사람은 성질이 □□서 친구가 없다.

18. 살찬 것처럼 쌀쌀하고 매섭다.
¶ 그녀가 아주 □□스레 굴기에 말 한 마디도 못 붙여 보았다. □□□□ 주인이지만 가끔 베풀어주시는 때도 있다. □□□□게 돌아앉다.

19. 어딘지 모르게 마음에 게저분한 느낌이 있다.
¶ 하도 더러워서 청소를 했는데도 여전히 □□□□□□. 일은 마무리되었지만 어딘가 좀 □□□□□ 데가 있는 것 같다.

20. 약간 지저분하고 더럽다. 조금 구접스럽다.
¶ 남의 것을 □□□□게 탐하다. □□□□□ 짓만 가려서 한다.

[문제 71]

1. 소 두 마리가 끄는 큰 쟁기(↔호리).
¶ □□를 부리어 밭갈이를 하다. □□질이 끝난 밭.

2. 가게 앞에 서서 손님을 끌어들여 물건을 사게 하고 삯을 받는 사람.
¶ □□□이 손님을 끌어들이는 일을 '여립켜다'라고 한다.

---

17. [살차다] 살차다, 살찬, 살차(서)
18. [살천스럽다] 살천(스레), 살천스런, 살천스럽(게)
19. [게적지근하다] 〈센〉께적지근하다, 게적지근하다, 게적지근한 → 게저분하다(몹시 너저분하고 지저분하다. = 귀접스럽다)
20. [게접스럽다] 게접스럽(게), 게접스러운 → 구접스럽다(너절하고 더럽다. 하는 짓이 더럽다)

[정답 71]

1. 겨리 → 겨리질/하다, 겨릿소(외나소와 마라소), 소겨리/하다
2. 여리꾼

3. 차가운 것이 살갗에 닿거나 오줌을 눈 뒤에 무의식적으로 떠는 몸짓. 몹시 귀찮거나 지긋지긋하여 으스스 몸을 떠는 짓.

¶ 추워서 □□□를 치다. 지겨워서 □□□를 내다. 이제는 그 사람 이야기만 들어도 □□□가 난다.

4. 병적으로 저절로 흔들리는 머리.

¶ □□□를 흔들다(어떤 일에 질려서 머리가 흔들리도록 싫증이 나다).

5. 기가 죽어 움츠러드는 일. (주로 '좋다'와 함께 쓰이어)기죽지 않고 언죽번죽하는 태도나 성질.

¶ □□이 들다. 사람들이 모두 욕했지만 그는 □□이 좋게 얼렁뚱땅 넘긴다.

6. 바람에 불티가 날리는 것을 막으려고 화로에 들씌우는 가림막.

¶ 바람 부는 날 들에서 음식을 할 때는 □□□가 꼭 필요하다. □□□를 씌운 화로.

7. 마땅히 붙어서 한 덩어리가 되어야 할 물건이나 일이 벌어진 틈. 괜히 남의 조그만 흠절을 들추어서 괴롭게 굶.

¶ 피리에 □□이 생기다. □□을 부리다. □□을 잡아 내쫓다. □□만 잡고 흥정은 뒷전이다.

8. 까닭 없이 남의 말에 반대하기를 좋아함. 또는 그러한 성미를 지닌 사람.

¶ 혼인에 □□□□(좋은 일에 반대하고 나설 때를 이르는 말).

9. 사람을 몹시 앓게 한다는 귀신.

¶ □□가 들다(귀신이 씌워 몹시 앓게 되다). □□가 들었는지 몹시 앓는다.

10. 보잘것없이 규모가 작은 일. 지위가 변변치 못한 사람.

¶ □□□ 장사. □□□들이 몰려다닌다.

11. 다져서 확실한 대답을 받음. 이

---

3. 진저리

4. 체머리 → 체(가루를 치거나 액체를 밭아내는 데 쓰는 기구)

5. 주눅

6. 불어리

7. 트집 → 트집나다(트집이 생기다), 생트집(生-)

8. 트레바리 [←틀(다)+에+바리]

9. 저퀴

10. 졸때기

11. 다짐 → 다짐글, 강다짐, 속다짐, 입다짐, 우격다짐, 주먹다짐

미 한 일이나 앞으로 할 일이 틀림 없음을 조건 붙여 말함. 마음을 굳게 가다듬음.

¶ □□을 하고 돈을 받다. 필승을 □□하다. '하냥□□'은 일이 잘 안 될 경우에는 어떤 형벌이라도 받겠다는 다짐을 뜻한다.

12. 진짜. 진짜인 것. 막상. 정말로. 실지로.

¶ 싸움은 이제부터가 □□이다. 해야 할 □□의 일은 안 하고 이 무슨 짓들이냐. □□ 집을 떠나려고 하니 발걸음이 떨어지지 않는다. □□ 해 보니 굉장히 어렵더라.

13. 어떤 상태를 고스란히 그대로.

¶ □□ 사흘을 굶었다. 살림이 어렵더라도 □□□□ 적금을 부었다.

14. 남의 흠이나 트집을 잡아 거스르는 말로 자꾸 성가시게 하는 꼴.

¶ 얼토당토않게 □□□□ 트집을 잡고 싸움을 걸어왔지만 모르는 척하고 지냈다.

15. 무지하고 우악하다.

¶ 몹시 □□□ 짓을 하다. 아우를 □□스럽게 때리니 참 큰일이다.

16. 별로 하는 일 없이 한곳에 묵으면서 세월을 보내다. 마음의 고충이나 흥분을 별것 아닌 것으로 여기고 슬쩍 넘겨 버리다. 애써 참으며 잊어버리다.

¶ 그 집 사랑방에서 □□□는 그의 얼굴에는 어딘지 초조한 빛이 있었다. 그 때 그 사건을 □□□ 수가 없다. 고통을 □□□□.

17. 아무 생각 없이 같은 길이나 가까운 거리를 오락가락 거닐다. 부질없이 오락가락하다.

¶ 한동안 복도를 □□□□가 문득 기발한 생각이 머리에 떠올랐다. 종로의 한 모퉁이를 □□□□. 너무 긴장하지도 말고 □□□□도 말고 유유히 뛰시오.

18. 어른에게나 친한 사이에 스스럼없고 버릇이 없다. 예의가 없다(↔스스럽다).

---

12. 정작

13. 꼬박, 꼬박꼬박, 〈센〉꼬빡

14. 티적티적 → 티적티적하다, 티적거리다/대다

15. [무작하다] 무작한, 무작(스럽게) → 무작스럽다(무작한 태도가 있다)

16. [묵새기다] 묵새기(는), 묵새길, 묵새기다

17. [바장이다] 〈큰〉버정이다, 바장이다(가), 바장이다, 바장이지(도)

18. [무람없다] 무람없다, 무람없(더라도), 무람없(는), 무람없(이) → 무람(스스럼이나 무안함)

¶ 본데없이 자라서 □□□□. 제 행동이 □□□더라도 너그러이 용서하십시오. 할아버지한테 □□□는 짓을 함부로 하면 못쓴다. 응석둥이로 자라서 그런지 좀 □□□는 데가 있다. 어른 앞에서 □□□이 담배를 피워 물다니.

19. ▸매우 버릇이 없다. 하는 짓이 아주 괘씸하다. ▸두려워하거나 삼가는 태도가 없이 꽤 버릇없다.

¶ □□□ 짓만 골라 하는구나. □□□ 놈 같으니라고. 요즘 아이들 행실이 꽤 □□스럽기 짝이 없습니다.

20. 하는 짓이 멋없고 미련하다.

¶ 그 사람이 하는 일이 그렇게 □□없을 줄은 미처 몰랐다. □□없이 비시시 웃으며 물어보다. 진종일 기계처럼 □□없이 살 것인가.

[문제 72]

1. 건진 국수나 식은 밥 따위에 뜨거운 국물을 부었다 따랐다 하여 데우는 일.

¶ 펄펄 끓는 국물에 삶아 놓은 국수를 □□하여 주다. 식은 수육은 □□을 해야 제 맛이 난다.

2. 이러니저러니, 옳으니 그르니 옥신각신하며 남을 공연히 못살게 굴거나 괴롭히는 일.

¶ 별것도 아닌 것을 가지고 □□□하지 마라. 그들은 서로 잘못이 없다고 □□□를 벌였다. □□□를 당하다.

3. 발뒤꿈치를 든 발.

¶ □□□을 딛고 서서 보다. □□□을 하고 선반의 물건을 집어 내렸다.

4. 선반·탁자 따위의 널빤지를 받치기 위하여 버티어 놓는 직각 삼각형으로 된 나무나 쇠.

¶ 벽에 □□□을 붙이고 선반을 만들다.

5. 물갈퀴. 손가락이나 발가락 사이가 맞붙은 손발. '엉뚱하게 부리는 딴전'을 비유하여 이르는 말.

---

19. [발칙하다] 발칙한, 발칙한; [발만스럽다] 발만(스럽기)

20. [여들없다] 여들(없을), 여들(없이), 여들(없이)

[정답 72]

1. 토렴

2. 실랑이 → 실랑이질/하다; 한자어 승강이(昇降-)는 서로 자기주장을 고집하며 옥신각신하는 일을 뜻한다.

3. 까치발[1] = 깨금발

4. 까치발[2]

5. 오리발

¶ □□□을 신고 물속에 들어가 헤엄을 치다. 닭 잡아먹고 □□□을 내밀다.

6. ▸비웃·굴비의 열 마리. 또는 고사리·고비 같은 것의 열 모숨을 한 줄로 엮은 것을 셀 때 이르는 말. ▸물고기 스무 마리를 열 마리씩 두 줄로 엮은 것이나 나물을 열 모숨 가량 엮은 것. ▸젓가락 한 쌍을 세는 말. ▸구멍 뚫린 물건을 꿰어 놓은 묶음을 세는 말.

¶ 굴비 한 □. 고사리 두 □. 조기 한 □□. 고사리 두 □□. 형사는 범인들을 굴비 □□처럼 포승줄로 엮었다. 젓가락 다섯 □. 엽전 한 □□.

7. 새를 잡을 때나 나무쪽을 붙일 때 쓰는 갖풀과 송진을 끓여 만든 풀. 아주 곤죽같이 된 진흙.

¶ □□으로 널빤지를 붙이다. 장마철만 되면 길이 □□이 된다. 썰물이 되자 □□을 쑤셔서 게를 잡다. '감태기[똥감태기, 욕감태기, 흙감태기]'는 □□을 낮잡아 이르는 말이다.

8. 자막대기로 때리는 볼기.

¶ □□□ 맞겠다(무슨 잘못이 있어 아내에게 나무람을 듣겠다고 조롱하는 말).

9. 어린아이들을 엄포로 아프지 않게 때리는 일. 오랜 만에 하는 나들이.

¶ 말썽꾸러기 아이를 □□□□으로 꾸중하다. 아주 오랜 만에 아내와 □□□□을 하다.

10. 풀칠이나 옻칠할 때에 쓰는 솔(=풀비).

¶ 도배지를 □□로 풀칠하여 바르다. 귀밑부터 □□ 같은 수염이 까맣게 덮여 있다.

11. 두 사물의 끝이 맞닿은 자리. 물건과 물건 사이의 한가운데. 어떤 시기나 때의 부근.

¶ 하늘과 땅이 맞닿은 □□. 우리 마을은 두 강이 어우러지는 □□에 자리 잡고 있다. 학문 간의 융합 부분이나 교집합(交集合)을 '□□'이라는 말로 나타낼 수 있다. 새벽 네 시 □□에 잠에서 깼다.

---

6. 갓; 두름; 매; 꿰미 → 두매한짝(다섯 손가락); 모숨(푸성귀 따위의 길고 가는 것의 한 줌쯤 되는 분량)

7. 감탕 → 감탕밭, 감탕질(잠자리할 때 울부짖는 짓)

8. 자볼기 → 공상볼기(친구끼리 장난으로 치는 볼기)

9. 먼지떨음

10. 귀얄 → 귀얄잡이(텁석부리)

11. 어름[1] → 어름[2](줄타기), 어름사니(줄꾼)

12. 어정어정 놀아가면서. 천천히. 느릿느릿.

¶ 일을 □□□□ 하다. 다급한 기색도 없이 □□□□ 걸어가다.

13. 사람의 됨됨이와 마땅하고 마땅하지 않음을 가려 보는 일.

¶ □을 보다(결혼할 상대를 고를 때 먼저 그 사람됨을 가려보다).

14. 옷이나 방석 따위의 가장자리에 덧대는 좁은 헝겊.

¶ □을 두르다(가장자리에 무엇을 그리거나 꾸미다).

15. 있는 대로 한 번에 몰아서.

¶ 이번 태풍에 과수원이 □□ 결딴났다. 일을 □□ 해버린다.

16. 큰 몸집으로 둔하게 천천히 걷는 꼴. 한가하게 거니는 꼴.

¶ 할 일 없이 시내를 □□□□ 돌아다니다.

---

12. 노량으로 [←놀(다)+ㄹ+양(樣)+으로]

13. 선[1] → 선보이다, 맞선

14. 선[2] → 선두름, 가선

15. 모짝, 〈큰〉무쩍

16. 어정어정, 〈작〉아장아장 → 어정거리다/대다, 어정뱅이, 어정칠월(-七月)

17. 분수에 맞아 만족히 여길 만하다. 지나칠 정도라고 느낄 만큼 고맙다.

¶ 여기 있게 해 주시는 것만 해도 □□합니다. 그것만으로도 □□히 여기고 있습니다. 너무 □□□서 그런 짓을 한다.

18. 말과 행동이 물정에 어둡고 경망스럽다.

¶ 그분은 말투가 □□□□□서 함께 이야기하기가 어렵다. □□스레 굴다.

19. 넉넉하거나 충분하지 못하다. 표준에 비하여 약간 모자라다.

¶ □□□ 저녁식사. 점심을 □□히 먹다. 그는 아들의 행동이 □□□여 계속 떨떠름한 얼굴이었다.

20. 그릇에 다 차지 않고 좀 모자라는 듯하다.

¶ □□□게 부은 술잔. 쌀독에 곡식 닷 말을 넣었더니 □□□게 찼다.

---

17. [오감하다] 오감(합니다), 오감(히), 오감해(서)

18. [오감스럽다] 오감스러워(서), 오감(스레)

19. [초름하다] 초름한, 초름(히), 초름하(여)

20. [골막하다] 〈큰〉굴먹하다 = 골싹/굴썩하다. 골막하(게) → 곯다[3]

[문제 73]

1. 자동차·배 따위를 탔을 때 흔들림을 받아 일어나는 어지럽고 메스꺼운 증세. 진저리가 날 정도로 싫은 느낌.
¶ □□가 나서 여행도 마음대로 못한다. 주사라는 소리만 들어도 □□를 내는 아이. 이제 홀아비살림에 □□가 났으니 장가를 가야겠다.

2. 분하거나 성이 나서 몹시 애를 태우는 일. 또는 그런 감정.
¶ □□□가 나 도저히 가만히 있을 수가 없다.

3. 가만히 있지 않고 자꾸 움직이는 행동이나 현상.
¶ 아이들 □□에 넋이 다 나갔다. '눈□□'는 눈발이 자꾸 날리는 현상을 말한다.

4. 바닷가에 쌓인 굴 껍데기.
¶ □□으로 이루어진 바위.

5. 사람의 죄악을 징계하느라고 하늘이나 신불이 내린다는 벌.
¶ □□을 입다. 저 □□을 입을 놈 같으니라고. □□을 내리다.

6. 물속의 밑바닥에 기초를 만들거나, 수중 구조물의 밑을 방호하기 위하여 물속에 집어넣는 돌. 광물의 성분이 섞이지 않은 돌멩이.
¶ □□으로 제방을 쌓다. □□은 간척 공사를 할 때 요긴하게 쓰이는 돌이다.

7. ▸어느 정도 이상으로 유용한 광물을 지닌 광석(↔버력[2]). ▸그다지 힘들이지 않게 차지한 실속이나 소득. 금이 많이 박힌 광석이나 광맥.
¶ 광산에서 □□을 골라내고 버력은 버린다. 장터 여기저기를 쫓아다니다 보니 □□□도 생기고 심심하지 않아서 좋았다. 광산에서 □□□을 찾다.

8. '구덩이'가 줄어서 바뀐 말.
¶ □을 파다. 광산의 구덩이 안에 파 놓은 길을 '□길'이라고 한다. □을 꾸려두다.

[정답 73]

1. 멀미 → 물멀미, 사람멀미, 산멀미(山-; 산악병)
2. 애성이 ≒골
3. 설레 → 설레기(낚시 방법), 설레설레, 설레다, 설레발(몹시 서두르며 부산하게 구는 짓)
4. 구죽
5. 버력[1]
6. 버력[2]
7. 감돌; 먹을알
8. 굿 → 굿길, 굿일(뫼의 구덩이를 파는 일), 닥굿(닥 껍질을 벗기기 위해 찌는 구덩이)

9. '쓴맛'을 비유적으로 나타내는 말.

¶ □□ 씹는 듯한 얼굴을 하다. □□와 같다(맛이 몹시 쓰다). 입안이 □□를 문 듯 쓰다.

10. 바특하게 끓인 갖가지 찌개나 찜.

¶ 생선 □□를 맛있게 먹다.

11. 남에게 쉽게 굽히지 않거나 주어진 환경에 순종하지 않고 드세게 구는 짓. 사람을 휘어잡아 못 살게 구는 짓.

¶ □□을 피우다. 아내의 □□에 못 견디다. □□이 있게 사람을 다루다.

12. 토할 것 같이 메슥메슥한 느낌. 구역(嘔逆).

¶ □□□가 나다(몹시 아니꼬운 생각이 들다. 구역나다).

13. 겉으로 대강 헤아려 잡은 짐작.

¶ 무슨 마음으로 그랬는지 □□을 못 잡겠다. □□없는 말을 믿고 일을 시작한 것이 잘못이다. □□없이 지껄이는 소리.

14. 일을 시작한 손. 일하는 김. 망설이지 않고 곧. 그 자리에서 얼른.

¶ □□에 마저 다 해버리세. □□으로 이 일도 해치우게. 볼일이 끝나거든 □□ 돌아오너라.

15. 늘 한결같이 꼭 그렇게.

¶ 길미를 한 번도 거르지 않고 □□□ 내고 있다. 인사를 □□□ 잘한다.

16. 성질이 싹싹하고 살갑다(↔무뚝뚝하다). 꼼꼼하고 자세하다.

¶ 그녀는 너에게만 □□□게 구는 듯하다. 그는 □□□게 집안일에 참견한다. 사내대장부가 남의 일에 너무 □□□어도 못쓰는 법이다.

17. 말과 행동이 엉뚱하고 이상야릇하다(=망령스럽다).

¶ 하는 짓이 □□□□기 짝이 없다. □□스레 굴다.

---

9. 소태(소태나무 껍질)

10. 조치 → 조칫보(조치를 담는데 쓰는 그릇)

11. 드살 → 드살스럽다

12. 욕지기

13. 종작, 〈준〉종 → 종작없다, 종잡다

14. 든손

15. 또바기

16. [곰살굽다/곰살갑다] 곰살굽(게), 곰살굽(게), 곰살궂(어도) → 곰살궂다(성질이 싹싹하고 다정하다)

17. [괘꽝스럽다] 괘꽝스럽(기), 괘꽝(스레)

18. 사람됨이 멋없고 거칠다. 성미가 무뚝뚝하고 퉁명스럽다(=괘달머리적다).

¶ □□□□게 놀다. 원래 □□□□어서 친하기는 어렵지만 알고 보면 좋은 사람이다.

19. 성품이 부드럽고 사근사근하다(=연삽하다. 싹싹하다). 붙임성이 있고 나긋나긋하다.

¶ 참외 맛이 □□□□□. 그녀는 □□□□ 성격이라 어딜 가도 환영받을 거야. □□□□고 두름성이 있는 성질.

20. 사람의 성격이나 태도가 연약하고 침착하다.

¶ 겉보기에는 우락부락해도 성격은 여성같이 □□□□□.

[문제 74]

1. 호화롭고 편안한 삶을 누림.

¶ □□에 겨운 소리. 부모님 덕에 □□을 하다.

2. 분수에 넘치는 호강.

¶ □□에 겨워 불평만 늘어놓다. 네 덕에 내가 □□을 다 누리게 되었구나. 여자는 행복을 느끼는 □□스러운 목소리를 내며 호들갑을 떨었다.

3. 일이나 물건을 버르집어 그르치는 짓.

¶ 아이가 덜퉁해 □□□가 심하다. □□□를 놓다.

4. 잘못을 고치고 다시 잘못하지 않도록 조심함.

¶ 그만큼 타일렀으면 □□할 줄 알아야지. □□을 해라.

5. 관솔불을 올려놓을 수 있도록 방 안의 벽에 뚫어 놓은 구멍.

¶ □□은 등잔불처럼 어둠을 밝히면서 불씨도 보관하고 방 안을 훈훈하게 하던 시설이다.

6. 초가의 지붕이나 담을 이기 위하

---

18. [괘다리적다] 괘다리적(게), 괘다리적(어서)

19. [연삭삭하다] 〈센〉연싹싹하다. 연삭삭하다, 연삭삭한, 연삭삭하(고)

20. [초드근하다] 초드근하다

[정답 74]

1. 호강 → 호강스럽다/하다

2. 양광 → 양광스럽다(호강이 분에 넘치는 데가 있다)

3. 저지레 → 저지르다. 덜퉁하다(찬찬하고 깐깐하지 못하다)

4. 저금 → 저금하다

5. 고콜 → 고콜불(꽃굴불)

6. 이엉 = 나래 → 이엉지붕, 겨릅이엉

여 엮은 짚.
¶ 짚으로 □□을 엮어 지붕을 이다. □□ 열 마름은 있어야 담을 덮을 수 있다.

7. 초가의 용마루나 담 위에 덮는, 짚으로 길게 지네처럼 틀어 엮은 이엉.
¶ 지붕 위 □□□에 저녁달이 걸려 있다. □□□을 짧게 엮어 알둥지를 만들었다.

8. ▸용마루 양쪽에 환기구로 뚫어 놓은 구멍. ▸맞배지붕이나 팔각지붕의 옆면.
¶ 초가집 부엌의 연기는 □□□□을 통하여 밖으로 나간다. 기와집은 □□에 환기 구멍을 내기도 한다.

9. 틈이 생길 정도나 기미.
¶ 그는 나에게 조금도 □□□를 주지 않고 몰아붙였다.

10. 지어서 한 번도 빨지 않은 새 옷.
¶ 아이는 □□ 버선을 신고 폴짝폴짝 뛰며 좋아했다. □□옷을 차려입고 사랑방으로 나갔다.

11. 물건을 차지하고 있는 사람. 주인(主人).
¶ 건물 □□가 누구냐. □□ 없는 땅. □□를 만나다(어려운 상대를 만나 호되게 당하다)

12. 친한 사람끼리 '자네'라는 뜻으로 서로를 조금 높이어 이르는 말. 나이 지긋한 부부 사이에서 남편이 '아내'를 이르는 말.
¶ □□, 나 물 좀 주시오. 나는 □□만 믿으오.

13. 그릇을 만드는 원료인 진흙.
¶ □ 뭉치를 물레에 올리고 돌려 그릇을 빚어 가마에 굽다.

14. 나무로 네모지게 혹은 둥그스름하게 짜서 만든 그릇.
¶ '□□박'은 통나무를 파서 전이 없게 만든 바가지를 말한다. '□□방'은 한번 들어가면 나올 수 없게 되어 있는 방을 뜻하는 말이다.

15. ▸대나 짚으로 엮어 거름·흙·쓰

---

7. 용마름
8. 까치구멍; 완각
9. 드팀새 → 드팀없다(틈이 생기거나 틀리는 일이 없다. 흔들림이 없다). 드티다(틈이 생기다)
10. 진솔
11. 임자[1] → 땅임자, 집임자
12. 임자[2]
13. 질 → 질그릇, 질뚝배기, 질항아리
14. 함지 → 함지땅[분지(盆地)], 귀함지, 도래함지
15. 삼태기; 어레미

레기 따위를 담아 나르는 그릇. ▸바닥의 구멍이 굵은 체.

¶ □□□에 거름을 담아 밭에 뿌리다. 얼멍얼멍하게 통싸리로 엮어 만든 작은 □□□를 '어렝이'라고 한다. □□□보다 구멍이 조금 작은 체는 '도드미'라고 한다.

16. 성질이나 행동 같은 것이 찬찬하고 깐깐하지 못하다.

¶ 사람이 어쩌면 이렇게도 □□□단 말이냐. 차는 □□□게 몰지만 기술은 대단히 높다.

17. 생각하였던 바와는 전혀 다르게 엉뚱하다. 차이가 엄청나다.

¶ 겨냥을 해서 쏘았으나 번번이 □□□ 곳으로 날아갔다. □□스레 엉뚱한 짓을 하다.

18. 보통 때와는 달리 아주 엉뚱한 데가 있다. 엄청나게 새퉁스럽다.

¶ 일이 □□□□게 꼬이다. □□스레 꼬이는 계획. 그이는 □□□□□ 데가 있어서 진실을 헤아리기 어렵다.

---

16. [덜퉁하다] 덜퉁하(단), 덜퉁하(게)
17. [왕청되다] 왕청된, 왕청(스레) → 왕청스럽다
18. [왜퉁스럽다] 왜퉁스럽(게), 왜퉁(스레), 왜퉁스러운 → 새퉁스럽다(어처구니없이 새삼스럽다)

19. 길이가 아주 짧다. 썩 가깝다.

¶ 자라처럼 □□□ 목을 '자라목'이라고 한다.

20. ▸고요하고 아늑하다. 말없이 다소곳하거나 잠잠하다. ▸안쪽으로 치우쳐 아늑하고 구석지다.

¶ □□□□ 정적이 흐르다. □□□□던 동네가 부산한 장바닥으로 변해 버렸다. □□□□게 고개를 숙이고 앉아 있다. 여인은 □□□□ 표정에 말이 없었다. 지리산 산자락의 □□□ 골짜기에 파묻힌 산마을.

[문제 75]

1. 짐승이나 새의 등마루뼈의 아래 끝 부분. 엉덩이를 중심으로 한 몸의 뒷부분. 사물의 맨 뒤나 맨 끝.

¶ 맨 □□□에서 따라가다. □□□를 빼다(슬그머니 물러서거나 달아나다). □□□를 사리다(겁을 먹고 슬그머니 피하려 하다).

---

19. [다밭다] 다밭은 → 밭다(가깝다)
20. [고즈넉하다] 고즈넉한, 고즈넉하(던), 고즈넉하(게), 고즈넉한; [안침지다] 안침진 → 안침(안쪽으로 쑥 들어간 곳), 안침하다(안쪽으로 치우쳐 아늑하다)

[정답 75]

1. 꽁무니

2. 짤막하게 남은 동강이나 끄트머리.

¶ 생선 □□□. 김밥 □□□. 분필 □□□.

3. 여러 겹으로 쌓이어 붙은 켜. 몸돌에서 떼어낸 돌조각.

¶ □□가 쌓인 층. □□□□(여러 켜로) 덧붙이다

4. 서로 엄청나게 다름. 엄청나게 어긋나는 꼴.

¶ 그 사람 언행이 전과는 □□□이라네. 한 배에서 나온 형제이면서도 두 사람은 성격이 □□□ 다르다

5. 벼가 알을 밸 때, 이삭이 패려고 대가 불룩하여지는 현상.

¶ □□이 서다. 벼가 알을 밸 무렵을 '□□바지'라고 한다.

6. 벼나 보리 따위의 꽃이나 열매가 꽃대 둘레에 더부룩하게 많이 달려 있는 부분. 농작물을 거둔 뒤 흩어져 남은 지스러기.

¶ □□이 패다. 고구마 □□을 줍다. 곡식의 □□이 달린 부분을 '모개/모개비'라 하고, □□이 달린 줄기는 '홰기'라고 한다. 갈대의 □□은 '갈목'이다.

7. 옷이나 피륙 따위의 아래로 드리운 부분. 논밭이나 산 위의 넓은 부분. 넓게 퍼진 안개·구름·어둠 따위를 이르는 말.

¶ 두루마기 □□을 휘날리며 가다. 설악산 □□에서 길을 잃었다. 안개 □□. 바람한 □□에 땀을 씻다.

8. 칼·낫·호미 따위의 자루 속에 들어박히는 뾰족한 부분.

¶ 칼자루의 □□를 박은 쪽의 목에 감은 쇠테를 '칼코등이'라고 한다. 낫의 □□ 끝을 꼬부려서 둥글게 낸 구멍은 '놀구멍'이다.

9. 점잔을 빼고 거만을 떠는 짓. 아직 말을 하지 못하는 어린아이가 화를 내며 몸부림을 치는 짓.

---

2. 꽁다리

3. 격지, 격지격지 → 격지격지(여러 켜로), 흙격지(지층과 지층 사이), 격지떼기

4. 팔팔결(팔결)

5. 배동 → 배동바지(벼가 알을 밸 무렵)

6. 이삭 → 벼 이삭, 보리 이삭

7. 자락 → 바지자락, 소맷자락, 치맛자락, 산자락(山-)

8. 슴베 → 슴베가 빠지지 않도록 놀구멍에 박는 쇠못을 '낫놀'이라고 한다. '괴통'은 자루를 박는 부분을 뜻한다. 칼·송곳 따위의 몸뚱이가 자루에 박힌 부분은 '고달[1]'이다.

9. 고달[2]

¶ □□을 부리며 지나가다. 아들이 국회의원이 되었다고 □□이 대단하군. □□을 피우는 아이를 달래다.

10. 송장이 썩어서 흐르는 물.

¶ 전쟁터에는 □□□이 흐르는 시신이 즐비하였다.

11. ▸물건을 얹어 두기 위하여 방이나 마루의 벽에 건너질러 놓은 두 개의 긴 나무. ▸그릇 따위를 얹어 놓기 위하여 부엌 벽에 들인 선반.

¶ 함지박을 □□에 얹다. □□에 그릇을 얹어 놓다. □□ 밑에서 숟가락을 주웠다(아무 보람이 없음. 아주 쉬운 일).

12. 일이 잘못 되어 가는 빌미나 원인.

¶ 날고기를 많이 먹은 것이 □□가 되었다.

13. 채소 특히 콩나물·숙주 따위에 지저분하게 많이 난 잔뿌리.

¶ 콩나물의 □□□이 지저분하게 보여도 아스파라긴산이 들어있는 영양소다.

14. 여러 사람이 둘러싸고 다투며 승강이를 하는 상황. 여러 사람에게 둘러싸여 욕을 먹는 일.

¶ □□□이 벌어져 겨우 빠져 나왔다. 계를 하다가 돈 때문에 □□□이 났다.

15. 행동이나 태도를 남들과 다르게 제 마음대로 빗나가게 하다. 빗나가는 태도가 있다.

¶ □□□는 짓을 하다. 어젯밤 집회에 수많은 이들이 모였지만 한 사람도 □□□는 일이 없었다.

16. 생각이 남보다 월등히 뛰어나다.

¶ □□ 묘안을 짜내다. □□고 기발한 계획을 세웠으나 재빨리 실천에 옮기지는 못하였다.

17. 남보다 빼어나게 되다. 우열이나 경기에서 선배를 이겨 내다.

¶ 이 분야에서 □□으려면 남보다 부지런해야 한다. 운동 경기에서 실력으로 □□□.

---

10. 추깃물, 〈준〉추기

11. 시렁; 살강

12. 진티

13. 삼태불

14. 싸개통 → 싸개판(싸개통이 벌어진 판)

15. [엄발나다] 엄발나(는), 엄발나(는) → 엄발(곁뿌리. 집게발)

16. [좌뜨다] 좌뜬, 좌뜨(고)

17. [우접다] 우접(으려면), 우접다

18. 살이 올라 포동포동한 어린아이. 옷을 두툼하게 입은 맵시가 통통하다.

¶ 귀여운 □□□□. 인형극에 출연한 돼지 형상을 한 인물이 □□□□같다.

19. 무엇을 잃었거나 기회를 놓치고서 두고두고 잊지 못하여 아쉬워하다.

¶ 오랫동안 쓰던 물건을 잃어버려 속이 □□□□. 그때 그 일을 생각하면 지금도 □□□ 것이 편치 않다. 벌써 한나절이나 낭비되었다고 생각하니 자못 □□□ 마음이 없진 않았다. 마음을 □□히 조이는 후회감.

20. 무슨 일로 기회를 놓치거나 손해를 보았을 때 마음이 분하고 아깝다.

¶ 장사에 밑진 것이 하도 □□여 한동안 잠도 오지 않았다. 부도덕한 사람인 줄 모르고 깍듯이 대접한 것을 생각하면 □□ 마음이 든다. 왜 나는 미처 그런 생각을 못했을까 □□기도 했다.

---

18. [옴포동이같다] 옴포동이(같다) → 옴포동하다

19. [알끈하다] 알끈하다, 알끈한, 알끈한, 알끈(히)

20. [앵하다] 앵하(여), 앵한, 앵하(기도)

[문제 76]

1. 가지 · 오이 · 호박 따위의 맨 처음 열린 열매.

¶ 오이나 호박은 □□□를 따 주어야 줄기가 튼튼해져 나중에 열매가 실하게 달린다. '□□□'는 폭압 아래에서 연약하고 보잘것없는 민중 세력을 상징하기도 한다.

2. ▸아직 피지 아니한 목화의 풋열매. ▸다래나무의 열매.

¶ 목화밭에 □□가 피기 시작하다. 머루랑 □□랑 먹고 강산에 살어리랏다.

3. 처마 끝에 매달아 놓고 사람을 부를 때 흔들어 소리를 내는 방울.

¶ 몸이 불편하신 어머니는 위급할 때면 □□줄을 흔들어 아들을 불렀다.

4. 채소 · 과일 · 곡물 따위를 거두지 않은 채, 밭에 있는 그대로 모개로 사는 일.

¶ 배추를 심어 중간 상인에게 □□□로 팔았다.

[정답 76]

1. 꽃다지 → '꽃등'은 맨 처음을 뜻하는 말이다.

2. 다래[1]; 다래[2]

3. 설렁 [←현령(懸鈴)]

4. 밭떼기 → 차떼기(車−)

5. 넓이가 얼마 안 되는 조그마한 밭.
¶ 피란민들은 손바닥만 한 □□□도 없이 어렵게 살았다.

6. 작은 규모로 짓는 농사. 농사 형편이 고르지 못하여 곳에 따라 풍작과 흉작이 엇갈린 농사.
¶ 산비탈에 밭을 일구어 □□□□나 지어 겨우 입에 풀칠이나 하며 살았다. □□□□의 소출이라 감을 잡기 어렵다.

7. 남의 힘을 빌리지 않고 가족끼리 농사를 짓는 일.
¶ □□□에 허리가 휠 지경이다. 일꾼을 구하지 못하여 □□□로 겨우 모내기를 마쳤다.

8. 도움 없이 혼자서 일을 하거나 살림을 꾸려나가는 처지.
¶ □□□에 자식을 키우는 걸 보니 얼마나 안쓰러운지. 홀어머니는 □□□으로 오 남매를 키우셨다.

9. 지난날 불에 달군 쇠로 죄인의 살갗을 지지던 형벌. 낙형(烙刑).
¶ 성삼문은 □□□을 당하고도 태연했다고 전한다.

10. 벽에 매어서 물건을 얹어 두는 널빤지.
¶ □□에 잡동사니를 얹어 놓다.

11. ▸눈이 깊은 곳을 다닐 때 신의 바닥에 대는 칡이나 노 따위로 넓적하게 만든 물건. ▸신발이 벗어지지 않도록 끈으로 발에다 동여매다.
¶ □□를 신고 눈이 쌓인 산에 오르다. 사냥꾼은 짚신 □□를 단단히 하고 허리끈을 졸라매고 멧돼지를 잡으러 산으로 갔다. 농구화를 □□어 신고 나서다.

12. 오르내릴 수 있게 놓은 돌층계. 댓돌.
¶ □□ 위에 신발이 나란히 놓여 있다.

13. 사물의 일부분에 지나지 않는 정도. 온전하게 성숙되지 못한 정도.
¶ 어리석은 사람은 □□만 보고 제대로

---

5. 밭뙈기 → 땅뙈기
6. 구메농사(-農事) → 구메도적(-盜賊; 좀도둑), 구메활터(작은 규모로 꾸민 활터)
7. 호락질
8. 혼잣손 = 단손(單-)
9. 단근질
10. 선반 [←현반(懸盤)] → 선반턱(선반 가장자리에 따로 붙인 나무)
11. 설피; [들메다] 들메, 들메(어) → 들메끈(신을 들메는 끈)
12. 섬돌, 〈준〉섬
13. 어섯

다 본 것으로 생각한다. 겨우 □□눈을 뜨다(사물을 대강 이해하게 되다. 일을 조금 짐작하게 되다).

14. 집을 지을 때 재목을 연장으로 깎거나 다듬는 일.

¶ 한옥을 지을 때는 통나무를 □□하는 일이 많다.

15. 어떤 식물이 성숙해서 지니게 되는 맵거나 쓰거나 한 자극적 성분. 비위에 거슬렸을 때 일어나는 언짢은 감정.

¶ □이 오른 고추는 맵다. 쓸데없이 친구에게 □을 올리다.

16. 깊숙하고 아늑하다. 생각이 많고 뜻이 깊다. 느낌이 은근하다.

¶ 산수화의 □□□ 정경. □□□ 정취. □□이 들리는 새벽 종소리. □□□ 애정. 방안에 국화 향기가 □□□□.

17. 몹시 후미지고 으슥하며 너절하다(≒궁벽하다).

¶ 그는 도심 변두리의 □□□□□ 데로 이사하였다. 사람 사는 곳이 이렇게 □□□□해서야 정이 붙겠나.

18. 장소가 흔히 보기 어려울 정도로 후미지고 으슥하다. 어딘가 어울리지 아니하고 촌스럽다.

¶ 도시 변두리 □□□□□ 산골짜기에 자리 잡은 외딴 너와집. 너는 □□□□게도 별것을 다 물어본다. 그는 오늘따라 유난히 □□스레 행동하였다.

19. 항상 쓰던 물건이 다 떨어져서 남아 있는 것이 없게 되다. 상품이 다 팔리다.

¶ 땔감이 □□□. 할인 품목은 이미 □□□.

20. 동안이 길다. 다른 것보다 훨씬 뛰어나다. 보통과 다르거나 별나다.

¶ 우리는 기차 시간과 약속 시간이 크게 □□지 않도록 차 시간을 미리 알아보았다. □□게 아름답다. 성적이 □□게 앞

---

14. 바심[1] → 바심질/하다; 바심[2](굵은 것을 잘게 만드는 일)과 동음이의어다.

15. 약

16. [그윽하다] 그윽한, 그윽한, 그윽(이), 그윽한, 그윽하다

17. [궁뚱망뚱하다] 궁뚱망뚱한, 궁뚱망뚱(해서야)

18. [귀꿈스럽다] 귀꿈스러운, 귀꿈스럽(게도), 귀꿈(스레) → 귀꿈맞다(말이나 짓이 도무지 가당찮게 생뚱맞다)

19. [동나다] 동나다, 동났다 → 동먹다(광맥이 거의 동나다)

20. [동뜨다] 동뜨(지), 동뜨(게), 동뜨(게), 동뜬, 동뜬

선 학생. 아우는 여느 사람보다 □□ 힘을 가진 장사다. 한밤중의 거리는 대낮의 소란스러운 거리와는 너무나 □□ 분위기다. □□ 소리를 한다.

[문제 77]

1. 닭이나 날짐승의 먹이.
¶ 부리로 □□를 쪼아 먹다.

2. 새나 짐승의 주둥이. 어떤 물건의 끝이 뾰족한 부분. 병처럼 속이 빈 물건의 한 끝이 터진 부분.
¶ 새가 □□로 쪼다. 돌□□를 차면 발만 아프다. 호리병의 □□가 뙤었다.

3. 한 집안 조상의 혼령이나 그 집에서 대대로 모시는 귀신.
¶ □□가 세다(그 집의 귀신이 드세다).

4. ▸소의 이자와 지라를 아울러 이르는 말. ▸쓸개. 담낭(膽囊).
¶ 소의 □□에 붙은 고기를 '토시살'이라고 한다. □ 빠진 놈 같으니. '□없다'(겁이 많고 담이 작다. 성질이 다부지지 못하다).

5. 허파. 노여움이나 분한 마음.
¶ □□가 치밀다. □□ㅅ김에 편지를 찢어 버렸다.

6. 방안의 벽 맨 아랫도리(부분).
¶ □□□에 종이를 바르다. □□□에 널빤지를 대다.

7. 걸레질을 할 때 벽의 굽도리가 더러워지지 않도록 밑으로 돌아가며 좁게 오려 바른 장판지.
¶ 방에 도배할 때 □□□□를 바르다.

8. 당장 볼일이 있는데도 딴 일을 하거나 느릿느릿 꾸물거리는 일.
¶ 화재에 □□으로 대처하여 인명피해로 이어졌다. □□을 피우다. 일행 가운데 한 사람이 □□을 부린다.

9. 아랫사람을 엄하게 다잡다가 조금 자유롭게 늦추는(풀어 주는) 일.

[정답 77]

1. 모이 → 모이주머니(멀떠구니)
2. 부리[1] → 부리망(-網; 소의 주둥이에 씌우는 망), 콧부리; 돌부리, 멧부리, 바짓부리(바짓가랑이의 끝부분), 발부리, 총부리(銃-)
3. 부리[2]
4. 만화; 열[2] → 곰열(곰의 쓸개, 웅담)
5. 부아 → 부앗가심(화를 누그러뜨리는 일)
6. 굽도리 → 굽도리지(-紙; 굽도리에 바르는 종이; 굽도리, 굽지), 굽도리하다.
7. 걸레받이
8. 늑장 = 늦장
9. 늑줄(동여매었으나 좀 느슨해진 줄)

¶ □□을 주다. □□ 주었던 것을 바싹 다잡다. 일도 중요하지만 때로는 자기 자신에게 잠시 □□을 주는 여유가 필요하다.

10. 배가 고픔.[=초기. 허기(虛飢)]
¶ □□하던 참에 맛있게 먹었다. □□이 반찬(배가 고프면 반찬이 없어도 밥맛이 달다는 말).

11. 체면 없이 마구 먹으려 하거나 가지고 싶어 하여 탐내는 마음.
¶ □□들린 것처럼 끊임없이 먹다. □□을 떼다(먹거나 하고 싶은 대로 하게 되어서 탐욕이 없어지다).

12. ▸배나 비행기의 방향을 조종하는 장치. 방향타(方向舵). ▸곡식 따위를 까부르는 기구.
¶ 방향 □를 돌리다. □를 잡다(어떤 방향을 잡다). □로 곡식을 까부르다.

13. 실이나 끈 따위를 사려 놓은 뭉치. 또는 그것을 세는 말. 배배 틀린 것.
¶ 무명실 □□를 실꾸리에 옮겨 감다. 불길이 □□치며 솟아올랐다. 실 열 □□.

14. 혼인 뒤에 신랑이나 신부를 친척집에서 처음으로 초대하는 일.
¶ □□□ 준비에 바쁜 일손들. 이모 집에서 □□□하다.

15. 매우 바라던 사물이나 기다리던 사람을 보고서 몹시 반가워함. 또는 그런 기색.
¶ 어머니는 아들을 □□을 하며 반기셨다. 손님을 □□하며 맞이하다.

16. 실로 짠 물건의 코나 바느질한 자리의 올 따위가 끊어지다. 도자기나 사기그릇 따위의 물건 한쪽이 깨어져 떨어지다.
¶ 그물코가 □□. 모기장의 □ 구멍을 기웠다. 바둑돌이 □□서 못쓰겠다.

17. 주로 이야기나 노랫소리 같은

---

10. 시장 → 시장기(배가 고픈 느낌)
11. 게걸 → 게걸거리다/대다, 개걸들리다, 게걸스럽다
12. 키[1]; 키[2] → 키잡이(조타수), 방향키(方向–); 끼내림(까불질), 키질/하다; '키[3][신장(身長)]'과 동음이의어다.
13. 타래 → 타래못(나사못), 타래송곳, 타래쇠(용수철), 타래실, 타래엿, 타래치다
14. 반살미
15. 반색
16. [뙤다] 뙤다, 뙨, 뙤어(서)
17. [구성지다] 구성진, 구성진 → 목구성(목소리의 구성진 맛), 천구성(타고난 힘차고 윤기가 흐르는 목청)

것이 천연스럽고 구수하며 멋지다. 격에 맞고 멋지다.

¶ □□□ 목소리로 아리랑을 부르다. 육자배기의 □□□ 가락이 끊길 듯 이어진다.

18. 제법 구수한 맛이 있다.

¶ □□□□□ 이야기, 하는 말이 제법 □□□□□. 지나온 이야기를 □□지게 늘어놓다.

19. ▸성질이 깐질기고 야무지다. 됨됨이가 단단하고 겁이 없다(≒댕가리지다). ▸마음에 두려움이 없고 깜찍하다.

¶ 어린 것이 안차고 □□□□. 자그마한 몸집이 안차고 □□□ 사람. 담이 크고 □□ 소년.

20. ▸벅찬 일을 치러 낼 만큼 굳세고 야무지다. 강단이 있다(=옹골차다). ▸보기보다 실하고 단단하다.

¶ 힘겨운 일이라도 □□□게 해낸다. 몸집은 작아도 □□□ 보인다. 운동으로 단련된 □□□ 어깨. 작은 짐이 □□□게 무겁다.

---

18. [귀성스럽다] 귀성스러운, 귀성스럽다, 귀성 → 귀성지다(귀성스럽게 느껴지다)

19. [다라지다] 다라지다, 다라진; [안차다] 안찬 → 안차고 다라지다(겁이 없고 깜찍하며 당돌하다).

20. [다부지다] 다부지(게), 다부져; [달망지다] 달망진, 달망지(게)

[문제 78]

1. 집터 따위를 다지는 데 쓰는 기구.

¶ 소리 맞춰 □□로 땅을 다지다. 달밤에 □□질하는 소리가 들려왔다.

2. 둘 이상의 사람이 짝이 되어 뒷덜미에 긴 몽둥이를 얹어 무거운 물건을 함께 메어 나르는 일. 또는 그 일에 쓰는 굵고 긴 막대기.

¶ 두 사람이 □□를 메어 돌덩이를 옮겼다. □□꾼들이 소리에 발을 맞추어 가며 짐을 날랐다.

3. ▸디딜방아나 물방아의 쌀개를 받치고 있는 기둥처럼 된 나무나 돌. ▸방아허리에 가로 맞추어 방아를 걸게 만든 나무 막대기.

¶ □□를 단단히 박다. □□를 받치다.

4. 배의 뒤쪽이 되는 부분[=꽁지부리. 선미(船尾)].

¶ □□에 서서 낚시질을 하는 사공. 뒷배가 □□을 들이받았다.

[정답 78]

1. 달구 → 달구질/하다, 달굿대, 돌달구, 목달구(木−), 쇠달구, 원달구(圓−)

2. 목도 → 목도꾼, 목도질/하다

3. 볼씨; 쌀개

4. 고물[1] ↔이물[뱃머리. 선수(船首)]

5. 인절미나 경단 따위의 겉에 묻히거나 시루떡의 켜와 켜 사이에 뿌리는 팥·콩 따위의 가루.

¶ 팥을 삶아 시루떡의 □□로 쓰다. 인절미에 콩□□을 묻히다.

6. 무엇을 치거나 박을 때 쓰는, 나무나 쇠로 만든 방망이.

¶ □로 떡을 치다. '나무□'로 목재를 짜 맞추다.

7. 사람이나 동물의 입의 위아래에 있어서, 발성이나 씹는 일을 하는 기관.

¶ □이 빠지다. □을 괴고 사색에 잠기다.

8. 평평한 곳에서 갑자기 높아진 자리.

¶ 길에 □이 져서 오르내리기가 불편하다.

9. 좋은 일이 있을 때 남에게 베푸는 음식 대접.

¶ 승진 □을 내다. 친구들한테 □지게 되었다(한턱내야 할 부담이 있다).

10. 마땅히 그렇게 되어야 할 까닭이나 이치. 그만 한 정도나 처지.

¶ 부모 자식 사이에 간격이 있을 □이 있니? 그 사람은 간섭할 □이 없다. 그런 짓을 할 □이 없다. 아무리 깨우쳐 주어도 언제나 그 □이다.

11. 돌 따위 작고 단단한 물건을 손에 쥐고 힘껏 던짐. 또는 그 물건.

¶ 강물을 향해 □□를 치다. 남의 □□에 밤 줍기.

12. 네 갈래로 짜개진 한끝으로 흙덩이나 돌멩이를 찍어서 멀리 던져 새를 쫓는 대나무 토막.

¶ 밭에 나가 □□로 돌을 던져 새떼를 쫓다.

---

5. 고물[2]

6. 메[1] → 메공이, 메질/하다, 떡메, 쇠메; 메[2](제삿밥, '밥'의 궁중말), 메[3][산(山)]와 동음이의어다.

7. 턱[1] → 턱뼈, 턱자가미(아래턱과 위턱의 맞물린 곳), 턱걸이

8. 턱[2] → 턱지다(언덕이 생기다), 문턱(門), 언턱

9. 턱[3] → 돌림턱(여럿이 돌아가며 음식을 내는 일), 들턱, 한턱, 헛턱(공연히 내는 턱. 실상은 보잘것없는 턱)

10. 턱[4] → 턱없다(이치에 닿지 않다)

11. 팔매 → 팔매질/하다, 돌팔매, 물팔매(물수제비), 줄팔매

12. 팡개 → 팡개질/하다

13. 어떤 일을 시키거나 물건을 주문할 때, 돈을 먼저 치르지 않으면 선뜻 해주지 않는 일.

¶ 거래처에 선불(先拂)을 하지 않고 신용이 떨어져 □□□□□를 당하다.

14. 이부자리·베개 따위의 거죽을 싸는 피륙(=호청).

¶ 이불의 □을 벗겨 빨았다.

15. 근육이나 피하 조직의 일부가 뭉쳐져서 덩어리진 부분. 담(痰). 마음에 가시지 않고 남아 맺혀 있는 한이나 불만 따위의 감정. 사물 속에 깊이 박혀 있는 것.

¶ 장딴지에 □□□가 생기다. 억울한 사람들의 □□□를 풀어주어야 한다.

16. 살아 있는 나무나 풀의 넓이가 있는 낱 잎. 주로 따서 먹을 수 있는 잎을 가리킴.

¶ □□□가 싱싱한 채소. 상추 □□□가 바람에 흔들린다.

17. 예정한 수효보다 많이 늘다.

¶ 예상보다 관중이 □□게 모였다. 성금이 □□게 걷혔다.

18. 사람이 시원스레 울지 못하고 울음을 참으면서 느껴 울다.

¶ 서러움에 방안에서 □□ 적이 한두 번이 아니다. 길동이는 돌아서서 종아리를 걷어보이고는 다시 얼굴을 감싸고 □□며 울었다.

19. 눈이 부실 때 눈을 찌푸리고 가늘게 뜨다.

¶ 햇빛이 강렬해 눈을 □□□□. 눈을 □□□고 멀리 내다본다.

20. 눈이나 이맛살 같은 것을 좁히거나 작아지게 만들다.

¶ 눈시울을 가늘게 □□□고 보다. 이맛살을 잔뜩 □□□고 앉아 있는 아주머니.

---

13. 외상말코지

14. 잇 → 베갯잇, 욧잇, 이불잇, 푸짓잇('이불잇'의 궁중말)

15. 응어리

16. 이파리 → 잎사귀/잎새(낱낱의 잎)

17. [늘채다] 늘채(게), 늘채(게)

18. [늘키다] 늘킨, 늘키(며)

19. [사무리다] 사무리다, 사무리(고)

20. [조프리다] 조푸리(고), 조푸리(고) → 찌푸리다

[문제 79]

1. 한 번 듣거나 본 것을 잊지 않고 오래 지니는 총기. 기억력.
¶ □□□이 좋은 학생.

2. 생기 있고 재치(才致)가 있는 모습이나 기운.
¶ □□가 있는 눈. 그의 목소리에는 □□라곤 없이 이따금 가래 끓는 소리만 섞여 나왔다. □□가 빠르다(눈치가 빠르다).

3. ▸마소의 목에서 고삐에 걸쳐 얽은 줄. '얽매임'을 비유. ▸소의 코뚜레나 말의 재갈에 매어 몰거나 부릴 때 손에 잡고 끄는 줄.
¶ □□벗은 말. □□를 씌우다(얽매어 놓다). □□를 벗다(자유롭게 되다). □□ 풀린 망아지. □□를 늦추지 않고 계속 몰아붙이다. □□를 늦추다(늑줄을 주다).

4. 소나 말의 목에 가로 얹는 나무. '어떤 처지나 형편에서 쉽게 벗어나지 못하도록 얽어매거나 억누르는 것'을 비유하는 말.
¶ □□를 짊어지다. □□를 메다(행동에 구속을 받다. 어떤 고역을 치르게 되다).

5. 일을 부리기 위하여 말의 입에 가로 물리는 쇠토막.
¶ □□을 먹이다/ 물리다(떠들지 못하게 입을 틀어막다).

6. ▸무청이나 배추의 잎을 말린 것. ▸토란 줄기의 밑동.
¶ 얼마 전까지만 해도 김장철에 집집이 □□□를 말렸다. □□□는 섬유질이 넉넉한 건강식품이다. 물먹은 □□□가 토실토실하다. 육개장은 소의 살코기와 시래기, □□□, 고사리, 마늘, 대파 따위를 넣고 얼큰하게 끓인 국이다.

7. 목적물을 겨눔. 어떤 물건에 겨누어 정한 치수나 본새.
¶ □□이 적중하다. 목표물에 총을 □□하여 쏘았으나 불쏘고 말았다. 휴가철을 □□한 상품. 옷감을 펼쳐놓고 □□해 보다.

[정답 79]

1. 지닐총(-聰) = 총기(聰記) → 욀총(잘 기억하여 외는 총기)
2. 촉기
3. 굴레; 고삐
4. 멍에
5. 재갈
6. 시래기; 고운대(곤대) → 시래기죽, 시래깃국
7. 겨냥 → 겨냥그림(겨냥도), 겨냥내다, 겨냥대(겨냥하는 데 쓰는 막대기); 불쏘다(맞히지 못하다. 목적을 이루지 못하다)

8. 산의 비탈진 곳의 가장자리. 초가의 처마 끝.

¶ 산 □□□의 원두밭. □□□에서 떨어지는 빗물.

9. 비탈진 곳의 아랫부분. 강·바다 등과 잇닿은 가장자리 땅.

¶ 뒷산 □□에 있는 집. '자드락'은 나지막한 산□□의 비탈진 땅을 말한다. 한강 □□. 배가 □□에 닿다.

10. 산줄기가 끊어진 곳. 산잘림.

¶ □□□를 지키다. □□□에 길을 새로 내었다.

11. 공기 중의 수증기가 엉겨서 작은 물방울이 되어 지표 가까이에 끼는 자연 현상.

¶ □□가 자욱하게 끼었다. '□□ㅅ속'은 어떤 일이 어떻게 이루어질지 모르는 상태를 이르는 말이다.

12. 안개보다 조금 굵고 이슬비보다 조금 가는 비.

¶ 골짜기에 피어오르는 □□는 나로 하여금 신비로운 기운이 감도는 듯한 느낌이 들게 했다. 하늘에선 구름이 풀어져서 자우룩이 □□가 내리기 시작했다. □□에 옷 젖는 줄도 모르고 길을 걸었다.

13. 사람이나 물건의 한쪽이 짧은 다리.

¶ 탁자의 □□□□ 밑을 괴다. 울력걸음에 □□□□(좀 모자라는 사람도 여럿이 어울려서 하는 일에는 한몫을 할 수 있다는 말).

14. 목적한 바를 이루려고 바득바득 애를 쓰는 꼴.

¶ 철수는 □□□□ 공부한다. 그토록 □□□□하더니 기어코 해냈구나.

15. 한 가지 생각에 골몰하다. 열중하다. 몰두하다.

¶ 그는 문제를 해결하느라고 며칠째 □□고 있다. 무슨 생각에 □□면 꿈에 보인다. 묘안 짜기에 □□□.

---

8. 기스락 → 기스락물(덕숫물)

9. 기슭 → 강기슭, 처마기슭(지붕의 가장자리. 곧 처마 끝의 언저리)

10. 지레목

11. 안개 → 안개꽃, 안개비, 골안개, 눈안개, 달안개(달밤에 피어오르는 안개), 물안개, 실안개

12. 는개

13. 봉충다리

14. 타울타울, 〈큰〉터울터울 → 타울거리다/대다; 굴침스럽다(무엇을 억지로 하려고 애쓰는 태도가 있다)

15. [옴하다] 옴하(고), 옴하(면), 옴하다

16. 사물의 이치나 학문 따위에 막힘이 없이 두루 통하여 알고 있다. 속이 넓고 텅 비어 있다(휑뎅그렁하다).

¶ 그 사람은 한국 문학에 □□□. 동굴 속이 □□고 어둑하다. □□ 빈 집에 서 발 막대 거칠 것이 없다(집이 가난하여 살림살이가 전혀 없다).

17. 뚜렷하고 명백하다. 현저(顯著)하다. 빤하다.

¶ 그 일의 결과는 □□□□. 그 일의 결과가 □□히 눈에 보이다. 글씨를 대조해 보니 첫눈에도 같은 글씨라는 게 □□했다.

18. 어떤 한 가지 일에만 골똘하게 정신을 쏟아 다른 생각이 없다. 무슨 일에 정신을 오로지 쓰다.

¶ 그림 그리기에 □□□□. 시험공부에 □□□□. 오로지 창작에만 □□□여 시간 가는 줄을 모른다.

19. 방이 차고 써늘하다.

¶ 아궁이에 불을 지폈는데도 방안이 □□□□□□.

20. 좀 갑갑할 정도로 무더운(후끈한) 기운이 있다. 마음을 부드럽게 녹여 주는 따뜻한 정이 있다.

¶ □□□ 방안 공기를 환기시키다. 오늘 밤에 비가 오려는지 공기가 제법 □□이 물쿤다. 자원봉사자의 정성은 우리들의 마음을 □□□게 해주었다.

[문제 80]

1. 남의 눈에 좋게 보이기 위하여 겉으로만 슬쩍 꾸미는 일.

¶ 청소년기는 □□□에 마음을 많이 쓰는 나이 때다. 많은 돈을 들여 □□□한 응접실.

2. 한두 번 보고도 곧 그것을 해낼 수 있는 재주.

¶ 그이는 워낙 □□□가 있어 무슨 일이든 잘 한다.

---

16. [휑하다] 휑하다, 휑하(고), 휑한

17. [헨둥하다] 헨둥하다, 헨둥(히), 헨둥(했다)

18. [참척하다] [←잠착(潛着)] 참척하다, 참척하(여)

19. [싱겅싱겅하다] 싱겅싱겅하다

20. [훗훗하다] 훗훗한, 훗훗(이), 훗훗하(게)

[정답 80]

1. 눈비음 → 빔[1]

2. 눈썰미 → 귀썰미(한번 들은 것을 잊지 않는 재주)

3. 몹시 밉거나 싫어 늘 눈에 거슬리는 사람.

¶ □□□□로 여기다. 그 사람은 나에게 □□□□ 같은 존재다.

4. 작은 배를 타고 창경(窓鏡)으로 물밑을 내려다보면서 창이나 작살로 찌르거나 걸어서 수산물을 얻는 일.

¶ 낚시질하고 □□도 하여 고기를 잡다.

5. 물고기를 찔러 잡는 기구.

¶ □□로 고래를 찌르다. □□포(고래 □□을 내쏘는 포).

6. 강이나 내에서 밤에 불을 비추어 물속에 있는 고기를 작살로 쏘아 잡는 일.

¶ □□을 타느라 시간 가는 줄 모른다. 강가에서 아이들이 □□하느라 시끌벅적하다.

7. 험한 벼랑에 바위 같은 것을 안고 겨우 돌아가게 된 곳.

¶ 겨우 □□□를 지나니 이제는 등을 대고 돌아가야 하는 지도리가 나타났다.

8. 일이 그릇된 원인. 잘못된 까닭. 잘못된 것을 원망하거나 핑계나 구실로 삼음.

¶ 제 잘못은 생각지 않고 남의 □으로 돌리다.

9. 남의 가축을 길러서 다 자라거나 새끼를 낸 뒤에 주인과 나누어 가지는 일. 반양(半養).

¶ 주인과 나누어 가지기로 하고 기르는 소를 '□□ㅅ소'라고 한다.

10. 일부 명사 앞에 붙어, '어머니의 배 안에 있을 때부터의 것'임을 뜻하는 말.

¶ □□ㅅ짓을 하다. □□ㅅ버릇을 고치다.

---

3. 눈엣가시

4. 사돌 → 사돌배, 사돌어구(-漁具)

5. 작살 → 작살비(줄기차게 쏟아지는 비), 작살질/하다, 작살나다(박살나다. 아주 결딴나다)

6. 토림

7. 안돌이 ↔지돌이

8. 탓 → '탓, 때문'은 결과가 좋지 않을 때 쓰고, '덕 · 덕택 · 덕분'은 긍정적인 뜻으로 쓰인다.

9. 배내 → 배냇돼지, 배냇소; 수냇소(송아지를 주어 기르게 한 다음, 소 값을 빼고 도조를 내던 소)

10. 배내- → 배내똥, 배냇머리, 배냇버릇, 배냇저고리

11. 지주와 소작인이 소출을 똑같이 나누어 가지는 일. 또는 그 제도. 반타작(半打作).

¶소작인에게 □□□로 짓는 농사는 겨우 손해를 면할 정도였다.

12. 매우 잦고도 바쁘게 드나드는 꼴.

¶ □□□□ 들락거리다. 오늘도 삼촌은 □□□□ 집을 들락날락하셨다.

13. 새로운 물건이나 일이 자꾸 생기는 꼴. 거듭 새로움을 느끼게 되는 꼴.

¶ □□□□ 옛 추억이 떠오르다. □□□□ 기상천외의 일이 벌어지고 있다. 봄이 되니 □□□□ 고향 생각이 간절하다.

14. 갈수록 더.

¶ 날씨가 □□ 더워만 간다. 사태는 □□ 어려워진다.

15. 문을 굳게 닫아 잠가 걸다.

¶ 현관문을 □□□고 집을 나서다. 집에 돌아오니 □□□ 대문 앞에 웬 사내가 서성이고 있었다.

---

11. 배메기 → 배메기농사, 배메깃논

12. 불풍나게

13. 새록새록

14. 무장

15. [차깔하다] 〈큰〉처깔하다, 차깔하(고), 차깔한

16. 드나들지 못하도록 대문을 닫고 그 위에 나무 조각을 가로 걸쳐 박다.

¶ 고향 마을 시골에는 대문을 □□□ 빈 집이 여러 채가 된다.

17. 재물과 이익을 좇아 덤비어드는 데 발밭다.

¶ 보기와는 달리 무척 □□□ 데가 있다. 사람이 저렇게 □□□ 수가 있나.

18. 보기에 군색(窘塞)하고 애바른 데가 있다. 마음을 쓰는 것이 좀스럽고 애바르다.

¶ □□□□□ 친구를 보니 마음이 아프다. 그렇게 옹졸하고 □□□□□ 무슨 일을 하겠느냐?

19. 똑바로 말하지 않고 에둘러서 은근히 깨우치거나 알아듣도록 하다.

¶ 선생님은 □□□기 기법으로 아이들을 가르치신다. 부탁을 들어달라고 □□□□.

---

16. [첩박다] 첩박은

17. [애바르다] 애바른, 애바를 → 애바리(애바른 사람), 애발스럽다(애바르게 보이다)

18. [애살스럽다] 애살스러운, 애살스러워 → 애살맞다(필요한 것이 없거나 모자라 옹색하며 안타까운 데가 있다)

19. [비사치다] 비사치(기), 비사치다

20. 무엇을 타거나 할 때 즐겁고 긴장감이 넘쳐 짜릿한 맛이 있다.
¶ 그네를 타면 □□□. □□□ 무동 타기. 안돌이 지돌이로 이어진 □□□ 길이어서 산을 즐기는 사람들이 많이 찾는다.

[문제 81]

1. 자손에게서 받는 덕. 안받음.
¶ 늘그막에 □를 보다. 손자의 □까지 보며 장수하시다.

2. 쓿은 쌀 속에 섞여 있는, 겉껍질이 벗겨지지 않은 벼의 낟알.
¶ 쌀에서 □를 골라내다. 돌이나 □ 따위를 골라낸 쌀을 '고른쌀', 잘 쓿지 아니하여 □가 섞이고 빛이 깨끗하지 않은 쌀은 '궂은쌀'이라고 한다.

3. 옷고름이나 끈 따위를 서로 잡아 맬 때, 매듭이 풀리지 않도록 한 가닥을 고리 모양으로 잡아 뺀 것. 상투를 틀 때 머리털을 고리처럼 감아 넘긴 것.
¶ □가 풀리다. 단춧□에 끼우다. 철사에 □를 내어 짐승을 잡는 데 쓰는 물건을 '올가미(올무)'라고 한다.

4. 한복에서 저고리의 깃 위에 조붓하게 덧대는 흰 헝겊 오리.
¶ 까맣게 때가 오른 □□을 새로 갈다.

5. 한복의 옷소매 아래쪽에 물고기의 배처럼 불룩하게 동그린 부분. 물고기의 배의 부분.
¶ 한복 □□□ 안에 물건을 넣다.

6. ▸바람의 방향을 맞추기 위하여 돛에 매어서 쓰는 줄. ▸돛을 올리고 내리기 위하여 돛대에 매어 놓은 줄.
¶ □□□을 달다. □□□로 돛을 올렸다 내렸다 하다.

7. 돛대를 뺀 배의 높이.
¶ □□이 낮은 나룻배.

---

20. [호습다] 호습다, 호스운, 호스운 → 호스럼(호스운 느낌)

[정답 81]

1. 뉘[1] → 볕뉘
2. 뉘[2] → 뉘반지기(뉘가 많이 섞인 쌀)
3. 고 → 고달이(물건을 들거나 걸기 위하여 끈으로 만든 고리), 심고(활의 시위를 양냥고자에 걸기 위한 고)
4. 동정
5. 배래기[1], 〈준〉배래 → 뭍에서 멀리 떨어져 있는 난바다 위를 일컫는 '배래기[2]'와 동음이의어다.
6. 아딧줄, 〈준〉앗줄; 용총줄
7. 오동

8. 간장이나 술·김치 따위의 물기 있는 식료품 겉면에 생기는 곰팡이 같은 흰 물질.

¶ □□□를 국자로 걷어내다. □□□가 허옇게 낀 간장.

9. 걸쭉한 액체의 거죽에 엉겨 붙어 굳거나 말라서 생긴 꺼풀.

¶ 쇠고깃국이 식어 허옇게 □□□가 앉았다. □□□가 앉은 팥죽.

10. 몹시 찌든 물건에 앉은 거친 때.

¶ 마룻바닥에 이끼처럼 앉은 □□. 먼지가 □□□□ 쌓이다. 많이 모인 더껑이나 덕지덕지 붙어 있는 □□를 '주버기'라고 한다. '구들□□'는 늙고 병들어 늘 방안에만 있는 사람을 말한다.

11. 돈이나 물건이 축나는 일.

¶ 일부 사람들의 사재기로 생필품이 □□났다. 도둑들이 면내어 □□이 나다. □□이 나다(돈이나 곡식 따위에 부족이 생기다).

12. 남의 잘못이나 결함 따위를 잡아 나무라거나 탓함.

¶ 하는 일마다 □□이다. 반찬 □□이 심하다. 일을 못하면서 연장 □□이다. □□을 받다/ 주다.

13. 사람이나 물건 이름을 죽 적은 글발.

¶ 총무가 회원들에게 □□를 내보이다.

14. 홍예문과 홍예문을 잇대어 쌓은 뒤, 벌어진 자리에 처음으로 놓는 돌. 역삼각형의 모양임.

¶ 홍예 사이에 끼우는 □□□□□는 물리적으로 완벽한 구조다.

15. ▸이것저것 가릴 것 없이 모두 평균으로 쳐서. ▸어떤 물건을 있는 대로 모두. 몽땅.

¶ □□□ 얼마에 파시겠소? □□□ 계산하다. 물건을 □□□ 반값에 넘기다.

---

8. 골마지

9. 더껑이 → 웃더껑이(더껑이를 강조한 말. 물건의 위를 덮어 놓는 물건)

10. 더께, 더께더께 → 겉더께, 속더께

11. 무면 → 무면나다/지다

12. 타박 → 말타박(말로 핀잔하는 일), 땅타발(땅이 나쁘다고 푸념하는 일); '타발'은 사투리

13. 발기(-記) → 맞발기(매매 쌍방이 다 같이 간수해 두는 문서)

14. 잠자리무사(-武砂)

15. 통밀어; 통틀어

16. 동안이 뜨게 여러 차례에 걸쳐서 조금씩 주는 꼴(=찔끔찔끔. ≒흘림흘림).

¶ 빌려간 돈을 한목에 주지 않고 □□□□ 주다.

17. 곡식을 찧어 속껍질을 벗기고 깨끗하게 하다.

¶ 절구에 벼를 찧어서 곱게 □고 물을 길어 와 밥을 지었다. 아직 쌀에 뉘가 많으니 한 번 더 □어야겠다. □어서 깨끗한 쌀을 '쓿은쌀'이라고 한다.

18. ▸곡식의 껍질을 마른 채로 벗기다. ▸곡식 낟알의 껍질을 벗기려고 물을 붓고 애벌 찧다.

¶ 정미소에서 벼를 □□□. 겉보리를 절구에 찧어 □□□.

19. ▸단련될 정도로 여러 가지 일에 몹시 시달리다. ▸애벌 찧어 능근 곡식에 물을 부어 마지막으로 깨끗이 찧다.

¶ 만원 지하철에 사람들에게 □□고 보니 기운이 하나도 없다. 겉보리를 □□□.

20. ▸빨리 뛰어 가게 하다('닫다'의 사동). ▸힘에 부치다. 재주가 미치지 못하다. 재물이 뒤를 잇대지 못하게 모자라다.

¶ 힘껏 □□□. 힘이 □□ 더는 못 뛰겠다. 일손이 □□□. 사업 자금이 좀 □□니 네가 좀 도와 다오.

[문제 82]

1. 빠듯하지 않고 넉넉하게 잡은 여유.

¶ □을 두어 밥을 짓다. □을 두어 장만하다.

2. 두 손으로 붙잡고 매달리는 짓.[+뛰다]

¶ 아이는 그리던 엄마를 보자 □□□를 뛰면서 어쩔 줄을 몰랐다. □□□를 뛰며 달라붙는 손자 녀석. □□□를 뛰다(붙잡고 매달리다. 매달려 몹시 조르다)

---

16. 질름질름 〈작〉잘름잘름 〈센〉찔름찔름

17. [쓿다] 쓿(고), 쓿(어야겠다), 쓿(어서)

18. [늠그다] 늠그다; [능그다] 능그다

19. [대끼다[1]] 대끼(고); [대끼다[2]] 대끼다 → 부대끼다

20. [달리다[1]] 달리다; [달리다[2]] 달려, 달리다, 달리(니)

[정답 82]

1. 능 → 능놀다(일을 자꾸 미루어 나가다. 천천히 쉬어 가며 일하다), 능먹다(요령을 부리다), 능준하다

2. 다랑귀

3. 두 사람의 말이 어긋날 때, 제삼자나 말전주한 사람 앞에서 전에 한 말이 옳고 그름을 판단하는 일. 대질(對質).
¶ 공범자를 불러 □□□□하다.

4. 빰의 가운데를 이루고 있는 살집.
¶ 발그레한 □. 음식물을 먹다가 □을 깨물어 생긴 상처를 '스리'라고 한다.

5. 신발이나 버선 같은 좁고 기름한 물건의 너비. 해진 버선의 앞뒤 바닥에 덧대어 깁는 헝겊 조각. 연장의 날을 벼릴 때에 덧대는 쇳조각.
¶ □이 넓은 발. 버선에 □을 대다. □을 단 호미.

6. 서로 번갈아 하기. 교대(交代).
¶ 두 사람이 □□□□로 짐을 날랐다 두 젊은이는 □□□□로 떠들어댄다.

7. 빚어 담근 술이 익었을 때, 박아 놓은 용수에서 첫 번으로 떠내는 술의 웃국.
¶ 막걸리 독에서 □□을 뜨다.

8. ▸간장이나 술 따위를 담가서 익힌 뒤에 맨 처음 떠내는 진한 국. ▸국물을 타지 않은 진한 국물(=진국).
¶ 술은 □□이 제 맛이고, 곰탕 국물은 □□이 고소하며 맛있다.

9. 불평을 품고 일부러 짓궂게 하는 말이나 짓. 심술(心術).
¶ □□을 부리다/ 피우다. 외동딸로 키워 □□을 잘 피운다.

10. 남에게 숨기고 있는 속셈이나 수작. 흑막(黑幕).
¶ 그 제안 속에는 무슨 □□가 있는 게 틀림없다. □□를 부리다.

11. 속임수로 남의 돈을 따먹는 노

---

3. 무릎맞춤 → 무릎맞춤하다(='쨈대다'는 평북 사투리)
4. 볼[1] → 볼가심(요기), 볼멘소리, 볼비빔, 볼우물(보조개), 메줏볼(늘어진 볼), 밤볼, 조개볼(조가비처럼 가운데가 도드라진 볼)
5. 볼[2] → 버선볼, 신볼; 볼달다
6. 겨끔내기 → 갈마들다(번갈아 들다), 대거리(代-; 교대)
7. 꽃국 → '꽃물'은 설렁탕 따위의 진국을 뜻한다.
8. 웃국; 전국(全-)
9. 게정 → 게정거리다/대다, 게정꾼, 게정내다
10. 야로
11. 야바위 → 야바위꾼, 야바위판, 야바윗속(속임수로 야바위 치는 속내)

름. 또는 협잡의 수단으로 그럴듯한 광경을 꾸미는 일. 사기(詐欺).

¶ □□□에 속아 돈을 몽땅 잃다. 정치 □□□가 판을 친다.

12. ▸통명스러운 핀잔. 통바리. ▸품질이 낮은 쇠.

¶ 공연한 일에 뛰어든다고 □을 놓다. □으로 만든 바리.

13. 하는 일 없이 빈둥거리며 노는 꼴.

¶ 농번기에 □□ 놀고만 지낸다. □□ 시간만 보내다가는 낙방할 것이다.

14. 잇따라 귀찮게 조르거나 사리에 밝지 못하고 어리석게 행동하는 꼴.

¶ 어머니를 □□□□ 조르다. 되지도 않을 일을 가지고 □□□□ 떼를 쓰는구나. □□□□ 우겨대다. 헛소리를 □□□□ 할 때가 있다.

15. 얼굴이 두툼하고 복스러운 꼴. 어린아이가 탈 없이 잘 자라거나 잘 노는 꼴.

¶ □□□□ 살진 얼굴에 신들신들한 웃음까지 흘린다. 돼지가 □□□□하게 살이 쪘다. □□□□ 탈 없이 잘 자라다. 손자가 □□□□ 잘 논다.

16. 남의 감정을 건드려서 몹시 화나게 하다. 남을 덧들이다.

¶ 공연한 사람을 □□□ 울리다. 어제 나를 □□□ 놓고서 오늘 와서는 시치미를 떼니 어처구니가 없다.

17. 갑자기 무뚝뚝하게 불뚝불뚝 화를 내는 성질이 있다.

¶ 그는 성질이 워낙 □□□서 농담조차 걸기 힘들다. 제발 □□□게 굴지 마라.

18. 야단스럽게 떠들다.

¶ 옆집에서 잔치하느라 □□는 소리가 난다. 흥분으로 □□이는 거리.

19. 본래 안 될 일이라도 되도록 마

---

12. 퉁[1]; 퉁[2] → 퉁바리맞다, 퉁어리적다; 퉁노구, 퉁방울, 퉁부처, 퉁주발, 퉁때(엽전에 묻은 때)

13. 파니, 〈큰〉퍼니

14. 더럭더럭, 〈작〉다락다락

15. 투덕투덕

16. [들떼리다] 들떼려, 들떼려 → 덧들이다(남을 건드려서 노하게 하다)

17. [뚝별나다] 뚝별나(서), 뚝별나(게) → 뚝별스럽다. 뚝별씨(걸핏하면 성을 잘 내는 사람)

18. [들레다] 들레(는), 들레(이는) → 들레이다(감격이나 흥분으로 가슴이 들썩거리고 고동치다. 설레다)

19. [썰레놓다] 썰레놓(을)

련하다.

¶ 어떻게 □□□을 방법이 없겠나.

20. 역량·수량 따위가 표준에 차고도 남아 넉넉하다.

¶ 장학금을 □□□게 대주다. 그의 실력으로 그만한 일은 □□히 해낼 수 있다.

[문제 83]

1. 옛날에 입던 길이가 짧은 저고리.

¶ □□ 위에 마고자를 입다. 요즘 □□의 멋을 살린 양장이 유행이다.

2. 가랑이가 무릎까지 내려오게 지은 짧은 남자용 홑바지.

¶ □□□만 걸치고 논에 나가 김을 매다. □□□에 대님 치듯(군색한 일을 당해 몹시 켕기는 모양).

3. ▸어린아이의 배와 아랫도리를 둘러서 가리는 치마같이 만든 옷. ▸조끼나 소매. 깃이 없이 등만 덮을 만하게 지어 입는 홑옷.

¶ 배□□□는 배만 겨우 가리는 좁고 짧은 옷을 뜻한다. 베□□□만 입고 논일을 하다.

4. ▸남자의 여름 홑바지. ▸저고리의 어깨선에서부터 겨드랑이까지의 너비.

¶ 소나기에 □□가 흠뻑 젖다. 이 옷은 □□이 넓다.

5. ▸겉치마가 부풀어 오르게 보이려고 치마 속에 입는 짤막한 통치마. ▸여자들의 아랫도리 속옷.

¶ 잔치 때 □□□를 속에 입다. 불이 났다는 소리에 □□바람으로 뛰어나왔다.

6. 소의 머리·꼬리·족·하파·간 따위를 한 도막이나 한 점씩 고루고루 넣어서 소금에 끓인 국.

¶ 마을 잔칫날에 소를 잡아 □□□을 끓였다.

7. 주로 내포(內包; 짐승의 내장)를 삶은 잡살뱅이 쇠고기.

---

20. [능준하다] 능준하(게), 능준(히)

[정답 83]

1. 모코

2. 잠방이 → 베잠방이, 속잠방이, 쇠코잠방이(짧은 잠방이), 얻은잠방이(남에게서 얻은 것이 신통치 않음)

3. 두렁이; 등거리 → 땀등거리

4. 고의; 진동 → 고의적삼, 고의춤, 물고의

5. 무지기; 속곳 → 각각의 어원적 의미는 '무지갯빛을 이루는', '속에 입는 것'이다.

6. 간막국

7. 잡차래, 〈준〉잡찰

¶ □□□는 술안주로 제일이다.

8. 콩나물·두부·북어를 넣고 고추장을 풀어서 끓인 국.
¶ 해장국으로는 □□□이 좋다.

9. 오이를 썰어 소금에 살짝 절인 다음 기름으로 볶은 반찬.
¶ 오이는 주로 날것을 무쳐 먹지만 □□□□처럼 볶아먹기도 한다.

10. 집의 울타리 안에 있는 작은 밭.
¶ 고양이만한 □□에 푸성귀와 꽃을 심고 가꾸다. '텃밭'은 집터를 중심으로 거기에 딸리거나 가까이 있는 밭을 일컫는 말이다.

11. 눈알이나 새 따위의 알의 빛깔에 따라 나뉘는 부분. 핵(核).
¶ 눈알의 언저리를 '눈□□'라고 한다.

12. 무거운 물건이 놓여 있던 자리. 뱃속의 아이가 놀기 전까지 차지하고 있는 자리. 밤이 완전히 익기 전까지 밤톨이 송이 안에 붙어 있는 자리. 상대에게 틈을 보여서는 안 될, 선수가 지킬 자리.
¶ □□가 돌다(먹은 음식이 삭기 시작하다). □□를 뜨다(자리에서 움직이다. 자기의 지킬 자리를 떠나서 틈이 나다).

13. 남편의 첩(妾).
¶ □□을 보다. □□을 보면 돌부처도 돌아앉는다.

14. 이혼하고도 처녀 행세를 하는 여자.
¶ □□□를 처녀라고 거짓말하는 중매쟁이.

15. 몹시 힘에 겨운 일을 이루려고 온 힘을 다하는 꼴.
¶ □□□□ 키운 자식에게 냉대를 받다니. □□□□ 장만해 모은 재산이다. 혼잣손으로 □□□□ 많은 식구를 뒷바라지하는 아낙을 눈물 없이는 볼 수 없다. □□□□ 뛰어다니며 피나는 노력을 하다.

16. 마음에 선뜻 내키지 않아 꺼림칙하고 싫다. 썩 미덥지 못하다(↔마

---

8. 삼탯국(三太-)
9. 외보도리
10. 터앝 [←터+밭]
11. 자위[1] → 노른자위, 흰자위
12. 자위[2] → 자위질(뱃속의 아이가 노는 일)
13. 시앗 = 소실(小室)
14. 되모시
15. 애면글면
16. [뜨악하다] 뜨악해(졌다), 뜨악했다, 뜨악해, 뜨악한, 뜨악한

뜩하다). 마음이나 분위기 또는 사귀는 사이가 맞지 않아 서먹하다.

¶ 옳지 못한 행동이라 생각하니 마음에 □□□졌다. 이 집에 올 때부터 마음이 □□□□. 생각했던 것보다 어리기 때문인지 □□□ 하는 눈치다. □□□ 목소리로 중얼거리다. 한바탕 싸우고 나더니 둘은 □□□ 사이가 되었다.

17. 마음에 차지 않아 못마땅하게 생각하다. 껄렁하여 대수롭지 않다.

¶ 달라는 걸 주었는데도 □□ 표정이다. □□ 얼굴로 쳐다보다. 좋은 몫을 주었는데도 □□하는 눈치다. □□둥한 표정으로 돈을 주다.

18. 말이나 행동이 매우 착실하고 부지런한 데가 있다.

¶ 영순이는 □□스럽고 솜씨도 좋아 나무랄 데가 없다. □□스레 일하다.

19. 하는 짓이 아주 좀스럽고 간사하다.

¶ □□□□게 생글생글 웃다. 하는 짓이 □□□□□ 사람은 큰 인물 될 자격이 없다. 사내대장부가 그처럼 □□□□□서야 되겠느냐? 계집애가 □□스레 군다.

20. 사람이나 집단이 크게 거들먹거리며 세상을 어지럽히고 세상 사람들을 괴롭히다.

¶ 경찰력이 약화되면 불량배들이 □□□고 다니는 세상이 될 것이다. 무장 테러분자들이 거리를 □□□고 다니는 무서운 세상.

[문제 84]

1. 광산의 주인과 계약을 맺고 그 광산의 일부를 맡아 경영하는 사람. 광물 구덩이.

¶ 광산을 돌며 □□질하며 돈을 모으다. □□에서 많은 금을 캐다.

---

17. [시쁘다] 시쁜, 시쁜, 시뻐(하는), 시쁘(둥한) → 시뻐하다, 시쁘둥하다(매우 시쁜 기색이 있다), 시쁘장스럽다, 시뜻하다(매우 시쁘다)

18. [실쌈스럽다] 실쌈(스럽고), 실쌈(스레) → '뒤스럭스럽다(언행이 침착하지 못하고 늘 부산하다)'의 뜻도 있음

19. [소사스럽다] 소사스럽(게), 소사스러운, 소사스러워(서야), 소사(스레)

20. [거장치다] 거장치(고), 거장치(고)

[정답 84]

1. 덕대[1] → 덕대갱(-坑), 굿덕대(한 구덩이의 작업 감독을 맡은 책임자); 덕대[2](아이의 시체를 허술하게 묻음. 또는 그 무덤)

2. 일의 옳고 그름이나 경위(經緯). 또는 이것을 모르는 상태.

¶ □□도 모르고 덤빈다. 그 일에 □□인 사람을 뽑다니 말이 아니다.

3. 곡식 · 채소를 심은 밭두둑 사이나 빈틈에 다른 작물을 듬성듬성 심는 일.

¶ 보리밭에 콩 □□을 하다. □□을 박다/치다.

4. 이른 봄에 보리나 밀을 심은 밭 사이의 이랑에 콩이나 팥 등을 심는 일.

¶ 보리밭에 □□콩을 내다. □□를 파다(다른 작물을 심은 밭이랑에 콩이나 팥 등을 심다). 밭 가로 둘러 심은 콩은 '머드레콩'이라고 한다.

5. 기름을 먹이거나 칠을 하여 나는 윤기.

¶ 마룻바닥에 □□를 내다. 반들반들 □□가 난 장판.

6. 삼이나 노 따위로 짚신처럼 삼은 신.

¶ 비오는 날에 나막신이지 □□□를 신다니. □□□코투리(미주알고주알).

7. 종이나 삼노를 꼬아서 만든 멜빵.

¶ 보부상은 짐짝에 □□□를 묶어 어깨에 메고 다녔다.

8. 부엌 위에 마루를 놓아 지붕 밑의 고미와 보꾹 사이의 빈 곳.

¶ □□□□에 세간을 두다. 어렸을 때 □□□□에 숨기도 하였다.

9. 방 안에서, 지붕 밑(보꾹)과 반자를 친 천장 사이의 빈 공간.

¶ □□□에 감추어 둔 땅문서. 쥐들의 소굴이 된 □□□.

10. 수평을 유지하기 위해 천장을 보꾹에 달아 맨 나무쪽.

¶ 천장에 □□을 달아매고 반자를 대다.

11. 집의 벽 밖으로 새로 물리어 칸

---

2. 맹문 → 맹문이(맹문을 모르는 사람)
3. 부룩
4. 대우[1] ≒부룩. 긍이. 사이짓기
5. 대우[2] → 대우갈이(기름을 새로 칠하여 꾸미는 일), 기름대우, 마른대우
6. 미투리 → 꽃미투리, 육날미투리
7. 박다위
8. 고미다락(다락방) → 고미(고미받이를 걸어서 고미혀를 건너지르고, 그 위에 산자를 엮고 진흙을 두껍게 바른 반자)
9. 더그매
10. 달목
11. 개흘레

을 늘리든지 벽장을 조그맣게 달아 낸 칸살.

¶ □□□를 내니까 집 안이 한층 넓어졌다.

12. 남이 져야할 책임을 맡아 짐.

¶ □□□를 쓰다. 제 잘못을 누나에게 □□□씌우다(자기가 져야 할 책임이나 허물을 남에게 지우다. =더미씌우다).

13. 담은 것이 그릇에 넘치도록 많게. 수북이.

¶ 밥을 □□□로 담다. 물건을 □□□로 가졌구나.

14. 비나 진눈깨비가 을씨년스럽고 척척하게 내리는 꼴.

¶ 비가 □□□□ 내리는 날이었다. 봄비가 □□□□ 길을 적시고 있는 저녁나절.

15. 그러하리라고 미루어 헤아리기에 틀림없이.

¶ 그이가 오늘은 □□이 올 것이다.

16. 몹시 졸릴 때 잠깐 졸고 깨다.

¶ 의자에 앉은 채 한숨 □□□□. 그 북새통에도 □□□□.

17. 졸리거나 술에 취하여 눈이 흐릿하고 자꾸 감길 듯하다.

¶ 술에 취한 그녀는 □□□□□ 눈으로 거울을 본다.

18. 졸리거나 술에 취하여 눈이 게슴츠레하여 눈시울이 가늘게 처지다. 매우 가지런하다.

¶ 만취한 그는 □□□□□ 눈으로 친구를 바라보았다. □□□□□게 기른 콧수염. 한길가로 □□□□히 늘어선 도시의 건물들.

19. 남의 일이나 남의 책임을 도맡아 짊어지다(=떠안다).

¶ 자기 처지도 생각 안하고 남의 일까지 □□□□□. 제 일도 못하면서 친구의 일까지 □□□□.

20. 남을 해롭게 하려다가 도리어 자신이 해를 입다.

¶ 참외 하나 따 먹으려다가 도둑 소리만 들었으니 □□□ 셈이다.

---

12. 안다미
13. 안다미(로) [←안(內)+담(다)+이+로]
14. 추적추적
15. 벅벅(이), 〈작〉박박이
16. [조리치다] 조리치다, 조리쳤다
17. [가슴츠레하다] 〈큰〉거슴/게슴츠레하다, 가슴츠레한
18. [간잔지런하다] 간잔지런한, 간잔지런하(게), 간잔지런(히)
19. [안고나서다] 안고나서다/안고나다
20. [안고지다] 안고진

[문제 85]

1. 누군가 있는 줄을 알 수 있게 하는 소리나 기색.

¶ □□이 끊긴 산골 집. 사람이 오는 □□이 났다. 아무 □□이 없다.

2. ▸외양간·닭의 둥우리 등에 까는 짚이나 마른 풀. ▸새의 날개(깃털). ▸'옷깃'의 준말. ▸각자에게 돌아가는 몫.

¶ 외양간에 □을 깔아주다. 죽은 꿩에서 떼어낸 날개를 '발갯□', 갓 난 날짐승 새끼의 날개를 '부등□'이라고 한다. □을 여미다. 자손이 재산을 상속할 몫을 적은 서류를 '□기(-記)'라고 한다.

3. 그림의 여백에 엷은 연두·노랑·보랏빛을 칠하는 일.

¶ 붉은 작약도에 연둣빛 □□.

4. 간장이나 오줌 따위 액체 속에 섞여 있던 소금기가 엉기어서 뭉쳐진 찌끼.

¶ 독 안에 간장 □□가 생기다. 소변기에 오줌□□가 끼다.

5. ▸안심에 붙은 쇠고기. ▸쇠갈비의 윗머리에 붙은 고기.

¶ □□□□와 □□는 특수 부위로 맛있는 구이용 쇠고기다. □□ 끝에 붙은 고기를 '별박이'라고 한다.

6. 밀물이 다 빠져 나가 바닷물이 잦아진 때. 간물때. 간조(干潮).

¶ 바닷가 마을은 □□이 되면 조개를 캐러 나가는 아낙들로 분주해진다.

7. 음력 매달 보름날과 그믐날, 조수(潮水)가 가장 높이 들어오는 때.

¶ □□□ 때 잡힌 고기를 '사리고기'라고 한다. 이른 철의 □□□에 잡힌 해산물은 '오사리'라고 한다.

8. 여럿이 주인 물건을 훔쳐다 먹는 장난.

[정답 85]

1. 기척 → 발기척, 손기척(노크), 숨기척(숨쉬는 기척), 인기척(人-)

2. 깃[1]; 깃[2]; 깃[3]; 깃[4] → 고깃깃(물속에 넣어 두는 풀이나 나뭇가지), 부싯깃, 옷깃

3. 지매

4. 버캐 → 소금버캐, 얼음버캐(잘 부서지는 얼음), 침버캐

5. 제비추리; 살치 → 제비초리(뒤통수나 이마의 한가운데에 뾰족이 내민 머리털)

6. 잦감 ↔물참

7. 한사리. 〈준〉사리 ↔조금

8. 서리[1] → 서리꾼, 서리하다, 닭서리, 콩서리, 수박서리; 서리[2][상(霜); 된서리, 무서리, 서리병아리]과 서리[3][간(間)]과 동음이의어다.

¶ 지난밤에 수박 □□를 맞았다. 요즘 □□를 하다가는 절도범으로 몰린다.

9. ▸탐욕스럽게 마구 재물을 긁어모으는 짓. ▸이것저것 닥치는 대로 휘몰아 먹다.

¶ 온갖 □□□로 늘인 재산. 하루를 굶고 나더니 □□□는 꼴이라니….

10. 겨우 벌어먹음. 또는 겨우 되는 밥벌이.

¶ □□하기도 벅찬 하루를 보내다. 장사라는 게 겨우 □□이나 할 정도다. 막노동으로 여러 자식새끼하고 입□□해 가기도 어렵습니다.

11. 먹고살아가는 데 도움이 되는 벌이를 함. 또는 그 직업.

¶ 살림이 쪼들리면 무슨 □□라도 해야지. 서울서 □□가 잘 되지 아니하는 까닭에 시골구석까지 굴러갔습니다. 막노동을 □□로 삼다.

12. 일을 하여 돈을 버는 일.

¶ 요즘 불경기라 □□가 시원치 않다.

13. 허벅지 윗부분 곧 사타구니와 불두덩 사이의 림프샘이 부어 생긴 멍울.

¶ 사타구니에 □□□이 섰다.

14. 뾰족하게 부어오른 작은 부스럼.

¶ 얼굴에 □□□가 돋아 치료를 받았다.

15. ▸눈동자에 좁쌀만 하게 생기는 희거나 붉은 점. ▸태아를 싸고 있는 막과 태반(胎盤).

¶ □이 서다. '□눈'을 앓다. □을 가르다(해산한 뒤에 탯줄을 끊다).

16. 말썽스러운 일이 생기게 되는 바탕이나 원인.

¶ □□을 일으키다. 괜히 나서서 □□만 만들지 말고 가만히 있어라. 큰일을 앞두

---

9. 걸태질; 걸터먹(는) → 걸태질하다, 걸터들이다

10. 구입 → 구입하다

11. 생화

12. 벌이 → 벌잇줄(돈벌이하는 길), 뜬벌이(고정적이 아니고 닥치는 대로 하는 벌이), 막벌이, 맞벌이, 홑벌이

13. 가래톳

14. 뾰루지(뾰두라지)

15. 삼[1]; 삼[2] → 삼눈(눈알이 붉어지는 병); 삼불(해산한 뒤에 태를 사르는 불), 삼할미; '삼[3][마(麻)]'와 동음이의어다.

16. 일집 → 재장바르다(마음에 꺼림하다)

고 재장바르게 □□을 벌리지 말고 좀 더 두고 보세.

17. 남을 웃기려고 일부러 하는 우스운 말이나 짓. 골계(滑稽).

¶ □□을 부리다. 재롱을 떠는 광대의 모습이 □□스럽다.

18. 누르거나 죄어치는 힘이 몹시 세다. 구박이 아주 심하다.

¶ 직장 생활이 □□□. 시집살이가 □□□.

19. 남을 못 견디게 마구 볶아치다. 마구 우겨대거나 욱대기다.

¶ 일을 빨리 끝내라고 □□□□. 마을 사람들을 못살게 □□□는 망나니. 계속 자기가 옳다고 □□□□.

20. 궁한 데가 있어 몹시 초라하고 꾀죄죄하게 보이다(=궁상스럽다. 초라하다).

¶ 홀몸노인의 옷차림새는 늘 □□□□□.

---

17. 익살 → 익살꾼, 익살맞다, 익살스럽다

18. [불되다] 불되다 → 되다(힘에 겹다. 벅차다), 볼되다(힘에 벅차서 어렵다. 죄치는 힘이 매우 단단하다)

19. [족대기다] 족대기다, 족대기는, 족대기다 → 욱대기다(난폭하게 위협하다. 우겨대다)

20. [가년스럽다] 〈큰〉거년스럽다 가년스럽다, 가년스러워

사는 꼴이 너무 □□□□□ 보인다. 굶주림과 추위에 지친 이재민들이 □□□□□ 물품을 보냈다.

[문제 86]

1. 매우 넓고 평평한 땅. 평야(平野).

¶ 넓은 □ 동쪽 끝. 넓은 들판을 '□판'이라고 한다.

2. 옷이나 그릇 따위가 짝을 이루거나 여러 가지가 한데 모여서 갖추어진 한 덩이.

¶ 옷을 한 □ 장만하다. 수저 세 □을 가져 오너라.

3. 신 · 버선 · 장갑 등의 한 벌을 세는 말.

¶ 구두 한 □□와 양말 세 □□.

4. ▸밤 · 도토리나 마늘 같은 것의 낱알을 세는 말. ▸김 100장 묶음을 세

[정답 86]

1. 벌[1] 〈센〉펄 → 벌판, 벌판, 갯벌, 진펄(진창으로 된 벌), 풀벌[초원(草原)]

2. 벌[2] → 난벌(나들이할 때 입는 옷이나 신발. ↔든벌)

3. 켤레

4. 톨; 톳 → 밤톨, 외톨, 외돌토리(외톨이; 기댈 때 없고 매인 데도 없는 홀몸)

는 말. 묶은 덩이나 뭉치.

¶ 뒤주에 쌀 한 □도 없다. 김 두 □. 실뭉치를 '실□'이라고 한다.

5. 어떤 일을 '해가 질 때까지 계속함'을 이르는 말.

¶ 두 사람이 □□□을 해도 벅찬 일이다. 산을 □□□하여 넘었다.

6. 해가 처음 솟아오를 때의 빛. 햇발(사방으로 뻗친 햇살).

¶ 동녘에 부챗살처럼 □□가 비치기 시작하자 새해의 소망을 빌었다.

7. 해가 지는 짧은 동안. 일을 하는 데 해가 주는 이로움.

¶ 서둘지 않으면 □□ 안으로 집에 가기 힘들 것이다. '□□'은 가을날 해질녘의 풍경과 서정을 함축하는 말이다. □□을 보다.

8. 냇물이나 강물에 몸을 담그고 씻거나 노는 일.

¶ 강가에서 □□을 감다.

9. 바닥에 엎드려 허리에서 목까지를 물로 씻는 일(=목물).

¶ 일을 끝내고 우물가에서 □□을 하다.

10. 어떤 일이나 사물의 기초가 되는 본디부터 있는 바탕.

¶ 그 말은 □□□ 없는 흰소리가 아닐세. 말을 보태는 건 □□□나 있지만 전혀 터무니없는 말을 지껄이다니 참 한심하군. □□□가 튼튼하다.

11. 긴 물건의 맨 아랫동아리. 줄기에서 뿌리에 가까운 부분(=둥치). 나물·채소의 뿌리.

¶ 나무의 □□을 베어내고 남은 뿌리와 그 부분을 '그루터기'라고 한다. 줄기를 잘라낸 나무의 □□을 '등걸'이라고 한다.

12. 개미·쥐·게 등이 구멍을 뚫느라고 파내어 놓은 보드라운 가루 흙.

¶ □을 쌓아 놓다. □을 내다(개미·쥐 등이 흙을 파내다. 조금씩 축내다).

---

5. 해동갑(-同甲)

6. 햇귀 → 동살(새벽에 동이 트면서 환히 비치는 햇살)

7. 햇덧

8. 미역[1], 〈준〉멱 → 숲미역(삼림욕); 미역[2]'갈조류 미역과의 바닷말'과 동음이의어다.

9. 등목(-沐; 등멱. 등물)

10. 밑절미, 〈준〉밑

11. 밑동

12. 면 → 한자어 '면나다(面-)'는 '체면이 서다. 외면이 빛나다'를 뜻하는 말이다.

13. 정신이 어지럽게 부산을 떠는 말이나 짓. 또는 그 때문에 정신이 산란함(≒야단, 북새통, 설레발).
¶ 큰일이나 난 것처럼 □□을 피우다. □□을 떨다. 아침부터 웬 □□이냐?

14. 수선하고 떠들썩하다.
¶ □□□ 잔칫집 풍경.

15. 수다스럽게 떠들다.
¶ □□지 말고 조용히 해라. 아이들이 놀이터에 모여 □□□.

16. 뭇사람이 한데 모여 시끄럽게 떠들며 들이 덤비다[≒시위(示威)하다].
¶ 서로 사인을 받겠다고 □□□□ 바람에 주인공은 정신이 없다. 구경꾼들이 □□□□ 바람에 아주 혼났다. 서로 하겠다고 □□□□.

17. 어떤 기운이 일시에 일어나거나 여럿이 소리치며 한꺼번에 들고일어나 기세를 올리다.
¶ 조합원들은 □□□려다 말고 참았다. 기운이 □□□□ 솟다.

18. 듣기 좋거나 그럴 듯한 말로 남을 자꾸 꾀다.
¶ 그 다음 날도 와서 □□□□고 갔다.

19. 오랫동안 생각나지 않던 것을, 어떤 실마리로 말미암아 깨달아 분명히 알다.
¶ 철없던 아이가 좀 □□□□. 사업에 실패한 원인을 이제야 겨우 □□□게 되다니. 어째서 내가 여태 그런 좋은 방법을 □□□지 못했던가?

20. 마음에 차다. 마음에 내키는 데가 있다.[+않다]
¶ 호의를 □□지 않게 여기다. 젠체하는 꼴이 □□잖더라.

---

13. 수선 → 수선거리다/대다, 수선스럽다, 수선쟁이, 수선하다, 어수선하다
14. [수떨하다] 수떨한 → 수떨스럽다(보기에 수떨하다)
15. [수떨다] 수떨(지), 수떨다 → 수다(쓸데없는 말이 많음. 또는 그 말)
16. [다떠위다] 다떠위는, 다떠위는, 다떠위다
17. [우꾼하다] 우꾼하(려다), 우꾼우꾼 → 우꾼우꾼/하다
18. [꾀송거리다] 꾀송거리(고) → 꾀다(속이거나 부추기어 자기 뜻대로 하게 하다)
19. [깨단하다] 깨단했다, 깨단하(게), 깨단하(지)
20. [시답다] 시답(지), 시답(잖더라) → 시답잖다(마음에 들지 않다)

[문제 87]

1. 남의 비위를 맞춰 환심을 사려고 아첨하는 일.

¶ □□□를 친다고 그가 알아줄 것 같니? □□□를 살살 치며 주위를 감돌다.

2. 신에게 두 손을 싹싹 비비면서 소원을 비는 일.

¶ 아이를 낳게 해 달라고 □□하다.

3. 억울하고 딱한 사정을 간곡히(간절하고 정성스럽게) 호소함.

¶ 애달픈 □□. 오죽하였으면 나에게까지 와서 □□를 했겠습니까. 그는 자신의 억울함을 □□하지도 못하고 힘없이 돌아왔다.

4. ▸예전에, 억울한 사정을 말이나 글로 관청에 하소연하던 일. 신령이나 부처에게 구원을 바라는 일. ▸딱한 사정을 하소연하며 간절히 청하여 빎.

¶ 백성이 관가에 □□을 하다. 부처님께 소원을 □□하다. 못 보낸다는 것을 □□□□하여 가까스로 허락을 받았다. 안 준다는 것을 □□□□하여 겨우 얻어냈다.

5. 남이 못되기를 귀신에게 비는 짓.

¶ 매골□□를 하였나(매우 궁한 처지에 있는 사람을 비유적으로 이르는 말).

6. 바닷물이 일정한 때에 해안으로 밀려들어오는 현상. 또는 그 바닷물.

¶ □□과 썰물의 차이를 '무수기'라고 한다.

7. 그네의 줄에 걸치고 발로 디디거나 궁둥이를 붙이게 만든 물건.

¶ 공원에서 그네의 □□□에 앉아 쉬다. 그네를 타기 전에 □□□가 안전한 지를 살피다.

8. 진중하지 못하고 몹시 가볍게 하는 말이나 짓.

[정답 87]

1. 비나리 → 언선스럽다(아첨하는 태도가 있다). 비라리(구수한 말을 하며 남에게 무엇을 청하는 짓)치다

2. 비손 → 비손이(무당)

3. 하소(하소연)

4. 발괄; 비대발괄 → 발괄꾼, 발괄하다

5. 방자 → 방자질/하다, 방자하다, 매골방자(埋骨－; 사람이나 짐승의 뼈를 묻어 남에게 재앙이 내리도록 저주하는 짓).

6. 밀물 ↔썰물 → '들물'은 사투리다.

7. 밑싣개 → '밑씻개'는 똥을 누고 밑을 닦아내는 종이다.

8. 방정 → 방정떨다, 방정맞다(↔점잖다), 오두방정(몹시 방정맞은 짓)

¶ □□을 떨다. '입□□'은 말을 수다스럽게 지껄이며 가볍게 구는 짓을 뜻하는 말이다.

9. 몸의 어느 한 부분이 경련을 일으켜 갑자기 오그라들거나 굳어서 기능을 한때 잃는 현상.
¶ 다리에 □가 나서 꼼짝 못하고 있다.

10. 손가락 끝에 종기가 나서 곪는 병.
¶ □□□을 앓다.

11. 가늘고 날카로운 것에 긁히거나 할퀴어져 생긴 작은 상처.
¶ 손톱으로 할퀴어서 얼굴에 □□□를 냈다.

12. 목에 염증이 생겨 볼 아래가 불그레하게 부어오르는 돌림병.
¶ □□□가 생겨 말을 제대로 할 수 없다.

13. 생각 밖으로 엄청나게 큰 사람이나 물건. 큰 바윗돌을 부수는 기계.
¶ □□□□가 없는 일을 겪다. □□□□없이 당하다.

14. 여간한 물건. 웬만한 것.
¶ 눈이 높아서 □□□은 거들떠보지도 않는다. 그 이는 □□□으로는 눈도 안 뜬다.

15. 아첨하는 태도가 있다.
¶ 그 사람은 결코 □□□□□ 성미가 아니네.

16. 마음에는 있으면서도 겉으로는 안 그런 체하다. 잘난 척하고 뻐기다(=어쌔고비쌔다). 무슨 일에나 어울리기를 싫어하다.
¶ 입으로는 □□면서도 싫지 않은 눈치다. 너무 □□지 말고 내 말대로 하게. 사람은 좋지만 □□는 점이 있다.

17. 얄미울 정도로 매우 우쭐거리며 자랑하다.
¶ 자기가 최고라고 늘 □□□ 사람은 친구가 없다. 자기가 잘한 것이라고 □□□.

---

9. 쥐
10. 생인손, 〈준〉생손 → 생인발
11. 생채기
12. 볼거리 → '볼거리[볼꺼리]'는 구경할 만한 물건이나 일을 뜻한다.
13. 어처구니 = 어이 → '얼척없다'는 사투리다.
14. 좀첫것
15. [언선스럽다] 언선스러운 → 비나리치다
16. [비쌔다] 비쌔(면서도), 비쌔(지), 비쌔(는)
17. [뻐기다] 뻐기는, 뻐기다

18. 더 말할 나위 없이 썩 잘되다.

¶ 걱정하던 일이 □□□이 처리되었다. 사윗감으로 □□□이 모든 자격을 갖추었다.

19. 별다른 탈이나 사고 없이 조금도 틀림이 없다.

¶ □□□ 계획과 굳건한 실천. □□□ 마름질에 꼼꼼한 바느질. 그는 □□이 일을 야무지게 해낸다. □□이 일하면 반드시 성공할 것이다.

20. 조금 겸연쩍고 부끄럽다. 성결이 묽고 다부지지 못하다. 담이 작고 겁이 많다.

¶ □□게 미소를 지으며 인사하다. 나는 내 실수가 □□어서 얼굴이 붉어졌다. □□고 어색하여 몸 둘 바를 몰랐다. □□이 생겨 먹었다. '껑짜치다'는 '□□고 어색하여 매우 거북하다. 면목이 없다'를 뜻하는 형용사다.

---

18. [쩍말없다] 쩍말없(이) → 입맛을 한 번 다시는 소리인 '쩍'과 '말'의 합성어다.

19. [얼없다] 얼없는, 얼없는, 얼없(이), 얼없(이)

20. [열없다] 열없(게), 열없(어서), 열없(고), 열없(이), 열없(고) → 열없쟁이(열없는 사람); '열적다'는 열없다의 잘못이다.

[문제 88]

1. 거문고나 가야금 따위의 줄을 고르는 기구. 단단한 나무로 만들어 줄 밑에 굄.

¶ 거문고 줄에 □□□□을 받치다.

2. 일의 가장 중요한 계기나 조건.

¶ 평화의 □□을 다지다. □□만 잘 잡으면 일은 순조롭게 진행된다. □□이 잡히다(어떤 일의 가장 중요한 고동이 제 기능을 발휘할 수 있게 되다).

3. 재앙으로 말미암아 해가 미치는 일.

¶ □□이 들다. 올해 벼농사는 □□이 많아 소출이 줄었다. 앞으로 큰 □□만 없으면 올해도 풍년이 들 것이다. 아이가 크느라고 그런지 □□이 자주 든다.

4. 여러 가지 이유로 사람이나 생물이 탈이 생겨 제대로 자라지 못하는 일. 옷차림이나 몸치레가 초라하고 너절한 것.

¶ □□이 들다(몸이 쇠약하거나 행색이 초

[정답 88]

1. 기러기발
2. 기틀 = 고동[1]
3. 지실 → 지실받이(지실을 당하는 사람)
4. 주접, 〈작〉조잡 → 주접대다, 주접떨다(상식 밖의 언행을 하다), 주접스럽다

라하다). '흙□□'은 한 가지 농작물만 연이어 지어서 땅이 메마르는 현상을 말한다. '잔□□'은 어려서 잔병치레를 하여 제대로 자라지 못하는 탈이나 헌데를 뜻한다.

5. 개나 나귀·말 따위 짐승의 피부가 헐고 털이 빠지는 병.
¶ □□먹은 강아지가 불쌍하여 약을 발라주었다.

6. 팔과 옷소매 사이의 빈틈.
¶ □□□에 물건을 감추다. □□□에 벌레가 들어가 기겁을 하고 놀라다.

7. 옷과 가슴 사이에 생기는 빈틈.
¶ 어릴 적에 젖을 빨면서 엄마의 □□에 손을 넣는 버릇이 있었다.

8. 윷판의 한가운데 자리.
¶ □을 따다(윷놀이에서 말을 □에서 꺾인 첫 밭에 놓다).

9. 다른 사람 때문에 당하는 해. 큰 고생.
¶ 남의 빚보증으로 입은 □□. 남의 □□로 죄를 덮어쓰게 되다. 남의 송사에 □□을 입다.

10. 교묘하게 입을 놀려 남을 농락하는 짓.
¶ □□□을 부려 사기를 치다. □□□스레 보이는 사내. 민우는 □□□스러운 웃음을 띠고 연희의 말에 대꾸했다.

11. 아주 작은 규모(規模).
¶ 우물 안의 개구리처럼 □□□□로 세상을 보지 말고 시야를 넓혀라. □□□□를 늘리다.

12. 살코기를 잘게 썰어 갖은 양념을 하여 볶은 뒤에 흰깨를 버무린 반찬.
¶ □□□로 도시락 반찬을 싸다.

13. 얇게 민 밀가루 반죽에 쇠고기와 오이 따위로 소를 넣고 빚어서 찐

---

5. 비루 → 비루먹다
6. 살소매 → 민소매(소매가 없는 윗옷)
7. 살품
8. 방 → 방구멍(연의 한가운데 둥글게 뚫은 구멍)
9. 언걸 → 언걸먹다(얼먹다), 언걸입다(얼입다)
10. 언구럭 → 언구럭스럽다
11. 속달뱅이, 〈준〉속달 → 속달살림(속달뱅이 살림)
12. 뚝도기 = 뚝도기자반
13. 수교위

만두 모양의 음식.
¶ □□□를 만들어 먹다.

14. 무를 굵게 썰고 고기나 다시마 따위를 넣고 양념을 하여 지진 반찬.
¶ □□□를 상에 올리다.

15. 이사한 후에 이웃과 친지를 불러 집을 구경시키고 음식을 대접하는 일.
¶ 친구들을 초대하여 □□□를 하다.

16. 여럿이 깔려 있거나 드리워 있는 것이 보드랍고 하늘하늘하다.
¶ 흘러내린 □□□□ 머리카락을 쓸어 넘기다.

17. 조촐하지 못하여 격에 어울리지 아니한 데가 있다.
¶ 옷매무새가 □□□□. 서양인이 한복을 입으니 역시 □□□□. 자신을 잡상인 대하듯 하는 그 잡지 편집자의 □□□고 터무니없음에 울컥 짜증이 치밀어 올랐다.

18. ▸잘 자라지 못하고 시들시들하여 쇠해지다. 시들시들 자라서 오종종해지다. ▸발육이 잘 되지 않고 주접이 들다.
¶ 옮겨 심은 꽃모종이 □□□ 피어날 줄 모른다. 서리병아리가 □□□.

19. ▸윷놀이에서, 말을 방(윷판의 한가운데 밭)에 놓다. 목표한 자리를 힘있게 치다(=후려치다). 대비하다. ▸무슨 일의 낌새를 알고 미리 손을 쓰다(대처하다).
¶ 한 대 냅다 □□□. 적의 기습공격을 □□□□었다면 아군의 희생을 막았을 텐데.

20. 밤이나 도토리 등의 속살 일부분이 상하여 퍼슬퍼슬하게 되다.
¶ □□□□ 밤을 골라내다.

---

14. 왁저지
15. 집들이 ≒들턱 → 집알이(남이 갓 이사한 집을 구경할 겸 인사로 찾아보는 일)
16. [하다분하다] 하다분한
17. [가량맞다] 〈큰〉거령맞다, 가량맞다(=가량스럽다), 가량맞다, 가량맞(고)

18. [지러지다] 지러져, [졸들다] 졸들다
19. [방이다] 방이다; [알아방이다] 알아방이(었다면)
20. [수리먹다] 수리먹은

[문제 89]

1. 집 안에 딸리어 있는 빈터(=뜨락).
¶ 시골집은 □이 아주 넓다. □에 꽃을 심다.

2. 한데 뒤범벅이 되는 일.
¶ 남들과 □□되어 어울리다. 교통사고로 피가 □□이 된 운전자.

3. 사람의 몸집이나 체격. 몸피의 크기.
¶ □□가 황소 같다. 아우는 형보다 □□가 커서 옷을 물려 입을 수 없다오. □□가 크다(=걸까리지다).

4. 전문적으로 익숙해진 일의 속내.
¶ 처음 하는 일이라 □□을 모르겠다. □□을 잘 알다.

5. 겉으로 드러나지 않는 속마음이나 일의 내막.
¶ □□를 떠보다. □□를 내비치지 않는다. 젊은이들의 □□를 가감 없이 그려 냈다. 그와 나는 □□를 털어놓을 만한 사이다. 만약에 그런 □□□을 했다가 누가 하리노는 놈이라도 있으면 그대로 소작이 날아가고 말기 때문이었다.

6. 볼품이 없게 된 얼굴 꼴이나 모양새.
¶ 초라한 □□. □□이 말이 아니군. 저녁 때 아이가 □□사나운 꼴을 하고 집에 들어왔다. 변변치 못한 □□을 '주제(꼴)'이라고 한다.

7. 무엇을 찾으려고 남의 몸을 뒤지는 일. 몸수색(-搜索).
¶ □□□을 당하다. 경찰이 범인을 □□□하다.

8. 소유하거나 점유함. 또는 그 사물이나 공간.
¶ 그것은 내 □□다. 공동 2위를 □□하다. 자기가 □□하는 몫을 '아람치'라고 한다. 여학생이 반 이상을 □□하다.

[정답 89]

1. 뜰 → 대뜰(댓돌에서 집채 쪽으로 나 있고 좁은 긴 뜰), 앞뜰, 오래뜰(대문 앞의 뜰); '뜰팡, 뜨란'은 사투리다.
2. 어겹
3. 걸때 → 몸집, 허우대
4. 길속
5. 속내(속내평) → 잔속(자세한 속내), 조홧속(造化-; 야릇하거나 신통한 일의 속내)
6. 몰골 → 몰골사납다, 몰골스럽다(모양새가 볼품이 없는 듯하다)
7. 몸뒤짐
8. 차지 → 차지하다, 도차지(都-), 독차지(獨-), 알차지(순이익)

9. ▸말려서 껍질과 보늬를 벗긴 밤. ▸겉껍데기를 벗기지 않은 채로 소득소득하게 반쯤 말린 밤.
¶ □□을 물에 불려 밥을 짓다. 삶은 □□□은 맛이 달고 고소하다.

10. ▸밤송이 속에 외톨로 들어 있는 동그랗게 생긴 밤. ▸밤톨만한 윷짝.
¶ □□□□을 외톨밤이라고도 한다. □□을 종지에 담았다가 던진다.

11. '아주 못난 사람'을 이르는 말.
¶ 삼촌은 우리 집안에서 □□□ 취급을 받았다. 저런 □□□한테 일을 맡겼으니 될 턱이 있나?

12. 어리석고 미련하며 하는 짓이 거친 사람을 얕잡아 이르는 말.
¶ 그는 정나미가 뚝 떨어질 정도의 □□□□였다. □□□□ 사내가 일을 그르쳐 놓다.

13. ▸난초의 포기에서 갈라낸 낱개의 줄기. 또는 그것을 세는 말. ▸여러 오리로 된 긴 물건을 한 손으로 쥘 만한 분량. 또는 그것을 세는 말.
¶ 난초 한 □을 얻어 화분에 정성껏 심었다. □이 크다/ 작다. 짚 두 □/ 모 두 □.

14. ▸물고기 따위가 팔뚝만한 크기. ▸굵고 큰 송사리.
¶ 낚시로 □□□ 민어를 낚았다. □□□로 매운탕을 끓이다.

15. 날씨가 활짝 개지 않고 자꾸 흐려지는 상태. 불빛 따위가 밝게 비치지 않고 자꾸 침침해지는 상태.
¶ 여러 날 □□□□하더니 오늘 아침에는 비가 오기 시작하였다. 촛불이 □□□□하다.

16. 서로 바꾸다. 의견이나 방향을 서로 달리하다.
¶ 친구와 책을 □□어 읽다. 자리를 □□어 잡다

17. 성질이 서글서글하고 너그럽다

---

9. 황밤(黃-); 소득밤
10. 회오리밤; 밤윷
11. 득보기
12. 뒤틈바리 = 뒤듬바리
13. 촉; 춤[1] → 춤[2](무용), 춤[3](물건의 운두나 높이), 춤[4](갈라진 틈이나 여민 사이; 바지춤)과 동음이의어다.
14. 맥짜리; 추라치
15. 그물그물, 〈센〉끄물끄물 → 그물거리다/대다
16. [서귀다] 서귀(어)
17. [서그럽다] 서그럽다, 서그러워 → 사글사글/서글서글하다(너그럽고 상냥하다), 서그러지다(너그럽고 서글서글하게 되다)

(≒연삭삭하다/연삽하다).
¶ 아가씨가 □□□□. 사람이 워낙 □□□□ 정이 많이 간다.

18. 하는 일이나 태도가 야무지거나 칠칠하지(반듯하지) 못하다.
¶ 자식 자랑하면 □□□는 사람이네. □□□는 계집 바느질하듯.

19. 미련하여 하는 짓이 찬찬하지 못하다.
¶ 원체 □□□□□ 데가 있어서 가끔 큰 실수를 저지르곤 한다. 말대답을 □□스레 하다.

20. 걸때가 크다. 몸이 크고 실팍하다
¶ 초등학생으로서는 무척 □□□□□. 우람하고 □□□□ 사나이.

[문제 90]

1. 진심으로 하지 않고 겉으로만 함. 속뜻 없이 겉으로 대강.
¶ □□으로 대답하다. 알아듣지 못하면서 □□ 고개만 끄덕인다.

2. ▸가깝지 아니한 먼 친척(=곁찌. 곁붙이). ▸같은 핏줄인 겨레붙이. 살붙이.
¶ 가까운 집안뿐만 아니라 여러 □□□가 다 모이다. □□□ 하나 없는 외로운 몸.

3. ▸'가까운 제살붙이'를 얕잡아 이르는 말. ▸'제붙이나 한통속으로 지내는 무리'를 낮잡아 이르는 말.
¶ 그 사람은 자기 □□□만 안다. 처가 □□□. 동창 □□□. 워낙에 닳아빠진 □□□ 인생들이 하나둘 모여 들기 시작했다.

4. 명절이나 잔치 같은 때에 새 옷으로 차려 입는 일. 또는 그 옷.
¶ 명절에 □을 차려 입다. '눈□□'은 남의 눈에 좋게 보이기 위하여 겉으로만 슬쩍 꾸미는 일을 뜻한다.

5. 촉이나 자루·장부 따위를 끼울 구멍이 헐거울 때 종이나 헝겊 또는 가죽의 조각 따위를 감아서 끼움.
¶ 호미 자루가 헐거워 헝겊으로 □을 끼우다.

---

18. [오줄없다] 오줄없(는)
19. [뒤퉁스럽다] 〈작〉되통스럽다, 뒤퉁스러운, 뒤퉁(스레)
20. [걸까리지다] 걸까리지다, 걸까리진

[정답 90]

1. 건성 → 건성울음, 건성질, 건성건성
2. 길카리; 피붙이 → 곁쪽(가까운 일가친척)
3. 푸네기; 떨거지
4. 빔[1]/비음 → 설빔, 추석빔
5. 빔[2] = 볌

6. 실이나 섬유의 꼬임.

¶ □을 먹이다. 1m당 실의 꼬임수를 '□수'라고 한다.

7. 드러나지 않게 뒤에서 보살펴 주는 일.

¶ □□를 보다(뒤에서 돌보다).

8. 뒤에서 도와주는 힘. 끝판에 가서 회복하거나 끝까지 버티는 힘(지구력).

¶ □□을 믿고 저렇게 까분다. □□이 달려서 경기에 지다. □□이 강하다.

9. 몹시 아니꼬울 정도로 다랍게 인색한 사람(=구두쇠, 굳짜, 자린고비).

¶ □□□ 같은 영감.

10. 불유쾌한 충동으로 왈칵 치미는 노여움.

¶ □을 내다. 몹시 □이 나는 것을 '부레끓다'라고 한다.

11. 겉치레를 하지 않아 주제꼴이 사나운 사람.

¶ □□은 안내원에서 제외시키다. 맞선을 보는 자리에 □□이 나타나다니.

12. ▸돛을 달지 아니한 작은 배. ▸돛대가 하나 달린 작은 배.

¶ 노로 □□□를 젓다. □□□ 타고 낚시를 나가다.

13. ▸거룻배 같은 작은 배. 통나무를 파서 만든 배(=구유배). ▸이물이 삐죽하고 돛대를 둘 세운 큰 나무배.

¶ □□□를 타고 강을 건너다. □□□에는 갓 잡아 올린 물고기가 그득하다.

14. 어떤 기회가 계속 닥쳐오는 꼴. 어떤 기회를 마음 조이며 기다리는 꼴. 이제나 저제나.[+기대감]

¶ □□□□ 고기가 걸릴 듯하다. 시험 결과를 □□□□ 기다리다. 그녀는 그가 오기를 □□□□ 기다렸다.

15. 물기가 조금 있고 헤무른 꼴.

¶ 햇감자를 □□□□ 삶다.

---

6. 빔[3]

7. 뒷배 ≒벗바리 → 뒷받침

8. 뒷심

9. 보비리

10. 성[1], 〈높〉역정(逆情) → 성가시다, 불뚝성, 뱃성, 애성이(분하고 성이 나는 감정

11. 펄꾼

12. 거룻배; 야거리

13. 마상이; 만장이

14. 하마하마

15. 하분하분, 〈큰〉허분허분

16. 배를 강가나 냇가에 대다.
¶ 뱃사공이 나룻배를 강기슭에 □□□. 거룻배(돛을 달지 아니한 작은 배)를 갯가에 □□□.

17. 보살펴 거두다. 도와서 주선하다.
¶ 보모가 보육원에서 아이들을 □□□□. 어려운 이웃을 □□□□.

18. 틈이나 기회를 노리다.
¶ □□기만 하다가 세월을 다 보내다. 너무 □□지만 말고 용기를 내라.

19. 겉모습을 꾸미지 아니하다.
¶ 미치광이처럼 머리를 □□□고 돌아다니다.

20. 몹시 너절하고 지저분하거나 맺고 끊는 데 없이 느리고 게을러빠지다.
¶ 한창 바쁠 때 남편은 □□□게 앉아만 있다.

[문제 91]

1. 드나드는 목의 첫머리.
¶ 낙동강 □□. 동네 □□에 들어서자 개가 짖기 시작했다.

2. 물결에 밀려 한곳에 쌓인 보드라운 모래.
¶ 강변의 □□에서 씨름을 하였다. □□는 토건업자들이 선호하는 모래다.

3. 어떤 일의 근거. 또는 핑계로 삼을 조건이나 변명할 거리(=근터구).
¶ 아무 □□□도 없는 소문을 내고 다니다. 잘못에 대하여 뭐라고 변명할 □□□가 없다.

4. 우묵하게 빠진 땅의 가장자리로 약간 두두룩한 곳.
¶ □□ 위에 있는 아담한 별장. 풀이 무

---

16. [거루다] 거루다 → 나룻배(나루 사이를 건너다니는 조그마한 배)
17. [거추하다] 거추하다 → 거추꾼
18. [야수다] 야수(기만), 야수(지만)
19. [퍼벌하다] 퍼벌하(고) → 펄꾼
20. [증판하다] 증판하(게) → '증판(게으름쟁이)'은 평안도 사투리다. 증하다(몹시 너저분하고 게으르다)

[정답 91]

1. 어귀 → 강어귀(江-), 개어귀(강물이나 냇물이 호수나 바다로 들어가는 목. =포구), 문어귀(門-)
2. 목새 → '목(넓다가 좁아지는 통로)+모새(모래)'로 분석된다.
3. 근터리
4. 두덩 → 눈두덩, 불두덩

성한 □□. □□에 누운 소(편하게 놀고 지내는 좋은 팔자).

5. 생각하는 구상이나 배포.[+크다]
¶ □□이 크다(대담하다. 배포가 크다). 손자 녀석은 어찌나 '□□찌'인지 한번 울음만 터지면 집 안이 들썽하다.

6. 마음속에 품은 꿋꿋한 생각이나 요량(料量)(≒배짱).
¶ 보기보다 □□이 세다. 그 사람은 □□이 세기로 유명하다. 웅대한 □□을 '웅보(雄-)'라고 한다.

7. 자연 섬유로 실을 내어 옷감을 짜는 일(=낳이).
¶ 할머니께서는 □□과 바느질을 잘하셨다고 한다.

8. 농부·일꾼이 끼니 외에 참참이 먹는 음식.
¶ 들에 □□□를 내가다. 저녁□□□(점심과 저녁 사이에 먹는 밥).

9. 대장간에서 쇠를 불릴 때, 세 사람이 돌리어 가면서 치는 큰 마치. 또는 그렇게 치는 일.
¶ □□□를 치다. □□□장단에 맞추어 춤을 추다.

10. 자전거의 앞뒤 톱니바퀴(기어)를 잇는 쇠줄. 체인.
¶ □□□□이 끊어지다.

11. 대장간에서 쇠를 달구어 연장을 만드는 온갖 일.
¶ □□□을 대물림하다. 3대째 □□□하며 살아가다.

12. 덩거칠게 잡초가 우거진 곳.
¶ 농부는 □□□를 기름진 땅으로 바꾸어 놓았다. 폐가(廢家) 마당에는 □□□가 우거져 금방이라도 뱀이 나올 것만 같다. 좀 높은 데 있는 □□□를 '버덩'이라고 한다.

13. 제 생긴 그대로(분수에 맞게).
¶ 모르면 □□□ 가만히 있지 무슨 말 참견이냐? 없으면 없는 □□□ 살 것이지 일

---

5. 어벌 → 어벌뚝지/어벌찌(어벌이 큰 사람), 어벌없다(엄청나고 터무니없다)
6. 보짱
7. 길쌈 → 길쌈하다(천을 짜다)
8. 곁두리 → 참; 새참(사이참, 참밥), 샛밥('곁두리'의 사투리)

9. 세마치 → 세마치장단(빠른 장단)
10. 양냥이줄
11. 대장일. 〈준〉대장 → 대장간, 대장장이
12. 푸서리 [←풀+서리(사이; 間)] → 덩거칠다(초목이 덩굴지게 우거져 거칠다)
13. 국으로

확천금의 꿈을 꾸다니. 욕심을 버리고 그냥 □□□ 있었으면 오늘날 저 지경은 안 됐을 텐데.

14. 이모저모로 살펴보아 짐작할 만한 겉모양.

¶ □□□□으로는 감당해 낼 것 같더라. 그 사람에 대하여 □□□□ 말해 보시오.

15. 큼직하고 너그럽고 꿋꿋하다.

¶ 백두산은 □□게 느껴지는 우리 민족의 명산이다. 몸가짐이 □□스럽다.

16. 정도에 지나치게 크거나 많다.

¶ 음식을 □□□게 마련하다. 친구가 나한테 □□□게 밉보이기는 벌써 오래 전이다. □□□ 계획을 세우다. □□□ 요구를 하다.

17. 푸지고 탐스럽다. 넉넉하게 크고 든든하다(≒덤턱스럽다).

¶ 새참을 □□□게 담아 내오다. 꽃이 □□□게 피었다. □□□ 황소. 떡 버티고 앉은 모습이 □□□□. □□스레 내리는 눈.

18. 보기에 푸지고 매우 크다(≒덜퍽지다).

¶ □□□□□ 몸을 흔들며 춤을 추는 씨름꾼. 통째 삶은 돼지가 □□□□게 놓여 있다. □□스레 생긴 레슬링 선수.

19. 강한 쇠붙이를 불에 달구어 센 기운을 덜다. 풀이 센 다듬잇감을 잡아당겨서 풀기를 죽이다.

¶ □□ 쇠붙이를 두드리다. 대장간에서 낫의 날을 □□□. 풀 먹인 다듬잇감을 어머니와 아내가 마주 잡고 □□□.

20. 쇠를 불에 불리어 재생하거나 새 연장을 만들다.

¶ 대장장이는 아들한테 아예 □□ 일을 맡겨버렸다. 아버지가 대장간에서 □□□기 시작한 지도 벌써 50년이 지났다. 무뎌진 연장을 □□□□

[문제 92]

1. ▸어찌어찌하여 연분이 닿는 먼

---

14. 보암보암 → 보암직하다(볼 만한 값어치가 있다)

15. [거엽다] 거엽(게), 거엽(스럽다)

16. [데억지다] 데억지(게), 데억진

17. [덜퍽지다] 덜퍽지(게), 덜퍽지(게), 덜퍽진, 덜퍽지다, 덜퍽(스레) → 덜퍽스럽다

18. [덤턱스럽다] 덤턱스러운, 덤턱스럽(게), 덤턱(스레)

19. [스루다] 스룬, 스루다, 스루다

20. [성냥하다] 성냥, 성냥하(기), 성냥하다 → 벼리다

[정답 92]

1. 곁찌; 곁붙이

친척. ▸촌수가 먼 일가붙이.
¶ 누구의 □□라고 그를 홀대하겠나. 잔치에 □□도 많이 모였다. 그 학생은 □□□조차 하나 없는 고아다. '곁쪽'은 가까운 일가친척을 뜻한다.

2. 보잘것없이 키와 몸이 작은 사람. 따분한 처지에 놓인 사람.
¶ □□□목숨(남에게 매여 보람 없이 사는 하찮은 목숨). 이놈의 □□□신세(-身世; 하찮고 따분한 처지) 언제나 면할꼬.

3. 공공이나 관청의 일을 맡아보는 직무. 조세(租稅). 자기가 해야 할 일. 역할(役割).
¶ □□을 다니다. □□을 물다. 사람 □□을 못하다. 책임자 □□을 제대로 하다.

4. ▸흐렸을 때의 날씨. ▸아직 우기(雨期)가 가시지 않았으나 한창 내리다가 그친 비.
¶ □□이 들거든 고기나 잡으러 가세. 비가 올 듯한 □□. □□이 들다(흐렸던 날씨가 개다). □□가 걷힌 모양이다(비가 오다가 잠시 날이 들다).

5. 이것저것 뒤져내는 짓.
¶ 아이들의 □□□에 붙어 나는 게 없다. 아전들의 □□□이 백성을 더욱 궁핍하게 만들었다.

6. 머리를 꺼두르거나 멱살을 움켜잡고 싸우는 짓. 서로 엉겨 붙어 뒹굴면서 시끄럽게 퉁탕거리는 거친 장난. 빚을 못 갚아 솥을 떼거나 그릇붙이를 거두어 가는 소동.
¶ □□□를 쳐서 다쳤다. 말로만 다투고 □□□는 하지 마라. 불량배들이 □□□를 놓고 사라지다. □□□를 놓다(소동을 부리다). 빚쟁이들이 몰려와서 □□□하는 바람에 할아버지는 몸져눕고 말았다.

7. 마소에 끌려 논밭을 가는 기구.
¶ 트랙터의 □□날이 밭을 갈아 나가는 모습은 볼 만하다. '자분지'는 □□의 손잡이다. 각을 뜨고 뼈를 바르지 않은 고깃덩이를 '□□고기'라고 하고, 소의 볼기에 붙은 고기를 '□□살'이라고 한다.

8. 쟁기나 극젱이의 술바닥에 맞추

---

2. 따라지
3. 구실 → 구실길, 구실살이, 구실아치; 텃구실; 구실거리(핑계거리), 박쥐구실(지조 없이 하는 행동), 제구실, 병신구실(病身-; 못난 짓)
4. 웃날; 웃비
5. 뒨장질 → 뒨장하다(뒨장질을 하다)
6. 드잡이
7. 쟁기 → 쟁기질/하다, 쟁깃밥
8. 보습 → 보쟁기(보습을 낀 쟁기)

는 삽 모양의 쇳조각. 쟁깃날.

¶ □□으로 밭을 갈다. '□□고지/귀퉁이'는 비죽하게 생긴 논밭의 뙈기나 거리의 보퉁이를 이르는 말이다. 땅을 더 깊게 갈기 위하여 쟁기□□에 덧씌우는 장치를 '심토리'라고 한다.

9. 보습 위에 비스듬히 대어 흙이 한쪽으로 떨어지게 한 쇳조각.

¶ □을 타고 넘어가는 기름진 논흙. 보습의 □으로 받아 뒤집어 놓은 흙덩이를 '□밥'이라고 한다.

10. 닭·꿩 등의 머리 위에 세로로 붙은, 톱니 모양의 납작하고 붉은 살조각. 계관(鷄冠).

¶ 닭의 붉은 □은 맨드라미꽃과 같이 생겼다. 닭들이 서로 □을 쪼며 싸운다.

11. 처음에 한 일이 잘못되어 다시 하는 일.

¶ □□□하지 않게 처음부터 잘해야 한다.

12. 어떤 일을 되는 대로 거칠게 얼버무려냄.

¶ 짬이 없이 받은 기간이긴 하지만 □□□□□는 하지 않도록 하시오.

13. 따끔하게 당하는 곤욕(困辱; 심한 모욕. 참기 힘든 일).

¶ □□을 당해야 알지. 죽을 □□을 보았다. 나는 무슨 □□을 보건 눈썹 한 터럭 까딱 안 할테다. □□을 보다(혼쭐나다).

14. 일이 돌아가는 형편이나 까닭. 어찌된 것인지 전혀 모를 사정. 형편.

¶ 어찌된 □□인가. 무슨 □□인지 통 모르겠군. 나는 도무지 □□도 모르는 일일세.

15. 세차게 메어치거나 내던지는 짓. 개상에다 곡식 단을 메어쳐 알을 떠는 일.

¶ 가방을 길바닥에 □□하다. 탯돌(개상)에 볏단을 □□하여 이삭을 떨다.

16. 일을 대강대강 하는 꼴(≒거충거충).

¶ 우선 방부터 □□□□ 치웠다. 여행지를 시간이 없어 □□□□ 보고 다니다. 설거지를 □□□□ 해치우고 급히 밖으로 나갔다.

---

9. 볏[1]
10. 볏[2]
11. 두벌일 = 두벌손
12. 두손매무리
13. 영금
14. 영문
15. 태질 → 태질치다(태치다)/하다, 몸태질(자기 몸을 부딪치거나 내던짐)
16. 거춤거춤

17. 서로 맞닿아서 닳거나 해지거나 하다. 성가시게 달라붙어 손해나 폐를 끼치다.

¶ 소의 등이 무거운 짐에 □□어 벗어졌다. 나에게 □□지 마라. 남의 땅을 □□어 울짱을 세우다니.

18. 모양·차림새 따위가 상스럽거나 거칠어 어울리지 아니하다.

¶ 그는 생김새와 행동이 몹시 □□□□. 내가 입은 반바지는 □□□데, 네가 입은 반바지는 잘 어울린다.

19. 말이나 하는 짓이 조심성이 없고 경솔하다.

¶ 사람이 □□□□□서 믿음이 가지 않는다. 김 부장은 □□스러워서 어떤 때는 사장보다도 높은 사람인 체했다. □□스레 굴다.

20. 어리석으면서 주제넘게 행동하여 건방진 데가 있다.

¶ 잘 알지도 못하면서 □□□□게 나서지 마라. □□스레 까불다. □□□□□ 소리를 하다. 원래 그는 □□□□□ 인간이라니까.

---

17. [개개다] 개개(어), 개개(지), 개개(어) → 개먹다(개개어서 닳거나 상하다), 개개빌다(잘못을 용서하여 달라고 간절히 빌다)

18. [거덕치다] 〈센〉꺼덕치다, 거덕치다, 거덕친(데)

19. [되양되양하다] 되양되양해(서), 되양(스러워서), 되양(스레) → 되양스럽다

20. [뒤넘스럽다] 뒤넘스럽(게), 뒤넘(스레), 뒤넘스러운, 뒤넘스러운

[문제 93]

1. 푸성귀를 다듬을 때 골라낸 겉대. 김장이나 새우젓 따위의 맨 위에 덮는 품질이 낮은 것.

¶ □□□로 된장국을 끓이다. 새우젓의 □□□를 걷어내다.

2. 옥에 갇혀 있는 죄수에게 벽 구멍으로 몰래 들여보내는 밥.

¶ 옥사정 몰래 □□□을 넣어주다.

3. 감옥에 갇히어 징역을 하는 일이나 그 사람.

¶ 그 양반은 죄 없이 붙들려 가서 오 년이나 □□□를 살았지요.

4. ▸땅 없는 농민이 산속에 들어가

[정답 93]

1. 우거지 [←웃(上)+걷(다)+이] → 우거지김치, 우거지상(–相)

2. 구메밥

3. 전중이

4. 부대기; 무텅이 → 부대농사(–農事), 부대밭[화전(火田)]

풀이나 나무를 태우고 그 자리를 일구어 농사를 짓는 일[=화전(火田)]. ▸거친 땅을 일구어 곡식을 심는 일.

¶ 산속에 내몰린 백성들은 □□□를 파먹고 사는 수밖에 없었다. 덜 여문 콩을 꼬투리째 불에 익히는 것을 콩□□□라고 한다. 고려인들은 □□□ 땅을 일구느라 애를 먹었다.

5. 오래 묵혀 거칠어진 밭. 농사를 짓다가 내버려 둔 땅.

¶ □□□을 파고 씨앗을 뿌리다. 고향집 앞 □□□에는 잡초만 무성하다.

6. 뒤쪽이 되는 자리. 푸대접으로 미루게 된 순서. 뱃전에서 뒤쪽 부분. 남이 안 보거나 못 보는 곳(배후)

¶ □□으로 가 앉다. □□으로 밀리다. □□에서 헐뜯다.

7. 아무렇게나 하는 대접.

¶ 손님을 이렇게 □□□할 수가 있는가.

8. 낚싯밥. '사람이나 동물을 꾀어 들이는 물건이나 수단'을 비유하여 이르는 말.

¶ 돈을 □□로 삼다. 사냥매에게 꿩고기를 조금 주어 꿩 잡을 생각이 나도록 하는 □□를 '졸밥'이라고 한다.

9. 속살이 찌지 않게 하려고 매의 먹이 속에 넣는 솜뭉치.

¶ □□을 지르다. □□을 도르다.

10. 사기로 만든 밥그릇이나 국그릇.

¶ □□에 밥을 담다. 막걸리 한 □□을 죽 들이켜다. 김치나 깍두기 따위를 담는 작은 □□을 '보시기'라고 한다.

11. 주동자가 누구인지 모르도록 이름들을 빙 둘러 적은 알림글.

¶ □□□□은 호소문이나 격문을 연명할 때의 서명 방식이다.

12. ▸풀이나 짚 또는 가축의 똥오줌을 썩힌 거름. 퇴비(堆肥). ▸땅을 걸게 하거나 식물이 잘 자라게 하기 위하여 땅에 뿌리거나 흙에 섞거나 하는 영양 물질. 비료(肥料).

---

5. 묵정밭, 〈준〉묵밭
6. 뒷전
7. 푸대접(-待接)
8. 미끼
9. 개암[1] → 개암[2](개암나무의 열매)
10. 사발 → 사발농사(-農事; 밥을 빌어먹는 일), 사발옷(가랑이가 짧은 여자의 옷), 막사발, 묵사발
11. 사발통문(-通文)
12. 두엄; 거름 → 두엄터; 거름기, 거름발, 덧거름, 밑거름, 웃거름

¶ □□에서 김이 무럭무럭 나다. 밭에 □□을 뿌리다. □□을 주어 땅심을 높이다.

13. 겉을 보면 속까지도 가히 짐작해서 알 수 있다는 말.

¶ 아무리 □□□이라지만, 사람은 사귀어 보아야 진심을 알 수 있다.

14. 어떤 일이나 사람의 앞길이 트일 만한 낌새나 징조.

¶ □□가 없다(장래성이 없다). □□(싸가지) 없는 놈(버릇이 없는 놈).

15. 이치에 어긋나다.

¶ 아저씨는 가끔 □□ 소리를 하여 눈총을 받는다. 제발 □□ 소리 좀 그만하게. □□ 짓을 예사롭게 한다.

16. 잘못을 빌어야 할 사람이 도리어 남을 나무라다. 적반하장(賊反荷杖).

¶ 사과는커녕 오히려 □□□□□. 사과 받으러 갔다가 오히려 □□□잡혔다.

17. ▸웃어른 앞에서 물러가다. ▸윗사람 앞에 있는 것을 들어내어 오다. 윗사람에게 타내다.

¶ 이미 밤이 깊었사오니 저는 이만 □□□□겠습니다. 진짓상을 □□□□□. 아버님께 말씀을 잘 드려 확답을 □□□□□.

18. 푸성귀 따위의 연한 것이 다른 것에 문질리거나 눌리어 부스러지다(=으끄러지다).

¶ 홍시가 □□□□□. □□□□ 시루떡.

19. 버썩 말라서 비틀어지다. 날씨가 점점 찌푸려 궂을 듯해지다.

¶ 오랜 가뭄에 나뭇잎이 모두 □□□□□□. 날씨가 점점 □□□□□□.

20. ▸무슨 일을 이루려고 마음을 긴장시켜 다잡아 가지다. ▸마음을 다잡아 가지다.

¶ 마음을 단단히 □□□고 시험장에 들

---

13. 겉볼안

14. 싹수 → '싸가지'는 사투리다.

15. [되뜨다] 되뜬

16. [되술래잡다] 되술래잡다, 되술래(잡혔다)

17. [무르와가다] 〈준〉무롸가다, 무르와가(겠습니다); [무르와내다] 〈준〉무롸내다, 무르와내다

18. [으츠러지다] 으츠러지다, 으츠러진 → 단단한 물체는 '으스러지다'다.

19. [으등그러지다] 〈작〉아등그러지다, 으등그러지다

20. [도스르다] 도스르(고), 도슬러; [지어먹다] 지어먹(은)

어갔다. 마음을 □□□ 잡아 이번에는 반드시 성공하겠다. □□□은 마음이 사흘을 못 간다(작심삼일).

[문제 94]

1. 마소의 턱밑에 달아 늘어뜨린 쇠고리 또는 마소의 귀에서 턱밑으로 늘이어 목에 다는 방울. 쇠풍경(-風磬).
¶ 눈 먼 망아지 □□ 소리 듣고 따라가는 격이다. 저물 무렵 지친 소의 □□ 소리가 구슬프게 들려왔다.

2. 일부 명사 앞에 붙어 '썩 작은', '어린'의 뜻을 나타내는 말.
¶ '□두꺼비'는 탐스럽고 암팡지게 생긴 갓난아기를 비유하여 이르는 말이다. '□잎'은 씨앗에서 처음 싹터 나오는 잎이다.

3. 지붕이나 낟가리의 경사진 정도.
¶ 그 지붕은 용마루가 높고 □□가 싸다/되다(가파르다). □□가 뜨다(경사가 완만하다). '엎집'은 한쪽으로만 지붕의 □□를 잡은 집을 일컫는다.

4. 높은 가지에 달린 과실 따위를 떨어뜨리기 위하여 던지는 몽둥이.
¶ □□를 던져 밤을 따다.

5. 물이 흐르는 힘. 또는 그 속도.
¶ □□이 세다. '급□□'을 타다(어떤 상황의 변화가 빠르게 이루어지다).

6. 두 개의 도랑이나 개울이 합쳐지는 곳.
¶ □□에 놓인 징검다리.

7. 한데서 밤을 지냄. 노숙(露宿).
¶ 날이 저물어 길에서 □□을 하였다.

8. 온갖 물건의 잔 부스러기나 찌꺼기. 조그마한 흠집.
¶ 눈에 □가 들어가다. 옥에도 □가 있다. □를 뜯다(공연히 결점을 찾아내어 자꾸 시비를 걸다)

[정답 94]

1. 워낭
2. 떡- → 떡마래미(방어 새끼), 떡조개(썩 작은 전복), 떡줄(찌꺼기 실로 만든 연줄)
3. 물매[1] → 물매길(비탈진 길), 물매지다(경사지다), 논매(논의 수평),
4. 물매[2] → 물매[3](몰매, 뭇매)와 동음이의어다.
5. 물살
6. 개치 → '두물머리', '아우라지'도 여러 갈래의 물이 합치는 물목을 이르는 말이다.
7. 한둔 → 한뎃잠
8. 티[1] → 티끌, 티눈, 군티, 불티(불똥), 재티

9. 어떠한 기색이나 태도. 버릇.

¶ 잘난 □를 보이다. 궁색한 □가 나다.

10. 짝이 맞지 않는 골패 짝. 어떤 일을 이루는 데 부합되지 않는 사물.

¶ 그 사람은 말만 많고 실력은 □이다. 그 사람이 잘 하리라고 굳게 믿었더니 그게 □이었다.

11. 문의 양쪽에 세워 문짝을 끼워 달게 한 기둥.

¶ 어린 것이 해가 질 무렵이면 □□□에 기대어 일터에서 돌아오는 엄마를 기다렸다.

12. 한 짝씩 끼웠다 떼었다 하게 된 문. 가게의 덧문 따위.

¶ □□□을 떼어내다. 가게의 □□□을 닫다.

13. 나뭇가지를 엮어서 만든 문짝.

¶ □□□을 달아서 문을 만들다. 도둑맞고 □□□ 고친다.

14. 바퀴를 달아 굴러가게 만든 운반 기구.

¶ □□에 짐을 실어 운반하다. 소가 끄는 □□를 '달구지'라고 한다.

15. 산간지방에서 마소에게 메워 물건을 실어 나르는 큰 썰매.

¶ 발매한 나뭇짐을 □□로 나르다.

16. 광산에서 갱구(坑口; 굿문)의 물을 달아 올리는 기구. 기둥을 세우고 두레박을 매단 긴 줄을 감았다 풀었다 하며 물을 품.

¶ 갱 입구의 물을 □□로 퍼내다.

17. 다시 대하기 싫을 만큼 몹시 싫증이 나다(↔당기다).

¶ 너무 자주 먹어서 이제 라면에는 □□□. 그 이야기는 □□도록 들었다. □□어 싫증이 나는 것을 '약비나다'라고 한다. '퇴내다'는 먹거나 가지거나 누리는 것을 □□도록 실컷 하는 것을 뜻하는 말이다.

---

9. 티² → 접미사적으로도 씀; 귀티(貴-), 나이티, 부티(富-), 시골티, 숫티, 애티

10. 황 → 황잡다(일이 엇나가다. 낭패를 당하다), 황그리다(욕되리만큼 뜻밖의 낭패를 당하다)

11. 문설주(門-株)

12. 빈지문(-門) → 빈지(널빤지)

13. 사립짝, 〈준〉삽작 → 사립문(-門)

14. 수레 → 수레바퀴, 수레자국, 손수레, 짐수레

15. 발구 → 발구길, 쇠발구, 쪽발구

16. 장애

17. [물리다] 물렸다, 물리(도록), 물리(어), 물리(도록)

18. ▸부피가 생각보다 적은 듯하다. ▸속이 옹골차지 않고 들떠 불룩하게 부풀어 있다.

¶ 가방이 □□□. □□ 머리를 매만지다. 나뭇동이 □□□.

19. 표준에 비하여 좀 모자라거나 질이 좀 떨어지다.

¶ 좋은 물건을 다 골라 가고 □□ 것만 남았다. □□ 물건은 제쳐두고 질이 좋은 것만 가져가다.

20. 물자나 돈이 여유가 있고 살림살이가 넉넉해 보이다.

¶ 모든 의식과 잔치는 전보다 몇 갑절 더 화려하고 □□□□했다. 거덜난 집 같지 않게 집안에는 여러 세간들이 □□□□히 놓여 있었다.

[문제 95]

1. 어류나 파충류 따위의 겉가죽을 겹쳐서 덮고 있는 얇고 단단한 딱지.

¶ 물고기의 □□. '□□결'이 이는 연못.

2. 물린 물고기가 빠지지 않도록 낚싯바늘의 안 쪽에 있는 가시랭이 모양의 작은 갈고리.

¶ □□을 달다(기와나 비늘 모양으로 위쪽의 아래 끝이 아래쪽의 끝을 덮어 누르게 달다).

3. 갑옷이나 마고자 따위의 섶. 앞을 여미지 않고 두 쪽이 나란히 맞닿음.

¶ □□를 가지런히 하다.

4. 명주실로 바탕을 좀 거칠게 짠 무늬 없는 비단.

¶ □에 그린 사군자. □으로 옷을 짓다.

5. 간단하거나 변변치 않은 반찬.

¶ 겨우 □□□ 하나 차려놓고 밥을 먹었다. 간장 · 고추장 · 된장 등을 두루 '장(醬)□□□'라고 한다.

---

18. [몰하다] 몰하다; [푸하다] 푸한, 푸하다

19. [차하다] 차한

20. [질번질번하다] 질번질번(했다), 질번질번(히)

[정답 95]

1. 비늘 → 비늘구름, 비늘김치, 비늘눈, 비늘잎, 돌비늘, 물비늘

2. 미늘 → 미늘창(−槍), 갑옷미늘(비늘잎 모양의 가죽이나 쇳조각)

3. 돕지

4. 깁 → 깁바탕, 깁옷, 깁창(−窓; 깁을 바른 창), 깁체(깁으로 쳇불을 메운 체)

5. 건건이

6. 볏과의 곡식을 찧어서 벗겨낸 껍질을 통틀어 이르는 말.
¶ □ 묻은 개가 똥 묻은 개를 나무란다(자기 결점을 모르고 남의 결점만 나무란다). 밀이나 귀리 따위의 가루를 쳐내고 남은 '속□'를 '기울'이라고 한다.

7. 과일이나 채소·어물 따위가 한창 수확이 많이 되는 때. 사람이나 사물의 '한창인 때'를 이르는 말.
¶ 수박도 □□ 지나다. 더위도 이제 □□ 지났네. 그 사람도 이제 □□ 갔군.

8. 너털웃음을 치면서 너스레를 늘어놓는 짓(≒익살).
¶ 철호가 능청스럽게 □□을 부리자 모두 한바탕 웃었다. □□스레 말하다. 그가 □□스럽게 말휘갑을 치는 바람에 말의 졸가리를 매동그릴 수가 없었다.

9. 짓궂고 지긋지긋하게 으르며 마구 덤비는 짓.
¶ 저런 막돼먹은 녀석이 □□□로 남을 괴롭히고 있네.

10. 깔끔하게 꾸민 집 안이나 방 안에서 느껴지는 산뜻하고 밝은 기운.
¶ □이 도는 화목한 집. □이 돌다(집 안에 밝은 기운이 가득하다).

11. 용이 되려다 못 되고 물속에 산다는 전설상의 큰 구렁이. '큰 뱀'을 흔히 이르는 말.
¶ 저수지에는 □□□가 살고 있다는 전설이 있다. '□□□ㅅ돌'은 성문 같은 데의 난간에 끼어 빗물이 흘러내리게 하는 돌홈을 뜻하는 말이다.

12. 시냇물이 급히 흐르는 가파르고 좁은 산골짜기.
¶ □□에 놀러 가니 좀 위험하더라. 사람의 발길이 끊긴 □□에 숨어 산 지 오래다.

13. 나지막한 산기슭의 비탈진 땅.
¶ 양지바른 □□□에 밭을 일구어 씨를 뿌렸다.

---

6. 겨 → 겨반지기, 겨범벅, 겻불(신통치 않은 불), 등겨, 쌀겨, 왕겨
7. 한물[1] → 한물가다(한창때가 지나 제 맛을 잃어버리다), 한물지다; 한물[2](큰물, 홍수)와 동음이의어다.
8. 넌덕 → 넌덕스럽다
9. 울골질 → '울골'은 '위협'의 평안도 사투리다.
10. 영[1] → 영피다(기운을 펴다, 기운을 내다)
11. 이무기
12. 우금
13. 자드락 → 자드락길, 자드락밭

14. 발에 땀이 나서 버선 위로 내어 밴 더러운 얼룩.

¶ 하루 종일 걸었더니 흰 양말에 □□이 생겼다.

15. ▸체면을 차림이 없이 마구 먹으려 하거나 가지고 싶어 하는 태도가 있다. ▸욕심껏 마구 먹어 대는 태도가 있다.

¶ 그 사람은 □□스레 남의 물건을 탐한다. 밥을 □□스레 먹다.

16. 잠이 오지 않아 몸을 이리저리 뒤척이다. 어찌할 바를 몰라 이리저리 머뭇거리다.

¶ 지난 일이 자꾸 생각나 □□□□며 날밤을 새다. 공원에서 □□□□고 있는 노인들. 아이는 교무실의 문을 열고서는 □□□□며 들어올 생각을 하지 않는다.

17. 주제넘다. 행동이 분수에 넘쳐 건방지다.

¶ 어르신, 제가 □□□지만 한 말씀 드리겠습니다. 하는 짓이 □□□□. □□□게 나서다.

18. 일이나 물건이 복잡하게 뒤얽혀 처리하기에 정신이 어지러울 만큼 뒤숭숭하다.

¶ 사업이 하도 □□□어서 골치가 아프다. 일이 □□□어서 갈피를 잡을 수가 없다. 수마가 할퀴고 잡돌이 무더기로 쌓여 있는 밭은 □□□고 을씨년스러웠다. □□스레 뒤엉킨 놀음판.

19. ▸자손이 많아서 보기에 복스럽다. ▸마음에 흐뭇하고 남 보기에 굉장하다.

¶ 부귀 공명한 대대후손 □□□오. 너의 자손이 저 하늘의 별처럼 무수히 빛나 □□□리라. 그들은 상감님의 □□한 모습을 우러러 뵙는 것만으로 감지덕지한다. 그 사람 인물 한번 참으로 □□□구나!

---

14. 용집

15. [게걸스럽다] 게걸(스레); [게검스럽다] 〈작〉개감스럽다, 게검(스레)

16. [궁싯거리다] 궁싯거리(며), 궁싯거리(고), 궁싯거리(며) → 궁싯궁싯(=고상고상, 뒤척뒤척)

17. [궤란쩍다] 궤란쩍(지만), 궤란쩍다, 궤란쩍(게)

18. [귀살쩍다] 귀살쩍(어서), 귀살쩍(고), 귀살(스레) → 귀살스럽다(귀살쩍은 느낌이 있다)

19. [근검하다] 근검하(오), 근검하(리라); [근감하다] 근감(한), 근감하(구나)

20. 상대편이 겁을 먹도록 해칠 듯이 무서운 말이나 행동으로 위협하다.

¶ 아무리 □□고 달래도 소용이 없다. 강도가 칼을 들고 □□자 점원은 기절하였다.

[문제 96]

1. 물에 대립되는 의미로 '땅, 육지'를 가리킴. 섬사람들이 본토를 이르는 말.

¶ 해녀들이 물질을 끝내고 □으로 올라왔다. 분녀는 □으로 시집을 갔다.

2. 사람이 살지 않는 작은 섬[무인도(無人島)]. 바닷새들이 알을 낳는 섬.

¶ 우리나라 바다에는 □□이 아주 많다. 여객선은 물을 가르며 □□들이 올망졸망 있는 다도해로 나아갔다. 표류하다 □□에 겨우 닿았다.

3. 한군데 무더기로 쌓이거나 덕지덕지 붙은 상태. 또는 그런 물건.

¶ 진흙□□□가 된 차바퀴. 옷이 먼지□□□가 되었다.

4. 많이 모인 더껑이. 어떤 물건에 덕지덕지 붙어 있는 더께.

¶ 손톱에 때가 □□□로 끼다. 구두에 오물이 □□□로 붙었다.

5. ▸찌개나 지짐이 등을 끓이거나 국밥·설렁탕 따위를 담는 오지그릇. ▸음식을 담거나 데우는 데 쓰는 운두가 높지 않고 넓고 큰 놋그릇.

¶ □□□보다 장맛이 좋다. □□에 마른 미역을 불려두다.

6. ▸무쇠나 양은 따위로 만든 작은 냄비. ▸반찬을 담는 뚜껑이 달린 반찬 그릇.

¶ □□□에 찌개를 끓이고, □□에 반찬을 담아 상에 올리다.

7. 그 일에 익숙하지 못한 서투른 사람.

¶ 그런 □□□에게 일을 맡기다니. 일은 잘 알지만 글은 □□□올시다.

---

20. [으르다] 으르(고), 으르(자) → 으르대다, 으름장, 을러대다/을러메다(우격다짐으로 으르다), 을러방망이(겁을 주며 으르는 짓)

[정답 96]

1. 뭍 → 뭍바람, 물뭍(바다와 육지), —뭍사람, 뭍짐승
2. 알섬 → 염(바윗돌로 된 작은 섬)
3. 더버기
4. 주버기 → 더께
5. 뚝배기; 양푼
6. 쟁개비; 쟁첩
7. 생무지(生−; 초보자)

8. 떠돌이하며 점이나 기술 또는 물건을 팔러 다니는 사람. 무자격에 엉터리 실력으로 전문직에 종사하는 사람.

¶ □□□ 의사가 사람 잡는다.

9. 진화(進化; 일이나 사물이 점점 발달하여 감).

¶ 인류는 오랜 세월을 두고 □□□ 되어 왔다.

10. ▸무슨 일이 진행을 가로막는 것. 일의 장애가 되는 요소. ▸디디고 다닐 수 있게 드문드문 놓은 평평한 돌. 디디고 오르내릴 수 있게 한 돌. '문제 해결의 바탕'을 비유.

¶ 남북평화통일의 □□□을 제거하자. 여울 얕은 곳에 □□□이 띄엄띄엄 놓여 있다. 지난날의 실패를 □□□로 삼자.

11. 산과 들에 저절로 나서 자라는 풀을 통틀어 이르는 말.

¶ 이른 봄 산기슭에 □□가 무성하다. 연하고 독성이 없는 □□를 뜯어 무쳐 먹다.

---

8. 돌팔이

9. 돋되기 ↔졸되기(퇴화)

10. 걸림돌; 디딤돌

11. 푸새[1] → 푸새김치; 남새

12. 옷 따위에 풀을 먹이는 일. 풀을 먹이다.

¶ 저고리를 빨아 말린 다음 □□를 하여 다림질하다.

13. 모시·베 등으로 호아서 지은 옷을 뜯어서 빨아 풀을 먹여 발로 밟거나 홍두깨에 올리어 손질을 한 뒤 다리미로 다리는 일.

¶ □□을 제대로 하지 않아 걸레감이 된 베잠방이 차림으로 길을 나서다니.

14. 종이나 천·가죽 따위로 만든 주머니.

¶ 주머닛돈이 □□ㅅ돈이다(굳이 네 것 내 것 가릴 것 없는 같은 것. 또는 공동의 것이라는 말).

15. ▸모나지 않고 둥글둥글한 돌. ▸뒷간 바닥에 놓아서 발로 디디게 된 돌.

¶ 강가에는 □□□□이 많다. 땅을 파고 □□□을 놓아 임시 뒷간을 만들었다

---

12. 푸새[2]

13. 푸쟁

14. 쌈지

15. 모오리돌 = 몽우리돌. 몽돌; 부춛돌 → '부출'은 뒷간 바닥에 놓아 발로 디디게 된 널빤지를 가리킨다.

16. 그릇 따위가 겉보기보다 속이 너르다.

¶ 그 단지는 □□어서 꿀이 많이 들었다. □□게 생긴 접시에 음식을 푸짐히 담아 내오다.

17. 너그럽게 생각하다. 좋은 말로 구슬리다.

¶ 마음을 □□□ 생각하다. 떼를 쓰는 아이를 잘 □□□□. 빚쟁이를 잘 □□□ 보내다.

18. 착 달라붙어야 할 것이 들떠서 속이 비다. 단단한 물체 속의 한 부분이 텅 비다. 소리가 웅숭깊다.

¶ 벽지가 여기저기 □□어 보기 흉하다. 장판의 □□ 자리가 보인다. 속이 □□ 통나무. □□ 남자의 목소리가 들려왔다.

19. 소리가 웅숭깊고 우렁우렁 울리는 힘이 있다.

¶ 묻는 말소리가 □□□. □□게 울려오는 먼 포성의 여운. 소리가 □□ 데가 있다. □□ 메아리 소리.

20. 인품이 매우 두드러지게 뛰어나다.

¶ 동창 가운데서 □□ 인물. 우리 마을 이장은 성품이 □□서 주민들로부터 존경을 받고 있다.

---

16. [궁굴다] 궁굴(어서), 궁굴(게)
17. [궁굴리다] 궁굴려, 궁굴리다, 궁굴려
18. [궁글다] 궁글(어), 궁근
19. [웅글다] 웅글다, 웅글(게), 웅근
20. [돋나다] 돋난, 돋나(서)

[문제 97]

1. 입버릇. 입노릇.

¶ 그래 어른이 남의 집 어린 것에게 대고 더러운 □□을 놀리다니 세상 천하에 있을 법한 일이오? □□을 놀리다(입버릇 사납게 말하다. 쉴 새 없이 군것질을 하다). □□이 사납다(말투가 점잖지 못하다. 거칠게 탐식하다).

2. 속이 느긋느긋하면서 목구멍에서 생겨나오는 군침.

¶ 속이 메슥메슥하니까 □□□이 질질 나오다.

3. 입까지 치밀어 오르는, 배 속의 삭지 아니한 음식물이나 위액.

¶ 신트림이 터지자 □□이 치밀어 올라 속이 거북하다.

[정답 97]

1. 입정 → 군입정(군음식으로 입을 다시는 일)
2. 거위침 → 느긋느긋하다(먹은 것이 내리지 않고 자꾸 느끼하다)
3. 생목(生-)

4. 이익을 얻는 실마리.
¶ 장사야 다 □□을 보고 하는 노릇 아닌가.

5. 곤죽같이 무르게 풀린 진흙이나 개흙이 괸 곳(=늪). 헤어나기 힘든 처지.
¶ 악의 □□에 빠지다.

6. 논에 물을 대거나 빼기 위하여, 길 둑이나 방축 밑에 뚫어 놓은 물구멍. 석축에 낸 물구멍.
¶ 둑 밑에 □□을 뚫다. 부엌 바닥에 고여 든 물이 □□으로 점점 빠져나가다.

7. ▸망치로 한쪽 끝을 때려 나무에 구멍이나 홈을 파는 데 쓰는 연장. ▸한 손으로 찍어 나무를 깎는 연장. ▸돌에 구멍을 뚫거나 쪼아서 다듬는 데 쓰는 연장.
¶ □로 나무를 다듬다. □□로 깎아낸 기둥은 고졸한 느낌을 준다. 모난 돌이 □ 맞는다.

8. 불을 피울 때 바람을 일으키는 기구.
¶ □□로 불을 피우다. 대장간에서 □□질을 하다.

9. 햇빛이나 달빛에 비치어 반짝이는 잔물결.
¶ 고향땅 봄 바다 반짝이는 □□. 그녀는 호수의 물위에 곱게 이는 □□을 물끄러미 바라보았다.

10. 내기나 경쟁에서 자꾸 지면서도 다시 하자고 달려드는 사람을 비유하여 이르는 말.
¶ 손 노인은 장기에 연거푸 지면서도 □□□□처럼 자꾸 덤벼들었다.

11. 엄살을 부리며 반항함. 또는 그러한 짓.
¶ □□을 부리다. □□을 피우다. 젊은 사람이 웬 □□이 심할까. 동생이 너무 □□스레 군다.

---

4. 이끗(利－)

5. 수렁 = 사득판 → 수렁논, 수렁배미, 수렁지다; 사득판(빠지면 나오기 어려운 진펄)

6. 수멍 → 수멍대(석축에 물구멍을 내는 데 쓰는 대통), 자갈수멍(자갈을 바닥에 묻은 도랑)

7. 끌; 까뀌; 정 → 자귀

8. 풀무 → 풀무질/하다, 골풀무(발풀무), 디딜풀무, 송풀무

9. 윤슬 = 물비늘

10. 윷진아비 → 윷놀이에서 진 사람을 뜻한다.

11. 앙살 → 앙살궂다, 앙살스럽다, 앙살하다

12. 암상스럽게 남을 샘하는 마음.
¶ 시샘을 삭이지 못하고 □□을 피우며 새근거렸다. □□을 부리느라고 입을 옥다물고 서방은 흘겨보았다.

13. 말씨나 하는 짓이 얄망궂고 되바라진 사람(=야살쟁이).
¶ 그 개그맨은 학창 시절에도 온갖 장난으로 유명한 □□였다.

14. 미신으로 재앙이 올까 두려워 어떤 사물이나 언행을 꺼림.
¶ 그 물건은 이 집에서 □□하니까 들이지 말라. □□스러운 생각이 들다. 마을 사람들은 만득이가 사지(死地)로 가고 있다는 것을 알고 있기 때문에 □□스러워 아무도 입에 올리지 않았다.

15. ▸움직임이 둔하고 굼뜨다. ▸언행이 둔하고 자유롭지 못하다. 수줍어서 부끄러운 느낌이 있다. 서투르다.
¶ 초보자라서 일하는 것이 좀 □□□. 노파는 □□은 몸짓으로 비틀거리며 자리에 앉았다. 추운 날씨 때문에 입이 얼어서 발음이 □□□. 용수가 쳐다보자 순이는 □□어 하며 얼굴을 붉혔다. □□은 손놀림.

16. 생활을 기분 내키는 대로 하게 되다. 방탕한 마음을 가지게 되다.
¶ 풍요가 사람을 □□□게 한다.

17. 하는 행동이나 모양이 어울리지 않게 싱겁고 쑥스럽다.
¶ □□□ 침묵이 갑자기 드리워졌다. 머리를 긁적이며 □□□ 하다. 헛물켜고 □□해서 돌아가다.

18. 무서워서 몸이 오싹하다.
¶ 밤길을 혼자 걷던 승환이는 섬뜩한 가운데 □□□□. 밤길에 무덤가를 지나려니 기분이 □□□진다.

19. 무엇을 하는 데 어려움이 없이 순조롭다. 수월하다. 어떤 일이 정상

---

12. 얌심 → 얌심꾸러기, 얌심데기, 얌심스럽다; 암상(남을 미워하고 샘을 잘 내는 잔망스러운 심술)

13. 얄개 → '얄-'은 '얄궂다, 얄밉다'의 어근으로 '야살스럽게 구는 짓'을 이르는 말이다.

14. 사위[1], 사위스럽다(어쩐지 불길하고 꺼림칙하다) → 사위[2](딸의 남편), 사위[3](윷놀이나 주사위를 놀 때 목적한 끗수)와 동음이의어다.

15. [머줍다] 머줍다; [어줍다] 어줍(은), 어줍다, 어줍(어), 어줍(은)

16. [멋질리다] 멋질리(게)

17. [메사하다] 메사한, 메사해, 메사(해서)

18. [수꿀하다] 수꿀했다, 수꿀해(진다)

19. [수나롭다] 수나롭(게)

적인 상태로 순탄하다.

¶ 일이 □□□게 풀리다. 머리를 쓰면 쓸수록 □□□게 돌아간다. 말이 □□□게 나오다.

20. 보호하여 돌보아 주다. 흠이나 잘못을 덮어 주다.

¶ 아직 어려서 내가 그를 □□□고 있다. 너는 할머니가 □□□ 주신 것을 잊어서는 안 된다. 아이들을 너무 감싸고 □□□면 버릇이 나빠진다.

[문제 98]

1. 까닭 없이 어정거리면서 몹시 느리게 움직이는 일.

¶ 빨리 하지 않고 무슨 □□를 이리 하는고? 춘희는 시집에 갈 때면 □□하기 일쑤여서 남편의 지청구를 들었다. 찻집에서 두 시간이나 잡담으로 □□를 한 뒤에야 나왔다.

2. 잘못 삼킨 음식물이 숨구멍으로 조금 들어갈 때 갑자기 재채기처럼 뿜어 나오는 기운.

¶ 급히 물을 마시다가 □□가 들려 재채기를 하였다. 동생이 □□에 걸려 심하게 기침을 했다. □□가 들리다(개끼다).

3. 먹은 것이 잘 소화되지 않고 괴어서 생긴 기체가 입으로 복받쳐 오름. 또는 그 기체.

¶ □□이 나오다. 거드름을 부리느라고 일부러 크게 힘을 들여 하는 것을 '용□□'이라고 한다. 비짓국 먹고 용□□ 한다.

4. 전각(殿閣; 궁전과 누각) 등에 장식한 용의 그림 또는 새김. 이리저리 비틀거나 꼬면서 움직임(기세 따위가 왕성하게 뻗쳐오름).

¶ 담장이덩굴이 □□□하여 성벽으로 오르다. 이상스러운 전율이 그의 가슴으로 □□□하듯이 번져 왔다.

5. 팔다리와 몸을 비틀면서 부스대는 짓. 무슨 일을 하고 싶어서 안절부절못하고 애를 쓰며 들먹거리는 짓.

¶ 아이가 □□□을 한다. 일등을 하려고 □□□을 해댄다. 남의 일에 참견하고 싶어서 □□□하다.

---

20. [그느르다] 그느르(고), 그느러, 그느르(면)

[정답 98]

1. 거레
2. 사레
3. 트림 → 게트림(게으름을 피우며 하는 트림), 신트림(신물이 목구멍으로 나오는 트림), 용트림
4. 용틀임(龍-)
5. 발싸심

6. 자기가 마땅히 해야 할 일을 남에게 미룸. 혼인날 신랑의 팔을 밀어 인도하는 일.

¶ 이번 일은 □□□하지 말고 네가 직접 해라. 자기 일조차 □□□하는 사람에게 더 이상 부탁할 것이 없다. 이번 혼례에서는 네가 □□□를 맡아라.

7. 어리석어 올바르게 사리를 가릴 줄 모르는 사람(≒바보, 못난이).

¶ 화를 낼 법도 한데, 사내는 □□□□□처럼 사람 좋은 웃음만 허허거릴 뿐이었다.

8. 남에게서 비웃음과 조롱을 받게 됨. 또는 그 조롱이나 비웃음.

¶ 그렇게 허술하게 차리고 나갔다가는 □□□ 받기 딱 좋겠다. 너무 제 자랑만 늘어놓은 것 같아 □□□스럽지만 이 말만은 꼭 해야겠습니다.

9. 떠벌리어 주선하는 솜씨. 발림.

¶ 그 사람은 □□□가 좋다. 판소리에서 몸동작을 □□□(발림)라고 한다.

10. ▸진흙과 같이 질척한 것을 아무데나 함부로 뒤바르는 짓. 정신없이 아무렇게나 하는 몸짓. ▸화장품·페인트·물감 따위를 덕지덕지 바르는 일. ▸무엇을 온몸에 뒤집어써서 바름.

¶ 술에 취해 길바닥에서 □□□를 치고 있다. 화장품으로 얼굴에 □□을 하다. 어린아이들이 흙탕물을 □□한 얼굴로 천진난만하게 논다.

11. ▸'동풍'의 순우리말. ▸'(북)서풍'의 순우리말. ▸'남풍'의 순우리말. ▸'북풍'의 순우리말.

¶ 동서남북풍의 순우리말을 각각 □□□. □□□□, □□□, □□□이라고 한다.

12. ▸'북동풍'의 순우리말. ▸'선풍(旋風)'의 순우리말. 돌개바람. '돌발적으로 일어나 세상을 뒤흔드는 사건'을 비유.

¶ 초여름에 □□□□이 불어와 농작물에 피해를 주다. 검거 □□□□□이 불다. 그의 소설이 일대 □□□□□을 일으켰다.

---

6. 팔밀이 → 어원적 의미는 '내 팔이 아닌 남의 팔을 밀어서 시킴'이다.
7. 인숭무레기
8. 남우세, 〈준〉남세 → 남(우)세스럽다
9. 너름새
10. 매대기(매닥질); 떡칠; 뒤발 → 뒤발하다, 뒤바르다(아무데나 마구 바르다)
11. 샛바람; 하늬바람(가수알바람); 마파람; 된바람
12. 높새바람; 회오리바람

13. ▸몹시 차고 매서운 바람. 아주 혹독한 박해. ▸좁은 틈으로 세게 불어드는 찬바람. ▸몹시 매섭고 추운 바람.

¶ 조정에 갑자기 □□□이 불기 시작하였다. 문틈으로 □□□□이 분다. 한겨울에 부는 □□□□이 귀를 에는 듯했다.

14. 어린아이처럼 철없이 부리는 엄살 또는 심술.

¶ 이제부터 □□□은 안 통한다. 나이가 몇인데 아직도 □□□을 부리니? 황 영감의 □□□은 갈수록 심해졌다.

15. 끈끈한 물건이 범벅이 되어 달라붙는 상태.

¶ 엿이 녹아 손에 □□이 되었다. 신발이 진흙으로 □□이 되다.

16. 갑자기 재채기를 하듯이 연거푸 기침을 하다. 사레가 들리다.

¶ 물을 마시다가 □□는지 얼굴이 새빨개져 가지고 캑캑거렸다. 담배를 피우다가 □□서 기침을 하다.

17. 물이나 센 바람이 갑자기 목구멍으로 들어갈 때 숨이 막히다.

¶ 세찬 바람에 □□어 얼굴이 붉어졌다. 아무리 목이 마르더라도 □□지 않도록 물을 천천히 마셔라.

18. ▸무엇에 물리거나 찔리거나 탈이 나거나 하여 살갗이 붓고 아프면서 빙 돌아가며 벌겋게 성이 나다. ▸속이 비어 자리가 나게 쑥 들어가다(자위가 뜨다). 무엇이 풀풀 날아돌다.

¶ □□ 발목은 보기만 해도 끔찍스러웠다. 밤송이 속에서 밤톨이 □□아서 쉽게 깔 수 있었다.

19. 일부 명사 뒤에 쓰이어, 다른 것보다 크기나 정도가 조금 더하거나 거의 같다.

¶ 그는 늦게 일어나서 점심 □□□ 아침을 들었다. 그는 난쟁이 □□□게 키가 작다. 그녀가 우리를 데리고 간 곳은 오두막 □□□ 집이었다. 한 말 □□□ 쌀. 꾸중 □□□ 말을 하다.

---

13. 칼바람; 황소바람; 손돌바람

14. 엄부럭

15. 엉겁 → 엉겁결에(자기도 모르는 사이에 갑자기); 어겹(한데 마구 섞여 뒤범벅이 됨)

16. [개끼다] 개꼈(는지), 개껴(서)

17. [갑시다] 갑시(어), 갑시(지)

18. [장돌다[1]] 장돈; [장돌다[2]] 장돌(아서)

19. [쇰직하다] 쇰직한, 쇰직하(게), 쇰직한, 쇰직이

20. 성질이 수더분하고 원만하다. 얼굴 생김새가 귀염성 있고 덕성스럽다. 크게 탈없이 수수하게 잘 자라는 꼴.

¶ 큰 아이는 퍽 □□□□□고 털털하다. 성격이 너그럽고 □□□□□□. 자식들은 모두 □□□□□게 잘 낳았다. 아기가 □□□□ 잘 자란다.

[문제 99]

1. 천·돗자리·짚신 따위를 짜거나 삼을 때 세로로 놓는 줄(↔씨).

¶ 굵은 노로 씨와 □을 삼다. 베를 짤 때 '□실'을 감는 틀을 도투마리라고 한다.

2. ▸연기 따위에서 나는 매운 기운. ▸'냄새'의 준말.

¶ 매캐한 □ 때문에 눈을 뜰 수가 없다. 향긋한 □를 풍기다.

3. 시내보다 크고 강보다는 작은 물줄기. 개천.

¶ 산을 넘고 □를 건너 고향집에 다다랐다. □ 건너 배 타기(순서를 뒤집어 하기).

4. 활터의 과녁 뒤에 흙으로 둘러싼 곳. 활터의 살받이. 한 번에 빨 빨랫감을 나타내는 말.

¶ 화살이 □□에 꽂히다. 세탁물이 한 □□으로는 많다.

5. 대·갈대·수수깡 따위로 발처럼 엮거나 결어 울타리를 만드는 데 쓰는 물건.

¶ 수숫대로 □□를 엮다. 작은 나뭇가지로 엮어 만든 낮은 울타리를 '굽□□'라고 한다.

6. 놋쇠로 만든 밥그릇.

¶ 중이 쓰는 나무로 대접같이 만들어 안팎을 칠한 그릇을 '□□때'라고 한다.

---

20. [숭굴숭굴하다] 숭굴숭굴하(고), 숭굴숭굴하다, 숭굴숭굴하(게), 숭굴숭굴 → 수더분하다(성질이 까다롭지 않고 순하며 무던하다)

[정답 99]

1. 날[1] → 날금(↔씨금), 날실(↔씨실), 날다; 씨가 안 먹힌다(말이 통하지 않는다). 날[2][일(日)]과 날[3][인(刃)]과 동음이의어다.

2. 내[1]; 내[2] → 냇내(연기의 냄새), 내구럽다(냄새가 눈이나 목구멍을 자극하여 숨 막히게 맵고 싸하다); 갯내, 고린내, 흙내; '내음'은 향기롭거나 나쁘지 않은 냄새를 뜻한다.

3. 내[3] → 냇가, 시내, 앞내

4. 무겁 → '무겁'은 무더기의 옛말이다.

5. 바자 → 바자울, 바잣문(-門), 싸리바자

6. 바리[1] → 옴파리(사기로 만든 아가리가 오목한 바리), 통바리(품질이 낮은 놋쇠로 만든 바리)

'□□안베'는 고운 베를 뜻하는 말이다. 사리로 만든 오목한 □□를 '옴파리'라고 한다.

7. 마소의 등이나 달구지에 잔뜩 실은 짐. 또는 그것을 세는 말.

¶ 장작□□. 나무 한 □□. 신부가 혼수를 □□□□ 싣고 가다.

8. ▸새벽이나 저녁의 조금 어둑한 때. 또는 그러한 상태. ▸새벽에 닭이 울 무렵.

¶ □□□ 달밤. □□□한 달(어슬녘에 뜨는 달). 부지런한 농부가 □□□에 일터로 나서다.

9. 터무니없는 말이나 행동. 또는 그런 말이나 행동을 하는 사람. 허울만 있고 실속이 없는 사람이나 사물. 대강의 윤곽.

¶ 그 사람은 □□□다. 이 기계는 □□□다. □□□로 일을 꾸민다. 그럭저럭 □□□가 잡히다.

10. 도리깨채나 채찍 따위의 끝에 달려 있는 회초리나 끈.

¶ 도리깻□이 부러지는 바람에 콩타작을 하다가 그만 두었다. □이 달린 채찍으로 말을 몰다.

11. 빚이나 손해 따위를 갚거나 물어 줌.

¶ 그동안의 너의 도움에 대하여 언젠가 꼭 □□을 할 것이다. 월급을 받아서 빚을 □□하느라 바쁘다.

12. ▸사방을 둘러쌓은 담. ▸벽이나 담의 갈라진 틈을 진흙으로 메우는 일(≒줄눈).

¶ 그 댁의 □□은 담쟁이덩굴로 뒤덮여 있었다. 자기 집 □□ 안이 그의 세계의 전부였다. 벽돌을 쌓고 줄눈을 치고, 갈라진 벽은 □□을 쳤다.

13. ▸애가 타거나 몹시 긴장했을 때에 무의식중에 힘들여 삼키는 물기가 적은 침. ▸속이 느긋거리거나 구미가 당겨 입안에 도는 침.

¶ □□□을 삼키다(몹시 걱정하거나 긴장하

---

7. 바리[2], 바리바리(여러 바리)

8. 어스름; 달구리 [←닭+울(다)+이] → 어스레하다, 어슬핏하다, 어슬하다, 어슬막(어슬어슬 해가 질 무렵), 어슴새벽(어스레한 새벽)

9. 엉터리 → 엉터리없다(터무니없다, 경우에 닿지 않다)

10. 열[1] → 도리깻열, 챗열(채찍의 열); 열[2](쓸개)와 동음이의어다.

11. 에움 → 에움하다(배상하다, 변상하다)

12. 엔담 [←에우(다)+ㄴ+담]; 사춤(치다)

13. 마른침; 군침

거나 초조해 하다). □□을 삼키다/ □□이 돌다(음식 등을 먹고 싶어서 입맛을 다시다. 이익이나 재물을 보고 몹시 탐을 내다).

14. 소리소리 지르며 매우 심하게 기를 쓰고 말다툼하는 꼴.[+싸우다. 다투다]

¶ 동네 꼬마들이 □□□□ 싸우고 있다. 만나기만 하면 □□□□ 다툰다.

15. 무슨 말을 하려고 머뭇거리는 꼴.

¶ 그녀는 나의 질문에 바로 대답을 못해 주고 잠시 □□□□ 망설였다.

16. 남의 일에 참견하다. 남의 말에 대꾸하여 시비조로 따지고 나서다.

¶ 누나는 툭하면 내 일에 □□고 나선다. 남편은 그날따라 아내가 꼬집는 소리에 뭐라고 □□고 싶지가 않았다. 친구가 □□는 것은 네게 관심이 있다는 의미다.

17. 여러 사람의 뜻이 맞아 그렇게 하는 것으로 알려지다.

¶ 기부금을 내기로 □□자 더 많은 사람들이 참여 의사를 밝혔다.

18. 근심스럽거나 답답하여 마음이 편하지 않다.

¶ 빚에 쪼들리는 회사 대표는 □□□□여 안절부절못한다. 뒤란으로 돌아가 혼자 □□□□게 서서 홧담배만 피워대는 아버지의 손에는 새금 고지서가 들려 있었다. 오늘은 유난히도 출근길이 □□□□고 짜증스럽다. 집주인이 방세를 올려 달라고 하자 수영이는 □□□한 표정이 되었다.

19. 둘레를 빙 둘러싸다(=에워싸다). 딴 길로 돌리다. 다른 음식으로 끼니를 때우다. 장부 따위의 필요 없는 부분을 지워버리다.

¶ 절벽이 그 성을 □□고 있다. 길을 □□ 차들이 돌아갈 수 있게 하였다. 빵으로 점심을 □□□. 결석한 사람들의 이름을 □□□.

---

14. 아닥치듯
15. 여싯여싯 = 여짓여짓
16. [탄하다] 탄하(고), 탄하(고), 탄하(는) → 탄질(남의 일을 아랑곳하여 시비하는 짓)하다
17. [통돌다] 통돌(자)
18. [울가망하다] 울가망하(여), 울가망하(게), 울가망하(고), 울가망(한)
19. [에우다] 에우(고), 에워, 에우다, 에우다 → 엔구부정하다(빙 돌아 구부정하다), 엔담, 에움길(굽은 길, 우회로 ↔지름길), 에워가다

20. ▸연기가 눈이나 목구멍을 자극하여 맵고 싸하다. ▸몹시 세차게 빨리 하는 꼴.

¶ □□서 눈을 뜨지 못하겠구나. □기는 과부집 굴뚝이라(다른 사람보다 심히 곤란하다). □□ 걷어차다. □□ 뛰기 시작했다.

[문제 100]

1. 볼을 이루고 있는 살.

¶ □□이 빠진 홀쭉한 얼굴. □□이 도탑다. 생선요리는 □□이 부드럽고 맛이 있다.

2. 뒤통수의 한가운데. 활의 도고지가 붙은 뒤.

¶ 화가 □□까지 치밀어 오르는 것 같았다. □□를 누르다(아랫사람을 억누르다). □□를 지르다(남의 앞장을 질러 가로채다. 압제하다).

3. 한 번 한 것을 자꾸 되풀이하는 상태.

¶ □□□가 거듭 될수록 실력이 쌓이다.

4. 양팔을 벌려 껴안은 둘레. 또는 그것을 나타내는 단위.

¶ 아기를 □□ 안에 품어 안은 어머니. 두 □□이나 되는 느티나무.

5. 막대로 뒤를 밀면서 굴리는 장난감으로, 자전거 바퀴 같은 둥근 테. 도롱태. 동그랑쇠.

¶ 운동장에서 □□□를 굴리며 놀다.

6. 공간적으로나 시간적으로나 조금 틈이 나는 것.

¶ □□을 두고 찬찬히 살펴보다. 운동장에는 아이들이 □□□□(드문드문) 모여 있다. 밖에서 떠드는 소리가 □□□□ 들려온다.

7. 갯가의 개흙이 깔린 벌판. 간석지(干潟地).

¶ 썰물 때는 □□이 드러난다. □□에서 조개를 잡다.

---

20. [냅다[1]] 내워(서), 냅(기는); [냅다[2]] 냅다

[정답 100]

1. 아늠
2. 꼭뒤 → 꼭뒤상투, 꼭뒤잡이(꼭뒤를 잡아채는 일)
3. 포배기 → 포배기다(자꾸 거듭하다)
4. 아름 → 아름드리
5. 굴렁쇠
6. 도간, 도간도간, 〈큰〉두간/두간두간 → 두간하다(드물지 않거나 잦다)
7. 개펄, 〈준〉펄 → 모래펄(모래가 덮인 개펄); '갯벌'은 바닷물이 드나드는 모래톱이나 그 주변의 넓은 땅을 말한다.

8. 썰물 때에만 드러나 보이는 비교적 넓고 평평한 모래벌판.
¶ 물때를 보고 □□에 나가 조개를 잡다. □□은 '개펄'과 유사한 말이다.

9. 어떤 사물이나 조직의 전체를 이루는 짜임새. 얽이. 뼈대. 구조(構造).
¶ 대강의 □□를 짓다. 기계의 □□를 알아야 다루기에 쉽다. 이 소설의 □□는 인간성 상실과 인권 문제에 초점을 맞춘 작품이다.

10. 기본이 되는 형체를 잡아 놓는 것. 일의 골자만을 추려 잡은 전체의 윤곽이나 줄거리.
¶ 나무로 □□□를 잡아 놓다. 논문의 □□□. 연도별로 사업계획의 □□□를 짜다.

11. 감히 무엇을 하려는 마음.[+부정어].
¶ 그 일은 □□도 내지 못한다. 너무 추워 밖에 나갈 □□가 안 난다.

12. 물체가 차지한 둘레(울어리). 또는 어떠한 일의 범위. 권한의 범위.
¶ 일의 □□이 너무 넓어 힘들 것 같다.

13. 사냥에서, 매를 받을 때 끼는 두꺼운 장갑.
¶ 손에 끼우는 □□은 수할치의 필수품이다.

14. 불이 너무 세지도 않고 꺼지지도 않고 그대로 곱다랗게 붙어 있는 꼴.
¶ 저녁에 묻어 둔 화롯불이 밤새 □□□ 붙어 있다.

15. 위와 아래가 굵거나 가늘지 않고 비스름하다. 물건의 대가리가 일매지게 가지런하다.
¶ □□□□게 굵은 허리통. □□□□게 담긴 성냥개비.

16. 죄다 고르고 가지런하다.
¶ 과일을 □□□게 깎다. 걸음새가 □□□지 못하다.

---

8. 감풀
9. 얼개
10. 얼거리
11. 엄두
12. 버렁[1]
13. 버렁[2] → 매사냥에 쓰는 누빈 토시를 '버랭이'라고 한다.
14. 꼬다케
15. [출무성하다] 출무성하(게), 출무성하(게)
16. [일매지다] 일매지(게), 일매지(지)

17. 서로 어슷비슷하여 큰 차이가 없다(=어금버금하다).

¶ 저 두 선수는 실력이 □□□□□여 팽팽히 맞선다.

18. 상처나 부스럼 따위가 덧나다.

¶ □□ 상처가 저리고 아프다. 상처에 물이 들어가면 □□ 염려가 있다.

19. ▸찾는 사람이 많아 물건이 잘 팔려 나가다. ▸어떤 물건이 사용되는 데가 많아서 퍽 귀하여지다. 굉장히 세나다.

¶ 한여름이라 얼음이 □□□. 물건이 만드는 족족 □□□게 팔린다.

20. 맡겨진 임무나 과업 따위가 힘에 벅차다(겹다). 보람차다. 너무 과분하거나 벅차다.

¶ □□□ 일을 떠맡다. 그 일은 내게 너무 □□□□. □□□ 미래를 기약하다. 선물을 □□□게 받다.

---

17. [어금지금하다] 어금지금하(여) → 어슷비슷하다(서로 비슷비슷하다. 이리저리 쏠리어 가지런하지 않다)

18. [세나다[1]] 세난, 세날

19. [세나다[2]] 세난다; [천세나다] 천세나(게)

20. [아름차다] 아름찬, 아름찬, 아름차다, 아름차(게)

[문제 101]

1. 여자가 쓰는 화장품·바느질 기구·패물 따위의 물건.

¶ 새댁은 화장품이 떨어지자 □□장수를 기다렸다.

2. 약한 사람을 편들어서 감싸줌(=두남, 역성).

¶ 제 딴은 형이랍시고 아우를 □□하고 나선다. 아이들을 너무 □□해 주면 버릇이 나빠진다.

3. 주춧돌 위에 세워서 보나 도리 등을 받치는 나무. '가장 중요한 사람'을 비유하여 이르는 말.

¶ □□을 세우다. 들보 위에 세우는 짧은 □□을 '쪼구미'라고 한다. 청소년은 나라의 □□이다.

4. 건물의 칸과 칸 사이의 두 기둥 위를 건너지른 나무.

[정답 101]

1. 방물

2. 두둔 → 두둔하다(싸고돌다)

3. 기둥 → 기둥감, 기둥뿌리, 두리기둥, 물기둥, 불기둥, 흘림기둥

4. 들보, 〈준〉보 → 보아지, 대들보, 떠릿보(대청 위의 큰 보); 도리(서까래를 받치기 위하여 기둥과 기둥 위에 건너 얹는 나무)

¶ □□를 기둥 위에 얹다.

5. 모양을 내느라고 미닫이의 문지방 아래나 벽의 하인방(下引枋)에 대는 널조각.

¶ □□ 사이에 낀 널쪽을 □□청판(-廳板)이라고 한다.

6. 임신한 지 이삼 개월 되어 구역질이 나고 몸이 쇠약해지는 증세.

¶ 아내는 요즘 □□이 심해 음식을 잘 못 먹는다. □□이 나다.

7. 몸조리를 잘못해서 잡병이 생겼음. 거의 낫다가 다시 더친 병.

¶ 산모는 □□□으로 고생하였다. '개암들다'는 아이를 낳은 뒤에 □□□이 생기다를 뜻하는 동사다.

8. 판판하고 넓게 켜낸 나무토막.

¶ 목재소에서 통나무를 얇게 켜서 □(빤지)을 만들다. 설날 고향 마을에서 □을 뛰다.

9. 품질이 아주 좋은 소나무로 짠 널

¶ □□으로 관(棺)을 짜다.

10. 몸을 가까스로 움직이는 일.[+없다. 못하다].

¶ 며칠 앓고 나더니 □□도 못한다. 굶주린 끝에 음식을 많이 먹어 □□을 못하다. 몸살이 나서 □□할 수가 없다.

11. 잘못되지 않도록 단단히 주의하여 다룸. 어떤 일에 대하여 미리 충분한 대책이나 준비를 하는 일.

¶ 아이를 엄하게 □□□하다. 비밀이 새지 않도록 □□□하다. □□□를 세우다. 무슨 □□□가 있는 모양이다.

12. ▸화초 따위에 물을 주는 기구. ▸분무기(噴霧器). 스프링클러.

¶ 화단에 □□□□로 물을 주다. 화분에 심은 난초와 분재에 □□□□로 물을 뿌리다.

13. 아니라거나 거절하는 뜻으로, 좌우로 흔드는 머리. 또는 그 짓.

¶ 약을 먹이려면 □□□□를 친다. 아이는 싫다고 □□□□를 절레절레 흔들었다.

---

5. 머름
6. 입덧
7. 후더침
8. 널 → 널뛰기, 널마루, 널빤지
9. 후중
10. 갱신
11. 잡도리 → 잡도리를 차리다(아주 엄하게 다루려고 준비를 하다).
12. 물뿌리개; 물뿌무개
13. 도리머리 = 도리질

14. 무슨 일에 규율이 없고 난잡함.
¶ 주인이 없다고 일을 □□□으로 한다.

15. 하는 짓이 다랍고 염치가 없다.
¶ 그 사람은 언행이 너무 □□해서 인심을 잃었다. 돈에 너무 □□□여 볼꼴 사납다. 사나이가 그런 □□한 생각일랑 하지 말게. □□□게 날아드는 파리 떼.

16. 염치없고 뻔뻔스럽다.
¶ 하는 짓마다 □□□□. 그 녀석은 □□□기가 그지없어 도무지 예의를 모른다.

17. 사람이 억세고 사나워서 휘어잡기 힘들다. 논밭 따위가 바탕이 험하고 거칠어 일하기 어렵다.
¶ □□□게 생긴 사내가 갑자기 우리 앞에 나타나 가로막고 나섰다. 일꾼이 너무 □□□□ 부리기가 힘들다. 잡초가 우거진 □□□□ 밭.

18. 초목 따위가 잘 자라서 무성하다. 우거지다.
¶ 나무와 풀이 □□□게 자란 숲.

19. 아이를 낳은 뒤에 후더침(잡병)이 생기다.
¶ 아주머니는 첫째를 낳고 □□□어 고생을 하였다.

20. 편들다. 잘못을 두둔하다(=역성들다). 애착을 가지고 돌보다.
¶ 귀엽다고 해서 덮어놓고 □□□면 버릇만 나빠진다. 호랑이도 자식 난 골에 □□□□.

[문제 102]

1. 흙 파는 일 따위에서 한 짐에 얼마씩으로 정하여 품삯을 주는 일.
¶ 도급으로 주지 않고 □□으로 일을 시키다.

2. 얼마에 상당한 정도. 또는 능력. 생각이 모자라고 어리석은 사람을

---

14. 벌타령
15. [츱츱하다] 츱츱(해서), 츱츱하(여), 츱츱(한), 츱츱하(게) → 칩칩하다(너절하고 고리타분하다)
16. [발막하다] 발막하다, 발막하(기가)
17. [감사납다] 감사납(게), 감사나워, 감사나운 → 감때사납다(몹시 감사납다)
18. [다옥하다] 다옥하(게)
19. [개암들다] 개암들(어) → 개암(매의 먹이 속에 넣는 솜뭉치)
20. [두남두다] 두남두(면), 두남둔다 → 두남(누구를 편들고 두둔하는 일), 두남받다

[정답 102]
1. 푼빵
2. 푼수 → 푼수데기

놀림조로 이르는 말.
¶ 혼자서 두 사람 □□는 해낸다. 그 일을 해낼 만한 □□가 못 된다. □□도 없이 행동한다. □□ 짓 좀 그만 해라.

3. 능청맞고 천연스러운 억지. 고집이나 떼.
¶ 밥 먹다가 □□ 쓰고 그러면 못쓴다. □□을 부리다.

4. 음흉하게 몽니부리는 짓. 또는 그렇게 하는 사람.
¶ □□를 부리다. □□를 치다(겉으로는 어리석은 체하면서 속으로는 자기 할 일을 다 하다). 사나이가 □□스레 굴다니 비겁하군. 어린 녀석이 □□스러워 정이 안 간다.

5. 뒤에 들추어 보려고 간단히 적어 두는 일. 또는 그 기록.
¶ 의논된 일을 □□□하여 문서로 넘기다. 물건의 내역을 □□□하다.

6. 증서 같은 문서에서 여백(餘白)임을 나타내는 'ㅋ' 모양의 부호.
¶ 영수증 여백에 □□를 치다.

7. 국수나 떡국 따위를 한 그릇에 곱빼기로 얹어마는 일. 또는 그런 음식.
¶ 얼마나 배가 고팠는지 □□□□ 두 그릇을 순식간에 먹어치우다.

8. 곡식 가루에 술을 쳐서 미음 비슷하게 쑨 음식.
¶ □□를 쑤다. 보리 □□를 마시다.

9. 있는 일 없는 일을 얽어서 몰래 일러바치어 방해하는 짓.
¶ 그는 남의 일을 □□□하고 다니는 눈치였다. 선생님께 □□□ 잘하는 친구는 사귀고 싶지 않았다.

10. 아이들이 부리는 오기(傲氣).
¶ 아이가 얄밉게 □□을 떨다/ 부리다. □□ 피우지 말고 얌전히 있어라. □□을 피우는 아이를 달래다 지쳐 매로 다스리다.

11. 조급하게 굴면서 속을 태우는 짓(≒조바심).

---

3. 이짐

4. 몽짜 → 몽짜스럽다; 몽니(음흉하고 심술궂게 욕심부리는 성질)

5. 적바림 → 적발(적바림하여 놓은 글)

6. 꺾자(-字)

7. 얹어말이 → 곱빼기(두 그릇 몫을 한 그릇에 담는 분량)

8. 당수 → 메밀당수, 묵당수, 밥당수(물을 붓고 끓인 밥), 조당수

9. 쏘개질

10. 아망 → 아망스럽다

11. 안달 [←안+달(다)] → 안달뱅이, 안달복달/하다, 안달스럽다, 안달다

¶ 빨리 데려다 주지 않는다고 □□을 하다. □□이 나서 가만히 앉아 있을 수가 없다. 별일을 가지고 □□하고 있다.

12. 놀음이나 내기 등에서 남이 딴 몫 중에서 조금 얻어가지는 것.
¶ □□을 얻다. □□을 떼다. □□을 뜯으려 드는 각다귀 같은 놈들.

13. 피륙의 날과 씨의 굵고 가는 정도. 국수 따위의 가락의 굵고 가는 정도.
¶ □이 고운 모시. □이 굵은 국수.

14. 전에 없던, 새로 생겨난 좋지 못한 버릇.
¶ 잔소리가 아주 □이 되겠다. 자꾸 다리를 흔들다가 그것이 □이 되면 고치기가 힘드니 조심해라. 그러다가는 아주 밖으로만 나다니는 □이 생기겠다.

15. 나무 나이테의 굵기.
¶ 나이테의 □이 일정하게 자랐다.

16. 힘들이지 않고 쉽게 이루다. 조금도 몸 달아 하는 기색이 없이 천연스럽다.
¶ 그 어떤 일도 □□□는 것은 없다는 사실을 모르는 사람은 없을 것이다. 이번 일을 □□□게 마쳤다. □□□게 차례를 기다리다.

17. 찬바람이 불 때에 옷차림 따위가 약간 추워 보이고 쓸쓸하다.
¶ □□□게 보이는 옷차림.

18. 같잖고 되잖다.
¶ 돈 몇 푼 있다고 □□□게 군다. □□□게 지껄이지 말고 조용히 해라. 갑돌이는 을돌이를 □□□□는 표정으로 흘겨보았다.

19. 마음에 언짢아서 함부로 떠들어대다.
¶ 어린아이가 □□□□ 달래느라 애를 먹다.

20. 조금도 틀림이 없고 인정 없이 쌀쌀하다. 영락없고 매몰하다(=매몰

---

12. 개평
13. 발[1] → '발[족(足)], 발/바람(길이), 발(발쇠), 발[주렴(珠簾)]'과 동음이의어다.
14. 발[2] → 인(늘 되풀이하여 몸에 배다시피 한 버릇)
15. 발[3]
16. [승겁들다] 승겁드(는), 승겁들(게)
17. [쌍그렇다] 쌍그렇(게)
18. [씨식잖다] 〈준〉씩잖다. 씨식잖(게), 씨식잖다
19. [야기부리다] 야기부려
20. [야나치다] 야나쳐, 야나치(게), 야나친

차다).

¶ 수희는 성격이 □□□ 말 붙이는 것도 어렵다. □□□게 그와의 교제를 끊다. 성미가 워낙 □□□ 놈이라 늘 찬 기운이 도는 듯하다.

[문제 103]

1. 입의 생긴 꼴.

¶ □□가 곱다. □□가 예쁜 아가씨.

2. 음식을 조금 먹어 시장기를 면함(=볼가심). 일을 눈가림으로 만 함.

¶ 인절미 한 개로 □□만 내다. 일을 □□만 하고 말았다.

3. 어떤 물건에서 얇은 막으로 된 부분. 목청(목에서 울려나오는 소리).

¶ 소의 '코□'을 뚫어 코뚜레를 끼우다. 높은 □. □이 좋다.

4. 되는 대로 함부로 덤벼드는 짓. 생각 없이 덮어 놓고 하는 짓.

¶ □□□로 대답하는 말이라 믿을 수가 없다. □□□를 놓다(질서 없이 함부로 덤벼들다).

5. 늘어진 빨랫줄을 받치는 긴 막대.

¶ 고추잠자리가 □□□□ 끝에 앉아 있다.

6. 준비를 갖춤. 또는 그 일.

¶ 겨울 □□. 길 떠날 □□를 하다.

7. 한쪽 다리를 다른 다리 위에 포개고 앉는 자세.

¶ □□□□를 하고 앉아 기도를 올리다.

8. 일을 하는 데 아무 기술이나 기구도 없이 매나니로 함. 또는 그런 사람(=날탕). 아무 목표도 별다른 재주도 없이 건성건성 살아가는 사람.

¶ 아무것도 모르면서 □□□□로 덤볐다간 낭패를 보기 일쑤다.

[정답 103]

1. 입매[1] → '입맵시'는 예쁘게 생긴 입의 모양을 뜻한다.

2. 입매[2] → 입맷상(-床; 잔치 같은 때 큰상을 내기 전에 간단하게 차려내는 상)

3. 청 → 갈대청(갈청), 귀청[고막(鼓膜)], 대청, 목청, 속청, 코청, 새청(새된 목소리); 새되다(목소리가 높고 날카롭다)

4. 답치기

5. 바지랑대

6. 채비 [←차비(差備)] → 길채비(길 떠날 준비)

7. 책상다리(冊床) → '양반다리'는 잘못된 말이고, '올방자'는 평안 사투리다.

8. 건깡깡이(乾-)

9. 수선스럽고 능청맞게 변덕을 부리는 짓.
¶ □□을 떨다. □□을 부리다(변덕을 부리다. 모양을 바꾸어 다른 모습으로 변하다). □□스러운 소리 그만하게. 그가 하도 □□스러워서 일이 틀어지게 되었다.

10. 짚이나 띠 따위로 엮어 어깨에 걸쳐 둘러 입는 재래식 비옷.
¶ □□□를 쓰고 논에 나가시던 할아버지의 모습이 그립다. 비오는 날 □□□를 쓰고 모내기를 하다.

11. 따로따로 나누어서 하지 않고 한데 합쳐 몰아치는 일.
¶ 일을 □□□로 맡다. 물건을 큰 놈 작은 놈 몰밀어 □□□로 흥정하다.

12. 무나 인삼 따위 식물의 굵은 뿌리에 달린 잔뿌리.
¶ 인삼에 □□이 많다. 무의 □□을 다듬다.

13. 가늘게 쪼갠 나무토막이나 기름한 토막의 낱개. 또는 그것을 세는 말.
¶ 나뭇□□를 모아 불을 놓다. 출무성하게 담긴 성냥□□. 담배 한 □□.

14. 남들이 하는 말을 얻어들어서 앎. 체계적으로 배운 것이 아니라 남들이 주고받는 말을 곁에서 얻어들어 아는 것.
¶ □□□으로 들은 이야기. □□□으로 배운 기술.

15. 늙고 병들거나 또는 고생살이로 말미암아 살이 빠지고 쭈그러진 여자.
¶ 곱던 사람이 홀로 아이들을 기르느라 □□□가 되었다.

16. 마음이 넓어 작은 일에 거리끼지 않고 의협심이 강하다.
¶ 장수는 마음이 □□□여 불의를 보면 참지 못한다.

---

9. 도섭 → 도섭스럽다
10. 도롱이 → '접사리'는 머리로부터 덮어써서 무릎 가까이까지 이르게 만든 비옷을, '미사리[1]'는 갓의 안쪽에 댄 둥근 테두리를 말한다.
11. 도거리 [←도(都; 모두)+거리(재료, 구실)]
12. 잔발
13. 개비 → 나뭇개비, 목둣개비(木頭–; 목재를 다듬을 때 잘라 버린 나뭇개비), 싸릿개비, 성냥개비, 지저깨비
14. 귀동냥
15. 버커리
16. [어씃하다] 어씃하(여)

17. 정도가 넘거나 처져서 어느 쪽에도 맞지 않다. 엇되다(≒어중되다).
¶ 공부도 일도 □□□□□. 그 일을 하기엔 나이가 좀 □□□□□. 저녁을 먹기에는 □□□□ 시간이다.

18. 미리 생각함이 없이 갑자기 어떤 행동을 하는 면이 있다(=갑작스럽다).
¶ 잔을 반쯤 비우다 만 춘하가 □□□게도 남은 술을 사내의 얼굴에 끼얹었다. □□□는 행동에 놀란다. 그 일에 네가 □□□이 나선다고 야단이냐?

19. '다 자라서 어른스럽다'는 뜻을 이르는 말.
¶ □□□ 자식. 어머니는 □□□ 아들을 대견스레 바라보셨다.

20. 놓이지 않는 마음으로 일을 그르치지 않을까 염려하거나 두려워하다.
¶ 책임을 물을까봐 □□□□. 아이들에게 맡기자니 좀 □□된다. 조금도 □□□ 것이 없다. 그는 소문이 퍼지는 것을 □□□여 내게 비밀을 지켜 달라고 신신당부하였다.

[문제 104]

1. 글을 읽고 배울 때 이해하는 능력.
¶ □□가 밝다/ 어둡다/ 트이다.

2. 글을 보고 깨달아 아는 능력.
¶ □□이 밝다.

3. 배운 학식(學識)이나 학문을 이해하는 정도.
¶ 그 사람은 □□이 깊은 학자다.

4. ▸맨 처음의 기회. ▸어떤 일을 하는 데서 맨 처음.
¶ □□□을 맞아 긴장감이 돈다. 우리 집이 동네에서 □□□으로 모내기를 하였다.

---

17. [어지빠르다] 〈준〉엇빠르다, 어지빠르다, 어지빠른
18. [연득없다] 연득없(게도), 연득없(는), 연득없(이)
19. [장남하다] 장남한
20. [저어하다] 저어하다, 저어(된다), 저어할, 저어하(여)

[정답 104]

1. 글귀 → 글구멍(글을 잘하는 지혜나 소질. 글을 잘 이해하는 슬기); '글귀(-句)'는 '글의 구절'을 뜻하는 말이다.
2. 글눈
3. 글속
4. 첫고등; 초꼬슴(初-) → 꼬둥(맨 처음으로 나오는 차례)

5. 맨 처음 벌어진 일이나 국면(局面).
¶ □□에 요절내다. □□부터 일이 꼬이다/ 풀리다.

6. 쪼개거나 나누어 따로따로 갈라 놓는 일. 서로 다름(=구별, 분별).
¶ 아내와 남편의 도리가 저마다 □□이 있어야 한다. 승패를 □□하다.

7. 갈피를 잡을 수 없도록 괴상하게 되어 가는 일.
¶ 웬 □□□□□인지, 도대체 영문을 알 수 없다.

8. 의지하고 지내던 곳에서 매나니로 쫓겨난 사람.
¶ 하루아침에 □□□□가 되어 노숙자가 되었다.

9. 여러 종류의 물건을 판매하는, 질서가 없고 시끌벅적한 비정상적인 시장.
¶ □□□□□은 새벽부터 붐빈다. □□□□□처럼 혼잡하다.

10. 둥근 물건의 둘레.
¶ 밀짚모자의 □□가 크다. □□가 큰 갓. 안개가 걷히면서 호수의 □□가 선명히 드러났다.

11. 문이 저절로 열리지 않도록 하는 데 쓰는 갸름한 나뭇개비의 메뚜기. 마소의 고삐가 자유로이 돌 수 있도록 굴레나 목사리에 연결하는 고리.
¶ □□는 쇠고리 두 개를 이어 서로 돌게 만든 기구다.

12. 연기에 섞여 나오는 검은 가루. 또는 그 가루가 엉겨 붙은 그을음.
¶ □□가 떠다니다. □□가 끼어 굴뚝이 막히다.

13. '무슨 일이 될 뻔하다가 안 된 사람'을 이르는 말.
¶ 그는 국무총리로 거론된 □□□이다.

---

5. 첫밗
6. 가름 → 가름끈(갈피끈. 보람줄), 가름하다
7. 도깨비놀음 → 도깨비살림(불안정한 살림살이)
8. 떨꺼둥이
9. 도떼기시장(-市場)
10. 도래[1] → 도래샘(빙 돌아서 흐르는 샘물), 도래솔(무덤 근처에 둘러선 소나무), 도래상(-床), 도래뼈(팔꿈치의 동그스름한 뼈)
11. 도래[2] [←돌(다)+애]
12. 철매
13. 될뻔댁(-宅)

14. 노름이나 놀기 위하여 여러 사람이 모인 떼. 여러 집이 한데 모인 집단(≒뜸).
¶ 여름이면 주위에 먹을 것을 가지고 나선 □□들이 홍겹게들 논다. 우리 □□에 드는 집.

15. ▸여러 가지를 모아서 일이나 무엇이 되게 하다. ▸어떤 일에 오랫동안 애써 은근히 공을 들이다.
¶ 이 일을 □□려면 많은 일손이 필요하다. 이 소재들을 잘 □□어서 한 편의 글을 써야겠다. □□□□ 지 이태 만에 아내의 뜻대로 집을 장만하게 되었다. 마을 청년들이 회관을 짓기 위해 일 년 넘게 □□□아 마침내 그 뜻이 이루어졌다.

16. 서로 주고받을 물건이나 일을 비겨 없애다. 셈을 서로 제하다(=상쇄하다, 퉁치다).
¶ 손해와 이익을 □□고 나니 남는 것이 없다. 빚을 서로 □□□.

17. 아주 넉넉하다. 물이 흥건하다. 거나하다(술에 취한 정도가 기분이 좋을 만큼 알맞다).
¶ 이젠 살림살이가 제법 □□게 되었다. □□게 대접을 받았다. 옷이 □□게 젖다. 술이 □□게 취하다.

18. 격에 어울리지 아니하다. 멋없다.
¶ □□□는 짓을 하고 돌아다니다. 왜 그렇게 □□□이 까부니? □□□이 촐싹거리다. 제 앞가림도 못하는 녀석이 □□□이 남의 일에는 왜 참견하느냐?

19. 똑똑하고 매우 쟁쟁하다.
¶ 시냇물 흐르는 소리가 □□□게 들렸다. 한 밤중에 뻐꾸기 울음소리가 □□□게 들렸다.

20. 말이나 하는 짓의 수준이 높다.
¶ 동생은 나보다 □□서 은근히 밉다. 그 애는 나이에 비해 언행이 □□□.

---

14. 두럭
15. [엉구다] 엉구(려면), 엉구(어서); [근사모으다] 근사모은, 근사모(아)
16. [에끼다] 에끼(고), 에끼다
17. [건하다] 건하(게) → '거나하다', '흥건하다'의 준말이다.

---

18. [구성없다] 구성없(는), 구성없(이) → '구성'은 규격(規格)을 뜻하는 말이다.
19. [여돌차다] 여돌차(게) → '여돌하다'는 똘똘하다의 사투리다
20. [도뜨다] 도떠(서), 도뜨다

[문제 105]

1. 머리털이나 실 따위의 한데 뭉친 끝.
¶ 머리 □□□를 잡다. 안성댁이 알면 □□□ 잡고 난리를 칠 거다. 실 □□□가 풀리지 않게 매듭을 짓다.

2. 잘라 내거나 끊어 내고 남은 자질구레한 조각. 또는 쓰고 남은 자질구레한 물건. 하다가 남은 일.
¶ 문짝을 짜고 남은 목재의 □□□□를 모아서 버리다. 먹다 남은 음식 □□□□를 돼지에게 주다.

3. 들어가는 첫머리(≒어귀). 글의 머리말(서론) 부분.
¶ 동네 □□□에서 친구를 만나다. 시장 □□□에 있는 가게. 겨울 □□□에 접어들다. 이 책의 내용은 □□□에 소개되어 있다.

4. 꽃이나 풀·나무가 한 무더기로 난 것. 또는 그것을 세는 말.
¶ 한 □□ 할미꽃이 동강 서덜에 피어 있다. 풀이 우거져 더부룩한 무더기를 '풀□□'라고 한다.

5. 곡식이나 나무를 쌓아올린 무더기. 또는 벼 백 석을 세는 말.
¶ 나무 □□. 산이나 들에 있는 돌무더기를 '돌□□'이라고 한다.

6. 아이들이 말을 타듯 서로 등에 타고 노는 장난.
¶ □□□은 재미도 있지만, 나이 차이가 많으면 다칠 수 있는 놀이다.

7. 주먹 속에 쥔 물건의 수효를 알아맞히는 아이들의 놀이.
¶ 어릴 적에 동네 아이들과 소꿉장난과 말롱질, □□을 하며 놀았다.

8. ▸양쪽 다 안으로 꼬부라졌으나 하나는 높고 하나는 낮은 쇠뿔. ▸안으로 굽은 뿔.
¶ □□□□와 □□□은 안쪽으로 굽은 쇠뿔이다.

[정답 105]

1. 끄덩이
2. 끄트러기 → 쇠끄트러기(크기가 작은 쇠붙이)
3. 들머리
4. 떨기 → 떨기나무(관목), 떨기지다(한 무더기로 자라다), 나무떨기
5. 담불[1] → '담불[2](마소의 열 살. 열릅), 덤불(엉클어진 얕은 수풀)
6. 말롱질
7. 먹국
8. 노구거리; 우걱뿔(↔송낙뿔)

9. ▸끝이 뒤틀려 뒤로 잦혀진 쇠뿔. ▸위로 뻗은 뿔.
¶ 염소의 뿔은 대부분 □□□이다. 싸움소는 □□□□가 유리하다.

10. 집 안에서 쓰는 허드렛물을 버려 흘러 나가게 만든 시설.
¶ □□에 거름망을 씌워 찌꺼기를 걸러내다. □□가 막히다.

11. 어떤 곳을 중심으로 하여 가까운 이웃.
¶ 그 고장 □□에서는 모르는 사람이 없는 난봉꾼. 그는 □□에서 제일가는 장사(壯士)다.

12. 저고리나 두루마기 자락의 맨 밑 가장자리 둘레.
¶ 저고리의 □□이 예쁘게 다듬어졌다.

13. ▸서로 가까이 사귀는 사람이나 대상. 친구. 동무. ▸염전에 걸어놓고 소금을 굽는 가마. ▸숯불이나 장작불을 피울 때, 불씨에서 불이 옮겨 붙는 숯이나 장작.
¶ 자연을 □ 삼아 지내다. 소금을 굽는 집을 '□집'이라고 한다. □이 닿으면 불길이 금방 커진다.

14. 산이나 언덕 따위의 비스듬히 기울어진 부분.
¶ 산 정상이 가까워지면서 □□이 가파르다.

15. ▸화살이 날아가는 속도. ▸쏜 화살이 날아가는 모양새. ▸나지막하고 평평하게 날아가는 화살.
¶ □□□이 빠르다. □□가 몹시 곱다. □□로 날아간 화살은 새를 맞혔다.

16. 화살이 떨며 나가다.
¶ 굽은 화살은 □□□게 과녁을 크게 벗어났다.

17. 산천이 무너지고 변하여 옛 모습이 없어지다(=가력되다).

---

9. 자빡뿔; 작박구리(=고추뿔)

10. 수채 → 수챗구멍, 곬수채(지붕면의 물을 받아 처마까지 흐르게 하는 수채)

11. 도림[1] → 도림[2](묶음표)

12. 도련

13. 벗[1]; 벗[2]; 벗[3] → 벗바리(후원자), 벗트다(길벗, 말벗, 술벗)

14. 비탈 → 돌비알, 된비알, 산비탈, 비탈길, 비탈지다; '비알'은 합성어일 경우에는 표준말로 쓰인다.

15. 살걸음; 살찌; 평찌(平－)

16. [충빠지다] 충빠지(게)

17. [개력하다/가력되다] 개력하(여), 가력되(어)

¶ 아파트가 들어선 고향은 □□□여 옛 자취를 더듬어 볼 길 없다. 장마철에 산사태로 논밭이 □□□어 큰 피해를 당하다.

18. 비가 잠시 그치다. 비를 잠시 피하여 그치기를 기다리다.

¶ 비가 □□. 처마 밑에서 비를 □□. 벌판에 □□□할 만한 곳이 없었다.

19. 모양이나 차림새가 보기 좋게 아담하며 깨끗하다. 손끝이 여물다.

¶ 딸은 신접살림을 □□□게 차려 놓고 산다. □□□ 옷차림. 찻집이 크지는 않으나 □□□□. 며느리의 □□□ 손길이 안 미친 곳 없는 집안.

20. 오금을 쓰기 싫어하고 게을러 빠지다.

¶ 너 그렇게 □□□□서 밥이나 먹고 살겠냐. □□□□ 버릇을 고치다. 운동도 하지 않고 놀기만 하니 몸이 □□□□진다.

[문제 106]

1. '떡'을 점잖게 이르는 말.

¶ □보다 떡이 낫다(같은 종류라고 이것보다 저것이 낫다는 말).

2. 곡식 따위를 빻아 체로 쳐서 가루를 내고 남은 찌끼.

¶ □□□ 개떡. □□□ 고춧가루를 찌개에 넣다. 메밀의 가루를 체에 쳐낸 □□□(속껍질)를 '나깨'라고 한다.

3. 가진 것을 다 들어먹고 끝장이 나는 판.

¶ 막내 삼촌은 할머니의 재산으로 사업을 하다 □□□□을 내고 말았다. 도박에 빠져 □□□□을 내는 바람에 알거지가 되었다. □□□□을 내다(파국을 당하게 만들다).

4. 아주 적은 액수의 돈. 노린동전.

¶ □□ 한닢 없이 길을 나서다니. □□ 한닢 없다(수중에 돈이 한 푼도 없다).

---

18. [긋다] 긋다, 비그이

19. [깔밋하다] 〈큰〉끌밋하다, 깔밋하(게), 깔밋한, 깔밋하다, 깔밋한 → 깔밋잖다

20. [깡지근하다] 깡지근해(서), 깡지근한, 깡지근해(진다) → 깡증하다(몹시 깡지근하다)

[정답 106]

1. 편 → 감편, 송편, 절편, 증편(蒸－; 기지떡)

2. 무거리 → 쌀무거리

3. 들머리판, 〈준〉들판

4. 피천

5. 소리개의 그림자만큼 작게 지는 그늘.

¶ 한여름 들판에서 일을 할 때면 □□□□이라도 아쉬울 판이다.

6. 향하여 가는 길에 가까이 있는 곳.

¶ 그 □□는 나도 발이 익다. 그 □□에 외갓집이 있다. 부석사 □□에는 사과나무가 많다.

7. 한쪽으로 치우쳐 있는 구석진 자리. 한쪽 모퉁이.

¶ 짐은 저 □□에 두어라. 필순이는 무안쩍은 생각에 할 수 없이 □□에 앉았다.

8. 질그릇 따위를 만들 때, 그 그릇의 속을 두드려서 매만지는 데 쓰는 조그마한 방망이.

¶ 도공이 □□를 사용하여 질그릇을 빚다.

9. 가닥이 져서 갈라진 곳. 두루마기 따위의 옆을 터놓은 구멍. 씨앗의 싹이 터서 나오는 자리.

¶ □□가 진 나무. 손□□에 힘을 주다. 속곳의 양 옆에 □□를 트다. 씨앗의 □□가 트다.

10. 긋거나 접거나 한 자리. 갈라지지 않고 터지기만 한 자국.

¶ □을 긋다. □이 가다(서로의 사이가 벌어지거나 틀어지다).

11. 물건에 매겨진 값. 가격(價格).

¶ □이 좋다. □을 놓다(값을 부르다). □이 닿다(물건 값이 매매할 적당한 선에 이르다).

12. 시골의 지주나 늙은이.

¶ 악덕 지주로 소문난 □□□는 마름을 앞세워 소작인들을 괴롭혔다. 시골고라리 □□□.

13. 권세 있는 집안에 사는 오만하고 고약한 하인.

¶ 독재 정권 시절 공안 기관은 □□□ 집단이었다. 일제에 □□□ 노릇을 한 친일

---

5. 솔개그늘 → 산그늘(山－; 산이 햇빛을 가리어서 생긴 그늘)

6. 길처

7. 길체

8. 도개

9. 아귀 → 손아귀, 입아귀; 아귀세다(남에게 쉽사리 굽히지 않는 꿋꿋한 데가 있다. 손으로 잡는 힘이 세다), 아귀차다

10. 금[1] → 눈금, 손금, 실금, 잔금

11. 금[2] → 놀금(꼭 받아야 할 가장 낮은 가격), 먹은금(물건을 사는 데 든 값), 인금(人－; 사람의 값어치, 사람의 됨됨이)

12. 도막이

13. 들때밑

파들이 광복 후에도 득세를 하여 민족정기를 흐리게 하였다. 오늘날에도 세도깨나 부리는 권력자들 주변에는 기생하며 설쳐 대는 □□□이 있다.

14. 딱 집어 말하지 않고. 어물쩍하게.

¶ □□□□ 얼버무리다. □□□□ 빈정거리다. □□□□ 말하지 말고 바로 말해라.

15. 동경(憧憬)하는 마음이 세차게 일어나다.

¶ 참으로 그녀는 미치고 □□ 마음을 어디다 진정할 수가 없었다. 언제부터인지 그 사람을 볼 때마다 내 마음이 왜 이렇게 □□는지 모르겠다.

16. 어떤 일의 상황이나 분위기(낌새 · 기미)를 알아채다.

¶ 아이는 벌써 □□□고 고개를 떨어뜨린다. 사건의 전모를 □□□□. 그이가 나를 좋아하고 있는 것을 진작 □□□지만 모른 체하고 있었다.

17. 보기에 아니꼽고 얄미우며 못마땅하다.

¶ 함부로 나대는 그 녀석이 몹시 □□□□□. 친구가 거들먹거리며 다니는 꼴을 대할 때마다 □□□□□ 견딜 수가 없다. □□스레 지껄이다/ 쳐다보다/ 놀다.

18. 감촉이 보드랍고 연하다. 말이나 글이 부드러워 감칠맛이 있다. 대하는 태도가 상냥하고 친절하다(=나긋/나긋나긋하다).

¶ □□□ 살결/ 말씨. □□□ 얼굴로 손님을 맞이하다. 사람이 참 □□□여 호감이 간다. 아이는 말동무도 되어 주고 □□□게 잔심부름도 곧잘 하였다.

19. 기름한 물건이 제법 곧고 빳빳하다.

¶ □□□ 회초리. □□□ 오리나무. 나뭇가지가 □□이 서다.

20. 별로 틀릴 것이 없이 거의 같다.

¶ 정답에서 □□□□. 그 사건에 대한 나와 친구들의 의견은 □□□□고 말할 수 있다.

---

14. 들떼놓고

15. [글뛰다] 글뛴, 글뛰(는지) → 흐놀다(동경하다)

16. [거니채다] 거니채(고), 거니채다, 거니챘(지만)

17. [뇌꼴스럽다] 뇌꼴스럽다, 뇌꼴스러워, 뇌꼴(스레)

18. [낫낫하다[1]] 낫낫한, 낫낫한, 낫낫하(여)

19. [낫낫하다[1]] 낫낫한, 낫낫(이)

20. [여정하다] 여정하다

[문제 107]

1. 시간이나 공간의 사이.

¶ 세 시부터 네 시 □□에 만나다. 책상과 사방탁자 □□에는 아무 것도 놓지 마라.

2. 맨 처음으로 나오는 차례.

¶ □□ 참외.

3. 아주 이른 새벽. 첫새벽.

¶ □□□□부터 수선을 떨다. □□□□에 신문 배달하는 소년.

4. 여럿 가운데 맨 끝이나 맨 나중에 돌아오는 차례. 마지막.

¶ □□□에 서다. 화투를 칠 때 맨 나중의 차례를 □□□라고 한다.

5. 맨 끝이 되는 부분. 일의 실마리. 단서(端緖).

¶ 실의 □□□□. 의자 □□□□에 걸터앉다. 사건의 □□□□를 찾다.

6. 양쪽 끝에 막대기를 댄 그물.

¶ 물고기를 잡으러 □□를 들고 냇가로 나갔다. □□와 비슷하나 작고 볼이 쳐진 그물은 '족대'라고 한다.

7. 손잡이가 길고 국자처럼 생긴 고기 잡는 그물.

¶ 강가에서 □□로 고기를 잡았다. □□로 멸치를 잡아 건져내다.

8. 원추형으로 물속에 던져 천천히 벼리를 당겨서 죄는 그물.

¶ □□를 한자어로 투망(投網)이라고도 한다.

9. 경계를 지어놓은 논밭의 구획(=배미). 하찮은 쪼가리.

¶ 논□□와 밭□□. 땅□□나 부쳐 먹고 산다. 이불 □□. 요 □□라도 깔고 앉지.

[정답 107]

1. 어간 → 어간마루(방과 방 사이에 있는 마루), 어간장지, 어간재비(칸막이 물건)
2. 꼬등 = 꼬뜽. 꽃등 → 첫고등(맨 처음의 기회)
3. 꼭두새벽 → 꼭두머리(시간적으로 일의 맨 처음); 꼭두(정수리나 꼭대기)
4. 회두리, 〈준〉회 → 회두리판(끝판)
5. 끄트머리
6. 반두
7. 사둘
8. 좽이
9. 뙈기 → 뙈기밭

10. 산줄기의 끝. 물체의 뾰족하게 내민 앞의 끝부분.

¶ 집 한 채가 □□□에 흐릿하게 보인다. 버선 □□□. 바위의 뾰족한 끝부분을 '바위□□□'라고 한다.

11. 집안 살림에 쓰는 온갖 물건. 살림살이. 가구(家具).

¶ □□을 장만하다. □□이 불어나다. 이사 가기 전에 □□을 미리 꾸리다.

12. 몸을 숨겨 적을 공격할 수 있도록 성 위에 낮게 덧쌓은 담. 성첩(城堞).

¶ 성곽을 축조할 때 □□□에 구멍을 뚫어 화살이나 총을 쏠 수 있게 하였다.

13. 남의 물건을 야금야금 훔쳐내는 짓.

¶ □□□ 몰다[치다](어떤 물건을 조금씩 슬쩍슬쩍 훔쳐 내다). □□□꾼들이 창고를 텅 비어 놓았다.

14. 눈동자에 드러나는 정신의 대담하고 당찬 기운.

¶ 배움의 □□가 뜨겁다. 그 녀석 □□를 보니 큰 인물감이로군. 그의 눈에서 뿜어 나오는 □□를 보면 보통이 아니다.

15. ▸겉피(껍질을 벗기지 않은 피)를 찧어서 겉겨를 벗겨낸 쌀. ▸수수, 메밀이나 녹두 따위를 맷돌에 갈아서 쌀알처럼 만든 것.

¶ □□이 영양가가 높다. 입쌀과 □□을 섞어 밥을 짓다. □□을 내다(메밀 따위를 갈아서 쌀알처럼 되게 하다).

16. 절구질할 때 확의 가장자리로 올라오는 것을 가운데로 밀어 넣다. 노래나 말을 옆에서 거들어 잘 어울리게 하다. 잘 모르는 것을 일러주다.

¶ 절구질하면서 어머니는 한 손으로 낟알을 □□□. 옆에서 슬쩍 한 마디 □□□. 어머니의 말마디마다 딸이 자주 □□어서 좋지 않은 인상을 주었다.

17. 쓰기에 알맞은 정도 이상으로

---

10. 코숭이 = 산코숭이 → 산의 형세가 누에의 머리 모양으로 솟은 산꼭대기는 '누에머리'라고 한다.

11. 세간 → 세간나다(분가하다), 세간치장(−治裝)

12. 성가퀴

13. 야생이

14. 열기[열끼] → 담차다(겁이 없고 대담하다)

15. 핍쌀; 녹쌀

16. [께끼다] 께끼다, 께끼다, 께끼(어서)

17. [더넘스럽다] 더넘(스럽다) → 더넘차다(쓰기에 더넘스러워 벅차다)

덩치가 크다. 다루기에 버거운 데가 있다

¶ 이 가방은 매일 들고 다니기에는 □□스럽다. 그 일은 나에게 □□스럽다. □□스레 꾸린 이삿짐. □□찰 정도의 돈.

18. 내어서 드리다. 높은 자리로 나아가게 하다.

¶ 할아버지께 봄옷을 □□□. 잔을 들어 승상께 □□□. 올곧은 후보자를 국회의원으로 □□도록 돕다.

19. 어른 앞에 나아가다.

¶ 할아버지 생신 때 □□□. 종손은 집안 어르신들 앞에 □□아 앉았다.

20. 점잔을 지키면서도 말이나 행동을 흥취 있고 멋지게 하다. 체면을 지키는 체하면서 제멋대로 놀아나다.

¶ 술자리에서 그 사람의 □□는 말솜씨는 항상 인기였다. 접대부를 끼고 앉아 □□□. 기관장이란 놈이 여비서와 □□는 꼴이란 참으로 볼 만하였다.

---

18. [나수다] 나수다, 나수다, 나수(도록)

19. [나쪼다] 나쪼다, 나쪼(아)

20. [넘늘다] 넘느(는), 넘늘다, 넘느(는) → 넘늘이(넘늘어 즐겁게 하는 일), 넘늘이성(-性; 넘느는 재주나 성질)

[문제 108]

1. 쇠로 쐐기처럼 크게 만든 연장. 장작을 팰 때, 도끼로 찍은 자리에 박고 도끼머리로 내리쳐 나무를 쪼개는데 씀.

¶ 통나무를 도끼로 찍고 그 틈에 □□를 박아 내리쳤다.

2. 잘게 부스러지거나 한꺼번에 많이 가루처럼 흩어지는 것. 또는 그 상태.

¶ 꽃이 바람에 날려 □□를 이룬다.

3. 대강 짐작으로 헤아림(=대중).

¶ □□도 없다. 잔치 음식을 □□하여 준비하다. □□쳐서 헤아리는 것을 '짐작'이라고 한다.

4. 발이 셋 붙은 쇠로 만든 기구. 삼각가(三脚架).

¶ 사진기를 □□□에 올려놓고 사진을 찍다. 화로에 □□□를 놓고 그릇을 얹어

[정답 108]

1. 보라[1] → 보라[3](보랏빛)와 동음이의어다.

2. 보라[2] → 눈보라, 물보라, 별보라, 불보라, 비보라, 빛보라

3. 어림 → 어림셈, 어림없다, 어림잡다, 눈어림, 손어림; '어방'은 사투리다.

4. 삼발이

음식을 끊이다.

5. 나이가 어리고 경망한 무리.

¶ 아이가 온갖 못된 짓을 일삼는 □□□□들과 휩쓸려 지내니 걱정스럽다.

6. 짧고 옥아든 다리. 자기의 이익을 위하여 남에게 이리저리 잘 달라붙는 사람.

¶ 어릴 때 업어 길러 □□□□가 되었다. □□□□ 밥상. 귀찮게 따라다니는 □□□□. 실력도 없으면서 승진하는 것을 보면 그는 □□□□가 틀림없다.

7. 옷이나 이불 따위에 솜을 얇게 두는 일. 또는 그런 방식.

¶ 솜을 얇게 두어 지은 옷을 '□□것'이라고 한다.

8. 길 가운데 움푹 팬 땅. 땅바닥이 갑자기 패어 빠지기 쉬운 땅.

¶ □□을 딛다. '□□다리[함정(陷穽)]'에 빠져 큰 고생을 하다. □□을 짚다(잘못 예측하여 실패하다). □□을 치다(바라던 일이 실패로 돌아가다).

---

5. 소소리패(-牌)

6. 앙가발이

7. 차렵 ≒누비옷. 패딩 → 차렵두루마기, 차렵이불, 차렵저고리

8. 허방 ≒허당. 떵꺼짐 → 허방다리(함정)

9. 무섭고 놀라워서 정신이 얼떨떨한 판.

¶ □□□□에 혼겁(魂怯)해서 쩔쩔맸다. □□□□에 질겁하고 도망치다.

10. 겉으로는 알차게 보이지만 실상은 충실하지 못함.

¶ □□한 물건. 겉은 요란한데 알맹이는 □□하다.

11. 함부로 짓궂게 훼방하여 남에게 피해를 주는 짓.

¶ 일이 한창 잘되어 가는 터에 난데없이 □□을 놓다. □□을 부리다.

12. ▸봄에 꽃이 필 무렵의 추위. ▸암컷이 교미욕을 일으키는 일.

¶ 이른 봄, 꽃이 필 무렵에 부는 쌀쌀한 바람을 '□□바람'이라고 한다. 암퇘지가 □□을 내다.

13. 손과 발을 내두르는 꼴. 힘에 겨워 힘들어하는 꼴.

---

9. 어마지두(에) → 얼떨결(정신이 얼떨떨한 사이)에

10. 허정(하다)

11. 헤살 → 헤살꾼, 헤살질/하다

12. 꽃샘; 암샘 → 셈바리(샘이 많은 사람), 강샘, 잎샘

13. 허위허위 = 허우적허우적

¶ 잠꼬대를 하며 두 팔을 □□□□ 내젓는다. □□□□ 산에 오르다.

14. 옷 따위가 커서 몸에 맞지 않는 꼴.

¶ 새로 산 옷이 □□□□하다. 골무가 □□□□ 손가락에서 겉돈다.

15. 모르는 사이에 없어지거나 사라지는 꼴. 꾀를 피우고 시원찮게 일하는 꼴.

¶ 제대로 간수를 못해 □□□□ 다 없어지고 말았다. 마음먹은 일이 □□□□ 끝을 내지 못하고 있다.

16. ▸치밀하지 못하고 짜임새가 없어 헐겁고 허전한 느낌이 있는 꼴. ▸기계 바퀴나 나사못 따위가 헐거워져서 흔들거리다.

¶ 신발이 □□□□ 크다. □□□ 기계처럼 아래윗니가 흔들린다.

17. 높은 데로 올라가려고 무엇인가를 끌어 잡다. 의지할 든든한 터를 마련하다.

¶ 소나무 뿌리를 □□□고 간신히 벼랑을 기어올랐다. 도둑이 담장을 □□□고 넘으려 한다. 생활의 기반을 □□□□.

18. ▸간신히 붙잡고 기어오르다. ▸무엇을 찾느라고 이것저것 되는 대로 마구 더듬다.

¶ 바위너설을 □□□으며 산꼭대기에 올랐다. 한 밤중에 머리맡을 □□□어 성냥을 찾다.

19. 말이나 행동을 능글맞고 음흉하게 하다.

¶ 사람이 여간 □□지 않다. 언행 □□ 놈은 상대하지 마라.

20. ▸어떤 일을 잘 참고 견디다(버티다). ▸바닥에 닿는 몸의 부분에 단단한 것이 받치는 힘을 느끼다.

¶ 힘든 일을 □□ 내지 못하다. 술을 안 마시고는 하루도 못 □□□. 궁둥이가 □□서 더 못 앉아 있겠다.

---

14. 헹글헹글

15. 헤실바실 → 헤실바실하다(좀 흐지부지한 데가 있다)

16. 헤싱헤싱; [드레나다] 드레난 → 드레남(헐거워서 흔들리는 상태)

17. [더위잡다] 더위잡(고), 더위잡(고), 더위잡다 → '더위다'는 '잡다'의 옛말이다.

18. [극터듬다] 극터듬(으며); [걸터듬다] 걸터듬(어)

19. [느물다] 느물(지), 느믄 → 느물느물/거리다/대다

20. [배기다[1]] 배겨, 배긴다; [배기다[2]] 배겨(서)

[문제 109]

1. 물건의 가에 둘린 언저리.
¶ □□□가 넓은 그릇. □□□를 따라 무늬가 그려져 있다. 물고기를 가두어 기르는 방식을 '□□□ 양식'이라고 한다.

2. 물건을 보자기에 싼 뭉치. 또는 그것을 세는 말.
¶ □□□를 싸다(관계를 끊거나 하던 일을 그만두다). □□□를 풀다(숨은 사실을 폭로하다. 계획했던 일을 시작하다).

3. 짐을 질 때에 등이 배기지 않도록 짚 따위로 엮어서 걸치는 물건.
¶ 지게의 □□가 떨어져 나가 수건으로 대신하였다.

4. 소의 등에 실은 짐.
¶ 길마 위의 □□가 쏠리는 것은 균형이 맞지 않아서다.

5. 남이 모르게 자기들끼리만 암호처럼 쓰는 말.
¶ □을 써서 이야기하다. 장사치 □.

6. 홑옷의 안쪽에 덧대는 헝겊 조각. 어떤 사람의 바탕을 이루는 품성의 됨됨이나 물건의 바탕(품질).
¶ □□를 대다. 바지 밑 안쪽에 덧대는 천을 '밑□□'라고 한다. 그 사람은 □□가 아주 진득해서 미더운 데가 있다.

7. 헝겊 속에 솜이나 머리카락을 넣어 바늘을 꽂아 두게 만든 작은 물건.
¶ □□□□에 바늘을 꽂다.

8. 바느질할 때 손가락 끝에 끼는, 가죽이나 헝겊으로 만든 물건.
¶ □□를 끼고 바느질을 하다.

9. 남을 미워하고 시기하는 심술궂은 마음.
¶ □□이 나다. 친구가 먼저 결혼하니 저렇게 □□을 부리네.

[정답 109]

1. 가두리
2. 보따리(褓-) → 보따리장수, 웃음보따리; 보쌈[보쌈김치, 보쌈질/하다]
3. 등태
4. 시태 → 시태질/하다
5. 변 → 변말(은어), 변쓰다(암호로 말하다)
6. 바대 → 곁바대, 어깻바대
7. 바늘겨레(바늘방석)
8. 골무 → 가죽골무, 밀골무(밀랍으로 만든 골무), 뿌리골무[근관(根冠)]
9. 용심 → 용심꾸러기, 용심쟁이

10. 몇 말·몇 냥·몇 달에 '조금 넘음'을 나타내는 말.

¶ 두 말□□. 달□□나 소식이 없다. 넉 달 □□는 걸렸다. '□□나다'는 그 땅의 소출이 늘다를 뜻하는 동사다.

11. 쌀이나 어떤 물건에 다른 잡것이 섞이어 순수하지 못한 것을 나타낼 때 쓰는 말.

¶ 모래가 많이 섞인 쌀을 '돌□□□'라고 한다.

12. 내용이 복잡하여 헤아리기가 어렵거나 자세히 알 수 없는 일. 품은 생각을 모두 털어놓지 않는 의뭉스러운 속마음.

¶ 사람의 마음은 □□□□이라 쉽게 판단하기가 어렵다.

13. 벼락이나 번개가 칠 때 하늘이 요란하게 울리는 일. 천둥.

¶ 먼 하늘에서 □□가 친다. □□와 같은 박수가 쏟아지다.

14. 사냥을 할 때 불어서 소리를 내는 물건. 살구씨나 복숭아씨에 구멍을 뚫어 만듦.

¶ □□를 켜다(이것을 불어 장끼 소리를 내다).

15. 맺혔던 생각을 풀어버리고 스스로 위로함.

¶ □□□□하고 너무 걱정 마시오. 생활이 어려워서 돈을 갚지 않았거니 싶어 돌이켜 □□□□하고 내버려 두었다. 생각을 □□□.

16. 사물이나 일의 속내를 알려고 샅샅이 파고들어 꼼꼼하게 따지다.

¶ 이것저것 캐물으며 □□고 들다. 모든 일에 긍정적인 아내는 오래 고민하거나 괴로움을 □□서 반추하는 성격이 아니다.

17. ▸천하고 아주 더럽다. ▸하는 짓이나 성질이 나쁘고 더럽다.

¶ 망나니는 □□ 짓을 예사로 한다. 사람이 □□게 군다. 행실이 □□고 고약하다.

---

10. 소수 → 달소수(한 달이 조금 지나는 동안), 해소수, 소수나다

11. 반지기(半-) → 겨반지기, 뉘반지기, 억새반지기

12. 우렁잇속 → 호둣속(뒤숭숭하거나 복잡한 일. 미로)

13. 우레[1]

14. 우레[2]

15. 풀쳐생각, 풀치다 → 풀치다(맺혔던 마음을 돌려 너그럽게 용서하다)

16. [곰파다] 곰파(고), 곰파(서) → 어원적 의미는 '꼼꼼하게 파헤쳐 따져보다'다.

17. [뇌하다] 뇌한, 뇌하(게); [치뜰다] 치뜰(고) → 뇟보(사람됨이 천하고 더러운 사람)

18. 성미가 너그럽지 못하고 몹시 까다롭다.

¶ 그는 □□□ 성격으로 친구가 없다. 윗사람이 □□□면 아랫사람이 힘들다.

19. ▸도량이 좁고 인색하여 박하다. ▸매우 인색하거나 조금도 인정이 없다.

¶ □□□ 사람을 꼼바리(지나치게 인색한 사람)라고 한다. 소문이 날 정도로 □□□□. 최 영감은 씀씀이가 □□□서 마을 사람들에게 인심을 잃었다. 그는 주변 사람들에게 매우 □□□□.

20. 그 땅의 농산물 소출이 늘다.

¶ 땀 흘린 보람이 있어 남들보다 □□□벼. 그 밭에는 해마다 참외가 □□□□.

[문제 110]

1. 곡식 가루에 호박 같은 것을 섞어서 된풀처럼 쑨 음식. 한데 뒤섞여서 갈피를 잡을 수 없이 된 사물이나 일. 액체 따위가 몸에 잔뜩 묻은 상태.

¶ 호박으로 □□을 해 먹다. 일이 뒤□□이 되었다. 그의 얼굴이 눈물로 □□이 되었다.

2. 맛있게 잘 차린 음식. 예물로 가져가거나 들어온 음식.

¶ □□을 나누어 먹다. □□을 바치다. 범의 □□(아끼지 않고 생기는 대로 다 써버림).

3. 삿갓이나 방갓·전모의 안쪽에 대어, 머리에 쓸 때에 걸려 얹히게 된 둥근 테두리.

¶ □□□를 단 삿갓.

4. 산속에서 풀뿌리나 나뭇잎·열매 따위를 먹고 사는 몸에 털이 많이 난 자연인.

¶ 원시인처럼 자연과 더불어 사는 □□□.

5. 평지보다 조금 낮아 물이 늘 괴어 있으며 물풀이 나 있는 곳.

¶ 둔치와 □□에는 수초와 엉겅퀴가 덤불을 이루었다. □□에 발이 빠지다.

---

18. [돈바르다] 돈바른, 돈바르(면)

19. [꼼바르다] 꼼바른, 꼼바르다; [돔바르다] 돔발라(서), 돔바르다

20. [소수나다] 〈준〉솟나다, 소수난, 소수났다 → '솟(다)+우+나다'의 합성어다.

[정답 110]

1. 범벅 → 겨범벅, 나물범벅; 뒤범벅; 땀범벅, 피범벅; 한데 뒤범벅이 되는 일을 '어겹'이라고 한다.

2. 차반 → 개차반(언행이 더럽고 막된 사람)

3. 미사리[1]

4. 미사리[2]

5. 오미

6. 호박·무 따위의 살을 가늘고 길게 오리거나 썰어서 말린 것. 식물의 잎이 마르거나 병이 들어 오글쪼글하게 된 것.

¶ 무 □□□를 불려 양념을 넣어 무치다. □□□가 들다(식물의 잎이 병들다).

7. ▸남이 뜻밖에 이득을 보거나 재수가 생겼을 때 욕하는 말. ▸장사에서 이익을 많이 보는 운수.

¶ □□□하게 돌쇠가 복권에 당첨되었다고 한다. 그는 오늘 □□이 없다 하며 일찍 가게 문을 닫았다.

8. 몹시 귀찮게 구는 짓.

¶ 아이들 □□에 쉴 틈이 없다. □□을 대다(몹시 귀찮게 굴면서 수선을 부리다).

9. 성질 따위가 온화한 맛이 없고 딱딱한 사람. 성질이 사납고 굳센 사람.

¶ 무뚝뚝한 □□□ 같다. 경비원은 □□□ 사장을 또 만날까 겁이 나서 꽁무니를 빼었다. 기숙사 사감은 심성이 □□□로 유명하다.

10. 한창 바쁠 때에 쓸데없는 일로 남을 귀찮게 구는 짓.

¶ □□□□만 하지 말고 일이나 좀 거들어라.

11. 탐탁하지 아니한 태도로 음식을 잘 먹지 않고 이리저리 헤치기만 하는 짓.

¶ 입맛을 잃었는지 □□□만 하고 밥을 먹지 않는다.

12. 마음에 썩 들지 아니하여 물건을 부질없이 집적이며 해치는 짓. 일에는 정신을 두지 않고 쓸데없이 애먼 짓만 함.

¶ 옷가게에 마음에 드는 옷이 없어서 □□을 부리다. 아이들은 자칫 한눈팔고 □□하기 일쑤라서 가끔 주의를 줄 필요가 있다. 수업 시간에 아이들이 공연히 □□을 부린다.

13. 심술을 부려 남을 해롭게 하는 짓.

¶ 늦은 밤 시간이면 잔뜩 술에 취해 □□

---

6. 오가리, 〈준〉오갈 [←옥(다)+아리] → 오갈병(-病)

7. 개사망; 사망

8. 등쌀 → '등살'은 등에 있는 근육을 말한다.

9. 딱장대

10. 씨양이질, 〈준〉쌩이질

11. 해작질, 〈큰〉헤적질 → 해작이다. 해작해작/헤적헤적

12. 해찰 → 해찰궂다, 해찰스럽다, 해찰하다

13. 행짜

를 부리는 축들이 많았다. □□를 부리는 버릇을 '행티'라고 한다.

14. ▸이왕 내디뎌 걷고 있는 그대로의 걸음. ▸차리고 나선 그대로의 차림새.

¶ □□□에 은행도 다녀오지. 퇴근 후 □□□에 집으로 왔다. □□□으로 달려 나가 손님을 맞이하다. □□□으로 갔다 오너라.

15. 밀리거나 비켜나거나 하여 약간 틈을 내다. 또는 틈이 생기다. 약속하거나 예정된 날짜가 어긋나서 미루어지다(연기하다).

¶ 나무뿌리가 뻗어 성벽이 □□□. 자리를 좀 □□고 앉으면 한 두 사람은 더 앉겠다. 이삼 일 날짜를 □□□. 약속한 날짜는 하루도 □□ 수 없으니 그리 알게.

16. 무엇을 움직이기가 가분가분하다.

¶ 기계를 작동하기가 □□□. 자동차의 엔진오일을 갈았더니 운전대가 □□□□.

17. ▸눈에 정기가 없어지다. ▸눈알을 굴려 눈시울을 위로 치뜨다.

¶ 병사들은 □□□ 눈으로 수많은 적병들을 바라보며 넋을 잃었다. 술기운을 이기지 못해서 두 눈이 □□□ 것처럼 개개풀렸다. 아이는 □□□어 젖을 물려도 눈을 못 뜬다. 눈을 □□고 지랄병을 하였다.

18. 얼굴이나 모습이 초라하고 채신머리없다(=몬존하다).

¶ 행색이 □□□□. 지위는 높으나 모습은 □□□□.

19. 번들번들하고 윤기가 돌고 부드럽다.

¶ 얼굴에 개기름이 □□□□ 흐른다. 혈색이 좋고 □□□□한 살결.

20. 젊고 건강하여 이들이들하고 무척 고운 태가 있다.

¶ 아우는 얼굴이 □□□□□. 어디로 보든

---

14. 선걸음; 선바람 → 선걸음의 어원적 의미는 '나선 걸음'이다.

15. [드티다] 드티다, 드티(고), 드티다, 드틸 → 드팀새(드틴 정도나 기미), 드팀없다(틀림없다. 빈 틈이 없다)

16. [만갑다] 만갑다, 만가웠다

17. [만경되다] = 만경하다, 만경된, 만경한, 만경되(어); [홉뜨다] 홉뜨(고)

18. [만조하다] 만조하다 → 몬존하다(성질이 차분하다. 위풍이 없이 초라하다)

19. [이드르르하다] 〈작〉야드르르하다, 이드르르, 이드르르(한) → 야들야들/이들이들거리다

20. [미추룸하다] 〈작〉매초롬하다, 미추룸하다, 미추룸하(게), 미추룸(히)

지 □□□□게 다 자란 처녀다. □□□히 생긴 젊은이.

[문제 111]

1. 일의 형편 따위를 마음속으로 헤아려보는 생각이나 가늠. 짚이는 바. 그 나름의 생각이나 짐작, 어림(=딴).
¶ 전에 제가 한 □이 있으니까, 저렇게 면박을 당하고도 아무 말도 못하는 거지. 화가 나는 □으로는 뺨이라도 쳐주고 싶다. 제 □에는 하느라고 하였겠지만 결과는 별로 신통치 않다.

2. 솜이나 헝겊을 나무에 감아 기름을 묻히어 초 대신 불을 켜는 물건.
¶ □□에 불을 붙여 어둠을 밝히다. 헌솜이나 넝마는 '□□ㅅ감'으로 알맞다.

3. 목화의 씨를 빼는 기구.
¶ □□로 씨를 빼고 활로 타서 가락을 지어 물레에 실을 뽑다.

4. 솜이나 털을 자아서 실을 만드는 틀.
¶ □□를 돌려 실을 뽑다. □□질을 하다.

5. 둥근 도자기의 모양을 고르는 데 쓰이는 틀. 녹로(轆轤).
¶ □□를 차서 도자기를 빚다.

6. 얇게 펴서 만든 조각.
¶ 과자나 떡 따위를 둥글고 얇은 조각 모양으로 만드는 일을 '□짓다'라고 한다.

7. 가루를 반죽한 것이나 삶은 푸성귀 따위를 얄팍하고 둥글넓적하게 만든 조각.
¶ □□□를 짓다.

8. 가루에 물을 섞어서 이겨 갬. 또는 그렇게 한 것.
¶ 밀가루 □□이 눅다. □□이 좋다(비위가 좋다).

[정답 111]

1. 깐 → 깐보다
2. 용지
3. 씨아 [←씨+앗(다)+이] → 씨아질/하다, 씨아손(씨아의 손잡이)
4. 물레[1] → 물렛가락, 물레바퀴, 물렛돌, 물렛줄
5. 물레[2]
6. 반 → 반대기, 솜반, 핫반(두 겹으로 된 솜반), 홑반(한 겹으로 넓게 편 솜반)
7. 반대기 → 알반대기(지단), 엿반대기
8. 반죽 → 날반죽, 익반죽(가루에 끓는 물을 끼얹어가며 하는 반죽)

9. 허우적거리며 무척 애를 씀.
¶ □□□□하고 먼 길을 찾아오다. □□□□으로 달려 왔더니 아무도 없네그려. 기별을 듣고 □□□□ 달려가다.

10. 경기에서 계속 이기는 일. 연승(連勝).
¶ □□□치다(연전연승하다). 철수는 자꾸만 □□□치는 영희를 보며 샘을 냈다.

11. 서로 힘이 비슷한 두 사람. 서로 비금비금하게 비길만한 것.
¶ □□□끼리 씨름이 붙어서 승부가 잘 나지 않는다. 그때 만 원은 지금 돈 십 만 원 □□□오. 딸이지만 아들 □□□지.

12. ▸곡식의 이삭을 떨어 알곡을 거두는 일. 타작(打作). 바심. ▸타작마당에서 티끌·쭉정이·검부러기 따위를 날리기 위해 바람을 일으키는 데 쓰는 돗자리.
¶ □□□하는 날이면 온 동네가 떠들썩하다. □□질하여 검부러기를 날려 보내다.

13. 보란 듯이 의젓하거나 여유가 있게.
¶ 트럭이 길을 □□□ 가로막고 있다. 그는 마당 한가운데에 □□□ 버티고 섰다.

14. 분명하게 꼭 집어서. 정확히. 한마디로.
¶ 지금 이 순간엔 너에게 □□ 할 말이 없다. 나로서는 □□ 무어라 말하기가 어렵구나.

15. 기운 없이 꼬박꼬박 조는 꼴.[+졸다]
¶ 어제 잠을 못 잔 탓에 차 안에서 □□□□ 졸았다.

16. 남의 속을 떠보거나 일이 되어가는 형편을 마음속으로 가늠하여 보다.
¶ 일을 □□아 가며 대처해야겠다. 일을 □□고 시작했다.

---

9. 허위단심 → 허위넘다(높은 곳을 허위단심으로 넘어가다)
10. 헤물장
11. 맞잡이
12. 마당질; 부뚜 → 나비질
13. 떡하니
14. 딱히
15. 조속조속 → 고상고상(잠이 오지 않아 누운 채로 이 생각 저 생각 애태우는 꼴)
16. [깐보다[1]] ≒판단하다, 깐보(아), 깐보(고) → 깐보다[2]는 '깔보다'의 사투리다.

17. 달라붙는 기세가 굳세고 끈덕진 데가 있다. 자기 이익에만 마음이 있다.

¶ □□□게 일에 매달리다. 돈을 만지면 □□□지는가 보다. 그 나이에 벌써 저렇게 □□스러워서야 장차 어떤 인간이 될런고? 사람이 너무 □□□여 친구가 없다.

18. 성질이나 솜씨가 깐깐하고 이악하다. 성질이 깐깐하고 다라지다.

¶ 일솜씨가 □□□. 다른 사람의 두 몫 이상을 □□게 해내다. 성미가 □□고 빈틈없다.

19. 무서우리만큼 쓸쓸하고 고요하다(=적막하다).

¶ 무덤가는 언제나 □□□ 분위기를 자아낸다. 혼자 걷기에는 □□□ 오솔길이다. □□□ 절의 경내(境內).

20. 썩 탐스럽거나 한창 성하다. 매우 흐뭇하거나 푸지다.

¶ 모란꽃이 □□□□게 피었다. □□□□게 먹고 마시다.

[문제 112]

1. 경험에서 얻은 묘한 이치나 요령.

¶ □□이 생기다. □□을 얻다. 공허한 이론보다 □□이 더 중요시 될 때가 있다. □□이 트이다.

2. 소리를 지르지 못하도록 입을 헝겊이나 솜 따위로 틀어막는 짓.

¶ 강도는 사장을 □□□□ 시키고 두 손을 뒤로 묶었다.

3. 어린아이에게 약을 먹일 때, 입을 벌리게 하기 위해 물리던 끝인 갈래진 막대기.

¶ 엄마는 □□를 물리고 쓴 약을 먹인 후 사탕을 입에 넣어 주셨다.

---

17. [이악하다] 이악하(게), 이악해(지는가), 이악(스러워서야), 이악하(여) → 이악스럽다

18. [깐지다] 〈큰〉끈지다. 깐지다, 깐지(게), 깐지(고) → 다라지다(성질이 깐질기고 야무지다)

19. [휘휘하다] 〈준〉휘하다, 휘휘한 → 호젓하다(무서운 느낌이 들 만큼 고요하고 쓸쓸하다)

20. [흐드러지다] 흐드러지(게)

[정답 112]

1. 미립 → 미립나다(미립이 생기다); '지릅'은 사투리다.

2. 아갈잡이

3. 전지 → 전짓대(위 끝을 두 갈래지게 한 긴 장대. 감을 딸 때 씀)

4. 남이 개구멍으로 들이민 것을 받았다는 뜻으로, 버려진 것을 거두어 기른 아이.

¶ □□□□□를 데려다 길렀더니 큰 인물로 훌륭하게 자랐다.

5. 나무·돌·살갗·비단 따위의 바탕 상태나 무늬.

¶ 비단의 □이 한결 곱다. 가죽나무를 켠 목재의 □이 아주 곱다.

6. ▸'성결(성품이 곱고 사나운 정도나 상태)·결기'의 준말. ▸사이·때·짬. '겨를'의 준말.

¶ □이 고운 아가씨. □이 바르다. □을 내며 대들다. □을 삭이다(노여운 감정을 가라앉히다). 쉴 □이 없다. 엉겁 □에 도망치다.

7. '감기(感氣)'의 순우리말.

¶ □□을 앓다. 지난겨울에 한번도 □□에 걸리지 않았다.

8. 종자(種子). 동식물이 생겨나는 근본이 되는 것. 혈통(血統). 어떤 일의 근원이나 원인.

¶ 밭에 □를 뿌리다. □가 좋은 짐승. 왕후장상의 □가 따로 있나. 말이 □가 된다. 하찮은 일이 분쟁의 □가 되다. □가 마르다(어떤 종류의 것이 모조리 없어지다).

9. 씨를 받는 일. 대를 이을 아이를 다른 여자가 대신 낳아주던 일(↔씨내리).

¶ □□□할 소. 예전에는 □□□ 풍습이 있었다.

10. 어떤 일이나 물건이 완전히 망가져서 아주 쓸모없이 된 상태. 살림이 망하여 거덜이 난 상태.

¶ 멧돼지가 고구마 밭에 들어가 □□을 내었다. 사업 실패로 집안이 완전히 □□났다. 집안이 □□나면 생쥐가 춤을 춘다.

11. 물건을 들거나 걸어 놓기 위하여 노끈 따위로 고리처럼 만들어 달

---

4. 개구멍받이 = 입양아(入養兒) → 개구멍서방(남몰래 드나들면서 부부처럼 지내는 남자)

5. 결[1] → 나뭇결, 머릿결, 물결, 살결, 손결, 숨결, 한결같다

6. 결[2]; 결[3] → 결나다(결기가 일어나다), 결증(−症; 결기로 일어나는 화증); 꿈결, 잠결, 지날결(지나는 길. 지나가는 순간)

7. 고뿔 [←코+불]

8. 씨[1] → 씨내리, 씨눈, 씨도둑(혈통을 벗어나는 일), 씨암탉, 씨젖; '씨앗'은 곡식이나 채소의 씨를 말한다. '씨[2](천이나 돗자리를 짤 때에 가로 건너 짠실. ↔날)'과 동음이의어다.

9. 씨받이

10. 결딴 → 결딴나다/내다(거덜나다)

11. 고달이 → 고

아 놓은 것.
¶ 액자 □□□가 떨어졌다.

12. 짐에 걸어서 어깨에 메는 줄.
¶ □□을 어깨에 걸치다. 종이노끈이나 삼노끈을 꼬아선 만든 □□을 '박다위'라고 한다.

13. 몸살이 심하여 숨이 가빠지고 몸이 떨리는 증세.
¶ 몸에 □□□이 들어 며칠째 앓고 있다.

14. 속병(뱃속의 오랜 병). 남모르게 하는 고민.
¶ □□□로 골골거리다. 혼자서 □□□하지 말고 어서 이야기해 보거라.

15. 젖먹이의 똥오줌을 누는 횟수
¶ 어린 것이 기특하게도 □□이 규칙적이다.

16. 무엇을 몹시 그리워하다.[≒동경(憧憬)하다].
¶ 어린 시절을 □□□. 이상 세계를 □□□.

17. 날이 새려고 밝은 빛이 비쳐 조금 훤해지다.
¶ 날이 밝으려는지 창밖이 □□□□.

18. ▸좋지 못한 것을 쓸어 치우다. ▸파서 헤집어 놓다. 헤집어서 흩어지게 하다.
¶ 쓰레기를 □□□. 닭이 멍석에 널어놓은 낟알을 □□(어) 놓았다. 고양이가 쓰레기통을 □□□. 닭이 마당 구석구석 □□으며 돌아다닌다.

19. ▸망하게 하다. 부수어서 못 쓰게 하다. ▸일을 감당하지 못하고 쩔쩔매다.
¶ 나라/신세를 □□□. 장난감을 □□□. 일거리 하나를 가지고 종일 □□고 있다.

20. 아이가 곧 태어날 듯한 상태가 되다. 진통이 시작 되면서 산기(産氣)를 나타내다.
¶ 아내는 밤새도록 애를 □□기만 하다가 밤을 새워 이튿날 제왕절개 수술을 받고 출산하였다. 달도 채우지 못하고 유

---

12. 멜빵 = 질빵 → 멜빵바지
13. 속바람
14. 속앓이 → 가슴앓이, 배앓이
15. 밑정
16. [흐놀다] 흐놀다 → 글뛰다(동경하는 마음이 세차게 일어나다)
17. [희붐하다] 〈준〉붐하다. 희붐하다
18. [서릊다] 서릊다, 서릊(어); [버릊다] 버릊다, 버릊(으며) → 버르집다
19. [망구다] 망구다; [둥개다] 둥개(고)
20. [비릊다] 비릊다, 비릊(어) → 산비릊(産-; 진통이 오는 일)

난스럽게 □□어 낳아 기른 아이가 벌써 장가를 간다나.

[문제 113]

1. 손톱의 뿌리 쪽에 있는 반달 모양의 하얀 부분.
¶ □□□에 손거스러미가 일어 아프다.

2. 팔과 어깨가 이어진 관절 부분. 새의 날개가 몸에 붙은 부분.
¶ 팔꿈치에서 어깨 사이의 부분을 '팔□□'라고 한다. □□를 떼다(화살을 쏘고 어깨를 내리다. 하인들이 배후를 믿고 거들먹거리다).

3. 닭의 겨드랑이에 붙어 있는 흰 살.
¶ □□□은 먹기에 보드라운 고기다.

4. 발뒤꿈치를 들어 올림. 또는 그 발(≒까치발).
¶ □□□을 하고 창밖을 내다보았다.

5. 흔히 아이들이 기뻐할 때, 두 발을 모아 뛰어 조촘거리는 종종걸음. 발뒤꿈치를 들고 살살 걷는 걸음.
¶ □□□□을 치며 날뛰다. 아빠를 보자 아이들이 □□□□으로 달려 나와 맞이하다.

6. 한 발을 들고 한 발로만 뛰어가는 짓.
¶ □□□로 뛰면서 오다. 오른발을 돌부리에 채여 □□□로 집에 왔다. 아이들은 고무줄을 □□□로 뛰어서 넘었다.

7. 물고기의 아가미 안에 있는 숨을 쉬는 기관. 반원형으로 검붉고 빗살처럼 생겼음.
¶ 생선은 □□이 붉은 색일 때가 싱싱하다.

8. 물에서 사는 동물, 특히 어류에 발달한 숨 쉬는 기관.
¶ 물고기는 □□□로 숨을 쉰다. □□□를 벌름거리다. 소금에 절인 명태 □□□를 넣고 담근 깍두기를 '서거리깍두기'라고 한다.

[정답 113]

1. 속손톱
2. 죽지 → 죽지뼈(어깨뼈), 죽머리(활을 잡는 쪽의 어깨), 어깻죽지; 날갯죽지
3. 견짓살
4. 깨금발[1] → 깨끼발(한 발을 들고 한 발로 선 자세)
5. 까치걸음
6. 앙감질(=깨금발[2])
7. 조름
8. 아가미 → 아감뼈, 아감젓(생선 아가미로 담근 젓), 속아가미

9. 잇댄 부분의 뿌리 쪽.

¶ 어깨 □□□(어깨의 뿌리. 어깨의 언저리). 짐승 젖퉁이의 살코기를 '젖□□□'라고 한다.

10. 옷이나 그릇 따위의 열 벌을 한 묶음으로 일컫는 말. 또는 그것을 세는 말.

¶ 버선 한 □. 접시 두 □. □이 맞다(서로 마음이 맞다. 서로 뜻이 통하다).

11. 짚이나 장작 따위를 작게 한 덩이씩 만든 묶음. 생선 열 마리. 미역 열 장을 세는 말.

¶ 장작 한 □. 낙지 두 □과 미역 한 □을 사다.

12. 물건이 넘어지지 않도록 어긋맞게 괴는 나무. 추녀 끝이 쳐지지 않도록 추녀 안쪽 위의 끝에 비녀장을 하는 단단한 나무. 쪼갠 장작을 100개비를 이르는 말.

¶ □□□를 튼튼하게 괴다. 장작 다섯 □□□를 사다.

13. 실상이 아닌, 다만 겉으로 드러난 태도.

¶ 사람을 볼 때는 □□만 보지 마라. □□만 보고 그 사람을 이러쿵저러쿵 평가할 수는 없다.

14. 드레진 태도나 의젓하고 당당한 생김새. 지위는 높으나 실권이 없는 처지.

¶ 나이는 어려도 □□이 있어 보인다. 키도 크고 몸집도 □□진 사람. 새로 부임한 사장은 낙하산 인사인 데다 영 □□이라 직원들의 반발이 만만치 않다네.

15. 마음이나 공간이 텅 비어 건잡을 수 없이 허전하다.

¶ 마음 한 구석이 □□□여 견딜 수가 없다. 마음이 □□□여 일이 손에 잡히지 않는다. 굴속은 그믐밤같이 어두운데 □□□니 넓게 터져 있었다.

16. 얼굴에 흐뭇한 표정을 띠고 있다.

¶ □□□ 얼굴. 그는 말하는 내내 □□□

---

9. 부들기

10. 죽 → 죽치(날림으로 만든 물건)

11. 뭇[1] → 뭇가름; 뭇[2](커다란 작살), 뭇[3](수효가 매우 많은)과 동음이의어다.

12. 강다리 → 조짐(사방 여섯 자 부피로 쌓은 장작더미를 세는 말)

13. 거탈 → 거탈수작(-酬酌; 실속 없이 겉으로만 주고받는 말이나 짓); 어원적 의미는 '겉으로 알다/겉 알맹이'라는 뜻이다.

14. 거통 → 거통지다(허우대가 크다)

15. [휘영하다] 휘영하(여), 휘영하(니) → 휘영휘영(휘영한 느낌)/하다

16. [홈홈하다] 〈큰〉훔훔/흠흠하다. 홈홈한

표정을 지어 보였다.

17. 붙어 있는 데가 가늘어서 곧 끊어질 듯하다. 간드러진 멋이 있다.
¶ 가는 덩굴에 □□게 매달린 청둥호박. □□게 넘어가는 노랫가락.

18. 몸이 상쾌하고 가볍다. 음식 따위에서 느끼는 입맛이 산뜻하다. 바람이나 공기 따위가 깨끗하고 맑아 상쾌하다.
¶ 잠을 푹 잤더니 몸이 □□□□. 조개탕 맛이 □□□□. □□□ 동치미 국물. □□□ 공기.

19. 하는 짓이 어울리지 않고 싱겁다.
¶ 어른이 하는 일에 □□□이 참견하지 말거라. 근사하게 말할 것 같더니 곧 □□□이 나가버렸다. 매일 빈둥빈둥 노는 것이 □□□어 허전한 마음을 달래려고 등산을 하기 시작했다.

20. 맞서서 옳고 그름을 따지다.
¶ 그 사람을 만나 문제를 □□야겠소. 철없는 아이를 □□서 어찌하겠소? 맞서 □□기에는 너무 성질이 사나운 사람이다.

17. [간지다] 간지(게)
18. [개운하다] 개운하다, 개운한
19. [거추없다] 거추없(이), 거추없(어)
20. [가래다] 가래(야겠소), 가래(서), 가래(기에는)

[문제 114]

1. 새끼나 노끈·철사 따위로 고를 내어 짐승을 잡는 데 쓰는 장치. 남이 걸려들게 꾸민 꾀.
¶ □□□를 씌우다(죄를 덮어씌우다). '올무'는 짐승을 잡는 데 쓰는 □□□를 말한다.

2. 실·대나무 따위의 가늘고 긴 가닥, 또는 그것을 세는 말.
¶ 대나무 □□로 부챗살을 만들다. 실 세 □□.

3. 음식을 먹은 뒤에까지도 혀에 감기듯이 남는 맛깔스러운 뒷맛. 사람의 마음에 휘감기어 여운을 남기는 사물에 대한 묘미.
¶ 알맞게 삭히어 □□□ 나는 어리굴젓. □□□이 나는 이야기. 우리 고유의 □□□을 영절스럽게도 잘 살려 쓴 윤선도의 작품들.

[정답 114]
1. 올가미
2. 오리 → 나무오리, 대오리, 실오리
3. 감칠맛 [←감치다(잊히지 아니하고 마음에 감돌다)

4. 강어귀의 바닷물이 드나드는 곳.
¶ □를 막은 땅을 간척지라고 한다. 재 넘고 □ 건너 잘도 간다.

5. 수채 물이 흐르는 작은 도랑.
¶ □□□ 물이 흘러 나가도록 길게 판 내를 '개천'이라고 한다. □□□을 폴짝 건너뛰다.

6. 젊은 사람이 어른인 체하며 부리는 얄망궂고 능청스러운 짓.
¶ 조그만 녀석이 삼촌한테 □□□□를 부린다. 조카가 나를 가르치려고 드는 모습이 귀엽기도 하고 □□□□스러워 웃으며 머리를 쥐어박았다.

7. 하찮은 공로나 출세로 거들먹거리는 사람을 낮잡아 이르는 말.
¶ □□□□ 김 과장은 오늘도 직원들에게 호통 한번 쳐놓고 자리를 비웠다.

8. 물의 깊이를 재려고 돌을 매단 줄 [≒잴추(-錘)].
¶ □□로 우물의 깊이를 재다.

9. 어린아이를 업을 때 두르는 끈이 달린 작은 포대기. 덧덮는 얇고 작은 이불.
¶ 아이를 업고 □□를 둘러 재웠다. 잠자는 아이에게 □□를 덮어주다.

10. 새끼로 망태처럼 얽어 만들어 소 등에 얹어 거름 따위를 담아 나르는 기구.
¶ 길마 위에 □□를 걸쳐 얹어 짐을 담아 나르다.

11. 말이 좀 거칠게 내닫는 일.
¶ 다혈질인 조카도 삼촌이 맡고 있는 일에 대해서만은 □□□로 굴지는 않았다.

12. 일을 자세하고도 차근차근히 사리에 맞게 하는 짓.
¶ □□□□ 설명하다. □□□□ 따지다.

---

4. 개 → 개어귀, 개펄, 개흙, 갯가, 갯내, 갯마을, 갯버들, 갯지렁이
5. 개골창 → 시궁창(수챗물이나 빗물이 잘 빠지지 않아 질척질척하게 된 도랑)
6. 앙달머리(스럽다)
7. 잔풀내기 → 잔풀(자디잔 풀), 잔풀나기(싹이 돋는 봄철)
8. 건지

9. 처네 → 누비처네, 대처네(쌓은 이불 위를 덮는 큰 보), 머리처네(머리쓰개)
10. 옹구 → 옹구바지, 옹구소매(옹구 모양을 한 넓은 소매)
11. 반부새
12. 조곤조곤

13. 남에게 사정사정할 때에 '제발 빈다'는 뜻으로 쓰는 말.
¶ □□□ 오늘 저녁에는 일찍 돌아오너라.

14. 물건이 거듭 쌓이거나 일이 겹쳐 일어나는 꼴.
¶ 경사스러운 일이 □□□□ 일어나다.

15. 일삼아 이때껏. 모처럼 애써서. 힘들여서.
¶ □□ 해 놓은 일인데 망쳐버리다. □□ 귀띔해 주었는데도 실수다. □□ 찾아오다.

16. 검은 구름이 퍼져 해를 가리고 날이 점점 어둠침침해지다.
¶ 오후부터 잔뜩 □□□는 꼴이 한 줄기 퍼부을 모양이다. 먹장구름이 □□□며 뇌성번개가 치다.

17. 아랫도리가 가늘고 어울리지 않게 길다. 옷이 몸에 어울리지 않게 짧다.
¶ 한 뼘쯤 □□□ 종아리가 보인다. 바지가 □□□여 보기가 싫다.

18. 마치 실제의 것인 양 보기에 아주 그럴듯하다. 말로는 그럴 듯하다.
¶ 산천의 풍경을 □□□□게 나타냈다. 늘 그녀를 생각하니 꿈도 □□□□게 꾸어졌다. 말은 □□□□□나 두고 봐야지. 뻔히 거짓말이 드러났는데도 어떻게 □□□□게 꾸며댈 수 있을까.

19. 말을 하다가 갑자기 그만두다.
¶ 밖에서 인기척이 나자 하던 말을 □□□□. 상대방의 낯빛이 변하자 얼른 말을 □□□□.

20. ▸무슨 일을 사실대로 드러내어 말하지 않고 숨기다. ▸거짓으로 꾸며 대답하다.
¶ 바른 대로 말하지 않고 □□면 벌을 더 받게 될 것이다. 남의 눈을 □□는 것은 비겁한 짓이다. 그럴 듯이 □□어도 속지 않는다. 자기의 이름을 □□고 창피한 짓을 하는 놈들을 본보기로 혼내주다.

---

13. 조닐로, 〈준〉조닐
14. 곰비임비
15. 일껏
16. [검기울다] 검기우(는), 검기울(며)
17. [살망하다] 〈큰〉설멍하다, 살망한, 살망하(여)
18. [영절스럽다] 영절스럽(게), 영절스럽(게), 영절스러우(나), 영절스럽(게)
19. [꾸무리다] 꾸무리다
20. [기이다] 〈준〉기다, 기이(면), 기이(는); [떠대다] 떠대(어도), 떠대(고) → 눈기이다(남의 눈을 속이다)

[문제 115]

1. 나이나 무슨 정도가 같거나 또는 비금비금한 무리.

¶ 같은 나이 □□의 아이들. 그와 나는 같은 □□다.

2. 공연히 혼자서 헛애를 쓰며 안달하는 일.

¶ 본인은 태연한데 네가 왜 □□을 달아하느냐. 왜 너 혼자 □□을 다느냐?

3. 새의 대가리에 난 길고 더부룩한 털. 씨방의 맨 끝에 붙어 있는 솜털 같은 것.

¶ 꿩이 □□을 세우고 싸운다. 민들레와 버들가지의 □□이 날린다.

4. 사람이나 사물을 속되게 이르는 말. 어느 곳이나 어느 때의 것임을 나타냄. 몫이나 질·양을 뜻함.

¶ 젊은 □들이 많다. 울릉도 □ 오징어. 오늘 □ 신문. 석 달 □ 길미가 밀리다. 한꺼번에 세 사람 □ 불고기를 먹어치우다.

5. 다른 물이나 잡것을 섞지 않고 본디의 재료로만 조리한 국. '거짓이 아닌 본디 그대로의 것'을 비유하는 말.

¶ 조개탕은 □□이라야 국물 맛이 개운하다. □□으로 살아라.

6. 간장을 담근 뒤, 뜨기 전에 장물이 줄어드는 대로 채우는 소금물.

¶ 어머니는 간장독에 □□□을 한 바가지 부으셨다.

7. 음식을 익힐 때, 처음에 맞추어 부었던 물. 제 몸에서 우러난 물. 딴 것을 섞거나 덧붙이지 않은 순수하게 제대로 된 물건.

¶ □□ 김칫국. □□ 젓국. '□□국수'는 삶은 물을 갈지 않고 그대로 먹는 국수를 말한다.

8. 사람의 목에 닿을 만큼 깊은 물. 바닥에 엎드려 허리 위에서부터 목까지를 씻는 일이나 그물(=등목).

¶ □□ 정도의 두만강을 걸어서 건너다. 여름철 더울 때에는 우물가에서 □□을 하였다.

[정답 115]

1. 또래 → 또래집단(-集團)
2. 건몸 → 건몸달다
3. 갓털 = 관모(冠毛)
4. 치 → 날림치, 막치, 버림치, 중간치(中間-); 하루치, 보름치
5. 제국
6. 제깃물
7. 제물 → 제물국수, 제물낚시, 제물땜, 제물로(제 스스로), 제물장(-欌; 붙박이장)
8. 목물 → 발목물(발목까지 차는 물)

9. 몸은 여위어 가냘프고 목이 길며 키가 큰 사람.

¶ 바람에 날릴 듯 휘영휘영 걸어가는 □□□□.

10. 뭉쳐서 쌓인 물건의 부피. 몸집(덩치).

¶ 오늘 사위가 왔으니 □□□가 큰 암탉을 잡아야겠다. □□□가 큰 씨름 선수.

11. 허우대가 크고 말과 행동이 얌전하지 못한 사람.

¶ 그 사람은 겉보기에는 □□ 같아도 속마음은 착하다. 그이는 맡은 일은 열심히 하나 □□스러운 면이 있어 사람들이 대하기를 꺼린다.

12. 부러워하고 시새워서 탐내는 마음.

¶ 나는 부모님의 사랑을 독차지하는 막냇동생에게 □□내지 않았다. □□내다(시새워서 욕심을 부리다). 사촌 언니가 □□이 나서 나만 못살게 군다.

13. 하나도 남김없이 모조리.

¶ □□□ 없어지다. 그때 일을 □□□ 잊어버리다.

14. 몹시 여위어 마른 꼴.

¶ 며칠을 굶었는지 □□ 마른 몸으로 나타난 가출 소년이 안쓰럽다. 샛바람과 비에 벼는 □□ 비틀렸다.

15. 얼굴이나 몸이 야위었으나 단단하고 굳센 기상(氣像)이 있어 보이다.

¶ 하숙집 아주머니는 몸집이 □□□□□고 키가 호리호리하게 생기신 분이다. □□□□□게 생긴 낯선 사람이 길을 물었다.

16. 얼굴 생김새가 모난 데 없이 둥그스름하고 도톰하여 보기에 복이 많은 듯하다(=푼더분하다).

¶ 그녀는 참 □□□□게도 생겼다. 살결이 곱고 볼에서 턱으로 흐르는 선이 □□□□□ 인상이다. □□스레 밥을 먹다.

---

9. 거위영장

10. 덩저리

11. 왜골 → 왜골스럽다

12. 게염, 〈작〉개염 → 게염나다/내다, 게염스럽다

13. 깡그리 → '싸그리'는 사투리다.

14. 깨깨

15. [갈걍갈걍하다] 갈걍갈걍하(고), 갈걍갈걍하(게) → 가량가량하다

16. [복성스럽다] 복성스럽(게), 복성스러운, 복성(스레) [←복상(福相)]

17. 얼굴이 자그마하고 나부죽하며 덕성스러워 보이다.

¶ □□□□ 얼굴이 제법 정이 간다. 그녀는 □□□□ 얼굴에 뱅그레 웃음을 지어 보인다. 덩치가 크고 얼굴이 □□□□□.

18. 썩 좋지 못하다. 꺼림칙하여 마음에 켕기는 느낌이 있다.

¶ 쓰기에 □□□□. 먹은 것도 없는데 속이 □□□□. 너는 별 □□맞은 소리를 다 한다. 꿈도 □□맞아라.

19. 찾아온 사람을 따돌려 보내다. 많은 재물을 흐지부지 다 없애다. 기회 따위를 놓치다.

¶ 누가 찾아오면 나 없다고 □□□ 버려라. 재산의 한 반은 노름 밑천으로 □□□고 나서야 정신을 차렸다. 집을 싼값에 살 수 있는 좋은 기회를 □□□ 버리고는 땅을 치며 후회했다.

20. 어떤 일을 수습하여 끝을 마무르다.

¶ 남은 일을 □□□고 퇴근하다. 그 많던 빚을 □□□고 새 출발을 하다.

---

17. [나뱃뱃하다] 〈큰〉너벳벳하다. 나뱃뱃한, 나뱃뱃하다

18. [용천하다] 용천하다, 용천 → 용천맞다, 용천스럽다, 용천(몹쓸 병), 용천지랄

19. [깝살리다] 깝살려, 깝살리(고), 깝살려

20. [깡그리다] 깡그리(고)

[문제 116]

1. 벼나 보리 따위의 낟알 겉껍질에 있는 깔끄러운 수염 동강.

¶ 보리타작을 했더니 □□□□가 옷에 붙어 따끔거린다.

2. 오래되어 굳어 붙은 이똥.

¶ 치과에 가서 □□을 청소하였다.

3. 송진(松津)이 많이 엉긴 소나무의 가지나 옹이.

¶ □□을 불쏘시개로 쓰다. 고콜에 □□불을 피우다.

4. 나무의 몸에 박힌 가지의 그루터기.

¶ □□가 많은 나무. □□에 마디(곤란한

[정답 116]

1. 까끄라기, 〈준〉까라기·까락 〈큰〉꺼끄러기 → 까라기벼(까라기가 붙은 벼), 괴끼(벼, 보리, 옥수수 따위의 수염부스러기)

2. 이쩍 → '이쪽'은 이의 부스러진 조각을 뜻한다. '-적/쩍'은 '구적', '굴쩍'에 쓰인 형태소다.

3. 관솔 → 관솔불

4. 옹이 → 옹이구멍, 옹이눈, 옹이지다, 관솔옹이

일이 겹쳐 생김. 일이 공교롭게도 자꾸 꼬이게 됨).

5. 나무의 가지가 병이 들거나 벌레가 파서 떨어진 자리에 결이 맺혀 혹처럼 불퉁해진 것.

¶ □□□가 맺힌 나무. 짐승의 정강이에 불퉁하게 나온 뼈를 □□□뼈라고 한다.

6. 생선이나 과실 따위의 새로 나온 것. 빨래하여 갓 입은 옷.

¶ □□ 참외. 빨래하여 갓 입은 옷에서 나는 냄새를 '□□내'라고 한다.

7. 한길에서 집으로 드나드는 골목길.

¶ 제주 □□길은 여행 산책로다. □□는 제주 사투리로 '좁은 골목'을 뜻하는 말이다.

8. ▸한 동네에서 몇 집이 한 골목이나 한 이웃이 되어 사는 구역 안(≒뜸[3]). 거리에서 대문으로 통하는 좁은 길. ▸마을 가까이에 있는 숲.

¶ 그와 나는 한 □□에서 산다. 집 □□를 빗자루로 깨끗이 쓸었다. 대문 앞의 뜰을 '□□뜰'이라고 한다. 저녁을 먹고 아내와 나는 마을 언저리의 □□□를 거닐었다.

9. 무엇을 흠씬 찌거나 삶은 다음 얼마 동안 그대로 두어, 제풀에 속속들이 푹 익게 하는 일.

¶ □이 덜든 밥은 설겅설겅하다. □을 들이다(서두르지 않고 한동안 가만히 있다).

10. 한방에서, 약쑥을 경혈에 놓고 불을 붙이어 뜨겁게 하는 자극 요법의 한 가지.

¶ 어깨에 □을 뜨다.

11. ▸척추동물의 오관(五官)의 하나. ▸그물이나 뜨개질한 물건의 눈 마디의 매듭.

¶ □를 흘리다. 그물의 터진 □를 깁다.

12. 소의 코청을 뚫어서 꿰는 고리

---

5. 옹두리 → 옹두라지(작은 옹두리), 바위옹두라지(바위의 울퉁불퉁한 뿌다구니)

6. 새물

7. 올레 → 올레길, 올레어귀

8. 오래[1]; 숲정이 → 집오래(집에서 가까운 곳); 오래[2](동안/시간이 길게)

9. 뜸[1] → 지레뜸(뜸이 들기 전에 밥을 푸는 일이나 그 밥)

10. 뜸[2] → 뜸단지, 뜸쑥, 뜸자리, 뜸질/하다; 뜸[3](작은 동네)

11. 코[1]; 코[2] → 코빼기, 코웃음, 코앞(가까운 곳), 헛코(자는 체하느라고 일부러 고는 코); 코바늘, 그물코

12. 코뚜레

모양의 나무.
¶ 어석송아지에 □□□를 끼우다.

13. 못된 버릇을 버리지 않고 그대로.
¶ □□□ 놀다가는 신세 망칠 줄 알아라. □□□ 굴다가는 혼날 줄 알아라.

14. 목소리가 쇳소리처럼 높고 맑은 꼴.
¶ 대쪽 같은 성미에 □□□□하게 야무진 음성. 목소리만은 여전히 □□□□했다.

15. 쉬고 째지고 탁한 목소리.
¶ 쉬지 않고 강의를 했더니 청아하던 목소리가 □□으로 변했다. □□으로 애타게 외쳐대는 후보자들의 연설.

16. 지위나 환경이 다른 사람들과 어울려 서로 가깝게 사귀다.
¶ 아이들은 쉽게 □□□□. 동무들과 □□□ 줄 모르는 아이는 외톨이가 되었다. □□□기를 싫어하는 내성적인 성격.

17. 거추장스럽거나 일거리가 되어 서 귀찮고 불편하다.
¶ 몸이 아파 밥을 먹는 것도 □□□. □□게 지껄이다. 사람들한테 일일이 연락하기도 □□□.

18. 물건이 조각나거나 축나지 않고 그대로 있다. 실속 있게 다부지고 영글다(≒알차다).
¶ 그 북새통에도 그것들이 □□게 남아 있었다. 생각이 □□□. □□ 한 해를 보내다. 내 나이 벌써 □□ 쉰이다.

19. ▸사실과 반대로 일러주다. ▸소홀하게 대접하다. 싫어하고 꺼려 멀리하다.
¶ 그 사건에 대하여 □□지 말고 사실대로 말하라. 나무꾼은 사냥꾼에게 사슴이 도망간 쪽을 □□었다. 너무 □□지 말고 좀 친절히 대하라. 가난한 사람들을 □□는 졸부들.

20. ▸똥이나 오줌을 참지 못하고 조금 싸다. ▸오줌 냄새와 같다. 또는 그런 맛이 있다.

---

13. 그빨로 → 빨
14. 카랑카랑
15. 타목
16. [섞사귀다] 섞사귄다. 섞사귈, 섞사귀(기)
17. [일쩝다] 일쩝다, 일쩝(게), 일쩝다
18. [옹글다] 옹글(게), 옹글다, 옹근, 옹근 → 옹골지다. 옹골차다, 옹근달(보름달)
19. [외대다[1]] 외대(지), 외대(었다); [외대다[2]] 외대(지), 외대(는)
20. [지리다[1]] 지리다; [지리다[2]] 지린, 지리(냐)

¶ 노는 데 정신이 팔리어 오줌을 □□□. □□ 냄새. 무 맛이 왜 이리 □□냐?

[문제 117]

1. 지겟작대기의 아귀진(갈라진) 부분.
¶ □□□가 짜개지다. 길이 □□□처럼 두 갈래로 나 있다.

2. 농가에서, 일 년 동안 일해 준 대가로 주인이 머슴에게 주는 곡물이나 돈.
¶ □□으로 한 해에 쌀 다섯 가마니를 받았다.

3. 맏물이나 햇것이 나오는 무렵. 또는 겨우 익어서 무르녹지 않을 무렵.
¶ □□□에 나온 과일이라 그런 지 단맛이 덜하다. □□□ 감자는 맛이 아직 아리다.

4. 얼었던 땅이 풀리기 시작하는 이른 봄 무렵.[=해토머리. 해빙기(解氷期)]
¶ □□□에 봄나물을 캐다. □□□ 때에 농사 준비를 하다. 경칩이 지나 □□□ 때가 되었건만 땅은 아직 녹지 않았다.

5. 물건의 운두나 높이.
¶ 항아리의 □이 너무 낮다. □이 높은 망건.

6. 갈라진 틈이나 여민 사이.
¶ 꼬깃꼬깃 접은 돈을 □에 넣어두다. 경찰은 강도를 보자 허리□에 질러 넣은 가스총을 빼들었다.

7. 똘똘한 기운이나 정신.[+소극적·부정적]
¶ 녀석은 늘 □□□가 없는 낯빛으로 마루에 멍하니 앉아 있었다. 아이를 잃어버린 어머니는 □□□가 풀린 눈으로 행인들을 쳐다보고 있다.

8. 단 두 사람이 마지막으로 이기고 짐을 겨루는 일.
¶ 그와 단 둘이 □□□로 결판을 내기로 하였다. 노름이나 내기 따위에서, 승부를 마지막으로 결정하는 일을 '대매'라고 한

[정답 117]

1. 알구지
2. 새경 = 연봉(年俸)
3. 풋머리
4. 따지기 → 어원적 의미는 '얼었던 땅이 녹아진 때'다.
5. 춤[3]
6. 춤[4] → 고의춤, 뒤춤(허리 뒤의 바지춤), 허리춤(바지의 허리와 살과의 사이)
7. 개맹이
8. 맞대매 → 맞붙다

다.

9. 불이 타는 맞은편에서 마주 지르는 불.

¶ □□을 지르다. □□ 작전. □□을 놓다(불붙은 맞은편에서 불을 놓다. 서로 마주 겨누고 총질을 하다).

10. 무슨 일을 하여 밑졌을 때, 본디 그 밑천이 된 돈. 노름의 밑천이 되는 돈.

¶ 순식간에 □□을 다 날려 버렸다.

11. 양양(揚揚)한 의기. 뽐낼 정도로 아주 높은 기세.

¶ 일이 잘되어서 □□□이 난다. 그이는 소원을 성취하여 □□□이 났다. 신록의 계절에 푸릇푸릇 □□□ 난 나뭇가지들.

12. ▸여인의 설치는 서슬. ▸신이 나서 엉덩이를 내두르며 걷는 바람.

¶ 학부모들의 □□□□. □□□□□이 나다(신바람이 나서 몸놀림이 저절로 가벼워지다).

13. 남을 미워하고 샘을 잘 내는 잔망스러운 심술.

¶ 수원댁은 □□이 난 것을 참느라고 발갛던 얼굴이 파랗게 변했다. 나는 □□을 떠는 사촌동생을 쳐다보았다. □□스러운 계집아이.

14. 자르거나 쪼개지 않은 생긴 그대로의 상태(=온이로; 전부 다, 온통).

¶ □□□로 한 개만 주시오. 식탁에는 굴비 세 마리가 □□□로 올라왔다. 나무를 차에 □□□로 싣는다. □□□로 밥떼기를 해 주는 보짱과 홍정 뒤에 성앳술을 사도 손이 큰 아저씨.

15. 볼썽사납도록 퉁퉁하게 살진 모양이나 그 살갗이 탄력 있는 꼴. 남의 말을 듣지 않고 밉살스럽게 엇나가는 꼴(=빈둥빈둥).

¶ 살이 □□□□ 찐 사람. 일을 하지 않고 □□□□ 놀기만 한다.

16. 딱딱한 말씨로 따지고 다투는 소리. 또는 그 꼴.

---

9. 맞불 → 불깃

10. 살돈 = 본살 → 살닿다(본밑천에 손해가 나다. 밑지다)

11. 영바람 → 어깻바람(=신바람; 신이 나서 어깨를 으쓱거리며 활발히 움직이는 기운)

12. 치맛바람; 엉덩잇바람

13. 암상 → 암상궂다, 암상꾸러기, 암상스럽다(암하다), 암상하다(샘바른 마음이 있다, 앙큼스러운 심술이 있다)

14. 온새미(로)

15. 피둥피둥 → 포동포동/푸둥푸둥

16. 따따부따

¶ 네가 왜 남의 일에 □□□□ 참견이냐? 왜 사사건건 □□□□하는 거냐?

17. 서로 사이가 좋지 아니하여 만나도 모르는 체하며 냉정하게 대하는 꼴.
¶ 두 사람은 예전엔 절친한 친구였는데 요즘은 무슨 일인지 만나면 □□□□ 서로 외면하는 처지가 되었다.

18. 조금 덜 익은 느낌이 있다.
¶ □□□ 깍두기/ 김치.

19. 마음이나 분위기가 들뜨고 어수선하다.
¶ 내일 고향을 떠난다는 생각에 마음이 어딘가 □□□□. 사무실은 □□□서 불안한 공기가 떠돌고 있었다.

20. 매우 지루한 느낌이 있다.
¶ 유난히 오늘 밤은 □□□게도 길구나.

17. 내광쓰광
18. [설둥하다] 설둥한
19. [설뚱하다] 설뚱하다, 설뚱해(서)
20. [야질하다] 야질하(게도)

[문제 118]

1. 상자 같은 것의 네 모퉁이를 들쭉날쭉하게 만들어 맞추게 된 부분. 또는 그 짜임새. 기둥머리를 도리나 장여를 박기 위하여 네 갈래로 오려낸 부분.
¶ □□가 물러나다. □□를 맞추다. □□가 맞다(말이나 사리의 앞뒤 관계가 딱 들어맞다). 가구(家具)의 □□를 맞춘 구석을 더욱 튼튼하게 하려고 덧붙여 대는 나무를 '고삭'이라고 한다.

2. 물체의 거죽을 싸고 있는 딱딱하지 아니한 켜.
¶ 칼로 과일 □□을 벗기다. 사과 □□.

3. 풀·나물 따위를 캐는 데 쓰는 나무로 만든 조그만 칼.
¶ 따뜻한 봄날 아낙네들은 □□와 바구니를 들고 뒷산으로 나물을 캐러 갔다.

4. 자기도 모르는 사이에 부쩍부쩍

[정답 118]

1. 사개 → 사개맞춤
2. 껍질 → '껍데기'는 겉을 싸고 있는 단단한 물질을 뜻한다. 나무껍질, 조개껍데기, 꺼풀(거죽을 싸고 있는 껍질의 켜), 눈꺼풀
3. 갬대
4. 부엉이살림

느는 살림.

¶ 부지런히 일하고 알뜰하게 생활하면 □□□□□이 되느니라.

5. 재물이 있다가도 별안간 없어지는 불안정한 살림살이.

¶ 남편이 일자리를 얻게 되어 이제 □□□□□를 면하게 되었다.

6. 가난에 쪼들려 고생하며 사는 생활.

¶ □□□□에 허리 펼 날이 없다. □□□□에 딸린 식구는 많고 몸도 좋지 않아 고생이 말이 아니다.

7. 줄기를 잘라낸 나무의 밑동.

¶ 우리는 뒷산에 올라가 숲속 빈터의 □□에 걸터앉아 땀을 식히며 쉬었다. 숯가마에서 숯이 되다 만 굵은 조각을 '숯□□(≒냉과리)'이라고 한다.

8. 나무나 곡식 따위의 줄기 밑동. 나무를 세는 말.

¶ 나무나 풀 따위를 베고 남은 밑동을 '□□터기'라고 한다. 나무를 두 □□ 심었다.

9. 한 해에 같은 땅에 짓는 농사의 횟수.

¶ 여러 □□를 심어 소득을 올리다. 이모작을 '□□갈이'라고 한다.

10. ▸헝겊으로 만든, 크고 길쭉한 주머니. 또는 그것을 세는 말. ▸연장의 손잡이. 총·칼·도끼 따위의 기름한 물건. 또는 그것을 세는 말.

¶ 쌀 두 □□. 도끼 □□가 부러지다. 연필 다섯 □□.

11. 베틀·가마니틀 따위에 딸린 기구의 하나. 날을 고르며 씨를 쳐서 짜는 구실을 함.

¶ □□로 씨를 치다. 이가 죽 박힌 줄의 생김새를 '잇□□[치열(齒列)]'라고 한다.

12. 남을 흉보고 짓궂게 대하여 약

---

5. 도깨비살림

6. 애옥살림 = 애옥살이 → 애옥하다(살림이 몹시 구차하다)

7. 등걸 → 등걸밭, 등걸잠, 광대등걸(앙상한 얼굴), 불등걸(불이 활짝 핀 숯등걸); 그루, 고주박

8. 그루[1] → 그루뒤다(땅을 갈아서 그루를 뒤덮게 하다), 그루앉히다(터전을 잡아 주다)

9. 그루[2] → 그루갈이(이모작), 그루밭, 그루콩, 검은그루(휴한지)

10. 자루[1]; 자루[2] → 동냥자루, 오망자루(볼품없이 생긴 자그마한 자루); 삽자루, 옥수수자루(옥수수의 낟알이 붙어 있는 대)

11. 바디 → 바디질/하다, 바디집(바디틀)

12. 종애

을 올림.[+곯리다]

¶ 친구를 □□ 곯리다. 우리는 철수를 전처럼 쥐어박거나 □□ 곯리지 않고 친절을 베풀어 주었다.

13. 참샛과의 새. 언행이 가볍거나 방정맞은 사람의 비유.

¶ □□같이 나서다(제가 나설 자리가 아닌데 경망하게 촐랑거리고 참견하여 나서다).

14. 열이 나서 급하게 서두름. 매우 급한 일.

¶ 그녀는 자식 생각에 갑자기 □□가 났다. 가파른 언덕을 □□나게 기어오르다. □□가 난 모양이다. 형사가 □□나게 범인의 뒤를 쫓고 있었다.

15. 겁이 많아 작은 일에도 놀라거나 떪. 또는 그런 성질.

¶ □□이 많은 아이. 공연히 □□이 가서 주저앉다. □□이 가다(겁이 많아 쉽게 놀라거나 떨다).

16. ▸살림이나 사업 따위의 하는 일이 완전히 실패로 돌아가다(≒결딴나다). ▸재산·돈 따위를 모조리 써 없애다(≒들어먹다).

¶ 밑천이 □□□□. 회사가 부도나는 바람에 살림이 □□□□. 노름으로 집살 돈을 몽땅 □□□고 말았다. 되지도 않은 사업을 시작하더니 있는 재산을 다 □□□□.

17. 집안의 재물이 죄다 없어지다.

¶ 도둑이 들어 우리 집은 □□버렸다. 살림이 □□□. 유산이 □□ 후에 후회하지 말고 아껴서 좋은 곳에 쓰도록 해라.

18. ▸오래 끌면서 힘만 들고 끝이 나지 않다. 연장을 가지고 손장난을 하다. ▸칼·낫 같은 연장의 날이 무디어 들지 않게 되다.

¶ 회담은 서로의 견해가 너무 달라 □□□만 할 것 같다. □□게 설득했지만 가출한 학생은 집으로 돌아가려 하지 않았다. 연장을 들고 저렇게 □□□가는 크게 다치겠다. □□□□ 부엌칼을 숫돌에 갈다.

---

13. 촉새 → 촉새부리(끝이 뾰족한 물건을 비유)

14. 열고 → 열고나다

15. 으질

16. [거덜나다] 거덜나다, 거덜났다; [까올리다] 까올리(고), 까올리다 → '거덜나다'의 북한 말은 '밑창 나다'다.

17. [방나다] 방나(버렸다), 방나다, 방난 → 방내다(살림을 죄다 없애다)

18. [뼈들다] 뼈들기(만), 뼈들(게), 뼈들다(가는); [뼈들어지다] 뼈들어진

19. 성질이 괄괄하거나 매우 급하다.

¶ 성미가 □□□□고 하지만 누구에게나 거칠게 대하지는 않습니다.

20. 갑작스러운 일로 정신이 얼떨떨하여 어찌할 바를 모르다.

¶ 너무나 갑자기 닥친 일이라 □□□□□ 얼굴로 그저 사고 현장을 바라볼 뿐이다. 착하디착한 그의 아내는 끔찍한 소문에 살이 떨려 □□□□했을 것이다. 일이 어렵다고 이렇게 □□□□하고만 있을 게 아니라 해결책을 찾아봅시다.

[문제 119]

1. 얼굴에 먹이나 검정으로 마구 그려 놓는 일.

¶ 자고 일어났더니 간밤에 친구들이 □□□를 그려놓았다.

2. 소나 말, 개 따위의 한 살.

¶ □□ 송아지.

3. 굴조개를 따거나 까는 데 쓰는 쇠로 만든 갈고리 기구.

¶ □□로 굴 껍데기를 까다.

4. 집채 안팎벽 둘레의 밑동에 비바람 따위로부터 집을 보호하려고 바닥에서 $\frac{1}{3}$ 높이까지 덧쌓은 부분.

¶ □□□는 전통 가옥에서 흔히 볼 수 있는 건축기법이다.

5. 밥을 먹을 때 술적심이 없이 그냥 먹음. 까닭 없이 남을 억누르며 꾸짖음. 아무 까닭 없이 억지로 또는 강압적으로 꾸짖음.

¶ □□□으로 먹는 밥은 체하기 쉽다. □□□으로 한 일이라 무리가 많다. 일을 □□□으로 시키다. □□□하여 아이를 주눅이 들게 하지 마시오.

6. 정식으로 음식을 먹기 전에, 우선 배고픈 것을 면하려고 간단히 먹는 일. 또는 그 음식.

¶ □□□으로 떡을 먹었다. □□□으로 손님에게 차 한 잔을 먼저 올리다.

---

19. [왈왈하다] 왈왈하다(고)

20. [우두망찰하다] 우두망찰한, 우두망찰(했을), 우두망찰(하고만)

[정답 119]

1. 앙괭이

2. 하릅 = 한습 → 두습/이듭(두 살), 세습/사릅(세 살), 나릅(네 살), 다습(다섯 살), 여습(여섯 살), 이릅(일곱 살), 여듭(여덟 살), 아습/구릅(아홉 살), 열릅/담불(열 살)

3. 조새

4. 징두리

5. 강다짐 → 다짐

6. 초다짐(初−) = 초요기(初療飢)

7. 무엇을 만드는 데 쓰는 재료. 어떤 행동의 내용이 될 만한 소재(=감). 제시한 시간 동안 해낼 만한 일.

¶ 반찬을 만들 □□. 일할 □□를 찾아 나서다. 한 입 □□밖에 안 되는 음식. 한 시간 □□도 안 되는 일.

8. ▸'길거리'의 준말. ▸서로 교차(交叉)하는 도로를 입체적으로 만든 시설(=인터체인지).

¶ 명동 □□는 늘 많은 사람들로 붐빈다. □□를 활보하다. 영동고속도로 수원 □□□ 부근에 차량들의 정체가 심하다.

9. 오이나 가지 따위의 수효를 셀 때 50개를 한 단위로 이르는 말.

¶ 오이 두 □□가 한 접이다.

10. 끝이 닳아서 거의 못 쓸 정도로 된 물건. 실이나 노끈 따위를 공 모양으로 감은 뭉치.

¶ 오래 써서 □□□가 된 빗자루.

11. 몸이 축나서 볼품없이 된 사람의 꼴.

¶ □□이 말이 아니다. 영락없이 죽을 □□이로구나. 목에 큰칼 찬 죄인의 □□은 차마 눈뜨고는 볼 수 없을 만큼 수척했다. 평생 빌어먹을 □□을 썼다.

12. 천 년 묵은 여우가 변하여 된다는 괴이한 짐승.

¶ 마을에서는 해순이가 □□의 혼이 들렸다는 소문이 자자했다.

13. 그 해에 난 새끼를 잡아 길들여서 사냥에 쓰는 매.

¶ 매잡이(수할치)는 공들여 기른 □□□를 데리고 사냥을 나갔다.

14. 일을 치러 나가는 솜씨나 기세. 손을 흔들어 내는 바람.

¶ 기분이 내키면 □□□이 나서 일이 더욱 잘 된다. 아이는 덥다고 □□□을 부치며 호들갑을 떨었다.

---

7. 거리[1] → 국거리, 땟거리, 먹거리, 걱정거리, 볼거리, 쓸거리

8. 거리[2]; 나들목 → 길거리, 삼거리

9. 거리[3] → 거리[4](굿의 한 장을 이루는 단위. 연극에서 한 마당을 다시 몇 부분으로 나눈 단위)와 동음이의어다.

10. 몽당이 → 몽당붓, 몽당소나무, 몽당연필(-鉛筆), 몽당치마; 실몽당이

11. 매골

12. 매구

13. 보라매 → 길들인 지 1년(갈지개), 2년(초지니), 3년(재지니), 4년(삼지니)에 따라 이름이 다르다. '날지니/산지니'는 야생의 오래 묵은 매를, '수지니/육지니'는 길들인 매를 이르는 말이다.

14. 손바람

15. ▸노름판에서, 힘들이지 않아도 손대는 대로 잘 맞아 나오는 운수. ▸속임수를 잘 부리는 사람.

¶ 그 사람은 오늘따라 □□이 좋다. 노름판에서 □□□한테 당하다.

16. 도둑이나 죄인을 묶는 굵은 줄.

¶ 두 손을 □□에 묶인 죄인. 도둑질은 내가 하고 □□는 네가 져라.

17. ▸음력 10월 20일경에 부는 몹시 추운 바람. ▸좁은 틈으로 세게 불어오는 찬바람.

¶ □□□□이 매섭게 부는 겨울밤. 문틈으로 들어오는 □□□□ 때문에 밤새 덜덜 떨다가 잠을 설쳤다.

18. 사람이나 그 행동이 너무 빈틈이 없어 너그러운 맛이 없다. 손이 밭다.

¶ 어머니는 집안 살림을 워낙 □□□게 꾸리시기에 무얼 사달라고 말하기가 어렵다. 형수는 살림을 꼼꼼하고 □□□게 해 왔다.

19. 빠듯하게 위태(危殆)하다.

¶ 몹시 □□□□ 지경에 이르다. 암벽 등반이 □□□□ 보인다. □□□□을 무릅쓰고 기어이 산꼭대기에 기어올랐다.

20. 손을 대지 못하다. 얼씬 못하다.

¶ □□□□ 청탁 원고들. 그는 자기와 아무 상관이 없는 일에 나서서 당사자들이 □□□할 지경으로 집적거렸다.

[문제 120]

1. 어떤 일의 뒷바라지에 쓰이는 물건이나 무엇을 만드는 데 쓰이는 재료. 몸을 사리지 않고 남의 궂은일이나 막일을 힘껏 도움.

¶ □□□ 상자. 겉보기에는 아무것도 아니지만 자질구레한 □□□가 많이 든다. 나이는 먹었어도 아직 □□□ 일엔 넉넉하고 정정한 편이었다. 아내는 온갖 집안일의 □□□다.

2. 연장 따위를 쓰거나 장갑을 끼거나 하지 않고 직접 대어 만지는 맨손

---

15. 손속; 타짜꾼(타짜)

16. 오라 → 오라지다, 오라질, 오랏바람, 오랏줄

17. 손돌바람; 황소바람

18. [바자위다] 바자위(게)

19. [바드럽다] 바드러운, 바드러워, 바드러움

20. [새수못하다] 새수못한, 새수못(할)

[정답 120]

1. 들무새

2. 살손

(=매나니). 일을 다잡아 정성들여 힘껏 하는 손.
¶ 장미를 □□으로 집다가 가시에 찔렸다. □□을 붙여서 탑을 쌓았다. □□을 붙여 마무리 작업을 하다. 잡손이 어이 □□인가? □□을 붙이다(일을 정성을 다하여 힘껏 하다).

3. 꺽져서 호락호락하게 넘어가지 않은 손아귀나 그러한 수단.
¶ 그는 □□□이 세어서 웬만한 사람은 능히 휘어잡을 수가 없다. □□□이 세다(사람을 휘어잡는 수단이 보통이 아니다).

4. 두레박이나 깃발 따위의 물건을 높은 곳에 달아 올렸다 내렸다 하는 줄을 걸친 도르래나 고리. 활차(滑車).
¶ 태극기를 올리기 위하여 □□에 줄을 걸어 천천히 잡아당겼다. 거중기는 □□를 이용한 건설 장비다.

5. 서서히 열을 주어 구부린 나무.
¶ □□를 빼다(굴복하다. 동곳빼다). 머리를 숙여 하는 절을 '□□절'이라고 한다. □□숙이다(약한 자로서 고개를 숙이다). □□를 떨어뜨리다(하인이 뜰아래에서 절하다).

6. 피가 흐르는 관(혈관). 혈통(血統; 겨레붙이). 핏줄기.
¶ □□이 터지다. 생모인 줄도 모르고 만난 사이임에도 그 아이에게는 역시 □□이 쓰이는 모양이었다. □□이 쓰인다(혈연적인 친밀감이 느끼다).

7. 같은 핏줄인 겨레붙이. 혈족(血族). 자신이 직접 낳은 자식이나 직계 자손(=살붙이).
¶ □□□ 하나 없는 외로운 몸. 제 □□□도 돌보지 않는 비정한 세상.

8. 여자가 달거리(월경)할 때 기저귀처럼 샅에 차는 헝겊.
¶ 여행할 때 □□은 필수품이다. 몸엣것이 묻은 □□을 깨끗이 빨아 재사용하다.

9. 눈에 핏발이 서고 눈곱이 끼는 병.
¶ □□□□가 서 안과에서 치료를 받다.

10. 혓바닥에 좁쌀같이 돋아 오르는 붉은 것. 흔히 열이 심할 때 생김.
¶ 피곤하니 □□□이 돋다.

---

3. 꺽짓손 → 꺽지다
4. 고패[1] → 고팻줄; 도르래(바퀴에 홈을 파고 줄을 걸어 돌려 움직이는 장치)
5. 고패[2]
6. 핏줄
7. 피붙이
8. 개짐 = 생리대 → '서답'은 사투리다.
9. 개씨바리 [←개씹앓이]
10. 혓바늘

11. 남의 눈에 뜨이는 체면 또는 예모(禮貌).

¶ 방이 하도 □□이 없어 우리는 민박집을 도로 나와 버렸다. 비에 흠뻑 젖은 개가 □□없이 돌아다닌다. 남□□ 사나운 꼴로 어디를 가려고 하니? □□사나운 몰골.

12. 전통 기와집의 용마루 양쪽 머리에 얹는 장식용 기왓장. 치미(鴟尾; 꿩의 꽁지깃).

¶ 큰 건축물에는 지붕에 □□를 제대로 올려야 집에 멋을 더할 수 있다.

13. 나무로 만든 꼭두각시의 한 가지. 팔다리에 줄을 매어 잡아당겨서 춤을 추게 함.

¶ □□□놀이는 예전에, 초파일에 행하던 인형극의 하나다. 끈 떨어진 □□□□(의지할 곳이 없어 어찌할 바를 모르는 사람). 남이 부추기는 대로 행동하는 사람을 □□□□라고 한다.

14. 큰 목소리로 목이 메일 만큼 요란하게 우는 꼴.

¶ 무슨 일인지 아저씨가 방바닥을 치며 □□□□ 목 놓아 운다.

15. 잘 자라지 못하여 몹시 뒤틀어지고 꼬불꼬불한 꼴. 차림새나 맵시가 풀기가 죽고 때가 끼어 궁상스러운 꼴.

¶ 산의 잡목들이 □□□□ 뒤틀어지고 외틀어졌다. 때가 □□□□ 끼어 있는 옷을 입고 있다. 몸에 때가 □□□□하구나.

16. 도무지. 전혀.[+부정어]

¶ 영화가 □ 재미가 없다. 군것질을 했더니 □ 밥맛이 없다.

17. 샅샅이 더듬어 뒤지면서 찾다. 주로 가파른 곳을 올라가거나 내려가려고 조심스럽게 발걸음을 떼며 힘들여 더듬다

¶ 며칠을 두고 □□도 오리무중이다. 주위를 □□보다(샅샅이 살피다). 험한 산길을 □□ 멀리 온 손님.

18. ▸가래 같은 것을 뱉기 위하여 속에서부터 끌어 올리다. 헛기침을

---

11. 볼썽 → 볼썽사납다(남 보기에 언짢다. 볼품이 없이 흉하다). 볼썽없다. 남볼썽(남을 대하여 볼 면목)

12. 망새

13. 망석중(이)

14. 꺼이꺼이

15. 꼬질꼬질

16. 영[2]

17. [톺다[1]] 톺아(도), 톺아(보다), 톺아

18. [톺다[2]] 톺(으셨다), 톺았다; [톺다[3]] 톺다

하거나 숨을 크게 내쉬다. ▸삼을 삼을 때, 짼 삼의 끝을 가늘고 부드럽게 하려고 톱으로 눌러 훑다.
¶ 어머니께서 헛기침을 □으셨다. 그는 갈비뼈라도 부러졌는지 가쁜 숨을 □□□. 삼 끝을 □□.

19. 일을 뒤탈 없이 끝맺다(≒매기단하다. 매조지다). 단산(斷産)하다.
¶ 일의 뒤끝을 깨끗하게 □□□□. 누이는 아들 하나만 낳고 일찍 □□□여 환갑이 지났어도 젊게 보였다.

20. 성격이나 몸이 억세고 꿋꿋하며 과단성이 있다.
¶ 고모는 고생을 많이 해 보아서 □□ 데가 있다. 그는 □□지 못한 성격 때문에 쫓겨났다.

[문제 121]

1. 마음이 자꾸 끌리어 참기 어렵다(≒굴뚝같다). 두렵고 염려스러워 조마조마하다.
¶ 봄 날씨가 화창하니 나가서 놀고 싶은 마음이 □□□. 친구가 보고 싶어 마음이 □□□. 그는 혹시나 일이 잘못될까 하여 □□□. 피란민들은 적을 피해 토굴 속으로 □□게 지내야 한다.

2. 탐탁스럽지 않아 마음에 내키지 아니하다.
¶ 맞선 자리에서 □□□□한 태도를 보이니 잘 될 리가 없다. □□□□이 바라보고만 있다.

3. 솜씨 따위가 웬만하고 무던하다. 품질이 어지간하여 쓸 만하다. 장사나 거래의 이문이 만만하지 않다.
¶ 보기에는 구멍가게지만 이문이 제법 □□□□. 음식 솜씨가 제법 □□□□. 재미가 □□□□. 장사가 □□□□. 아직은 □□히 쓸 만한 냉장고.

4. 사람이 말이나 하는 짓이 매우 거만하고 반지빠르다.
¶ 세상이 바뀌었다고 고분고분하던 머슴 놈이 하루아침에 삿대질을 하며 □□

---

19. [망단하다] 망단하다, 망단하(여)
20. [꺽지다] 꺽진, 꺽지(지) → 꺽짓손

[정답 121]

1. [바잡다] 바잡다, 바잡(게)
2. [실뚱머룩하다] 실뚱머룩(한), 실뚱머룩(이)
3. [쏠쏠하다] 〈큰〉쑬쑬하다, 쏠쏠하다, 쏠솔(히) → 중쑬쑬하다(中-; 크지도 않고 작지도 않고 쑬쑬하다)
4. [배때벗다] 배때벗(은), 배때벗었다 → 배때(배. 배때기); 반지빠르다(언행이 얄밉게 반드럽다)

□은 수작을 부린다. 장사치가 □□□은 수작을 하였다가는 고객이 떨어지게 마련이다. 저 녀석, 책상에 다리까지 올려놓는 꼴이 꽤 □□□□□.

5. 거만하게 거드름을 피우며 몸을 아끼고 꾀만 부리다.

¶ 작업반장이 되었다고 거들먹거리며 □□□□니 회사에서 쫓겨날 수밖에.

6. 탐탁스럽게 사귀지 않아서 어색하다(≒서름하다).

¶ 그와 나는 말이 친구지 아직 □□□□□ 사이다. 너무 오랜만에 만나고 보니 □□□□ 무슨 말을 해야 할지 몰라 했다. □□□□히 지내다.

7. 어울리지 아니하게 멋없이 키만 크다. 무안을 당하거나 흥이 꺾이어 열없고 기가 죽어 있다.

¶ 키만 □□□ 사람. 면박을 받고 □□□서 자리를 떴다. 면박을 받고는 □□□게 머리만 긁어 댔다.

8. ▸지쳐서 눈이 쑥 들어가고 맥이 없어 보이다. ▸눈이 움푹 들어가고 정기가 없이 크다.

¶ 눈이 □□한 걸 보니 몹시 고단한 모양이로구나. 밤새 잠을 못 자 눈이 □□□□. 며칠을 앓았는지 □한 눈으로 천장만 바라보고 있다.

9. 됨됨이나 태도 따위가 아주 반듯하고 의젓하다.

¶ 나이는 어리지만 몸가짐이 매우 □□□□. 그녀는 □□□ 얼굴을 해가며 맞선을 보았다. 아이들은 항상 맏형 같고 □□□ 영철이를 잘 따랐다. □□히 절을 하다.

10. 무엇을 하는 데 있어, 그것을 해낼 힘의 여유가 있다.

¶ 이 일은 혼자서도 □□□□. 내 힘으로 그 정도의 일은 □□히 해 낼 수 있다. 세겹살 5인분을 혼자서 □□□게 먹어치우다.

11. 몸에 힘이 없고 맥이 풀려 몹시

---

5. [배상부리다] 배상부리(니) → 배상꾼(배상을 부리는 사람)

6. [머슬머슬하다] 머슬머슬한, 머슬머슬, 머슬머슬(히)

7. [머쓱하다] 머쓱한, 머쓱해(서), 머쓱하(게)

8. [대꾼하다] 〈큰〉데꾼하다, 대꾼한, 대꾼하다; [퀭하다] 퀭한

9. [나볏하다] 〈큰〉너볏하다, 나볏하다, 나볏한, 나볏한, 나볏(히)

10. [너끈하다] 너끈하다, 너끈(히), 너끈하(게)

11. [노작지근하다] 〈준〉노자근하다, 노작지근하다

나른하다. 몹시 노곤하다(=녹작지근하다).

¶ 점심을 먹고 나니 온몸이 □□□□□□. 감기에 걸려 온몸이 □□□□□□.

12. 몸에 열이 있거나 하여 기운이 없고 나른하다.

¶ 몸살이 났는지 □□□□게 잠이 왔다. □□□□니 땅바닥에 주저앉다.

13. ▸연기나 곰팡이 따위의 냄새가 나 목이 조금 칼칼하다. ▸조금 톡 쏘듯이 매운 맛이 있다. ▸매운 냄새가 있다.

¶ 담배 연기에 목구멍이 □□□□. 김치찌개 국물이 □□□□. □□□ 연기.

14. ▸매운맛이나 냄새 때문에 혀나 콧속이 알알하다. ▸혀 · 목구멍 · 코가 자극을 받아 아린 듯한 느낌이 있다.

¶ 매운 고추를 먹었더니 혀끝이 □□□□. 연기를 한참 쐬었더니 목구멍이 □□□. 고추를 먹었더니 매워서 입안이 □□□.

---

12. [매시근하다] 매시근하(게), 매시근하(니) → 매시시해지다(나른해지다)

13. [매캐하다] 〈큰〉메케하다, 매캐하다; [매콤하다] 매콤하다; [매큼하다] 매큼한

14. [알싸하다] 알싸하다; [싸하다] 싸하다

15. ▸퍽 보드라운 느낌이 있다. ▸파란빛이 은은하다.

¶ □□□□ 비단의 감촉. 바닷물이 □□□□□□. □□□□한 담배 연기.

16. 모가 반듯하지 않고 한쪽으로 실그러지다. 의견이 맞지 않고 서로 틀어지다.

¶ 색종이를 □□게 접다. 내가 어제 주인에게 미리 의논해 두었으니까 남들 보기엔 말이 □□ 리 없지요.

17. 마음이나 하는 짓이 사내답게 활달하고 너그럽다(≒씩씩하다).

¶ 대장은 엄하기도 하지만 성격이 □□□여 부하들이 잘 따른다. 마음 씀이 □□□고 상냥하다.

18. ▸성질이 부드럽지 못하고 까다롭고 별난 데가 있다. ▸성질이 너그럽고 깊다(침착하다).

¶ 그 사람은 성격이 □□□□ 상대하기

---

15. [보드레하다] 〈큰〉부드레하다, 보드레한; [파리우리하다] 파리우리하다, 파리우리(한) → 달보드레하다(연하고 조금 달콤하다)

16. [귀나다] 귀나(게), 귀날

17. [습습하다] 습습하(여), 습습하(고)

18. [팽패롭다] 팽패로워; [틀수하다] 틀수할 → 팽패리(팽패로운 사람)

어렵다. 제 아내 성미가 □□□□ 그러는 것이니 이해하게. 그 사람은 마음도 아마 □□□ 것이다.

19. 어떤 일이나 행동을 말려도 듣지 않고 억지로 하다.
¶ 아들이 다니던 회사를 그만두겠다고 □□□니 어쩔 도리가 없다. □□여 보아야 곧 후회할 것이다.

20. 논의하여 결정된 일을 뒤에 가서 딴소리하여 그르치게 하다.
¶ 끝에 가서 □□□는 사람은 따로 있다. 후보자로 결정된 일을 어쩌자고 마지막 날 □□□느냐?. 지금 일이 대마루판으로 가는 마당에 우리가 □□□면 뭐가 되겠소?

[문제 122]

1. 눈이나 비 따위가 잠시 그치어 뜸하다.
¶ 오후가 되니 비가 조금 □□□□. 오랫동안 계속 내리던 비가 □□□졌다.

---

19. [우줅이다] 우줅이(니), 우줅(여)
20. [파임내다] 파임내(는), 파임내(느냐), 파임내(면)

[정답 122]

1. [머츰하다] 머츰하다, 머츰해(졌다) → 머츰해지다

2. 무엇에 놀라거나 무안하여 갑자기 움직임을 멈추고 뒤로 물러서려는 자세를 취하다.
¶ 한 그림자가 담에 착 붙어서 움직이다가 □□□□는 듯싶더니 다시 움직였다. 그의 대갈일성에 놀라서 □□□했다.

3. 기억이 또렷하지 않아 기연가미연가하다.
¶ 술에 취해서 들은 이야기가 □□□□□. 언젠가 만난 사람인 듯했으나 □□□□여 어머님께 여쭈어보았다.

4. 기억이 분명하지 않고 아리송하다.
¶ 생각이 날 듯 하다가도 □□□서 안타까울 따름이다. 여러 번 정신이 □□□져서 잊어버렸다가 다시 생각났다. 그녀는 그를 보자 이름이 □□□서 그냥 선배님이라고 불렀다.

5. ▸괴었던 물이 빠져서 줄다. ▸몸의 어느 부분이 접질리거나 비틀려서 뼈마디가 어긋나다.

---

2. [무르춤하다] 〈준〉무춤하다, 무르춤하(는), 무르춤(했다)
3. [아령칙하다] 〈큰〉어령칙하다, 아령칙하다, 아령칙하(여)
4. [상막하다] 상막해(서), 상막해(져서), 상막해(서)
5. [삐다[1]] 삐다; [삐다[2]] 삐다, 삐(어), 삘

¶ 마당에 괴었던 물이 □□. 발목을 □어 걷기 힘들다. '접질리다'는 관절이 어떤 물체와 마주쳐서 □ 지경에 이르다를 뜻하는 동사다.

6. 사람들의 왕래나 소식이 오랫동안 뜸하다.

¶ □□□게 만난 친구. 전에는 자주 오더니 요사이는 □□□여 얼굴 보기가 어렵다. 그 사람 요즘은 □□□ 게 무슨 일을 하고 있는지 모르겠군.

7. ▸잦거나 심하던 것이 한 동안 머츰하다. ▸어떤 현상이나 기세 따위가 점차로 누그러지다.

¶ 길에 행인의 발길이 □□□□. 소식이 □□□□. 요즘은 병이 좀 □□□□(=누꿈하다). 더위가 □□ 가는 초가을. 나이가 들자 성미도 □□□.

8. 태도나 마음씨가 상냥하면서 부드럽다(=사근사근하다, 싹싹하다).

¶ □□□게 굴다. 그는 매우 부드러운 표정인데 말씨까지 □□□□. 말씨가 □□□ 여자.

9. 말이나 하는 짓이 얄미울 정도로 약삭빠르다. 젠체하며 오만하다. 어중간하여 쓰기에 알맞지 아니하다(=어중하다).

¶ 그 사람은 □□□□ 말만 해댄다. 정씨는 제법 □□□□고 처세에 능하여 남들보다 빨리 승진을 하였다. 그렇게 □□□□니 누가 널 좋아하겠니. 천이 □□□□게 모자라다.

10. 어린 사람이 깜찍하고 얄밉게 약삭빠르다.

¶ 어린애가 너무 □□□□□니 별로 보기에 안 좋다. □□□□□ 처녀.

11. ▸성질이 야릇하고 못나다(≒괴팍하다). ▸약빠르고 매몰스럽다. 아주 쌀쌀맞고 매우 악한 데가 있다.

¶ 그녀는 성격이 □□□□ 친구가 적다. □□□□고 인정머리 없는 며느리. 사람들을 □□스레 대하니 외톨이 신세가 되지.

---

6. [뜨막하다] 뜨막하(게), 뜨막하(여), 뜨막한

7. [뜨음하다] 〈준〉뜸하다, 뜨음하다; [숙지다] 숙져, 숙졌다.

8. [삽삽하다] 삽삽하(게), 삽삽하다, 삽삽한

9. [반지빠르다] 반지빠른, 반지빠르(고), 반지빠르(니), 반지빠르(게)

10. [발쌍스럽다] 발쌍스러우(니), 발쌍스러운

11. [약스럽다] 약스러워; [야당스럽다] 야당스럽(고), 야당(스레)

12. 아주 짓궂은 데가 있다.

¶ 그는 말을 □□□□게 해 다른 사람을 당황하게 한다. 순진하게 생긴 아이지만 노는 모습은 □□□□□. □□스레 물어보다.

13. 말과 행동이 경망하고 좀스럽다(≒잔달다).

¶ 그의 □□□□□ 행동에 당황했다. 하는 짓이 □□□□기만 하다. □□스레 행동하다. 진득하지 못하고 왜 그렇게 □□□□□냐?

14. 말이나 행동이 독살스럽고 당돌하다.

¶ 사람이 그렇게 □□□□게 굴면 못 쓴다. 춘천댁은 삿대질까지 하면서 덕순 어미를 □□□□게 닦아세웠다. □□스레 말하다.

15. 말이나 하는 짓이 매우 별스럽다.

¶ □□□게도 왜 지금 그런 소리를 하는가? 말투가 □□□기 짝이 없다.

16. 똘똘하지 못하고 어리석다.

¶ 얼마나 □□□으면 돈을 다 흘리고 다니는 게냐? □□□□ 사람. □□□게 울기는 왜 우니?

17. ▸남을 대하는 데 거리낌이 없고 버릇이 없다. ▸마음에 들지 아니하여 몹시 밉살스럽고 괘씸하다.

¶ 그는 윗사람이 시킨 일을 미루고 □□□게 딴청을 부렸다. 네 하는 짓을 보면 □□□□. 큰일을 앞두고 모진 말을 하는 게 □□□서 정이 안 간다.

18. 어른 앞에서 삼가는 태도가 없다.

¶ 철수의 □□□□□ 태도에 어진 선생님도 급기야 화를 내셨다. □□스레 구는 아이.

19. 귀띔해 주다. 내막이나 내용의 꼬투리를 암시하다. 모르는 것을 알려 깨닫게 해 주다.

¶ 그는 한 마디만 □□ 주면 금세 알아차린다.

---

12. [시망스럽다] 시망스럽(게), 시망스럽다, 시망(스레)

13. [산망스럽다] 산망스러운, 산망스럽(기만), 산망(스레), 산망스러우(냐)

14. [살똥스럽다] 살똥스럽(게), 살똥(스레)

15. [별쭝나다] 별쭝나(게도), 별쭝나(기) → 별쭝맞다(괴상하고 방정맞다), 별쭝스럽다

16. [뱅충맞다] 〈큰〉빙충맞다, 뱅충맞(으면), 뱅충맞은, 뱅충맞(게)

17. [또라지다] 또라지(게); [씨만하다] 씨만하다, 씨만해(서)

18. [볼강스럽다] 볼강스러운, 볼강(스레) → [←불경(不敬)]

19. [똥기다] 똥겨

20. ▸겉으로는 어리석은 듯하나 속마음은 슬기롭고 너그럽다. ▸보잘것없고 변변하지 못하다. 싫증이 날 만큼 지루하다.
¶ 그가 시골에서 나고 자라 어수룩하게 보이지만 실은 □□□ 사람이다. 부모님 생전에 □□□ 목숨이나마 보전해야 자식된 도리다. 나는 □□□ 삶을 후회한다. □□□ 퇴직금을 바라고 사표를 쓰란 말이냐? 그 이야기라면 □□□게 들었다.

[문제 123]

1. 어떤 일을 이루려고 미리부터 마음속으로 준비를 단단히 하고 기회를 엿보다.
¶ 나를 비웃은 사람에게 복수할 날을 □□고 있다. 잔뜩 □□□만 하다가 때를 놓쳤다. 그가 우리를 저녁 식사에 초대하려고 □□□. □□□□하다가 기회를 놓치다.

2. 어떤 비율에 따라 여러 몫으로 고르게 나누다.
¶ 적은 돈이지만 잘 □□ 쓰기로 했다.

3. 옷치장을 하다. 자꾸 성내다. 무슨 일을 하려고 단단히 벼르다(=빼물다).
¶ 말쑥하게 □□고 나다니다. 뭐가 그리 못마땅해서 잔뜩 □□고 있나? □□기만 하지 말고 말 좀 해봐라. 이번에는 꼭 이기겠다고 속으로 □□고 있다.

4. 붙은 곳을 벌려 틈을 내다. 좁은 틈을 헤쳐서 넓히다. 눈을 비벼서 뜨다.
¶ 문을 □□어 열다. 군중 속을 □□고 들어가다. 아무리 눈을 □□고 찾아도 보이지 않는다.

5. 비집어 내다.
¶ 식물이 땅에서 뿌리를 □□□.

6. 음식이 좀 싱거운 듯하면서도 맛있다. 잊히지 않고 눈앞에 보는 것같이 또렷하다. 생김새나 됨됨이가 마음이 끌리게 그럴듯하다.
¶ □□□ 동치미 국물. 반찬이 모두 □□

---

20. [슬금하다] 슬금한; [지질하다] 지질한, 지질하(게)

[정답 123]

1. [벼르다[1]] 벼르(고), 벼르기(만), 벼른다, 벼름벼름 → 벼름벼름/하다
2. [벼르다[2]] 별러 → 벼름질(별러서 고루 나누는 일)/하다, 별러주다(몫으로 나누어 주다)
3. [뻐물다] 뻐물(고), 뻐물(고), 뻐물(기만), 뻐물(고)
4. [비집다] 비집(어), 비집(고), 비집(고)
5. [마빗다] 마빗다
6. [삼삼하다] 삼삼한, 삼삼/심심하다, 삼삼하다

□□. 오랜 세월이 지났지만 아직도 그때 일이 눈에 □□□□. 고향에 계신 부모님 얼굴이 눈에 □□□□.

7. 아주 심한 자극으로 눈이 부실 정도로 정신이 흐릿하여지다.

¶ 눈이 □□□게 아름다운 여자. □□□어 어리둥절하게 서 있다. 재래식 화장실 문을 여는 순간 정신이 □□□□.

8. 빈틈없이 세밀하게 훑어보다.

¶ 주인이라는 여자는 승재를 위아래로 □□□□면서 말을 걸었다.

9. 말과 행동이 괄괄하다. 즐겁거나 희망이 넘쳐 마음이 달아오르다.

¶ 말을 □□게 하다. □□는 열정. 합격 통지서를 받고 마음이 □□□.

10. 한군데에 오래 눌어붙어서[진대붙어] 괴롭게 굴다.

¶ 여러 날 남의 집에서 □□었다. 친구 집에 달포나 □□고 있으면서 미안해하는 기색도 없다.

---

7. [어리치다] 어리치(게), 어리치(어), 어리쳤다

8. [마슬러보다] 마슬러보(면서)

9. [붚달다] 붚달(게), 붚다(는), 붚달다 → 붚대다(몹시 거칠고 급하게 하다)

10. [삐대다] 삐대(었다), 삐대(고)

11. 아주 확실하다.

¶ 올해 놔준다는 □□□ 다짐을 받았느냐? □□□ 근거가 있느냐? □□히 해결하다.

12. 사람이나 물건이 보기에 옹골차고 튼튼하다.

¶ 암소의 엉덩짝이 □□□ 것이 새끼를 잘 낳게 생겼다. 그는 □□□ 몸집인데도 쌀 한 가마니를 제대로 못 옮겼다. 키가 작아도 몸은 □□□□. 새로 산 의자 다리가 □□□□.

13. 관심이 없거나 탐탁하지 않아 서두르고 싶지 아니하다. 병 따위가 더하지도 덜하지도 않은 채 오래 끄는 상태에 있다.

¶ 친구들이 묻는 말에 □□□□게 대꾸하였다. 아내는 □□□□ 표정으로 마루에 앉아 있었다. 감기가 □□□□□.

14. 깨끗하고 아담하다.

¶ 방을 치우고 나니 얼마나 □□□냐? 언제나 □□□ 그이의 모습.

---

11. [딱실하다] 딱실한, 딱실한, 딱실(히)

12. [실팍하다] 실팍한, 실팍하다 → 실팍지다(힘살이 살지고 단단하다)

13. [심드렁하다] 심드렁하(게), 심드렁한, 심드렁하다

14. [깨끔하다] 깨끔하(냐), 깨끔한 → 깨끔스럽다, 깨끔찮다

15. 얼굴이나 성격이 꼭 닮다(=빼닮다, 빼박다).
¶ 얼굴이나 몸매가 제 어미를 □□았구나. 언니를 쏙 □□(빼닮은) 모습.

16. ▸모양새가 미끈하고 밋밋하다. ▸울퉁불퉁한 데가 없이 평평하고 비스듬하다. 일한 뒷자리가 깨끗하고 번번하다.
¶ 그 집 마당에는 □□□게 뻗은 모과나무가 한 그루 있다. 눈앞에서 멀어지는 그의 □□□ 자태가 가슴속에 새겨진다. 산마루가 □□□□. □□□ 내리막길. 모심은 자리가 □□□□.

17. ▸미련하고 덜되다. ▸조금 미련스럽고 모자라다.
¶ 두메산골에서 올라온 □□□ 젊은이. □□게 생기다. □□ 소리 말고 어서 집에 가기나 해라.

18. 생김새가 거침새 없이 꽤 길고 곧다. 경사나 굴곡이 거의 없이 평평하고 비스듬하다.
¶ □□□게 자란 나무들. □□□ 언덕. 산줄기가 □□□게 뻗어 있다.

19. 매우 알뜰하다. 아끼고 사랑하고 위하는 마음이 지극하다.
¶ 그는 규모 있고 □□□게 살림을 꾸려나간다. 시부모를 □□□게 보살피다. 그렇게도 □□□던 아내와 사별한 뒤로 노인은 웃음을 잃었다.

20. 어미 까마귀가 새끼에게서 먹이를 받다. 부모가 뒷날 자식에게서 봉양(안갚음)을 받다.
¶ 우리는 노후에 □□으며 편히 삽시다. 부모로서 □□□할 생각은 조금도 없다.

[문제 124]

1. 조금도 축나거나 상함이 없이 그대로 온전하다.
¶ 어릴 적 듣던 아버님의 노랫가락이 아직도 귀에 □□□□. 횡재를 □□이(고스

---

15. [빼쏘다] 빼쏘(았구나), 빼쏜
16. [민출하다] 민출하(게), 민출한; [민틋하다] 민틋하다, 민틋한, 민틋하다 → 헌칠민틋하다(키가 크고 잘생기다)
17. [민춤하다] 민춤한; [민하다] 민하(게), 민한
18. [밋밋하다] 밋밋하(게), 밋밋한, 밋밋하(게)
19. [살뜰하다] 살뜰하(게), 살뜰하(게), 살뜰하(던)
20. [안받다] 안받(으며), 안받음(할) → 안받음(안갚음을 받는 일)

[정답 124]
1. [소롯하다] 소롯하다, 소롯(이)

란히) 포기하고 말았다.

2. 서로 친숙하게 되어 말끝을 '-외'로 끝내며 어느 정도 터놓고 말하게 되다.
¶ 김 선달은 그동안 이 생원과 친해져 어느새 서로 □□□는 사이가 되었다.

3. 속이 물크러져 상하다. 속으로 골병(깊이 든 병)이 들다.
¶ □□ 달걀. 주색으로 몸이 □□.

4. 음식을 양에 차게 먹지 못하거나 굶다.
¶ 보릿고개가 태산보다 높던 시절에 배를 □고 살았다.

5. 그릇에 담긴 것이 가득 차지 아니하고 좀 비어 있다(≒골막/골싹하다). 한쪽이 푹 꺼지어 있다.
¶ □□ 밥그릇. 말라서 속이 □□ 밤.

6. 분량이 생각하는 것보다 적어서 마음에 차지 않다.
¶ 배가 무척 고픈 데 밥을 □□□게 담아주다. □□히 담긴 밥.

7. ▸채소 따위가 너무 자라서 줄기나 잎이 뻣뻣하고 억세다. 정도가 지나쳐서 더욱 나빠지다. ▸명절이나 생일 따위를 기념하여 지내다.
¶ 상추가 푹 □□. 감기가 좀 □ 것뿐이니 걱정하지 마시오. 미움이 □어서 이제는 악으로 변하다. 설을 □□. 개 보름 □듯 했다.

8. 말뚝이나 못 같은 것을 박을 때 밑에 무엇이 닿아 받치다. 몸의 어느 부분이 결리다. 몸속에서 무엇이 부딪는 것처럼 결리다.
¶ 못 끝에 돌이 □□□. 옆구리가 □□□. '결리다'는 몸의 한 부분이 숨을 쉬거나 움직일 때, 당겨서 딱딱 □□는 것처럼 아프다를 뜻하는 동사다.

9. 보기에 성질이 독살스럽고 당돌하여 야멸친 데가 있다.

---

2. [외자하다] 외자하(는)

3. [곯다[1]] 곯은, 곯다

4. [곯다[2]] 곯(고) → 곯리다[1](먹은 것이 모자라 배가 고프게 하다), 배곯다

5. [곯다[3]] 〈큰〉굻다, 곯은, 곯은 → 곯리다[2](그릇에 꼭 차지 못하게 하다)

6. [소들하다] 소들하(게), 소들(히)

7. [쇠다[1]] 쇠다, 쇤; [쇠다[2]] 쇠(어서), 쇠다, 쇠(듯) → 쇤기침

8. [마치다[1]] 마치다, 마치는 → 마치다[2](끝내다. 마무리하다)

9. [사박스럽다] 사박스럽다, 사박스럽(게), 사박(스레) → 사박하다(독하고 야멸치다)

¶ 하는 짓이 □□□□□. 아내는 남편을 □□□□게 몰아붙였다. □□스레 말하다. 눈을 □□스레 홉뜨다.

10. 쭈그러지거나 우그러져 구김살이 잡히다. 기세나 형편이 옹색하게 되다. 마음이 켕기다. 힘이나 능력이 남에게 눌리다.

¶ 살림이 □□□. 돈에 □□는 데가 있다. 실력으로 보나 외모로 보나 그에게는 좀 □□□. 우리 팀이 상대에게 □□ 이유가 없다.

11. 흐트러짐이 없이 잘 정돈되어 단출하다.

¶ 그들은 □□□ 보따리를 하나씩 짊어지고 길을 떠났다. 서류를 □□히 정리하다.

12. 어지럽게 헝클어져 있거나 거칠어서 쓸쓸하고 어수선하다. 날씨가 흐리고 으스스하다. 기분이나 마음이 안정되지 않고 어수선하다.

¶ 낙엽이 뒹구는 □□□ 거리. □□□ 바람이 불어오다. 괜히 마음이 □□□서 일을 할 수가 없다. 가을바람이 □□히 옷깃을 스치고 지나가다.

13. 어떤 일이 일정한 동안을 두고 잦다.

¶ 그는 □□□게 이 곳을 방문한다. □□□게 찾아오는 형사들.

14. 경우에 따라 변하여 기준이나 대중이 일정하지 않다(=대중없다). 두서가 없다.

¶ 시세가 □□□□. 물건들이 크고 작고 □□□□. □□□이 찾아오는 손님들. 일을 □□□게 처리하다.

15. 벌레 따위가 살갗에 기어가는 듯한 가려운 느낌이 있다.

¶ 온몸이 □□□□ 목욕을 하였다. 벌레만 보아도 나는 왠지 몸이 □□□□.

16. 격에 맞지 않아 좀 떠름하다. 싱

---

10. [꿀리다] 꿀리다, 꿀리(는), 꿀린다, 꿀릴

11. [간동하다] 〈센〉깐동하다, 간동한, 간동(히)

12. [스산하다] 스산한, 스산한, 스산해(서), 스산(히)

13. [두간하다] 두간하(게) → 도간/두간(공간적으로나 시간적으로나 조금 틈이 나는 것)

14. [드리없다] 드리없다, 드리없다, 드리없(이), 드리없(게)

15. [군시럽다] 군시러워, 군시럽다 → 군실거리다/대다(군시러운 느낌이 자꾸 나다), 군실군실하다

16. [더리다] 더리(어), 더리다, 더린 → 지더리다(성품이나 행실이 몹시 더럽고 야비하다)

겁고 어리석다. 야비하고 다랍다.

¶ 하는 짓이 □□어 못 보겠다. 사람이 □□□. 마음이 □□ 사람.

17. 써서 닳거나 없어지는 동안이 오래다(↔헤프다). 자라는 속도가 더디다.

¶ 연필이 □□게 닳다. 참나무 숯이 □□□. 고무신은 짚신보다 □□□. 나무가 □□게 자란다. 잘고 □□ 잡풀.

18. 여럿이 내기 따위를 할 때, 어떤 두 사람 사이에는 서로 이기고 짐을 따지지 아니하다. 한편이 되다.

¶ 우리 둘이는 □□는 게 어때? 이번 내기에서 부부 사이는 □□어도 좋다.

19. ▸일의 뒤끝을 깨끗이 마무리하거나 맺다(=망단하다). ▸일의 끝을 단단히 잘 마무리하다.

¶ 한 달 후에 회사를 그만두기로 한 직원은 □□□□기 위하여 최선을 다하였다. 일을 □□□기는커녕 오히려 잡쳐놓았다. 소포 꾸러미를 단단히 □□□□. 새로운 작업을 하기 전에 우선 이 글을 □□□는 것이 순서일 것이다.

20. 몸가짐이나 마음씨가 맑고 순수하다(≒착하다).

¶ 그이는 천성이 □□□□. 몸가짐을 □□히 갖도록 노력하다.

[문제 125]

1. 기운·정신·숨결 따위를 가다듬어 차리다. 몸의 자세를 겨우 바로 가지다. 일 따위를 다잡아 처리해 내다.

¶ 가쁜 숨결을 가까스로 □□□. 회의장이 너무 소란하여 정신을 □□ 수가 없다. 혼잣손으로 힘겨운 농사일을 잘도 □□어 내다.

2. 변통성이 없이 정직하고 고지식하다.

¶ 우리 아씨 같이 □□ 성품이 또 어디 있나. 성질이 □□ 사람을 '꼭자'라고 한다. 그이의 □□ 성질로 미루어 보아 무슨 일이 벌어질 지는 뻔하다.

3. 못마땅하게 여겨 말이 없다. 마음

---

17. [마디다] 마디(게), 마디다, 마딘
18. [면먹다] 면먹(는), 면먹(어도)
19. [매기단하다] 매기단하(기); [매조지다] 매조지(기는커녕), 매조지다, 매조지(는)
20. [수련하다] 수련하다, 수련(히)

[정답 125]

1. [가누다] 가누다, 가눌, 가누(어)
2. [꼭하다] 꼭한
3. [꽁하다] 꽁해(서), 꽁하(고) → 꽁생원(꽁한 사람)

이 좁아 어떤 일을 잊지 않고 속으로 언짢아하다.

¶ 사람이 □□서 아무짝에도 못쓰겠다. □□고 먹은 마음이 없다(악의가 없다).

4. 눈물이나 빗물 따위의 액체가 방울져 떨어지다.

¶ 눈물이 뚝뚝 □□. 낙숫물 □□ 소리. 빗방울이 지붕에 □□.

5. 모양이 꼭 제격에 맞게 어울려 맵시가 있다.

¶ 옷차림이 □□□□. 네가 그 옷을 입으니 □□□게 잘 맞는구나.

6. 살이 쪄서 군턱(턱 아래에 축 처진 살)이 져 있거나 턱이 두툼하다.

¶ 턱이 □□□여 인상이 순해 보인다.

7. 바라던 일이 뜻대로 되지 않고 틀어지다.

¶ 비가 오는 바람에 운동회 계획은 □□고 말았다.

8. 짜거나 엮은 것이 보기에 좀 거칠고 성기다(=설피다). 해가 져서 밝은 빛이 약하다.

¶ 싸리 울타리가 □□□□. 해가 벌써 □□□였다. 늦가을 해가 □□□진 저녁 무렵.

9. ▸헌데나 상처 또는 풀칠한 것이나 콘크리트 따위가 말라서 굳어 죄어들다. ▸시끄럽거나 귀찮은 말을 자꾸 들어서 귀가 아프다.

¶ 그 약을 발랐더니 상처가 곧 □□. 도배종이가 □□. 떠드는 소리에 귀가 □아 못 견디겠다. 그 이야기라면 귀가 □도록 들었다.

10. ▸긁으면 아프고 그냥 두면 가렵다. ▸옷 따위의 너비가 좁다(↔너르다).

¶ 모기에 물린 곳이 자꾸 □아 신경이 쓰인다. 다친 데가 □아서 견딜 수가 없다. 저고리의 품이 □□. 버선볼이 □아서 발이 아프다. 길이 □아서 다니기가 어렵다.

11. 당하는 느낌이 좀 벅차게 자극이

---

4. [듣다[1]] 듣다, 듣는, 듣다 → 듣거니 맺거니(방울방울 떨어지기도 하고 이슬처럼 맺히기도 함); '듣다[2][청(聽)과 효험을 나타내다]'와 동음이의어다.

5. [맵자하다] 맵자하다, 맵자하(게)

6. [미렷하다] 미렷하(여)

7. [산들다] 산들(고)

8. [설핏하다] 설핏하다, 설핏하(였다), 설핏해(진) → 해설피(해질 무렵)

9. [솔다[1]] 솔다; [솔다[2]] 솔(아), 솔(도록)

10. [솔다[3]] 솔(아), 솔(아서); [솔다[4]] 솔다, 솔(아서), 솔(아서) → 오솔길

11. [야싸하다] 야싸하(게)

세다(=심하다). 좀 후회되게 아쉽다.
¶ 그는 나를 □□□게 대하다. □□□게 맵다. 배구 경기에서 □□□게 졌다.

12. 서로 덤벼들어 말다툼하다.
¶ 올케와 시누이가 삿대질을 하며 □□□. 남의 억울한 일에는 팔을 걷어붙이고 나서서 □□어 거든다. 그 형제가 □□ 때는 하도 무서워서 말리지 못한다.

13. 옳고 그름을 가릴 것 없이 다 쓸어 없애다.
¶ 외래문화라고 □□□서는 안 된다. 사건을 없었던 일로 □□□려는 속셈일랑 그만두게.

14. 매우 엉성하다.
¶ 구도가 □□□은 그림. 삭발했던 머리가 □□□게 자랐다. 물건을 이렇게 □□□게 만들어 팔다니.

15. ▸힘을 몹시 쓰거나 괴로움·병 따위에 시달리어 기운이 빠지다. 결과가 만족스럽지 않아 더 이상 그 상태를 지속하고 싶지 아니하다. ▸소나 말 따위가 기운이 빠져 묽은 똥을 싸다.
¶ 훈련에 □□서 쓰러졌다. 기다리다 □□는지 빚쟁이가 돌아갔다. 소가 □□서 쓰러졌다.

16. ▸얼음 위를 미끄러져 달리다. ▸문을 잠그지 않고 닫아만 두다.
¶ 얼음판에서 썰매를 □□□. 얼음 위를 □□는 빙상 선수들. 사립문을 □□고 외출하다.

17. 먹은 음식이 잘 삭지 않아서 가슴이 거북하다. 맺고 끊는 데가 없이 희미하다.
¶ 속이 조금 □□□여 불쾌하다(트적지근하다). 하는 짓이 □□□ 사람.

18. 한 곳에 붙어 배기다. 가까이 하거나 붙따라 기대다.
¶ 그이는 워낙 성미가 까다로워 한 직장에 □□□지 못한다. 그 사람은 어찌나

---

12. [뒵들다] 뒵들다, 뒵들(어), 뒵들
13. [톡탁치다] 〈큰〉툭탁치다, 톡탁쳐(서는), 톡탁치(려는)
14. [엉성궂다] 〈작〉앙상궂다, 엉성궂(은), 엉성궂(게) → 엉성하다
15. [지치다[1]] 지쳐(서), 지쳤(는지); [지치다[2]] 지쳐(서) → 지친것(퇴물)
16. [지치다[3]] 지치다, 지치(는); [지치다[4]] 지치(고)
17. [트릿하다] 트릿하(여), 트릿한
18. [부접하다] 부접하(지), 부접 → '붙(다)+접(接)[붙어서 가까이함]'으로 분석된다.

쌀쌀한지 □□을 못하겠다. □□(붙임성)이 좋다.

19. ▸남의 허물을 명백하게 들어 지적하다. 모조리 집다 ▸'나가시다' 또는 '나오시다'의 뜻으로 임금에게만 쓰던 말.

¶ 학생들의 문제점을 □□□. 남의 잘못을 □□을 때에도 표현을 부드럽게 하는 것이 좋다. 공깃돌을 □□□. 상감마마 □□오. 왕을 모신 옥교가 종묘에 □□었다.

20. ▸더 못할 것이 없다. 크게 다를 것이 없다. ▸마음이 매우 포근하고 흥겹다.

¶ 네 말만 들어도 받은 거나 □□□□. 진품과 □□□는 모조품. 그와는 친형제나 □□□이 가까이 지낸다. 사는 것이 □□□하다.

[문제 126]

1. 강이나 내의 물이 소용돌이치며 흘러가는 깊은 곳.

¶ 동강 물줄기는 정선 제장마을 □□□에 이르러 빙빙 돌다 연포마을로 흘러간다. □□□에서 뱃놀이를 하는 것은 위험천만한 일이다.

2. 물이 굽이진 데서 휘돌아 흐르다.

¶ 고향 마을을 유유히 □□□□ 지나가는 강물. □□□□ 흐르는 빠른 물살에 휩쓸려 떠내려가다.

3. 비가 많이 와서 사람이 다니기 어려울 만큼 땅 위에 넘쳐흐르는 물.

¶ 작달비는 순식간에 마을길을 □□로 만들었다. 자동차는 물똥을 튀기며 □□ 위를 달렸다.

4. 까닭이나 필요.

¶ 시비를 따질 수도 있겠지만 그럴 □□도 도무지 없다. 내가 그런 불량배 같은 녀석을 믿을 □□가 있을 리 있나? 폐를 끼칠 □□가 않은가?

5. 무더기로 놓인 물건의 부피.

¶ 쌀가마의 □□이 엄청 크다.

---

19. [모집다] 모집다, 모집(을), 모집다; [납시다] 납시(오), 납시(었다)

20. [진배없다] 진배없다, 진배없(는), 진배없(이); [하무뭇하다] 하무뭇(하다) → 하뭇/흐뭇하다(마음에 넉넉하여 푸근하다)

[정답 126]

1. 가마소

2. [엔굽이치다] 엔굽이쳐

3. 물마

4. 며리

5. 부룻

6. 상추의 줄기.

¶ 연한 □□□을 살짝 데쳐 껍질을 벗기고 잘라 기름과 장에 무치다.

7. 일이 잘 되어 피어나다.

¶ 사업이 □□□□. 그는 부모 잘 만난 덕에 그만치 □□된 것이다.

8. 장대처럼 굵고 거세게 좍좍 내리는 비.

¶ 조금씩 뿌리던 비가 점차 굵고 거센 □□□로 변하였다. 갑자기 □□□가 쏟아지면서 천둥에 번개가 하늘을 덮었다.

9. 골짜기나 들에 흐르는 작은 물줄기. '시내'보다 작음.

¶ 어린아이들이 □□에서 미역을 감는다. □□의 여울목을 개여울이라고 한다.

10. 밤에 얕은 바다에서 맨손으로 어패류를 잡는 일.

¶ 물이 빠지면 갯벌에 나가 □□□을 해서 조개를 잡는다.

11. 남의 집에 보내려고 함지박에 음식을 담고 보자기로 쌈. 또는 그렇게 싼 함지박.

¶ 음식을 □□으로 도르다.

12. 딸린 사람이 적어서 매우 홀가분하다.(≒단출하다)

¶ 살림살이가 □□□□. □□한 자기 한 몸으로 이 난국을 이겨내야만 하게 되었으니 앞일이 캄캄했다. 단 둘이서만 □□이 산다.

13. 곰의 말린 쓸개나 돼지의 쓸개 따위를 세는 말.

¶ 곰쓸개 두 □. 멧돼지 쓸개 세 □를 구하다.

14. 말이나 하는 짓이 형편이나 조리에 맞는 데가 없다. 눈치가 없다.

¶ 그 사람은 곁에서 □□□는 소리만 하고 있다. □□□이 제 자랑을 늘어놓는 사람.

---

6. 부릇동

7. [부릇되다] 부릇되다, 부릇(된)

8. 작달비(장대비)

9. 개울

10. 해루질

11. 박쌈 → 박쌈질(하다)

12. [홋홋하다] 홋홋하다, 홋홋(한), 홋홋(이)
→ '훗훗하다'는 좀 갑갑할 정도로 무더운 기운이 있다를 뜻하는 말이다.

13. 보

14. [물색없다] 물색없(는), 물색없(이)

15. 말하는 도중에, 표현하려는 알맞은 동사나 형용사가 얼른 떠오르지 아니할 때 그 대신 쓰는 말.

¶ 그 일은 □□□면 안 되겠니? 이 꽃은 빛깔이 참 □□□□.

16. 나이가 아주 젊다. ▸나이에 비하여 젊다.

¶ 며느리는 □□은 데도 살림 솜씨가 여간 야물지 않다. 나이보다 □□어 보이는 어머니. 교장선생님은 □□으십니다.

17. 한 사람이 여러 사람을 모조리 매질함.

¶ 운동 코치가 선수들을 □□□을 하다니. □□□과 달리 여러 사람이 한꺼번에 덤비어 때리는 매는 '뭇매, 무릿매, 몰매'라고 한다.

18. 남을 업신여기다.

¶ 나와 의견이 다르다고 □□을 일은 아닐세.

19. 여러 사람이 함께 한창 일할 때에 저절로 우러나는 힘.

¶ 하던 □□에 해치우다. '운달다'는 □□에 따라서 하다를 뜻하는 말이다.

20. 기운차게 벌떡 일어서다. 건축물이나 창조물 따위가 건설되어 땅 위에 솟아나다.

¶ 후닥닥 □□□□. 고층 건물이 □□□□.

[문제 127]

1. 실을 둥글게 감은 뭉치. 또는 그것을 세는 말.

¶ 반짇고리에 뜨개실 □□가 뒹굴고 있다. 색실 여섯 타래를 열 □□로 나누어 감다.

2. 예전에, 장사치들이 물건을 사라고 외칠 때에 물건 뒤에 붙여 '복수(같은 것, 따위)'의 뜻으로 쓰던 말.

¶ 무, 배추, 마늘 □□ 사려. 굴비나 비웃 □□!

---

15. [거식하다] 거식하(면), 거식하다 → 거시기

16. [배젊다] 배젊(은); [잗젊다] 잗젊(어), 잗젊(으십니다)

17. 물보낌

18. [우집다] 우집(을)

19. 운김

20. [일떠서다] 일떠서다 → 일떠세우다

[정답 127]

1. 토리 → 타래(사려 놓은 뭉치)

2. 드렁

3. ▸여러 사람이 밑천을 어울러서 하는 장사. ▸한군데 터를 잡고 하는 장사가 아니라 시세를 듣보아 가며 요행을 바라고 하는 장사. 투기상(投機商).

¶ 친구들끼리 □□□□해 큰 돈을 벌다. 그렇게 큰 장사는 □□□□가 아니면 힘이 들 것이다. □□□□□ 애 말라 죽는다.(요행수를 바라느라고 몹시 애를 쓰는 사람을 비유)

4. 나무나 돌을 이어 붙일 때, 이을 자리를 서로 두께의 반씩 턱이 지게 깎아서 맞붙인 자리.

¶ 목수들이 □□을 깎아 문짝을 맞춘다.

5. 다 삭아서 못쓰게 된 물건.

¶ 어머니께서 물려주신 모피 코트가 □□□□가 되었네. 창고에서 □□□□를 정리하다.

6. 철없이 함부로 덤벙거리는 사람을 이르는 말.

¶ 외딴섬에서 배운 데 없이 □□□□□□로 자라다. □□□□□□가 어느새 자라 건장한 청년이 되었구나.

---

3. 얼렁장사; 듣보기장사

4. 턱솔

5. 사그랑이

6. 천둥벌거숭이

7. 추어올려 잘 다루다. 몸을 가누어 움직이다. 일이나 생각 따위를 잘 수습하여 처리하다.

¶ 그는 쌀 한 가마니를 가볍게 □□□ 메었다. 생활에 지친 몸과 마음을 □□□□. 이번 사태를 □□□지 못하면 더 큰 문제가 생길 것이다.

8. 보리나 수수 따위의 겉곡식을 대강 찧다.

¶ 어머니는 보리를 □□ 멍석에 늘어놓고 말리셨다. □친 보리를 볶아 끓여 보리차를 만들다.

9. 종이나 천, 떡, 저냐 따위의 가장자리를 접거나 베어 가지런하게(일매지게) 하다.

¶ 부침개를 □□□여 모양을 내다. □□한 떡을 제사상에 올리다.

10. 시대에 뒤떨어지고 낡고 고루하다.

¶ 내 생각이 얼마나 □□한 것인가를 통감하지 않을 수 없었다. 그 따위 □□한 가마에 사람을 태울 생각은 하지도 마오.

---

7. [추스르다] 추슬러, 추스르다, 추스르(지)

8. [엽치다] 엽쳐, 엽(친)

9. [염접하다] 염접하(여), 염접(한) → 어원적 의미는 '여미어 접다'다.

10. [엽쓸하다] 엽쓸(한), 엽쓸(한)

11. 야무진 맛이 없다.
¶ 사람이 좀 야무진 데가 있어야지 그렇게 □□어서야 쓰겠는가?

12. 물건의 한 부분을 잘라버리거나 끊어버리다. 말을 중간에서 끊어버리다.
¶ 옷감을 □□□□. 꽃송이가 □□□□. 이참에 상대의 말끝을 □□러 버려야겠다.

13. ▸길이나 분량이 어떤 한도보다 조금 지나치다. ▸수효 · 금액 · 나이 따위를 좀 넉넉하게 치다.(↔낫잡다)
¶ 한 말이 조금 □□한 쌀. 옷감을 제 치수보다 □□□게 마르다. □□한 작대기. 아무리 □□(아도) 만 원이면 충분하다.

14. 위아래를 자른 듯이 짤막하고 똥똥하다.
¶ 그의 얼굴이 떡메처럼 □□□□. 내 발은 아버지를 닮아 □□한 게 자그마하다.

15. 소문이 여러 사람의 입에 오르내려 떠들썩하다(자자하다).
¶ 마을에 소문이 □□게 퍼지다.

16. 옷이나 신발 따위가 몸이나 발보다 작아서 바짝 죄게 되다.
¶ 작년에 입었던 옷이 □□. 신이 □서 발이 부르트다.

17. 일손이 모자라서 일에 쫓기다. 돈이나 물건 따위가 모자라서 공급에 달리다.
¶ 일손이 □□. 돈이 □니 힘도 □□.

18. 얇은 물건이나 살갗 따위를 베어 가르거나 찢다.
¶ 살을 □는 아픔. 급한 대로 속옷을 □어 지혈을 하였다.

19. 듣기 싫게 떠들썩하다. 떠드는 소리가 듣기 싫다.
¶ 숲에서는 새끼를 거느린 어미 새들이 날개를 떨며 □□□게 울어댔다.

20. 핑계를 대어 거절하다. 못하게 하거나 하지 않도록 말리다. 밀어서

---

11. [무죽다] 무죽(어서야)
12. [무지르다] 무지르다, 무질리다, 무질(러)
13. [모춤하다] 모춤(한), 모춤하(게), 모춤(한); [낫잡다] 낫잡(아도)
14. [모착하다] 모착하다, 모착(한)
15. [짜하다] 짜하(게)
16. [째다[1]] 째다, 째(서)
17. [째다[2]] 째다, 째(니), 째다
18. [째다[3]] 째(는), 째(어)
19. [듣그럽다] 듣그럽(게)
20. [밀막다] 밀막(는), 밀막(고), 밀막(는)

막다.

¶ 나는 그가 친구의 인사 청탁을 □□는 것을 들었다. 나의 말을 □□고 나서다. 시위대를 □□는 경찰들.

[문제 128]

1. ▸말린 오징어 스무 마리를 한 단위로 세는 말. ▸짐승이 새끼를 낳거나 알을 까거나 하는 횟수를 세는 말.

¶ 오징어 한 □. 돼지가 한 □에 다섯 마리의 새끼를 낳았다.

2. 실을 꿴 바늘로 한 번 뜬 눈. 또는 그것을 세는 말.

¶ 바늘 □이 곱다. □을 촘촘하게 뜨다. 헝겊을 여러 겹 겹쳐서 □을 곱걸지 않고 꿰매는 것을 '호다'라고 한다.

3. 바느질할 때에 여러 겹을 맞대어 듬성듬성 호다.

¶ 홑이불을 □□□. 새로 □□ 이부자리를 펴고 자다.

4. 시접을 접어 맞댄 뒤 바늘을 양쪽 시접에 번갈아 넣어 가며 실 땀이 겉으로 나오지 않게 속으로 떠서 꿰매다.

¶ 버선 솔기를 □□□□. 손수건 가선 □□□기를 여물게 하다.

5. 단정하지 못하고 어수선한 몸차림. 협수룩한 몰골.

¶ 그런 □□□을 해가지고 어디를 가느냐.

6. 재주가 뛰어나고 특이하다. 갸륵하고 장하다. 매우 다행스럽다.

¶ 손재주가 □□□. □□도 냄새를 잘 맡는다. 내 새끼, □□□도 하지. 태풍이 □□게 우리나라를 비껴갔다. □히 알아맞히다.

7. ▸마음이 약하고 하는 짓이 잘다. ▸통이 작고 쩨쩨하다.

¶ □□게 노는 녀석. □□고 얄밉다(아주 얄밉다). 사람이 너무 □□어 빠졌다. □□ 사람.

[정답 128]

1. 축; 배
2. 땀
3. [시치다] 시치다, 시친
4. [공그르다] 공그르다, 공그르(기)
5. 끄레발
6. [용하다] 용하다, 옹케(도), 용하기(도), 용하(게), 용(히)
7. [잔밉다] 잔밉(게), 잔밉(고); [잔질다] 잔질(어), 잔진

8. 사물이 뒤섞이어 뒤죽박죽된 것을 이르는 말.
¶ 하는 일마다 □□□□가 되다.

9. 맑거나 산뜻하지 못하고 흐리고 칙칙하다.
¶ 날씨가 □□해지다. 빛깔이 □□한 옷. □□□□는 노송나무 밑일세(의뭉한 사람이나 내용을 도무지 알 수 없는 일에 대한 비유).

10. 날이 흐려 어둠침침하다. 아궁이의 장작불이 약하다(=뭉근하다).
¶ 날이 □□□□지다. □□□히 타는 불.

11. 둘 이상의 나무를 붙일 때에 두 개를 한꺼번에 물리고 죄어서 고정하는 연장.
¶ 목공일에서 턱솔이음을 하고 아교풀이 마를 때까지 □□을 대어 두어야 뒤틀림이 없다.

12. 어린아이들이 오그르르 한곳에 모여 떠드는 꼴.
¶ 놀이터에 □□□□ 모여 있는 아이들.

13. 아이를 가지고 싶어 하는 생각.
¶ 집안 어른들이 원하시고 신부도 점점 □□□□를 하게 되었습니다.

14. 성질이 막힌 데가 없고 싹싹하다.
¶ 철수는 사람 됨됨이가 □□□고 행동이 민첩하다. 그는 누구에게나 친절하고 □□□게 대하여 평판이 좋다.

15. 부드럽고 상냥한 데가 있다.
¶ 아내는 손님들을 □□□게 맞이하였다. "어디서 왔소?"하고 □□□게 물었다.

16. 수량이나 값 따위가 어떤 한도를 넘지 아니하다.
¶ 예상한 값에 □□어야 살 건데 그보다 훨씬 비싸다. 궤짝 안에는 고작 열 개가 □□는 사과가 남아 있었다. □□ 가격.

17. 규모가 작은 장사치가 상품을

---

8. 콩케팥케
9. [충충하다] 충충(해지다), 충충(한), 충충하기(는)
10. [끄느름하다] 끄느름해(지다), 끄느름(히)
11. 안공
12. 오구작작

13. 아잇비위 →'비위(脾胃)'는 기분이나 마음을 뜻하는 한자어다.
14. [상략하다] 상략하(고), 상략하(게)
15. [상가롭다] 상가롭(게)
16. [안틀다] 안틀(어야), 안트(는), 안튼 → 어원적 의미는 '안에 들다'다.
17. 올풀이

낱자나 낱개로 파는 일.

¶ □□□는 이익이 적다. □□□하는 가게.

18. 크거나 많은 물건을 한 몫에 팔지 않고 조금씩 헐어서 팔다.

¶ 양배추를 □□□□. 수산물 시장에서 방어를 □□□□.

19. 맥이 쑥 풀리거나 풀이 죽다.

¶ □□□은 목소리.

20. 오달지고 기운차다.

¶ □□ 모습의 어린 씨름 선수. 어수룩함이 없이 □□고 똑똑한 사람.

[문제 129]

1. 그을음이나 연기가 맺혀서 된 검은 빛깔의 물질.

¶ 얼굴에 솥□□을 묻히다.

2. ▸솥 밑의 둥근 부분. ▸솥이 걸리도록 솥 몸의 바깥 중턱에 붙인 세 개의 얇고 좁은 쇳조각. 솥전 대신에 솥이 걸리게 하는 물건.

¶ 양은솥의 □□이 깨져 못쓰게 되었다. 가마솥의 □□이 부러져 화덕에 걸칠 수가 없다.

3. 옆을 지키는 사람이라는 뜻으로 '배우자'를 가리키는 말.

¶ 나는 □□□와 한평생을 동고동락하였다.

4. 비가 섞여 오는 눈. 녹으면서 내리는 눈(=눈까비).

¶ 바람과 함께 □□□□가 내리다.

5. 남의 집에 매이지 않고 임시로 붙어살며 그 집의 일을 도와주는 고용살이.

¶ 서울서 □□을 살며 탈 없이 지냈다.

6. ▸옷이나 물건, 신체 일부를 위로 가뜬하게 올리다. 실제보다 과장되게 칭찬하다. ▸정도 이상으로 높이 칭찬하며 놀리다.

¶ 바지를 □□□□□. 그 애는 조금만 □

---

18. [조아팔다] 조아팔다

19. [시르죽다] 시르죽(은)

20. 올차다] 올찬, 올차(고)

[정답 129]

1. 검댕

2. 달밑; 솥젖

3. 옆지기

4. 진눈깨비 〈준〉진눈

5. 드난 → 드난꾼, 드난살이(하다

6. [추어올리다] 추어올리다, 추어올리(면), 추어올리(는); [까짜올리다] 까짜올리다, 까짜올리(는)

□□□면 기고만장해진다. 남이 □□□□는 바람에 좋아서 시키는 대로 하는 짓을 '용춤'이라고 한다. 남을 추어올리는 말로 놀리는 짓을 '□□□□□'라고 한다. 정식이는 회의 때 □□□□는 말을 했는데 부장님은 진짜로 받아들였다.

7. ▸빗물이 한쪽으로 흐르게 지붕 앞쪽이 높고 뒤쪽이 낮게 지은 집. ▸건물 벽이나 담 따위에 임시로 덧붙여 만든 허술한 건조물. ▸가옥의 바깥쪽에 처마 끝에서부터 땅바닥까지 둘러치는 벽.

¶ 뒤란에 창고를 □□으로 지었다. 외양간으로 쓰는 □□□에서는 거름 썩는 냄새가 풍겨 왔다. □□□는 울릉도 전통가옥에서 볼 수 있는 독특한 방설 방풍 설비다.

8. ▸기와지붕에서 기왓골의 맨 끝. 곧 처마 끝에 놓는 기와.[=와당(瓦當)] ▸건물의 모서리에 추녀가 없이 용마루까지 옆면 벽이 세모꼴로 된 지붕.

¶ 봉황새가 도드라지게 새겨진 □□기와. 봉정사 극락전은 □□□□ 겹처마로 구성된 건물로 매우 간결한 아름다움을 지닌다.

9. 토목 현장에서 되메우기를 할 때 흙 속의 공기를 없애기 위하여 물을 흠뻑 주면서 다지는 일.

¶ □□□ 공법은 땅의 표면을 다지는 효과를 높이는 방법이다.

10. 나이에 비하여 늦되고 변변하지 못하다.

¶ 하는 짓이 모두 □□□□. □□한 아이들을 가르치는 특수학급 선생님.

11. ▸아직 곧추 앉지 못하는 어린아이를 이르는 말. ▸네활개를 벌리고 뒤로 벌렁 자빠지는 일.

¶ □□□□를 업고 김을 매는 바쁜 농촌의 아낙네. 그는 벽이 무너져라 걷어차며 소리를 버럭버럭 지르더니 그만 □□□□로 나가떨어졌다.

---

7. 엎집; 까대기; 우데기

8. 막새; 맞배지붕 → '팔작지붕'은 위는 맞배지붕으로 되어 있고 아래 절반은 네모꼴로 된 지붕이다. '우진각 지붕'은 네 개의 추녀마루가 동마루에 몰려 붙은 지붕이다.

9. 물다짐

10. [잔작하다] 잔작하다, 잔작(한)

11. 눈자라기; 넉장거리 → 눈자라기의 어원적 의미는 '누워서 자라는 어린아이'다.

12. 입맛이나 마음에 꼭 알맞다.

¶ □□은 반찬. 한시라도 옆지기의 손길이 닿지 아니하면 모든 것이 불편하고 □□지 않았다. 원문에 □□게 번역하기란 쉽지 않다. 그 사람은 □□□은 소리만 한다.

13. 서로 비교하여 마주 대어 보다. 대조하다.

¶ 네 것을 내 것과 □□어 보자. 이 둘을 □□어 보면 결정이 나겠지.

14. 물건을 함부로 뒤집거나 내던져서 거꾸로 처박히게 하다.

¶ 사무실에 도둑이 들어 온갖 집기와 서류를 □□□□ 놓았다.

15. 물건을 한 번에 뒤집다. 마음을 변하여 바꾸다.

¶ 장난감 상자를 □□□□. 재빠르게 호떡을 □□□는 호떡 장수. 고소하려는 마음을 □□□□.

16. 무섭고 꺼림칙한 느낌이 오래도록 남아 있다.

¶ 간밤의 악몽이 하루 종일 □□□□하다. 사건 현장을 지날 때마다 □□□□한 기분이 든다.

17. 살갗이 조금 다쳐서 벗겨지다.

¶ 모처럼 텃밭에서 호미질 하느라 손등이 □□진 것도 몰랐다. 끼는 신발을 신었더니 발뒤꿈치가 □□□.

18. 성격이나 하는 짓이 활달하고 시원시원하다.

¶ 성나면 울컥하고 내키면 □□한 그 성미가 좋다. 젊은이의 성미가 □□해서 좋다. 사고 현장을 목격하고 본 대로 □□히 말하였다.

19. 어떤 한도에 모자라지 아니할 정도로 겨우 자라다.(≒빠듯하다)

¶ 먹고사는 데 □□□ 문화생활은 생각도 못한다. 나는 생활하기에 □□□ 수입

---

12. [맞갖다] 맞갖(은), 맞갖(지), 맞갖(게), 맞갖잖(은) → 어원적 의미는 '알맞게 갖추다'. 맞갖잖다는 '맞갖지 아니하다'의 준말이다.

13. [맞쐬다] 맞쐬(어)

14. [뒤재주치다] 뒤재주쳐

15. [번드치다] 번드치다, 번드치(는), 번드치다

16. [섬쩍지근하다] 섬쩍지근(하다), 섬쩍지근(한)

17. [제키다] 제켜(진), 제켰다 → '제끼다'는 일을 솜씨 있게 쉽게 처리하거나 빠르게 해나가다를 뜻하는 말이다.

18. [설설하다] 설설(한), 설설(해서), 설설(히)

19. [적바르다] 적발라, 적바른

으로 저축을 할 수가 없었다.

20. 일을 자꾸 미루어 나가다. 천천히 쉬어 가며 일을 하다.
¶ □□□가 보니 일이 많이 밀렸다. 오나가나 뒷짐을 지고 □□던 사내들이 해묵은 버릇으로 어슴새벽에 일어나 장화를 챙겨 신기 시작했다.

[문제 130]

1. 한 번에 하지 아니하고 몇 차례로 나누어서 주고받는 셈. 할부(割賦).
¶ □□□으로 가구를 들여놓다.

2. 마루에 오르내릴 때 붙잡을 수 있도록 늘어뜨린 줄.
¶ 할머니는 □□□을 잡고 마루에 서계셨다.

3. 잃어버린 땅을 되찾음. 원래의 상태로 회복함.
¶ □□은 고구려 말로 옛 영토를 회복한다는 뜻이다.

4. 살갗에 닿는 느낌이 보드랍고 연하다. 상냥하고 친절하다. 소리가 은근하고 부드럽다.
¶ 소녀의 □□한 손가락. □□한 말씨로 손님을 맞이하다. □□한 휘파람 소리.

5. 남에게 무턱대고 억지로 떼를 쓸 만한 근거나 핑계. 또는 사단(事端)을 일으킬 거리.
¶ 그는 형을 만나 어떻게든 □□□□를 잡아 돈을 뜯어낼까 하는 생각뿐이었다. 그의 넋두리가 어쩌면 아주 □□□□ 없는 하소연만은 아니리라고 생각했다.

6. ▸오래 묵은 물건. ▸뜯어서 말려 두었다가 이듬에 봄에 먹는 산나물.
¶ 고가옥에서 나오는 □□□ 재목을 신축 건물에 재활용하다. □□□을 무치다. 아주까리나 취의 이파리는 □□□로 먹는다.

7. 나무의 가지가 없는 줄기. 잔가지나 줄거리로 된 땔나무. 해어진 옷의 남은 솔기. 새끼나 실 따위가 훑이어

---

20. [능놀다] 능놀다, 능놀(던)

[정답 130]

1. 드림셈
2. 드림줄 → 드림(매달아서 길게 늘어뜨린 물건)
3. 다물
4. [나긋하다] 나긋(한) → 나긋나긋(하다), 나긋나긋(이)
5. 언턱거리
6. 묵정이; 묵나물 → 묵정밭, 묵이, 묵은지(묵은 김치)
7. 마들가리

맺힌 마디.

¶ □□□□를 긁어모으다.

8. 겉으로 드러난 몸매나 맵시. 더러운 물. 땟국.

¶ 그렇게 차려입으니 □□이 훤해 보기 좋구나. □□이야 훤하다만, 누가 □□ 보나 실속을 보지. 옷에 □□이 배다.

9. 제법 마음에 들 만하다. 마음에 마땅하다.

¶ 그 단체의 주장과 행동이 도무지 □□□지 않다. □□이 여기다. 그의 꾀 많음을 □□□게 여기지 않아 왔다.

10. 빗살이 굵고 성긴 큰 빗.

¶ □□□ 참빗 품고 가도 제 복(福)이 있으면 잘 산다.

11. 얼추 비슷하다.

¶ 아버님의 높으신 뜻을 이제야 □□□게 알아들을 수 있었다.

12. 약속을 어기고 돌아서다. 한쪽으로 피하여 옮겨 서다(비켜서다).

¶ 옆으로 □□□서 눈치만 보고 있다.

13. 무슨 일에 물려서 싫증이 나다.

¶ 이젠 사람 만나는 것도 □□□니 한동안 푹 쉬어야겠다.

14. 사방이 괴괴하여 무서울 정도로 호젓하다.

¶ □□□ 밤길을 혼자 걸으려니 머리끝이 쭈뼛했다.

15. 끈이나 실 따위를 두 가닥을 내어 겹으로 꼬다.(≒드리다)

¶ 주머니 끈을 □□□.

16. 고부탕이가 지게 접거나 꺾어 넘겨 겹치다.

¶ 포목상의 진열장에 옷감을 □□□ 쌓아두다.

---

8. 땟물

9. [마뜩하다] 마뜩하(지), 마뜩(이), 마뜩하(게) → '마뜩찮다'는 마뜩하지 않다의 준말이다.

10. 얼레빗

11. [빌밋하다] 빌밋하(게)

12. [빕더서다] 빕더서(서)

13. [서틋하다] 서틋하(니)

14. [오솔하다] 오솔한 → 오솔길(좁고 호젓한 길)

15. [더느다] 더느다

16. [고붙치다] 고붙쳐 → '고부탕이/고붙'은 피륙 따위의 필을 지을 때 꺾이어 겹쳐 넘어간 곳을 뜻하는 말이다.

17. 두 가지 이상의 것을 한꺼번에 때리다. 둘 이상의 물건 값을 함께 셈하다.

¶ 무·파·배추 값이 □□□서 모두 얼마요?

18. 깨져 흩어지거나 버그러지지 않게 하다. 형세나 마음 따위가 버그러지거나 헝클어지지 않게 잘 수습하다.

¶ 금이 간 독에 테를 매어 □□어 놓았다.

19. 물기 따위를 말끔하게 닦아내다. 논이나 밭의 풀을 손으로 뜯어내다. 남의 것을 슬그머니 후무리어 가지다.

¶ 행주로 밥상을 □□□. 논의 풀의 □□□. 남의 것을 □□ 물건을 장물이라고 한다.

20. 매우 위급한 때(=위기). 꼭대기. 극도(極度) · 최고(最高).

¶ □□□에 부처님 만나듯. 적의 포위가 좁혀드는 □□□에 지원군이 왔다.

---

17. [얼러치다] 얼러쳐(서)

18. [안구다] 안구(어)

19. [훔치다] 훔치다, 훔치다, 훔친

20. 고스락

찾아보기

[문제-문항 번호]

(ㅎ)